한국의 토익 수험자 여러분께,

토익 시험은 세계적인 직무 영어능력 평가 시험으로, 지난 40여 년간 비즈니스 현장에서 필요한 영어능력 평가의 기준을 제시해 왔습니다. 토익 시험 및 토익스피킹, 토익라이팅 시험은 세계에서 가장 널리 통용되는 영어능력 검증 시험으로, 160여 개국 14,000여 기관이 토익 성적을 의사결정에 활용하고 있습니다.

YBM은 한국의 토익 시험을 주관하는 ETS 독점 계약사입니다.

ETS는 한국 수험자들의 효과적인 토익 학습을 돕고자 YBM을 통하여 'ETS 토익 공식 교재'를 독점 출간하고 있습니다. 또한 'ETS 토익 공식 교재' 시리즈에 기출문항을 제공해 한국의 다른 교재들에 수록된 기출을 복제하거나 변형한 문항으로 인하여 발생할 수 있는 수험자들의 혼동을 방지하고 있습니다.

복제 및 변형 문항들은 토익 시험의 출제의도를 벗어날 수 있기 때문에 기출문항을 수록한 'ETS 토익 공식 교재'만큼 시험에 잘 대비할 수 없습니다.

'ETS 토익 공식 교재'를 통하여 수험자 여러분의 영어 소통을 위한 노력에 큰 성취가 있기를 바랍니다.

감사합니다.

Dear TOEIC Test Takers in Korea,

The TOEIC program is the global leader in English-language assessment for the workplace. It has set the standard for assessing English-language skills needed in the workplace for more than 40 years. The TOEIC tests are the most widely used English language assessments around the world, with 14,000+ organizations across more than 160 countries trusting TOEIC scores to make decisions.

YBM is the ETS Country Master Distributor for the TOEIC program in Korea and so is the exclusive distributor for TOEIC Korea.

To support effective learning for TOEIC test-takers in Korea, ETS has authorized YBM to publish the only Official TOEIC prep books in Korea. These books contain actual TOEIC items to help prevent confusion among Korean test-takers that might be caused by other prep book publishers' use of reproduced or paraphrased items.

Reproduced or paraphrased items may fail to reflect the intent of actual TOEIC items and so will not prepare test-takers as well as the actual items contained in the ETS TOEIC Official prep books published by YBM.

We hope that these ETS TOEIC Official prep books enable you, as test-takers, to achieve great success in your efforts to communicate effectively in English.

Thank you.

입문부터 실전까지 수준별 학습을 통해 최단기 목표점수 달성!

ETS TOEIC® 공식수험서
스마트 학습 지원

www.ybmbooks.com에서도 무료 MP3를 다운로드 받을 수 있습니다.

ETS 토익 모바일 학습 플랫폼!
ETS 토익기출 수험서 어플

구글플레이   앱스토어

교재 학습 지원	• 교재 해설 강의 • LC 음원 MP3 • 교재/부록 모의고사 채점 분석 • 단어 암기장
부가 서비스	• 데일리 학습(토익 기출문제 풀이) • 토익 최신 경향 무료 특강 • 토익 타이머
모의고사 결과 분석	• 파트별/문항별 정답률 • 파트별/유형별 취약점 리포트 • 전체 응시자 점수 분포도

ETS 토익 학습 전용 온라인 커뮤티니!
ETS TOEIC® Book 공식카페

etstoeicbook.co.kr

강사진의 학습 지원	토익 대표강사들의 학습 지원과 멘토링
교재 학습관 운영	교재별 학습게시판을 통해 무료 동영상 강의 등 학습 지원
학습 콘텐츠 제공	토익 학습 콘텐츠와 정기시험 예비특강 업데이트

＊toeic.

토익
단기공략
PART

ETS 토익
단기공략
PART 5·6

발행인	허문호
발행처	YBM

편집	이태경, 박효민, 오유진
디자인	강상문, 박도순, 김륜형
마케팅	정연철, 박천산, 고영노, 김동진, 박찬경, 김윤하

초판발행	2023년 2월 20일
4쇄 발행	2024년 11월 5일

신고일자	1964년 3월 28일
신고번호	제 300-1964-3호
주소	서울시 종로구 종로 104
전화	(02) 2000-0515 [구입문의] / (02) 2000-0383 [내용문의]
팩스	(02) 2285-1523
홈페이지	www.ybmbooks.com

ISBN	978-89-17-23908-9

*toeic®

토익® 단기공략
PART
56

PREFACE

Dear test taker,

English-language proficiency has become a vital tool for success. It can help you excel in business, travel the world, and communicate effectively with friends and colleagues. The TOEIC® Listening and Reading test measures your ability to communicate effectively in English in these types of situations. Because TOEIC® scores are recognized around the world as evidence of your English-language proficiency, you will be able to confidently demonstrate your English skills to employers and begin your journey to success.

The test developers at ETS are excited to help you achieve your personal and professional goals through the TOEIC® 단기공략 Part 5 6. This book contains almost 600 practice-test questions from Parts 5-6 of the TOEIC® Listening and Reading Test that will help you prepare to respond to the items in those sections of the test. It also includes detailed explanations of question types and language points tested, which will give you valuable insight into your abilities and how to best prepare for the test. The practice-test questions in this book have been prepared and reviewed by the same test specialists who develop the actual TOEIC Listening and Reading Test, so you can be confident that you will receive an authentic test-preparation experience.

Features of the TOEIC® 단기공략 Part 5 6 include the following.
· Actual test items taken from the TOEIC® Listening and Reading Test Parts 5-6 authorized by ETS for exclusive use in this book
· Response annotations provided by ETS to help you learn how to solve test questions
· Two mock tests created from actual TOEIC Listening and Reading tests
· Enhanced analyses and explanations of each type of test question based on the latest trends in TOEIC® tests

By studying for the TOEIC® test with the TOEIC® 단기공략 Part 5 6, you can be assured that you have a professionally prepared resource that will most accurately guide you through the tasks, content, and format of the test and help you prepare to maximize your TOEIC® test score. With your TOEIC® score report, you will be ready to show the world what you know!

We are delighted to assist you on your TOEIC® journey with the TOEIC® 단기공략 Part 5 6 and wish you the best of success.

출제기관이 만든
PART 5/6 단기 공략서

국내 유일! 출제기관이 독점 제공하는 PART 5, 6 전략서

국내 유일 진짜 토익 문제! 출제기관 독점 제공!

최신 기출 문제 및 정기 시험과 100% 동일한 문제 품질

최신 기출 문항뿐 아니라 토익 출제기관인 ETS가 정기 시험과 동일한 유형
및 난이도로 개발한 문제들로 구성!

ETS만이 제시할 수 있는 체계적인 공략법

핵심 문법 및 어휘 기출공식 정리! 신속하고 정확한 문제 풀이를 통해 고득점
달성이 가능한 체계적인 공략법 제시!

PART 5, 6 실전 모의고사 2회분 제공

최신 기출 문제를 포함한 Part 5, 6 실전 모의고사로 실전에 완벽 대비!

토익 최신 경향을 반영한 명쾌한 분석과 해설

최신 출제 경향 완벽 분석 반영 및 고득점 달성을 위한 해법 제시!

CONTENTS

출제 경향

PART 5 문법

문제 유형 및 출제 비율(평균 문항 수)

전치사와 접속사를 구분하는 문제와
동사 문제, 품사 문제 출제 비중이 가장 높다.
기타 문법에서는 준동사가 1~2문항,
관계사가 매회 거의 1문항씩 출제된다.

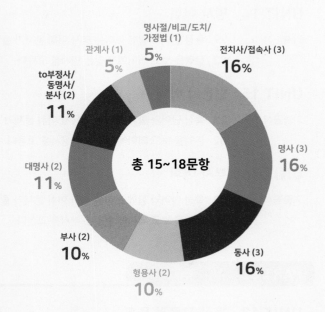

관계사 (1) 5%
명사절/비교/도치/가정법 (1) 5%
전치사/접속사 (3) 16%
to부정사/동명사/분사 (2) 11%
명사 (3) 16%
대명사 (2) 11%
부사 (2) 10%
형용사 (2) 10%
동사 (3) 16%

총 15~18문항

PART 5 어휘

문제 유형 및 출제 비율(평균 문항 수)

전치사, 명사, 부사 어휘 문제가 가장 많이
출제되며 형용사, 동사 어휘가 그 뒤를 잇는다.

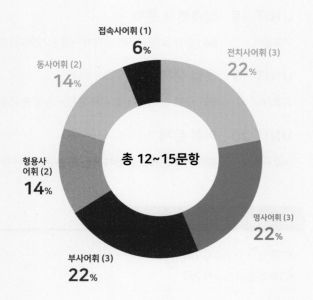

접속사어휘 (1) 6%
동사어휘 (2) 14%
전치사어휘 (3) 22%
형용사어휘 (2) 14%
명사어휘 (3) 22%
부사어휘 (3) 22%

총 12~15문항

PART 6

문제 유형 및 출제 비율(평균 문항 수)

문법과 어휘 비중이 비슷하게 출제되며
접속부사는 1~2문항 출제된다. 문장 삽입
문제는 4문항 고정 비율로 출제된다.

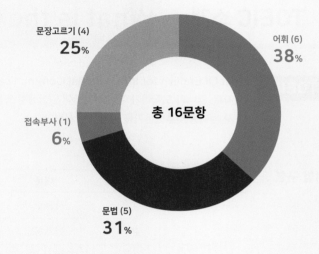

문장고르기 (4) **25**%

어휘 (6) **38**%

접속부사 (1) **6**%

총 16문항

문법 (5) **31**%

고득점 전략

1 보기를 먼저 보고 문제 유형을
파악하자

Part 5는 보기로 문제 유형을 파악할 수 있는 문제가 많이 출제된
다. 어떤 문법 사항을 확인하는 문제인지 출제 의도가 파악되면, 문
제를 훨씬 더 빠르고 정확하게 해결할 수 있다. 시험에 자주 출제되
는 핵심 문법을 정리한 본 교재의 기출공식 학습을 통해 문제 유형
을 파악한다.

2 둘 이상의 문법 요소, 문법과 어휘가
혼합된 문제 형태에 익숙해지자

최근에는 두 개 이상의 문법 요소가 혼합되거나 문법과 어휘가 혼합
된 형태의 문항 비중이 높아지고 있다. 따라서 서로 연관된 문법들을
종합적으로 정리하고, 어휘의 의미뿐 아니라 문법적 쓰임을 통합적
으로 학습해야 고득점을 달성할 수 있다.

3 어휘는 같이 쓰이는 표현과 함께
콜로케이션으로 익혀 두자

같이 쓰이는 어휘들은 묶어서 콜로케이션(collocation)으로 익혀
두면 어휘 문제뿐 아니라 문법 문제를 해결하는 데에도 큰 도움이
된다. 본 교재의 문법 파트에 제시된 문법 관련 빈출 표현과 어휘 파
트에 정리된 빈출 표현들을 꼼꼼하게 학습해 둔다.

4 PART 6는 전체 지문을 읽으면서
문제를 푸는 연습을 하자

하나의 지문에 4문항으로 구성된 Part 6는 전체 지문의 내용 흐름
을 파악해야 해결할 수 있는 문제가 대부분이다. 빈칸이 있는 문장
만 보고 오답을 고르지 않도록 전체 지문을 읽으면서 문제를 푸는
연습을 해야 한다.

TOEIC 소개   What is the TOEIC?

TOEIC   Test Of English for International Communication (국제적 의사소통을 위한 영어 시험)의 약자로, 영어가 모국어가 아닌 사람들이 일상생활 또는 비즈니스 현장에서 꼭 필요한 실용적 영어 구사 능력을 갖추었는가를 평가하는 시험이다.

시험 구성

구성	Part	내용	문항 수	시간	배점
Listening	1	사진 묘사	6	45분	495점
	2	질의 응답	25		
	3	짧은 대화	39		
	4	짧은 담화	30		
Reading	5	단문 빈칸 채우기 (문법/어휘)	30	75분	495점
	6	장문 빈칸 채우기	16		
	7 독해	단일 지문	29		
		이중 지문	10		
		삼중 지문	15		
Total	7 Parts		200문항	120분	990점

평가 항목

LC	RC
단문을 듣고 이해하는 능력	읽은 글을 통해 추론해 생각할 수 있는 능력
짧은 대화체 문장을 듣고 이해하는 능력	장문에서 특정한 정보를 찾을 수 있는 능력
비교적 긴 대화체에서 주고받은 내용을 파악할 수 있는 능력	글의 목적, 주제, 의도 등을 파악하는 능력
장문에서 핵심이 되는 정보를 파악할 수 있는 능력	뜻이 유사한 단어들의 정확한 용례를 파악하는 능력
구나 문장에서 화자의 목적이나 함축된 의미를 이해하는 능력	문장 구조를 제대로 파악하는지, 문장에서 필요한 품사, 어구 등을 찾는 능력

* 성적표에는 전체 수험자의 평균과 해당 수험자가 받은 성적이 백분율로 표기되어 있다.

시험 접수 방법   한국 토익 위원회 사이트(www.toeic.co.kr)에서 시험일 약 2개월 전부터
온라인으로 접수 가능

시험장 준비물   **신분증** 규정 신분증만 가능
                           (주민등록증, 운전면허증, 기간 만료 전의 여권, 공무원증 등)
               필기구 연필, 지우개 (볼펜이나 사인펜은 사용 금지)

시험 진행 시간

09:20	입실 (09:50 이후 입실 불가)
09:30 – 09:45	답안지 작성에 관한 오리엔테이션
09:45 – 09:50	휴식
09:50 – 10:05	신분증 확인
10:05 – 10:10	문제지 배부 및 파본 확인
10:10 – 10:55	듣기 평가 (Listening Test)
10:55 – 12:10	독해 평가 (Reading Test)

TOEIC 성적 확인   시험일로부터 약 10-11일 후, 오전 6시부터 인터넷과 ARS(060-800-0515)로
성적 확인 가능. 성적표는 우편이나 온라인으로 발급받을 수 있다. 우편으로 발급
받을 경우 성적 발표 후 대략 일주일이 소요되며, 온라인 발급을 선택하면
유효 기간 내에 홈페이지에서 본인이 직접 1회에 한해 무료 출력할 수 있다.
TOEIC 성적은 시험일로부터 2년간 유효하다.

TOEIC 점수   TOEIC 점수는 듣기 영역(LC)과 읽기 영역(RC)을 합계한 점수로 5점 단위로
구성되며 총점은 990점이다. TOEIC 성적은 각 문제 유형의 난이도에 따른 점수
환산표에 의해 결정된다.

PART 5

GRAMMAR

ETS TOEIC
문법

기출공식 01-76

UNIT
01

문장 구조

기출공식 >

01 주어, 목적어 자리에는 명사가 출제된다.

02 문장에는 반드시 동사가 있어야 한다.

03 보어 자리에는 주로 형용사가 출제된다.

04 수식어구/절을 이끄는 전치사와 접속사 구별 문제가 출제된다.

문장 구조

▶ 주어

주어는 동사의 행위자를 나타내는 말로, 주로 문장 맨 앞에 온다. 주어 자리에는 명사/대명사와 명사 역할을 하는 동명사구, 명사절 등이 들어간다.

명사(구)	**The application** is ready to be submitted. 지원서는 제출될 준비가 되어 있다.
대명사	**We** are pleased to announce the finalists in the competition. 우리는 이 대회의 결승 진출자를 발표하게 되어 기쁩니다.
동명사구	**Meeting the production deadline** is our priority now. 생산 기한을 지키는 것이 지금 우리가 가장 우선시해야 하는 일이다.

▶ 동사

동사는 행위나 상태를 나타내는 말로, 모든 문장에는 반드시 동사가 있어야 한다. 동사 자리에는 일반동사, be동사, '조동사+동사원형'이 올 수 있으며, to부정사, 동명사, 분사는 동사 자리에 올 수 없다.

일반동사	This channel **offers** tips on home improvement. 이 채널은 주택 수리에 관한 팁을 제공한다.
be동사	The contract **is** still in effect. 계약은 여전히 효력을 발휘한다.
	The event **has been** popular over the last decade. 행사는 지난 10년 동안 인기가 많아 왔다.
조동사+동사원형	You **can create** a blog with our webtool. 우리의 웹 개발 도구로 블로그를 제작하실 수 있습니다.

▶ 목적어

목적어는 동사의 대상이 되는 말로, 타동사와 전치사 뒤에 온다. 목적어 자리에는 명사/대명사와 명사 역할을 하는 to부정사구, 동명사구, 명사절 등이 들어간다.

명사(구)	The hotel <u>provides</u> **all the facilities** for business meetings. 그 호텔은 업무 회의를 위한 모든 시설물을 제공한다.
대명사	Ms. Kim asked for her paystub, and will <u>receive</u> **it** tomorrow. (it = her paystub) 김 씨는 급여 명세서를 요청했고 내일 그것을 받을 것이다.
to부정사구	J&P, Inc., <u>decided</u> **to expand its presence** in Asia. 제이앤피 주식회사는 아시아에서 자신들의 입지를 넓히기로 결정했다.
동명사구	<u>By</u> **using this application**, you can learn a foreign language easily. 이 애플리케이션을 이용하여, 외국어를 쉽게 배울 수 있습니다.
명사절	The company <u>announced</u> **that it will close its overseas offices**. 그 회사는 해외 지점을 폐쇄할 것이라고 발표했다.

▶ 보어

보어는 의미를 보충해 주는 말로, 주어를 보충 설명하는 주격 보어와 목적어를 보충 설명하는 목적격 보어로 나뉜다.
보어 자리에는 주로 형용사나 명사가 들어가지만 동사에 따라 to부정사, 분사, 동사원형 등이 들어갈 수 있다.

주격 보어	The instructions <u>seem</u> **difficult** to understand. 그 설명서는 이해하기에 어려운 것 같다. This empty space will <u>be</u> **a park** for residents. 이 공터는 주민을 위한 공원이 될 것이다.
목적격 보어	Please <u>leave</u> the windows **open**. 창문을 열어 두세요. We would like to <u>advise</u> you **to keep your masks on** while indoors. 실내에 계시는 동안에는 마스크 착용을 권고해 드립니다.

▶ 수식어

수식어는 완전한 문장에 의미를 더하기 위해 쓰는 말로, 생략해도 문장의 필수 구조에 영향을 미치지 않는다.
다양한 형태로 여러 위치에 올 수 있으며, 주절 앞에 올 경우에는 콤마를 동반한다.

전치사구	The agenda will be distributed **(during the meeting)**. 회의 중에 안건이 배포될 것입니다.
to부정사구	**(To thank our loyal customers,)** we are offering special deals this weekend only. 단골 고객에 감사드리기 위하여, 이번 주말에만 특별 할인 행사를 제공하고 있습니다.
분사구	Passengers **(traveling to Eagleton)** should board now. 이글턴으로 가는 승객 여러분은 지금 탑승하세요.
관계사절	The technician **(that installed your furnace)** will visit you tomorrow. 보일러를 설치한 기사분이 내일 방문할 예정입니다.
부사절	**(When you arrive,)** a staff member will escort you to the banquet. 도착하시면 직원 한 분이 연회로 안내해 드릴 것입니다.

ETS 빈출 출제 포인트 ✓

- **주어나 목적어 자리를 묻는 문제가 출제된다.** → 기출공식 01
  The desk requires (**assembly** / ~~assembled~~), but it is not difficult.
  그 책상은 조립이 필요하지만 어렵지는 않다.

- **동사 자리를 묻는 문제가 출제된다.** → 기출공식 02
  The director's new show (~~to attract~~ / **has attracted**) a lot of viewers.
  그 감독의 새로운 공연은 많은 관객을 유치해 왔다.

주어, 목적어 자리에는 명사가 출제된다.

01 ------- of how to use the kit will be available for first-time users on our Web site.
(A) Demonstrates　　(B) Demonstrating　　(C) Demonstrated　　(D) Demonstrations

핵심분석　------- of how to use the kit will be available for first-time users on our Web site.
　　　　　　주어　　　　전치사구　　　　　동사　　주격 보어

문제해설　문장 맨 앞에 빈칸이 있고 그 뒤에 전치사구가 있다면, 빈칸은 문장의 주어로 쓰인 명사 자리이다. 따라서 명사 (D)
　　　　　Demonstrations가 정답이다.

주어　　　　　(**Attendance** / Attend) at the workshop **is** mandatory for all the new employees.
　　　　　　　　워크숍 출석은 모든 신입 사원에게 의무이다.

타동사의 목적어　Kun Electronics **will introduce** new (**items** / itemizes) at the fair.
　　　　　　　　쿤 일렉트로닉스는 박람회에서 새로운 제품을 소개할 것이다.

전치사의 목적어　In (**preparation** / prepare) for the interview, the reporter read the company history.
　　　　　　　　인터뷰를 준비하면서 기자는 그 회사 연혁을 파악했다.

문장에는 반드시 동사가 있어야 한다.

02 With the Rentnor Arts Center's virtual library, viewers can ------- dozens of recent
performances at home.
(A) experience　　(B) experiences　　(C) experiencing　　(D) experienced

핵심분석　With the Rentnor ~ library, viewers can ------- dozens of recent performances at home.
　　　　　　　전치사구　　　　　　　　주어　조동사+동사원형　　　　　목적어

문제해설　빈칸은 문장의 동사 자리이며, 조동사 can 뒤에는 동사원형이 와야 하므로 (A) experience가 정답이다.

▶ 모든 문장에는 반드시 동사가 필요하다. 동사 자리를 묻거나 조동사 뒤에 동사원형을 묻는 문제가 출제된다.

동사　　　　　Mr. Han (reception / **received**) a note from his assistant.　한 씨는 조수로부터 메모를 받았다.

조동사+동사원형　The new park **will** (**attract** / attracts) more tourists.
　　　　　　　　그 새로운 공원은 더 많은 여행객들을 유치할 것이다.

동사원형(명령문)　Please (**complete** / to complete) the entry form.　참가 신청서를 작성해 주세요.
　　　　　　　　TIPS 명령문은 주어 you가 생략되어 동사원형으로 시작한다.

▶ 준동사인 to부정사, 동명사, 분사(-ing/-ed)는 동사 자리에 올 수 없다.

to부정사　　　(**To retain** / Retain) a legal expert, please **contact** our offices.
　　　　　　　　법률 전문가를 의뢰하시려면, 우리 사무소에 연락주세요. → 문장의 동사는 contact

동명사　　　　(Arranges / **Arranging**) events **is** Mr. Kim's responsibility.
　　　　　　　　행사를 준비하는 것이 김 씨의 일이다. → 문장의 동사는 is

고득점 PLUS　문장의 동사는 반드시 하나이며, 접속사가 있어야 추가될 수 있다.
We **will start** the project **if** the system (updating / **is updated**).　시스템이 업데이트되면 우리는 프로젝트를
　　동사 1　　　　　　　접속사　　　　　　동사 2　　　　시작할 것이다.

1. The ------- of the Municipal Park Restoration Project was announced yesterday by the local hospitality association.
(A) completed
(B) completes
(C) completion
(D) complete

2. The study showed that having too many choices can ------- shoppers, which may stop them from making a purchase.
(A) exhaust
(B) exhausting
(C) exhaustive
(D) exhaustion

3. Please ------- your driver's license to the receptionist to receive a parking pass.
(A) present
(B) presents
(C) presented
(D) presentation

4. Since the city implemented ------- on disposable plastic bags, more people have started to carry reusable shopping bags.
(A) regulate
(B) regulates
(C) regulatory
(D) regulations

5. When Ms. Wilkes finally retires, the department ------- a reception in recognition of her lengthy service.
(A) to hold
(B) will hold
(C) holding
(D) having held

6. The new online forms simplify the procedure for requesting ------- to use company funds.
(A) authorizes
(B) authorization
(C) authorized
(D) authorize

7. Upon -------, please make the payment to our courier.
(A) deliver
(B) delivery
(C) delivers
(D) delivered

8. This special annual gathering ------- our students with an opportunity to explore various jobs available in the culinary industry.
(A) provides
(B) providing
(C) to provide
(D) having provided

예제 **01** 도구 세트 이용 방법에 대한 시연이 처음 사용하는 이용자들을 위해 웹사이트에서 제공될 것입니다.
02 렌트너 아트 센터의 가상 도서관으로 관람객들은 집에서 다수의 최신 공연을 경험할 수 있다.

기출공식	보어 자리에는 주로 형용사가 출제된다.

03 The manufacturing plant in Asan will be ------- next month as soon as construction is complete.

(A) operational   (B) operation   (C) operates   (D) operate

핵심분석   The manufacturing plant in Asan will be ------- next month as soon as construction is ~.
                  주어   2형식 동사 주격 보어   부사구   부사절

문제해설   be동사 뒤 주격 보어 자리로, 문맥상 '공장이 가동되는' 상태를 나타내므로 형용사 (A) operational이 정답이다.
         TIPS 보어는 주어의 상태를 설명하는 형용사인지, 주어와 일치하는 명사인지를 해석을 통해 파악한다.

▶ **주격 보어가 필요한 2형식 동사**

be ~이다	**become** ~되다	**remain / stay** ~한 채로 있다	**keep** ~하게 유지하다
seem ~인 것 같다	**look / appear** ~하게 보이다	**sound / taste** ~하게 들리다 / ~한 맛이 나다	**prove** ~라고 판명되다

It **seems** (~~hardly~~ / **hard**) to keep up with trends in the market.   시장의 추세를 따라가는 것은 어려운 것 같다.

▶ **목적격 보어가 필요한 5형식 동사**

keep ~하게 유지하다	**find** ~라고 생각하다	**consider** ~라고 여기다	**leave** ~한 채로 두다	**make** ~하게 만들다

They tried to **keep** the prices (**reasonable** / ~~reasonably~~).   그들은 가격을 저렴하게 유지하려고 애썼다.
     TIPS 목적격 보어가 '~하게'로 해석되어 부사를 선택하지 않도록 주의한다.

고득점 PLUS 보어 자리에는 형용사 역할을 하는 준동사인 현재분사(-ing)나 과거분사(-ed)가 올 수 있다.
The author **was** (~~pleasure~~ / **pleased**) with the critic's review.   작가는 평론가의 평가에 만족해했다.
The audience **found** the speech (**convincing** / ~~convince~~).   청중들은 연설이 설득력이 있다고 생각했다.

기출공식	수식어구 / 절을 이끄는 전치사와 접속사 구별 문제가 출제된다.

04 ------- you place an order, enter the eight-digit number at the bottom of the coupon.
(A) For   (B) In case of   (C) At times   (D) When

핵심분석   ------- you place an order, enter the eight-digit number at the bottom of the coupon.
           접속사   주어   동사   목적어   주절(명령문)

문제해설   빈칸 뒤에 완전한 두 개의 절이 나오므로 빈칸에는 수식어절을 이끄는 접속사 (D) When이 정답이다. (A) For와 (B) In case of는 전치사로 뒤에 구를 취하므로 오답이다.

▶ 수식어구를 이끄는 전치사와 수식어절을 이끄는 접속사 자리는 빈칸 뒤 동사의 유무로 판단한다.

전치사 + 명사(구)   (**During** / ~~While~~) **the meeting**, the manager of the sales division addressed the issue.
                     회의 중에 영업부 매니저는 그 문제를 검토했다.

접속사 + 주어 + 동사   The café is busy all the time (**because** / ~~due to~~) **it is** close to the station.
                     역과 가깝기 때문에 그 카페는 항상 사람이 많다.

1. Participation in the Louisville Business Workshops is ------- to all business owners.
   (A) open
   (B) opener
   (C) opens
   (D) openly

2. The inspiring personal stories in the keynote speaker's speech made it -------.
   (A) memories
   (B) memorable
   (C) memorably
   (D) memorized

3. Though it was passed yesterday, the new law will not become ------- until next year.
   (A) effect
   (B) effects
   (C) effective
   (D) effectively

4. The afternoon flight from Tokyo has been canceled ------- a mechanical problem.
   (A) as much as
   (B) due to
   (C) because
   (D) in case

5. The architect made sure the project plan would be ------- to the town's residents.
   (A) acceptable
   (B) to accept
   (C) acceptably
   (D) accepting

6. Guffey Motors believes that drivers will find its new compact car ------- for city driving.
   (A) idealizes
   (B) idealize
   (C) ideally
   (D) ideal

7. The clients from Seaton Beverages seemed slightly ------- with the marketing strategy we proposed.
   (A) disappoint
   (B) disappoints
   (C) disappointed
   (D) disappointment

8. ------- the new computers are arriving next week, no plans have been made to dispose of the old ones.
   (A) Despite
   (B) Nevertheless
   (C) Although
   (D) Whereby

예제 **03** 아산에 있는 제조 공장은 공사가 끝나는 대로 다음 달에 가동될 것이다.
04 주문하실 때 쿠폰 아래에 있는 여덟 자리 숫자를 입력하세요.

1. The new ------- of cosmetics will be distributed to stores sometime next month.
   (A) line
   (B) liner
   (C) lined
   (D) lining

2. Due to its variety of uses, demand for corn is expected to remain ------- for the foreseeable future.
   (A) heighten
   (B) height
   (C) high
   (D) highly

3. The Bridgewater School of Design ------- certificates to students upon successful completion of the program.
   (A) is awarding
   (B) to award
   (C) having awarded
   (D) being awarded

4. The goal of our publication is to provide ------- to students who want to study overseas.
   (A) to assist
   (B) assisting
   (C) assistance
   (D) assist

5. Many rail travelers ------- Westerch Station's layout confusing.
   (A) agree
   (B) take
   (C) look
   (D) find

6. After analyzing the provided samples, the laboratory ------- a report on the condition of your soil.
   (A) having produced
   (B) producing
   (C) to produce
   (D) will produce

7. ------- the nursery started growing rare seedlings, its profit has increased significantly.
   (A) Since
   (B) With
   (C) Despite
   (D) Due to

8. Use an airtight container to keep the finished cake ------- until it is served.
   (A) freshness
   (B) freshen
   (C) fresh
   (D) freshly

UNIT
02

명사

05 관사, 소유격, 형용사 뒤는 명사 자리이다.

06 단/복수를 구분하는 가산명사 vs. 복수형이 없는 불가산명사

07 사람 명사와 사물/추상 명사는 문맥에 맞게 선택한다.

08 '명사+명사'로 이루어진 복합명사의 앞 또는 뒤 자리가 출제된다.

09 형태나 의미가 비슷한 가산명사와 불가산명사를 구별한다.

10 다른 품사처럼 보이는 명사 어휘에 유의한다.

명사

▶ 명사의 형태

명사는 주로 -tion, -sion, -ment, -ance, -ness, -ship, -ty, -sm, -ure, -sis 등으로 끝난다.

regula**tion** 규정	expan**sion** 확장	improve**ment** 개선	assist**ance** 도움	busi**ness** 사업
owner**ship** 소유(권)	facili**ty** 시설	critici**sm** 비판	proce**dure** 절차	analy**sis** 분석

▶ 명사의 역할

명사는 사람, 사물, 추상적 개념 등을 지칭하기 위해 정해 놓은 이름으로, 문장에서 주어, 목적어, 보어 역할을 한다.

주어		**The products** on display are available at reduced prices. 전시된 상품들은 할인된 가격으로 구매할 수 있다.
목적어	타동사 뒤	The company will <u>send</u> several **employees** to the new factory in Alabama. 회사는 앨라배마의 새 공장으로 직원 몇 명을 파견할 것이다.
	전치사 뒤	Tolus Restaurant is temporarily closed <u>for</u> **renovations**. 톨루스 레스토랑은 수리를 위해 임시 폐점한다.
보어	주격	Mr. Oh's primary duty <u>is</u> **the management** of the corporate food service. 오 씨의 주요 업무는 기업체들을 대상으로 한 급식 서비스의 관리이다.
	목적격	We <u>consider</u> failure **an opportunity** for learning and growth. 우리는 실패를 배움과 성장의 기회로 여깁니다.

▶ 명사의 종류

명사는 의미에 따라 크게 사람 명사와 사물 / 추상 명사, 셀 수 있는지 여부에 따라 가산명사와 불가산명사로 구분된다.
또한 두 개 이상의 명사가 짝을 이루어 한 단어처럼 쓰이는 복합명사가 있다.

사람 명사 vs. 사물 / 추상 명사

사람 명사	attendee 참석자	competitor 경쟁자	employee 직원	supervisor 감독자
사물 / 추상 명사	attendance 참석	competition 경쟁	employment 고용	supervision 감독

가산명사 vs. 불가산명사

가산명사	사물/사람/장소 등 셀 수 있는 명사로, 관사 a/an을 붙일 수 있고 복수형이 있다. a product 제품　　products 제품들　　an applicant 지원자　　applicants 지원자들
불가산명사	물질/추상 개념 등 셀 수 없는 명사로, 관사 a/an을 붙일 수 없고 복수형이 없다. information 정보　　approval 승인　　machinery 기계류　　satisfaction 만족

복합명사

명사+명사	marketing strategy 마케팅 전략 safety inspection 안전 점검	performance review 인사 고과 customs regulations 세관 규정

▶ 한정사

명사의 범위를 한정해 주는 한정사에는 관사, 소유격, 지시형용사(this, those 등), 수량 형용사(each, many 등)가 있다. 가산/불가산을 구별하거나 명사 자리 문제를 해결하는 데 중요한 단서가 된다.

> **a/the** file 하나의/그 파일　**our** company 우리 회사　**this** information 이 정보　**many** changes 많은 변화

ETS 빈출　출제 포인트 ✅

● 관사, 소유격, 형용사 뒤 명사 자리를 묻는 문제가 출제된다. → 기출공식 05

The company conducted an extensive (**survey** / ~~surveyed~~) on customer satisfaction.
회사는 고객 만족에 관한 광범위한 설문 조사를 실시했다.

● 문맥에 알맞은 사람 명사 또는 사물/추상 명사를 구별하는 문제가 출제된다. → 기출공식 07

Management decided to hire additional (**employees** / ~~employment~~).
경영진은 직원을 추가로 고용하기로 결정했다.

● 복합명사 어휘를 묻는 문제가 출제된다. → 기출공식 08

Gyeong Designs changed its marketing (~~strategize~~ / **strategy**) to target hotel owners.
경 디자인스는 호텔 경영주들을 대상으로 한 마케팅 전략을 변경했다.

관사, 소유격, 형용사 뒤는 명사 자리이다.

05 The marketing team at Revolution Footwear has been preparing a ------- on the newest athletic shoe technology.

(A) present   (B) presented   (C) presenting   (D) presentation

핵심분석   <u>The marketing team</u> ~ <u>has been preparing</u> <u>a -------</u> <u>on the newest athletic shoe technology.</u>
            주어   동사   목적어: 관사+명사   전치사구

문제해설   빈칸 앞에 관사 a가 있고 뒤에 전치사구가 바로 이어지고 있으므로, 빈칸은 명사 자리이다. 따라서 (D) presentation이 정답이다.

관사+명사   The (**performance** / ~~performed~~) of the engine depends on various factors.
엔진의 성능은 여러 가지 요소에 달려 있다.

소유격+명사   Ms. Dale thanked the employees for **their** (~~contributes~~ / **contributions**) to the project.
데일 씨는 직원들에게 프로젝트에 대한 그들의 공헌에 감사를 표했다.

형용사+명사   Please pay **special** (~~attentive~~ / **attention**) to the due dates.   만기일에 각별히 주의하세요.

An additional (**charge** / ~~charging~~) is made for shipping.   배송에 대해서는 추가 요금이 발생됩니다.

TIPS 관사/소유격과 함께 형용사가 명사를 수식하는 경우, 순서는 '관사/소유격+형용사+명사'가 된다.

단/복수를 구분하는 가산명사 vs. 복수형이 없는 불가산명사

06 The Web site includes ------- on how to reduce home heating and cooling costs.

(A) tip   (B) tips   (C) tipping   (D) tipped

핵심분석   <u>The Web site</u> <u>includes</u> <u>-------</u> <u>on how to reduce home heating and cooling costs.</u>
           주어   동사   목적어: (관사 X) 가산 복수명사   전치사구

문제해설   빈칸은 동사 includes의 목적어 자리로 명사가 들어가야 한다. tip은 가산명사이며 빈칸 앞에 관사가 없으므로 복수형 (B) tips가 정답이다.

▶ 셀 수 있는 가산명사는 단수형과 복수형이 있고, 셀 수 없는 불가산명사는 복수형이 없다.

가산 단수   The firm will open **an** (**office** / ~~offices~~) in Hanoi to coordinate its overseas operations.
그 회사는 해외 공장을 관리하기 위해 하노이에 지사를 개설할 것이다.

TIPS 가산명사 단수형 앞에는 관사나 소유격 같은 한정사가 반드시 필요하며, 단독으로 쓰지 않는다.

가산 복수   Editors of the *Financial Gazette* review (~~article~~ / **articles**) and correct any errors in spelling.
<파이낸셜 가제트>의 편집자들은 기사들을 검토하고 철자 오류를 교정한다.

불가산   **Mr. Kim's** (**knowledge** / ~~knowledges~~) of IT trends is well appreciated.
IT 트렌드에 관한 김 씨의 지식은 높이 평가된다.

TIPS 불가산명사는 앞에 부정관사 a/an을 쓸 수 없지만, 정관사 the나 소유격은 쓸 수 있다.

▶ 빈출 불가산명사

advice 조언	information 정보	knowledge 지식	consent 동의	access 접근
advertising 광고	furniture 가구	equipment 장비	merchandise 상품	baggage/luggage 수하물

1. The ------- at Luigi's Body Shop is on fast, reliable service.
(A) emphatically
(B) emphasize
(C) emphasis
(D) emphatic

2. The opening day of Valmage Gallery's new exhibition was a huge -------.
(A) successful
(B) successfully
(C) success
(D) succeed

3. The luncheon menu at the Bristol Leaders' celebration will include a vegetarian -------.
(A) option
(B) optioned
(C) optional
(D) options

4. Mr. Montrose's ------- in his job search has resulted in employment offers from three companies.
(A) persist
(B) persisted
(C) persistently
(D) persistence

5. Only authorized employees have ------- to the file folders marked "Confidential."
(A) access
(B) accesses
(C) accessing
(D) accessible

6. Cuddly Toys, Inc., has announced ------- to expand the company's Greensboro production facility.
(A) will plan
(B) plans
(C) plan
(D) to plan

7. Improvements in the manufacturing process resulted in greater ------- in the production of wood furniture.
(A) consistency
(B) consisting
(C) consistently
(D) consistent

8. The content on this Web site may not be used or reproduced without our written -------.
(A) consents
(B) consent
(C) consented
(D) consentingly

예제 **05** 레볼루션 풋웨어의 마케팅팀은 최신 운동화 기술에 관한 프레젠테이션을 준비해 왔다.
06 웹사이트에는 가정 난방 및 냉방 비용을 줄이는 방법에 대한 유용한 정보가 포함되어 있다.

사람 명사와 사물 / 추상 명사는 문맥에 맞게 선택한다.

07 Admission to this year's Hawaii Health Care conference is free, but ------- should register beforehand.

(A) participants   (B) participation   (C) participate   (D) participating

핵심분석	Admission to this year's ~ conference is free, but ------- should register beforehand.
	주어: 사람 명사 동사 부사
문제해설	'등록하다'라는 뜻의 동사 register의 주어 자리로, 등록하는 행위의 주체는 사람이므로 (A) participants가 정답이다.

▶ **빈출 사람 명사 vs. 사물 / 추상 명사**

a participant	참여자	participation	참여	a financier	자본가	finance	금융
an assistant	조수	assistance	지원	an inspector	검사관	inspection	검사
a manufacturer	제조업자	manufacturing	제조업	an investor	투자자	investment	투자
a visitor	방문객	visitation	방문	a specialist	전문가	specialty	전문 분야

사람 명사   Safety (~~inspection~~ / **inspectors**) will visit the factory to assess the working conditions.
안전 검사관들이 작업 환경을 평가하기 위해 그 공장을 방문할 것이다.

사물 / 추상 명사   Please submit a request for (**assistance** / ~~assistant~~) from technical support.
기술 지원에 대한 지원 요청서를 제출하십시오.
→ 사람 명사 assistant는 가산명사이므로 단수일 경우 단독으로 쓸 수 없다.

'명사 + 명사'로 이루어진 복합명사의 앞 또는 뒤 자리가 출제된다.

08 In an effort to increase productivity, Rely Microprocessors is offering incentives for improved employee -------.

(A) performs   (B) performed   (C) performing   (D) performance

핵심분석	~, Rely Microprocessors is offering incentives for improved employee -------.
	주어 동사 목적어 전치사+형용사+복합명사
문제해설	전치사, 형용사 뒤 명사 자리로 빈칸 앞의 employee와 함께 복합명사를 이루어 '직원 성과'라는 의미가 되어야 자연스럽다. 따라서 (D) performance가 정답이다.

▶ 복합명사는 첫 번째나 두 번째 명사 자리 문제가 출제된다. 특히 첫 번째 명사 자리에 형용사나 분사를 넣지 않도록 주의한다.

The new (~~assembled~~ / **assembly**) **line** is expected to lower production costs.
새로운 조립 라인은 생산비를 낮출 것으로 기대된다.

Application (~~form~~ / **forms**) **are** usually submitted online. 지원서는 보통 온라인으로 제출된다.
TIPS 복합명사의 단수 / 복수는 두 번째 자리의 명사가 결정하며, 복수형은 뒤 명사에 -(e)s를 붙인다.

▶ **빈출 복합명사**

management position 경영[관리]직	application form 지원서	assembly line 조립 라인
conference registration 회의 등록	confirmation letter 확인서	boarding document 탑승 서류
expiration date 유효 기간, 만기일	employee performance 직원 성과	employee productivity 직원 생산성
production manager 생산 관리 책임자	expansion strategy 확장 전략	safety procedure 안전 절차

1. All passengers should present their ------- documents at the check-in counter.
   (A) boarded
   (B) boarding
   (C) to board
   (D) boards

2. Guests at Lambert Heavy Industries must follow the rules for ------- at all times.
   (A) to visit
   (B) visitor
   (C) visited
   (D) visitation

3. Mr. Tulloch hopes to convince ------- to support his new construction project by the harbor.
   (A) investors
   (B) investments
   (C) invests
   (D) invested

4. As part of its business expansion -------, Ausgaard Automobiles plans to launch a line of small utility trucks.
   (A) strategize
   (B) strategic
   (C) strategy
   (D) strategically

5. Although Dr. Obetz is qualified in several areas, nutritional health is one of her -------.
   (A) specials
   (B) specializes
   (C) specialties
   (D) specialists

6. Mr. Feng resigned from his management ------- because he found his duties stressful.
   (A) position
   (B) expense
   (C) strategy
   (D) expertise

7. In her video address, the well-known ------- Soo-Jin Rha spoke of the importance of investing internationally.
   (A) finances
   (B) financier
   (C) financial
   (D) finance

8. Present your ------- letter at the front desk to receive your room key and welcome packet.
   (A) confirmation
   (B) designation
   (C) notification
   (D) decision

예제 **07** 올해 하와이 헬스케어 회의 입장은 무료이지만, 참가자들은 사전에 등록해야 한다.
08 생산성 증대를 위한 노력으로, 릴라이 마이크로프로세서스는 향상된 직원 성과에 장려금을 지급하고 있다.

형태나 의미가 비슷한 가산명사와 불가산명사를 구별한다.

09 Employees must obtain ------- from their supervisor before modifying or deleting data.

(A) permit　　　(B) permission　　　(C) permitted　　　(D) permitting

핵심분석　Employees must obtain ------- from their supervisor before modifying or deleting data.
　　　　　주어　　　　　동사　　　목적어: (관사X) 불가산명사

문제해설　동사 obtain의 목적어 역할을 하는 명사 자리로, 빈칸 앞에 관사가 없으므로 가산 복수명사 또는 불가산명사가 와야 한다. permit(허가증)은 가산명사이므로 답이 될 수 없고, 불가산명사인 (B) permission(허가)이 정답이다.

▶ **비슷한 형태나 의미를 가진 가산명사 vs. 불가산명사**

a plan	계획	planning	기획	a permit	허가증	permission	허가
an account	계좌	accounting	회계	an advertisement	광고	advertising	광고업
a photocopy	복사(물)	photocopying	복사	a survey	(설문) 조사	research	연구
a product	제품	production	생산	an approach	접근법	access	접근

The restaurant placed **an (advertisement / ~~advertising~~)** for a manager in the local paper.
그 레스토랑은 지역 신문에 매니저 구인 광고를 게재했다.

(~~Approach~~ / Access) to the documents is restricted to senior management.
그 서류에 대한 접근은 고위 관리직으로만 제한되어 있다.

다른 품사처럼 보이는 명사 어휘에 유의한다.

10 The ------- of a new franchise in downtown Toronto will be organized by the event coordinator.

(A) open　　　(B) openness　　　(C) openly　　　(D) opening

핵심분석　The ------- of a new franchise in downtown Toronto will be organized by the event coordinator.
　　　　　주어: 개점　　　　　　　　전치사구　　　　　　　동사

문제해설　관사 The 뒤 명사 자리로, 문맥상 '새 가맹점의 개점'을 의미하므로 '개점'을 뜻하는 (D) opening이 정답이다.

▶ **특이한 형태의 어미로 끝나서 형용사 또는 다른 품사처럼 보이는 명사 어휘에 유의한다.**

-al	arrival 도착　approval 승인　disposal 처분　individual 개인　potential 잠재력　proposal 제안(서)
-ive	alternative 대안　initiative 주도성, 계획　objective 목적　representative 대표자, 직원
-ing	accounting 회계　boarding 탑승　cleaning 청소　earnings 수익, 소득　housing 주택 opening 개점; 공석　pricing 가격 책정　recycling 재활용　shipping 배송
기타	advisory (기상) 경보; 권고　characteristic 특징　receipt 수령; 영수증　strength 힘, 강점

All staff members should take the **(initiative / ~~initiation~~)** for their own professional growth.
모든 직원은 자신들의 전문적 성장을 위해 주도성을 가져야 한다.

TQ Electronics expects this year's **(~~earns~~ / earnings)** to be better than last year's.
TQ 일렉트로닉스는 올해 수익이 지난해보다 좋을 것으로 예상한다.

실전 ETS PRACTICE

1. Gregorson Rubbish Removal has expanded its service to include the ------- of plastic and glass containers.
   (A) recyclable
   (B) recycled
   (C) recycler
   (D) recycling

2. The ------- of classified documents is allowed only with the permission of a manager.
   (A) photocopying
   (B) photocopies
   (C) photocopier
   (D) photocopied

3. If the director's request for a budget increase receives -------, we will purchase two additional delivery vans.
   (A) approval
   (B) approved
   (C) approve
   (D) approves

4. To help the sales ------- advance their speaking skills, Mr. Cho will provide a workshop on Thursday.
   (A) representation
   (B) representing
   (C) representatives
   (D) represent

5. Fargo Electronics will halt ------- of its newest line of video games until retailers sell off the existing surplus.
   (A) product
   (B) productive
   (C) produce
   (D) production

6. Payment for monthly parking vouchers can be made by automatic withdrawal from a bank -------.
   (A) accounted
   (B) account
   (C) accountable
   (D) accounting

7. The department head keeps a comprehensive file on each ------- that he is responsible for.
   (A) individuality
   (B) individual
   (C) individualism
   (D) individually

8. Through groundbreaking ------- on hospital services, Dr. Chan has redefined the basic concept of patient care.
   (A) research
   (B) survey
   (C) project
   (D) approach

예제 09 직원들은 데이터를 수정하거나 삭제하기 전에 그들의 상사로부터 허가를 받아야 한다.
10 토론토 중심가에 위치한 새 가맹점의 개점은 행사 기획자에 의해 준비될 것이다.

1. The greatest ------- of our bank is the personal relationship we build with each of our customers.
    (A) strong
    (B) strongly
    (C) strength
    (D) strengthen

2. The report shows that Malcom Telecom's new benefit packages have helped to increase employee -------.
    (A) produce
    (B) productivity
    (C) productive
    (D) productively

3. Parry Travel and XR Travel Services charge two very different ------- for similar vacation packages.
    (A) price
    (B) pricing
    (C) prices
    (D) to price

4. Shin Inc., acquired one of the biggest snack ------- in Malaysia to expand its presence into the South Asian market.
    (A) manufacturers
    (B) manufacture
    (C) manufactured
    (D) manufacturing

5. A potential buyer will often get a strong first ------- about a house simply from viewing the entryway.
    (A) impressive
    (B) impressed
    (C) impression
    (D) impress

6. The Baileyshire city government issued an ------- that the cold temperatures could cause ice to form on roadways.
    (A) advice
    (B) advised
    (C) adviser
    (D) advisory

7. One reason that the economy of the country is doing so well is that people now have more discretionary funds at their -------.
    (A) dispose
    (B) disposing
    (C) disposal
    (D) disposes

8. Conference ------- begins on December 21 and continues through the end of the year.
    (A) committee
    (B) presentation
    (C) registration
    (D) ideal

UNIT
03

대명사

대명사

▶ 대명사의 의미와 역할

대명사는 앞에서 언급된 명사의 반복적인 사용을 피하기 위해 명사 대신 쓰는 말로 인칭대명사, 지시대명사, 부정대명사가 있다.

▶ 인칭대명사

앞에서 언급된 인물이나 사물 등을 가리키며, 격이 정해져 있어 문장에서 주어, 목적어, 명사 앞 등의 자리에 들어간다. 뒤에 수식어구를 동반할 수 없다.

인칭	수	주격	소유격	목적격	소유대명사	재귀대명사
1인칭	단수	I	my	me	mine	myself
	복수	we	our	us	ours	ourselves
2인칭	단/복수	you	your	you	yours	yourself / yourselves
3인칭	단수	he	his	him	his	himself
	단수	she	her	her	hers	herself
	단수	it	its	it	–	itself
	복수	they	their	them	theirs	themselves

If **you** encounter any problems, please let **us** know. 문제가 생기면, 우리에게 알려 주세요.
주격 인칭대명사   목적격 인칭대명사

The customer completed and signed the documents **herself**. 그 고객이 직접 서류를 작성하고 서명했다.
재귀대명사(= the customer)

▶ 지시대명사

앞에서 언급된 명사를 가리키며, 인칭대명사와 달리 뒤에 수식어구를 동반할 수 있다.

단수	this 이것	that 저것
복수	these 이것들	those 저것들

This is the last announcement for Train 101 to Busan. 이것은 부산으로 가는 101호 기차의 마지막 안내 방송입니다.

Those with red tags are on sale. 빨간 가격표가 붙은 것(상품)들은 할인 판매 중이다.

▶ 부정대명사

정해지지 않은 대상을 지칭하는 말로 one(하나), another(또 다른 하나), the other(나머지 하나), the others(나머지 것들), others(다른 것들) 등이 대표적인 부정대명사이다.

Among the three properties, **one** has been rented out, and **the others** are available on the market.
부동산 매물 세 곳 중, 한 곳은 임대가 되었고 나머지는 시장에 매물로 나와 있다.

수량을 나타내는 부정대명사가 주어로 쓰인 경우, 수 일치에 유의한다.

단수 취급	one 하나	each 각각	either 둘 중 어느 하나	another 다른 것[사람]
복수 취급	a few 소수	both 둘 다	several 여럿	many 많은 사람들[것들]
불가산(단수 취급)	a little 소량	much 다량		
복수 혹은 불가산	all 전부 some 약간	most 대부분 any 어느 것이든/누구든	none 전부 아닌 것	half 절반

Most of the employees who **have** attended the seminar **rate** it highly.
세미나에 참석한 적이 있는 직원들 대다수는 그 세미나를 높이 평가한다.

ETS 빈출 〉 출제 포인트 ✅

- 인칭대명사의 알맞은 격을 선택하는 문제가 출제된다. → 기출공식 11
  We hope to send (~~you~~ / **your**) tax documents to you by the end of the week.
  우리는 이번 주 말까지는 당신의 세무 서류를 당신에게 보내 드리고자 합니다.

- '~하는 사람들'이라는 의미의 those who 관련 문제가 출제된다. → 기출공식 13
  TM Worldwide offers tips for backpacking to (~~them~~ / **those**) who like to travel on a small budget. TM 월드와이드는 적은 예산으로 여행하려는 사람들에게 배낭여행에 대한 팁들을 제공한다.

- 동사의 수에 알맞은 부정대명사를 선택하는 문제가 출제된다. → 기출공식 16
  (**Many** / ~~Much~~) of the stores downtown are open until midnight.
  시내에 있는 매장들 중 많은 매장들이 자정까지 문을 연다.

인칭대명사는 동사 앞 주격, 동사 / 전치사 뒤 목적격, 명사 앞 소유격

11
Please ask Karin Runda if ------- can work on the mapping project.

(A) she　　　(B) hers　　　(C) herself　　　(D) her

핵심분석	Please ask Karin Runda if ------- can work on the mapping project.
	주절(명령문)　　접속사 주어(= Karin Runda) 동사
문제해설	접속사 if 뒤에는 주어와 동사가 와야 한다. 빈칸 뒤 동사 can work가 있으므로, 주격 인칭대명사 (A) she가 정답이다.

주격+동사　　**Mr. Lee** knows how (**he** / ~~his~~) should proceed with the project.
이 씨는 그가 그 일을 어떻게 진행해야 하는지를 안다.

동사+목적격　　When Mr. Min met **Ms. Choi** at the convention, he convinced (~~him~~ / **her**) to invest in
his new business.　민 씨가 박람회에서 최 씨를 만났을 때, 그는 그녀가 그의 새로운 사업에 투자하도록 설득했다.

소유격+명사　　**All employees** submitted (~~them~~ / **their**) shift timesheets.
모든 직원들이 그들의 교대 근무 시간표를 제출했다.

고득점 PLUS　'소유격+명사'의 역할을 하는 소유대명사는 주어, 목적어, 보어 자리에 쓸 수 있다.

As soon as **Mr. Chung's presentation** is finished, Ms. Davis will give (~~her~~ / **hers**).
청 씨가 발표를 끝내자마자, 데이비스 씨는 그녀의 것(= 발표)을 할 것이다.　　　　　= Ms. Davis's presentation

---

재귀대명사는 주어와 목적어가 같을 때 또는 주어를 강조할 때 쓴다.

12
The new members of the team introduced ------- and explained their upcoming projects.

(A) they　　　(B) their　　　(C) them　　　(D) themselves

핵심분석	The new members of the team introduced ------- and explained their upcoming projects.
	주어　　　　　　　　　　동사　　목적어(= the new members)
문제해설	빈칸은 동사 introduced의 목적어 자리로 목적격이 와야 하는데, 문맥상 주어 the new members와 목적어가 일치하므로 재귀대명사 (D) themselves가 정답이다.

재귀 용법　　Please **keep** (**yourself** / ~~you~~) updated with the announcements.　공지 사항을 계속 확인해 주세요.
　　　　　　　TIPS　명령문의 주어는 you이므로 명령문의 재귀대명사는 yourself / yourselves를 쓴다.

강조 용법　　**The mechanic** fixes his car (**himself** / ~~themselves~~).　그 정비사는 그의 차를 직접 수리한다.
　　　　　　　주어　　　　동사　 목적어　　→ 완전한 문장 뒤

　　　　　　　Ms. Yi (**herself** / ~~her~~) renounced the claim to the property.　이 씨가 직접 그 재산에 대한 권리를 포기했다.
　　　　　　　주어　　→ 주어와 동사 사이　　동사

관용 표현　　The assistant finished the work all **by** (**herself** / ~~her own~~).　조교는 그 일을 혼자서 다 끝냈다.

▶ **재귀대명사 관련 빈출 표현**

pride oneself on ~에 대해 자부심을 가지다	by oneself 혼자서, 스스로(= on one's own)
keep oneself updated (최신 뉴스·공지 등을) 계속 확인하다	among themselves 자기들끼리
familiarize / acquaint oneself with ~을 숙지하다	in itself 본래, 그 자체로

실전 ETS PRACTICE

제한시간 2분 40초 | 정답 및 해설 p.09

1. Printmaker Jon Sedario will conduct a three-week workshop at ------- studio.
(A) he
(B) his
(C) him
(D) himself

2. To make it easier to browse the reference books, Mr. Poole organized ------- by subject.
(A) they
(B) their
(C) them
(D) themselves

3. Ms. Uche joined Pharmacidion soon after ------- had graduated.
(A) hers
(B) her
(C) she
(D) herself

4. Dr. Atwell volunteered to examine the patient who was waiting in the emergency room -------.
(A) her
(B) she
(C) her own
(D) herself

5. Fourth-floor employees may use the printer on the fifth floor while ------- is out of service.
(A) they
(B) them
(C) their
(D) theirs

6. New employees are not allowed to operate factory equipment by ------- before the end of the training period.
(A) theirs
(B) themselves
(C) their own
(D) them

7. We pride ------- on providing outreach programs to children in isolated areas.
(A) ours
(B) our
(C) us
(D) ourselves

8. Ms. Collins asked that all inquiries regarding the company's recall policy be forwarded to -------.
(A) she
(B) her
(C) hers
(D) herself

예제 11 카린 런다에게 지도 제작 일을 할 수 있는지 물어봐 주세요.
      12 팀의 새로운 멤버들은 자신들을 소개하고 앞으로의 프로젝트에 대해 설명했다.

'~하는 사람들'을 나타내는 those who

13 For ------- who prefer not to design their own business cards, we offer a large assortment of templates.

(A) they　　　(B) those　　　(C) theirs　　　(D) them

핵심분석　For ------- who prefer not to design their own business cards, we offer a large assortment ~.
전치사　those who(관계대명사절)　　　　　　　　　　　　　　　주어　동사　　목적어

문제해설　관계대명사 who와 함께 '~하는 사람들'의 의미를 나타내는 (B) those가 정답이다. 인칭대명사 they, theirs, them은 수식어를 동반할 수 없다.

▶ those+수식어

those+who　　We appreciate (them / **those**) **who** answered our survey.　설문에 답변 주신 분들께 감사드립니다.

those+-ing　　(They / **Those**) **using** the old version should update it.
　　　　　　　이전 버전을 사용하는 분들은 업데이트를 해야 합니다.

those+-ed　　This training is for (**those** / themselves) **assigned** to Customer Service.
　　　　　　　이 교육은 고객 서비스 부서에 배정된 사람들(=직원들)을 위한 것이다.

those+전치사구　(**Those** / Those who) **with side effects** should see a doctor.
　　　　　　　부작용이 있는 사람들은 의사의 진료를 받아야 한다.

고득점 PLUS　'those who+복수동사'(~하는 사람들) vs. 'anyone who+단수동사'(~하는 누구나)

(Those / **Anyone**) who **is** interested in participating should contact Mr. Kim.
　　참가하는 데 관심 있는 사람은 누구나 김 씨에게 연락해야 한다. → anyone은 단수 취급하는 대명사이므로 단수동사를 쓴다.

단수명사를 대신하는 that, 복수명사를 대신하는 those

14 Stamway Architects' designs are consistently more creative than ------- of its competitors.

(A) that　　　(B) them　　　(C) it　　　(D) those

핵심분석　Stamway Architects' designs are consistently more creative than ------- of its competitors.
　　　　　主语　　　　　　　　　동사　　　　　　　　　　보어　　=designs　수식어구

문제해설　의미상 스탬웨이 건축 사무소의 설계와 경쟁업체의 설계를 비교하는 것이므로, 앞의 복수명사 designs를 대신하는 지시대명사 (D) those가 정답이다.

▶ 앞에서 언급된 명사가 단수이면 that, 복수이면 those가 대신한다.

The current **project** takes less time than (**that** / those) of last year.
현 프로젝트는 작년 것(=프로젝트)보다 시간이 덜 걸린다.

Mr. Brown's **suitcases** are different from (**those** / them) in the lost and found.
브라운 씨의 여행 가방들은 분실물 센터에 있는 그것들(=여행 가방들)과 다르다.

고득점 PLUS　지시대명사 that과 those는 비교 표현과 함께 자주 출제된다.

　more / less than ~보다 더/덜 ~한　**the same as** ~와 같은　**similar to** ~와 유사한　**different from** ~와 다른

The **contents** of the newest edition are basically the same as (**those** / them) of the old version of the book.　최신판의 내용은 구판의 그것들(=내용)과 기본적으로 같습니다.

ETS PRACTICE

제한시간 2분 40초 | 정답 및 해설 p. 10

1. The sales figures for real vanilla extract are much higher than ------- of imitation vanilla.
(A) that
(B) either
(C) those
(D) both

2. ------- interested in taking the IT department's Internet security seminar may enroll in the course online.
(A) It
(B) They
(C) Those
(D) That

3. Granolin Café offers discount coupons to ------- who post about it on social media.
(A) those
(B) them
(C) anyone
(D) another

4. The price of the X14 mobile phone's current model is more affordable than ------- of the previous one.
(A) it
(B) that
(C) these
(D) those

5. ------- missing from the latest employee directory should contact Personnel.
(A) It
(B) That
(C) Those
(D) Who

6. Alfonso Ramirez's latest paintings are similar to ------- of Ji-Min Yoo's early period.
(A) this
(B) them
(C) those
(D) that

7. The instructor may permit ------- with scheduling conflicts to leave the class early.
(A) those
(B) this
(C) theirs
(D) them

8. Ms. Smith understands what to do better than ------- who was originally in charge of the project.
(A) those
(B) our
(C) them
(D) anyone

예제 **13** 자신의 명함을 직접 제작하기를 원하지 않는 분들을 위해 우리는 구성이 다양한 견본을 제공해 드립니다.
14 스템웨이 건축 사무소의 설계는 다른 경쟁업체들의 그것(=설계)보다 한결같이 더 창의적이다.

부정대명사 one(s), another / others, the other(s)

15 If your copier breaks during your rental period, we will replace it with ------- for free.
   (A) other (B) another (C) one another (D) each other

핵심분석   If your copier breaks during your rental period, we will replace it with ------- for free.
            부사절   주어   동사   목적어   다른 것(copier)으로

문제해설   제품이 고장 난 경우 (같은 종류의) 다른 제품으로 교체해 주는 것이 일반적이므로 (B) another가 정답이다.

▶ one(s)은 정해지지 않은 가산명사를 대신하며 한정사나 형용사의 수식을 받을 수 있다.
   Among **the season's bags**, the light (**ones** / ~~others~~) are popular. 이번 시즌의 가방들 중 가벼운 것들이 인기 있다.

▶ another는 언급된 대상의 또 다른 하나, others는 언급된 대상의 또 다른 것들을 가리킨다.
   If you lose **your loyalty card**, we can issue (~~other~~ / **another**). 고객 카드를 잃어버리면, 다른 카드로 발급해 드립니다.

▶ the other(s)는 한정된 수에서 나머지 전부를 가리킨다. 따라서 정해진 수가 언급되어야 한다.
   Out of the four speakers, **two** left already, and (~~other~~ / **the others**) are still talking to the audience.
   네 명의 연설자 중, 두 명은 이미 떠났고 나머지는 아직 관객과 이야기하고 있다.

기출공식   **수량을 나타내는 부정대명사는 수 일치에 유의한다.**

16 ------- of Mr. Chun's responsibilities is to produce the company's newsletter.
   (A) Anything (B) Every (C) All (D) One

핵심분석   ------- of Mr. Chun's responsibilities is to produce the company's newsletter.
            주어   전치사구   단수동사   보어(to부정사구)

문제해설   빈칸은 문장의 주어로 쓰인 부정대명사 자리로 단수동사 is와 수 일치되는 (D) One이 정답이다. (A) Anything과
            (B) Every는 'of the / 소유격 + 명사'와 쓸 수 없다.

▶ 수량을 나타내는 부정대명사(+ of the / 소유격 + 명사) + 동사

one 하나	each 각각	another 다른 하나	of the / 소유격 + 복수명사	단수동사
both 둘 다	many 다수의 사람[것]들	several 몇몇	of the / 소유격 + 복수명사	복수동사
a few 소수	few (수가) 거의 없는 것			
a little 소량	little (양이) 거의 없는 것	much 다량	of the / 소유격 + 불가산명사	단수동사
all 모두, 전부	none 전부 아닌 것, 어떤 것도 ~ 않다		of the / 소유격 + 복수명사	복수동사
most 대부분	some 몇몇, 약간	any 어느 것이든	of the / 소유격 + 불가산명사	단수동사

Although Atro Theater and Shills Hotel have historic value, (**both** / ~~each~~) **are** going to be torn down.
아트로 극장과 쉴즈 호텔은 역사적인 가치를 가지고 있지만, 둘 다 철거될 것이다.

(~~Every~~ / **One**) of the projects **was** completed last week. 프로젝트 중 하나는 지난주에 끝났다.
TIPS every(모든)와 other(다른)는 대명사가 아니라 형용사이므로 주어나 목적어 자리에 올 수 없다.

고득점 PLUS   -thing, -one, -body로 끝나는 부정대명사는 'of the / 소유격 + 명사'의 수식을 받지 못하며, 관련 문제의 오답으로 자주 출제된다.
   (~~Nothing~~ / **None**) **of the bills** have been paid. 어떤 청구서도 납부되지 않았다.

1. Although high-end laptop computers attract a lot of attention, people actually buy affordable -------.
   (A) another
   (B) other
   (C) everything
   (D) ones

2. The packages in this shipment should be handled with care, as ------- contain fragile goods.
   (A) each
   (B) such
   (C) everything
   (D) many

3. The bike rack and the planter box were damaged in last night's storm, so ------- need to be repaired or replaced.
   (A) much
   (B) both
   (C) none
   (D) some

4. ------- of the information discussed at the workshop was relevant to our team's work.
   (A) Many
   (B) Few
   (C) Each
   (D) Little

5. Because of Pleffen Farms' commitment to the environment, ------- of our products are grown using pesticides.
   (A) none
   (B) nothing
   (C) no one
   (D) no

6. Out of the three venues, two of them are already booked, but ------- is available for our event.
   (A) other
   (B) others
   (C) the other
   (D) other one

7. If ------- of its doors do not close fully, the train will be unable to depart.
   (A) none
   (B) every
   (C) anything
   (D) any

8. The job posting has attracted several hundred applicants, but ------- have the required qualifications.
   (A) much
   (B) few
   (C) nobody
   (D) whoever

예제 15 임대 기간 동안 복사기가 고장 나면 무상으로 다른 복사기로 교체해 드리겠습니다.
　　 16 천 씨의 직무 중 하나는 회사 소식지를 제작하는 것이다.

1. Ms. Lee will be hosting ------- annual antique auction on July 10 at the Riverside Community Center.
(A) she
(B) her
(C) herself
(D) hers

2. The author ------- agrees that the film adaptation is better than the original novel.
(A) himself
(B) him
(C) his
(D) he

3. ------- who wish to work remotely may apply to do so by e-mailing Human Resources.
(A) Either
(B) Them
(C) Anyone
(D) Those

4. Please familiarize ------- with the basic concepts of the initiatives before coming to the seminar.
(A) you
(B) yours
(C) yourself
(D) your own

5. Though it is a budget airline, Delon Air has in-flight entertainment similar to ------- offered by higher-priced carriers.
(A) that
(B) what
(C) theirs
(D) those

6. The members of the book club will discuss the short story ------- chose for the weekend meeting.
(A) them
(B) they
(C) their
(D) themselves

7. Although employees are frequently reminded of its importance to network security, ------- change their passwords regularly.
(A) any
(B) then
(C) few
(D) which

8. If suppliers' prices continue to rise, ------- must rise as well in order to maintain profitability.
(A) we
(B) us
(C) ours
(D) ourselves

UNIT
04

형용사와 부사

형용사와 부사

▶ 형용사의 형태

형용사는 주로 -able, -ant/ent, -al, -ary, -ful, -ic, -less, -ous, -sive/tive, -y 등으로 끝난다. 또한 동사에 -ing나 -ed를 붙인 분사 형용사도 있다.

afford**able** 저렴한	suffici**ent** 충분한	addition**al** 추가적인	necess**ary** 필요한
use**ful** 유용한	specif**ic** 구체적인	care**less** 부주의한	previ**ous** 이전의
posi**tive** 긍정적인	leng**thy** 장황한	miss**ing** 분실된	complic**ated** 복잡한

The glassware store carries quality items at **affordable** prices.
그 안경 매장은 저렴한 가격에 품질 좋은 물건들을 취급한다.

▶ 형용사의 역할

형용사는 명사 앞이나 뒤에서 명사를 수식하거나 보어 자리에서 명사에 대해 보충 설명하는 역할을 한다.

명사 수식	Mr. Lee delivered an **impressive** speech. 이 씨는 인상적인 연설을 했다. Please check the box **applicable** to you. 자신에게 해당되는 박스에 체크하세요.
주격 보어	The committee's decision is **agreeable**. 위원회의 결정은 동의할 만하다.
목적격 보어	We consider all comments **important**. 우리는 모든 의견을 중요하게 여깁니다.

▶ 부사의 형태

부사는 주로 '형용사+ly'의 형태이지만, -ly가 붙지 않는 부사도 있다.

형용사+ly	lately 최근에 actively 활동적으로	highly 매우 exactly 정확히	hardly 거의 ~하지 않는 sincerely 진심으로	closely 자세히, 밀접하게 accordingly 그에 상응하여
기타	so/very 매우 quite 꽤 yet 아직(주로 부정문과 의문문)	no longer 더 이상 ~하지 않는 still 여전히	hard 열심히 even 심지어 well 잘 enough 충분히	

The customs officer examined the package **very closely**. 세관원은 그 우편 상자를 아주 자세히 검사했다.

The bus route is **no longer** available. 그 버스 노선은 더 이상 제공되지 않습니다.

▶ 부사의 역할

부사는 동사, 형용사, 부사, 구 / 절, 문장을 수식한다.

동사 수식	We will **promptly** take care of your complaint. 신속히 고객님의 불만 사항을 처리해 드리겠습니다.
형용사 수식	The speculation about the merger is **probably** true. 합병에 대한 추측이 아마도 사실 같다.
부사 수식	The terms of the office lease are **very** clearly written in the contract. 사무실 임대 계약 조항들은 계약서에 매우 확실하게 쓰여 있다.
준동사 수식	**Conveniently** located in downtown Seoul, the shopping mall is always crowded. 편리하게 서울 도심에 위치하고 있어서 그 쇼핑몰은 항상 붐빈다.
전치사구 수식	The item you ordered is **regrettably** out of stock. 주문하신 제품이 아쉽게도 품절되었습니다.
부사절 수식	Production started **shortly** after the contract was finalized. 계약이 마무리된 직후에 바로 생산이 시작되었다.
문장 수식	**Generally**, employers prefer to hire a candidate with experience. 일반적으로, 고용주들은 경력 있는 지원자를 고용하는 것을 선호한다.

ETS 빈출 〉 출제 포인트 ✓

- **형용사와 부사 자리를 비교하는 문제가 출제된다.** → 기출공식 17, 21, 22

  Your (**generous** / ~~generously~~) donation is deeply appreciated.
  Your generous donation is (~~deep~~ / **deeply**) appreciated. 당신의 후한 기부는 매우 감사히 여겨집니다.

- **혼동되는 형용사 어휘를 구별하는 문제가 출제된다.** → 기출공식 19

  The recipient's signature is required for this (~~confident~~ / **confidential**) document.
  이 기밀 서류에는 받는 사람의 서명이 필수이다.

- **특정 동사와 숫자를 수식하는 부사 어휘 문제가 출제된다.** → 기출공식 23, 24

  Due to the advertisements, the subscription numbers rose (~~sharpness~~ / **sharply**).
  그 광고 때문에 구독수가 갑자기 상승했다.

형용사는 명사를 수식하고 부사의 수식을 받는다.

17 The new president of Dinla Consulting takes an ------- role in its day-to-day operations.
(A) activate   (B) actively   (C) active   (D) activation

핵심분석   <u>The new president</u> of Dinla Consulting <u>takes</u> <u>an ------- role</u> in its day-to-day operations.
                    주어   동사   관사+형용사+명사

문제해설   빈칸 앞에 부정관사 an, 뒤에 명사 role이 있으므로 명사를 수식하는 형용사 자리이다. 따라서 (C) active가 정답이다.

(관사/소유격+)
형용사+명사
All **the** (~~necessarily~~ / **necessary**) **items** for camping can be found at Pandas.ca.
캠핑에 필요한 모든 물품은 판다스닷시에이에서 찾으실 수 있습니다.

They offer (**rapid** / ~~rapidly~~), **reliable delivery services**.
그들은 빠르고 믿을 만한 배송 서비스를 제공한다. → 두 개 이상의 형용사가 접속사 없이 명사를 수식할 수 있다.

(관사/소유격+)
부사+형용사+명사
The speaker was impressed by **the surprisingly** (~~respond~~ / **responsive**) **audience**.
연설자는 놀랍도록 호응을 잘하는 관객에게 깊은 인상을 받았다.

부사+형용사
He was **completely** (**satisfied** / ~~satisfaction~~) with the test results.
그는 테스트 결과에 완전히 만족했다.

고득점
PLUS   형용사 뒤에 전치사구 등의 수식어가 붙어 길어지면 명사 뒤에서 수식한다.

Enjoy **the facilities available** only for our valued customers.   우리의 소중한 고객들에게만 제공되는 부대시설을
           명사   ⌐   ⌐   형용사   +   전치사구   맘껏 누리세요.

수량 형용사는 명사와의 수 일치에 유의한다.

18 ------- laboratory equipment should be labeled upon arrival at the lab.
(A) Both   (B) All   (C) Every   (D) Many

핵심분석   <u>------- laboratory equipment</u> should be labeled <u>upon arrival at the lab.</u>
           주어: 수량 형용사 + 불가산명사   동사   전치사구

문제해설   빈칸은 복합명사 laboratory equipment를 수식하는 형용사 자리이다. equipment는 불가산명사이므로 가산, 불가산
            명사 모두를 수식할 수 있는 (B) All(모든)이 정답이다. 의미가 비슷한 (C) Every는 가산 단수명사만 수식하므로 오답이다.

▶ **수량 형용사의 수 일치**

			가산 단수명사
a /an 하나의 another 다른 하나의 each 각각의 every 모두의			가산 단수명사
either 둘 중 어느 하나의 neither 둘 중 어느 쪽도 아닌			
a few 몇몇의 few 거의 없는 several 몇 개의 both 둘 다의 many /a number of 많은			가산 복수명사
a little 약간의 little 거의 없는 much /a large amount of /a great deal of 많은		**+**	불가산명사
all 모든 some 어떤, 몇몇의 other 다른 most 대부분의			가산 복수명사/
a lot of 많은 a (wide) variety /range /selection of (매우) 다양한			불가산명사
any 어떤 ~라도 no(=not any) (어떤 ~도) 아닌/없는			모든 명사

The personnel manager interviewed (**every** / ~~all~~) **candidate**.   인사 부장은 모든 지원자의 면접을 봤다.

(**Some** / ~~Many~~) **advice** was helpful for start-ups like us.   어떤 조언은 우리 같은 신생 기업에 도움이 되었다.

실전 # ETS PRACTICE

제한시간 2분 40초 | 정답 및 해설 p.14

1. If final sales figures are not available, department managers may include ------- estimates in their weekly report.
(A) rough
(B) roughest
(C) roughly
(D) roughness

2. Bookstore employees' ------- belongings should be stored in their lockers during working hours.
(A) personality
(B) personally
(C) personalize
(D) personal

3. If you choose to hire one of our lawyers to represent you, you will be asked to sign ------- forms.
(A) several
(B) something
(C) a little
(D) much

4. Bivou Auto Shop is seeking mechanics ------- at repairing hybrid vehicles.
(A) proficiency
(B) proficient
(C) proficiently
(D) proficiencies

5. Arxo Advertising created a short, ------- jingle to accompany the television advertisements for Jubilee Vine Hotel.
(A) memory
(B) memorize
(C) memorably
(D) memorable

6. ------- city cafés purchase the ingredients for their menus from local farms.
(A) The most
(B) Almost
(C) Most
(D) Most of

7. Even relatively ------- errors in the production process should be reported.
(A) insignificance
(B) insignificantly
(C) insignificant
(D) insignificances

8. The accounting department has purchased ------- filing cabinet to hold its excess documents.
(A) all
(B) whole
(C) other
(D) another

예제 **17** 딘라 컨설팅의 신임 사장은 일상적인 업무에 적극적으로 임하고 있다.
 18 모든 실험실 장비는 실험실 도착 시 라벨이 부착되어야 한다.

형태와 의미가 혼동되는 형용사에 유의한다.

19 The Leyva Coolix refrigerator's ------- warranty even covers some types of damage caused by the customer.

(A) comprehend　　(B) comprehending　　(C) comprehensive　　(D) comprehensible

핵심분석　The Leyva Coolix refrigerator's ------- warranty even covers some types of damage ~.
　　　　　　　　　주어 : 소유격　+　형용사　+　명사　　　　　동사　　　　　　목적어

문제해설　보증(보험)의 warranty와 어울리는 형용사는 '종합의, 포괄적인'이라는 의미인 (C) comprehensive이다.

▶ **형태는 유사하지만 의미가 다른 형용사**

extensive knowledge 폭넓은 지식	**confident** speaker 확신에 찬 연설자	**considerable** resources 상당한 자원
extended deadline 연장된 기한	**confidential** document 기밀 서류	**considerate** act 사려 깊은 행동
informative workshop 유익한 워크숍	**useful** tip 유용한 팁[도움말]	**comprehensive** warranty 종합 보증 (보험)
informed consent 사전 (통보된) 동의	**used** appliance 중고 가전제품	**comprehensible** motive 이해할 만한 동기

The workshop offers (~~used~~ / **useful**) **tips** for retaining customers. 워크숍은 고객 유지에 대한 유용한 팁을 제공한다.

▶ **-ly, -ing, -ed로 끝나는 형용사**　　　　　*동사에 -ing, -ed를 붙인 분사 형태가 형용사로 사용되는 어휘가 있다.

-ly	costly 비용이 드는	likely 유력한, ~일 것 같은	lively 활기 넘치는	orderly 질서 정연한	timely 시기적절한
-ing	qualifying 자격을 주는	confusing 헷갈리는	existing 기존의	leading 선두의	promising 촉망되는
-ed	qualified 자격이 되는	complicated 복잡한	detailed 상세한	expired 만료된	experienced 경력이 많은

The restaurant is known for its (~~live~~ / **lively**) **atmosphere**. 그 레스토랑은 활기 넘치는 분위기로 유명하다.

All of our students passed the (**qualifying** / ~~qualified~~) **exam**. 우리 학생들 모두가 자격 시험에 합격했다.

The **explanations** are fairly (~~detailing~~ / **detailed**). 설명이 상당히 상세하다.

'be동사+형용사+전치사' 형태의 관용 표현이 출제된다.

20 The survey shows that many employees are ------- about new methods and developments introduced in their industries.

(A) enthusiast　　(B) enthusiasm　　(C) enthusiastic　　(D) enthusiastically

핵심분석　The survey shows that many employees are ------- about new methods and developments ~.
　　　　　　　주절　　　　　　　that절: 주어　be동사+형용사+전치사　　　전치사의 목적어

문제해설　빈칸은 be동사의 주격 보어 자리이며, 뒤의 전치사 about을 단서로 '~에 대해 적극적[열성적]이다'라는 be enthusiastic about을 떠올려야 한다. 따라서 형용사 (C) enthusiastic이 정답이다.

▶ **'be동사+형용사+전치사' 빈출 표현**

be available to ~에 제공되다	be relevant to ~에 관련되다	be accessible to ~에 접근이 쉽다
be necessary for ~에 필요하다	be known/renowned for ~로 유명하다	be dependent/reliant on ~에 달려 있다, 의존하다
be critical of ~에 비판적이다	be enthusiastic about ~에 대해 열성적이다	be knowledgeable about ~에 대해 해박하다

Recent supply issues **are** (**relevant** / ~~knowledgeable~~) **to** this study. 최근의 공급 문제는 이 연구에 관련된다.

1. Human Resources requires managers to give a valid reason in order to access employees' ------- information.
   (A) confident
   (B) confiding
   (C) confidentially
   (D) confidential

2. The range of programs that the community center can offer is ------- on the amount of funding it receives from the city.
   (A) depended
   (B) dependable
   (C) depend
   (D) dependent

3. Web designers should avoid creating Websites that are too -------.
   (A) complicated
   (B) complicate
   (C) complicating
   (D) complication

4. In order to develop a broad customer base, a ------- amount of time and effort is required.
   (A) considerate
   (B) considering
   (C) consideration
   (D) considerable

5. The analyst's commentary in the progress report was sharply ------- of the leadership team.
   (A) critical
   (B) critic
   (C) critically
   (D) criticism

6. Among the bidders for the town improvement initiative, Neuro Construction is the ------- winner.
   (A) like
   (B) liken
   (C) likely
   (D) likeness

7. Because the IT development education industry looks -------, there has been a lot of investment there.
   (A) promising
   (B) missing
   (C) detailed
   (D) custom

8. Feedback forms indicate that visitors are finding our product workshop very -------.
   (A) interested
   (B) informative
   (C) willing
   (D) potential

예제 **19** 레이바 쿨릭스 냉장고의 종합 보증 보험은 고객에 의해 발생된 일부 유형의 고장도 보장해 줍니다.
　　 20 그 설문 조사는 많은 직원들이 그들의 분야에 도입되는 새로운 방법이나 신개발품에 대해 적극적이라는 점을 보여 준다.

21 Just as Ms. Slovic was leaving the office, the delivery ------- arrived.

(A) final   (B) finally   (C) finalize   (D) finalizing

핵심분석	Just as Ms. Slovic was leaving the office, the delivery ------- arrived.
	부사절 주어 부사 동사
문제해설	주어와 동사 사이에는 부사만이 들어갈 수 있으므로 (B) finally가 정답이다.

▶ 동사를 수식하는 부사는 보통 다음에 위치한다.

동사 앞   We **(sincerely** / ~~sincere~~) **thank** all our volunteers. 우리는 모든 봉사자분들에게 진심으로 감사드립니다.

동사 사이   The profits **will** (~~certain~~ / **certainly**) **improve**. 수익은 확실히 나아질 것이다.

Ms. Nam **is** (**currently** / ~~current~~) **working** as a financial analyst.
남 씨는 현재 금융 분석가로 일하고 있다.

The restaurant **has** (**recently** / ~~recent~~) **moved** to the city. 그 식당은 최근에 도심으로 이전했다.

TIPS 조동사와 동사원형 사이, be동사와 -ing/-ed 사이, have와 p.p. 사이는 모두 부사 자리이다.

동사 뒤   Interest rates **fell** (**significantly** / ~~significance~~) this quarter. 이번 분기에 이율이 상당히 하락했다.

The technician **installed the doors** (~~proper~~ / **properly**). 기사는 문을 제대로 설치했다.

The elevators **are inspected** (~~regular~~ / **regularly**). 엘리베이터는 정기적으로 점검된다.

TIPS 자동사 뒤, 자동사와 전치사 사이, 타동사의 목적어 뒤, 수동태 뒤 모두 부사 자리이다.

22 When reserving a hotel for business travel, employees are expected to choose the most ------- priced option.

(A) reasonably   (B) reasons   (C) reasonable   (D) reasoning

핵심분석	When reserving ~, employees are expected to choose the most ------- priced option.
	주어 동사 준동사 목적어: the 최상급+부사+형용사+명사
문제해설	빈칸 뒤 priced는 '가격이 매겨진'이라는 형용사이므로 이를 수식하는 부사 (A) reasonably가 정답이다.

형용사 수식   The registration fee is (~~full~~ / **fully**) **refundable**. 등록비는 전액 환불 가능합니다.

부사 수식   The training progressed (**quite** / ~~enough~~) **smoothly**. 교육은 꽤 무리 없이 진행되었다.

준동사 수식   We appreciate all the customers for (**carefully** / ~~careful~~) **reviewing** our services.
서비스에 대한 후기를 자세히 작성해 주신 모든 고객분에게 감사드립니다.

구/절 수식   The sale started (**immediately** / ~~immediate~~) **after holidays**. 명절 직후에 세일이 시작되었다.

TIPS immediately/directly/shortly/soon+after[following] '직후에'/before '직전에'

문장 수식   (**Regrettably** / ~~Regret~~), **we had to turn down the offer**. 안타깝게도 우리는 그 제안을 거절해야 했다.

 고득점 PLUS 전후 문장의 문맥을 연결하는 접속부사는, 주로 문장 앞에 콤마와 위치하며 접속사와 달리 연결 기능이 없다.

however 그러나   therefore 그러므로   moreover 게다가   nevertheless 그럼에도 불구하고   meanwhile 그동안에

(**Meanwhile** / ~~While~~), **they worked hard to make it happen**. 그러는 동안에, 그들은 성공하기 위하여 열심히 일했다.

→ 문장의 동사는 worked 하나뿐이므로 접속사(While)는 쓰일 수 없다.

ETS PRACTICE

1. Afrivest's new CEO, Janet Gachobe, -------
opposes making new capital investments
at this time.
   (A) energetically
   (B) energetic
   (C) energize
   (D) energy

2. Because the packaging machines have
------- broken down on the assembly line,
factory officials have decided to replace
them.
   (A) repeat
   (B) repeatedly
   (C) repeated
   (D) repetition

3. If you are not ------- satisfied with the
craftsmanship of the bowl, please let us
know.
   (A) complete
   (B) completely
   (C) completion
   (D) completes

4. -------, Tinza Clothing's total sales have
fallen very little despite its recent store
closings.
   (A) Interest
   (B) Interesting
   (C) Interestingly
   (D) Interested

5. Refreshments should be placed in the
conference room ------- before the meeting
begins.
   (A) shortly
   (B) short
   (C) shortens
   (D) shorter

6. The advertising budget is divided -------
among the three divisions in the marketing
department.
   (A) equal
   (B) equals
   (C) equality
   (D) equally

7. The companywide end-of-the-year party
went ------- well despite the last-minute
change in venue.
   (A) remarks
   (B) remarked
   (C) remarking
   (D) remarkably

8. We wish to apologize for ------- charging
you twice for our recent service visit.
   (A) mistakenly
   (B) mistaken
   (C) mistook
   (D) mistake

예제 21 슬로빅 씨가 사무실을 막 나갔을 때, 배송이 마침내 도착했다.
22 출장을 위해 호텔을 예약할 때 직원들은 가장 합리적으로 가격이 매겨진 선택 사항을 고르도록 되어 있다.

시간 부사와 숫자 수식 부사가 출제된다.

23 The Palisar Café ------- added a special menu for vegetarians.
(A) recently   (B) entirely   (C) closely   (D) relatively

핵심분석   The Palisar Café ------- added a special menu for vegetarians.
　　　　　　　주어　　　　　　부사　동사(과거 시제)　목적어

문제해설   수식해야 하는 동사 added가 과거 시제이므로 '최근에'라는 의미의 부사 (A) recently가 정답이다.

▶ **동사의 시제와 어울리는 부사**

현재	regularly 정기적으로 usually 주로 generally 일반적으로	현재진행	currently/presently 현재
과거	formerly/previously 이전에 once 한때 recently 최근에	미래	shortly/soon 곧 immediately 즉시

The opening remarks **will start** (**shortly** / ~~usually~~). 개회사가 곧 시작될 것이다.

The free version **was** (~~shortly~~ / **once**) unavailable. 무료 버전은 한때 제공되지 않았다.

▶ **숫자를 수식하는 부사**

거의	approximately/nearly/almost/roughly 거의, 대략		about/around 약, 정도
이상·이하	more than/over ~ 이상 less than ~ 이하	기타	at least 적어도 just/only (겨우) ~만

(~~Approximate~~ / **Approximately**) fifty teams are participating. 대략 50여 개의 팀이 참가하고 있다.

특정 동사와 잘 쓰이는 부사가 출제된다.

24 Now that its new factory is open, Ouko, Inc.'s productivity has ------- increased.
(A) collaboratively   (B) exactly   (C) significantly   (D) highly

핵심분석   Now that its new factory is open, Ouko, Inc.'s productivity has ------- increased.
　　　　　　　　　부사절　　　　　　　　　　　　　　　주어　　　　　　　　　부사 + 증감동사

문제해설   '증가하다'라는 의미의 동사 increased와 어울리는 부사는 증가, 감소, 변화를 강조하는 (C) significantly(상당히)이다.

▶ **'증감/변화 동사+부사' 빈출 표현**

증가	increase/improve/expand/rise		considerably/greatly/significantly/substantially 상당히, 매우
감소	decrease/fall/reduce	+	dramatically/sharply 급격히 noticeably/remarkably 눈에 띄게
변화	change/revise/shift		steadily 꾸준히 slightly 약간

The contractor **revised** the floorplan (**noticeably** / ~~highly~~). 건축업자가 평면도를 눈에 띄게 수정했다.
TIPS very, highly, fairly, quite 등의 강조 부사는 보통 형용사, 부사를 수식하고 동사는 수식하지 않는다.

▶ **'동사+부사' 빈출 표현**

inspect regularly 정기적으로 점검하다   review thoroughly 철저히 검토하다   respond promptly 신속히 답변하다
work collaboratively 협력하여 일하다   close temporarily 일시적으로 폐장하다   approve unanimously 만장일치로 승인하다

The Intransit Company **inspects** its buses (~~fairly~~ / **regularly**). 인트랜짓 회사는 자사의 버스를 정기적으로 점검한다.

1. Geoff Flooring has been serving Pinellas County for ------- 100 years.
(A) proudly
(B) nearly
(C) normally
(D) finally

2. The engineering team's productivity improved ------- once its members began using standing desks.
(A) slightly
(B) quite
(C) fairly
(D) closely

3. Grow Great squash seeds should be planted outdoors ------- six weeks after the last frost.
(A) even if
(B) at least
(C) in case of
(D) away from

4. According to the assignment sheet, Ben Daigle is ------- working on an article about ocean pollution.
(A) recently
(B) currently
(C) eventually
(D) formerly

5. Ms. Swan's résumé says that she was ------- the assistant director of operations for Wilhite, Inc.
(A) rarely
(B) shortly
(C) previously
(D) considerably

6. Fargo Shopping Center will be closing ------- until the damage caused during the last storm has been repaired.
(A) equally
(B) energetically
(C) previously
(D) temporarily

7. Debra Allen ------- transferred to the Berlin office to oversee the European subsidiaries.
(A) usually
(B) recently
(C) thoroughly
(D) approximately

8. At its last meeting, the board of directors ------- approved the revised proposal to renovate the building.
(A) early
(B) closely
(C) considerably
(D) unanimously

예제 23 팔릿사 카페는 채식주의자를 위한 특별식을 최근에 추가했다.
      24 새로운 공장이 가동되어서 오우코 주식회사의 생산성은 상당히 늘어났다.

1. The film *At All Hours* ------- depicts the inner workings of the banking world.
(A) brilliant
(B) brilliance
(C) brilliantly
(D) most brilliant

2. In order to expand its presence in the music industry, TTL Records shifted its marketing strategy -------.
(A) fairly
(B) therefore
(C) presently
(D) dramatically

3. Since their materials are of exceedingly ------- quality, the mattresses will last at least ten years.
(A) high
(B) highly
(C) highs
(D) highest

4. With more than 75 branches located throughout the world, Viajeseguro Ltd. is a ------- provider of services for travelers.
(A) supervised
(B) objective
(C) including
(D) leading

5. Ragan Digitech eyeglasses prevent eye strain caused by looking at digital screens for ------- periods of time.
(A) extended
(B) extent
(C) extension
(D) extending

6. Because of a lack of demand, Holmen County offers ------- buses between its tourist spots in the winter.
(A) which
(B) every
(C) neither
(D) few

7. CEO Fabian Ford announced his resignation ------- following the news of the sharp decline in the company's stock price.
(A) necessarily
(B) significantly
(C) shortly
(D) justly

8. International Consultants launched its new Web site sooner than ------- expected.
(A) originality
(B) original
(C) originally
(D) originals

UNIT
05

전치사

25 시간의 전치사는 기간과 시점에 따라 구별해야 한다.

26 장소/위치와 방향의 전치사

27 이유, 양보, 목적의 전치사

28 주제/연관성, 자격, 수단, 비교, 영향의 전치사

29 추가, 제외, 포함, 반대의 전치사

30 구전치사와 전치사 관용 표현이 출제된다.

전치사

전치사는 명사와 결합해 '전치사+명사' 형태로 전치사구를 이루어 형용사나 부사 같은 수식어 역할을 한다.

▶ 전치사

명사와 문장을 연결하는 역할을 한다.

<u>The museum is open</u> + <u>Sundays</u> = The museum is open **on** <u>Sundays</u>.
       문장   명사   매주 일요일에

그 박물관은 매주 일요일에 문을 연다.

▶ 전치사구

'전치사+명사(구)/동명사(구)'의 형태로, 형용사처럼 명사를 수식하거나 부사 역할을 한다.

형용사 역할

명사 수식	<u>Participants</u> **from many different countries** have entered this year's event. 많은 다양한 국가에서 온 참가자들이 올해 행사에 참가했다. → 명사(구) 뒤에서 수식한다.
보어 자리	The entries <u>are</u> **from many different countries**. 참가 신청은 여러 다양한 국가에서 왔다. → be동사 뒤에서 주어를 보충 설명한다.

부사 역할

동사 수식	Many residents <u>commented</u> **on the city's new environmental regulations**. 많은 주민들이 시의 새로운 환경 정책에 대한 견해를 밝혔다.
형용사 수식	This cable is <u>compatible</u> **with almost all the mobile phones** on the market. 이 케이블 선은 시중에 있는 거의 모든 핸드폰과 호환이 된다.
문장 수식	문장 맨 앞이나 뒤에 온다. 주절 앞의 전치사구는 콤마를 동반한다. **Despite the affordable prices**, <u>the new 2X mobile phones do not sell very well</u>. 저렴한 가격에도 불구하고 2X 핸드폰의 신제품은 잘 팔리지 않는다. <u>Make sure you have turned off your computer</u> **before leaving the office**. 퇴근하기 전에 컴퓨터를 껐는지를 확인하세요.

▶ 전치사의 종류

명사(구) 앞에 놓여 시간, 장소, 이유, 양보, 목적 등을 나타낸다.

시간	We ship your item **on** the same day as your order. 우리는 주문 당일에 상품을 배송해 드립니다.
장소	The members of the committee assembled **in** the auditorium. 위원회 구성원들이 강당에서 모였다.
이유	We were able to complete it **thanks to** your assistance. 여러분의 도움 덕택에 우리는 끝낼 수 있었습니다.
양보	**In spite of** the recession, the company reported record profits. 불황에도 불구하고, 그 업체는 기록적인 수익을 냈다.
주제	The workshop **about** how to improve employee morale will be held next week. 직원 사기를 높이는 방법에 대한 워크숍이 다음 주에 열릴 것이다.
목적	These lounge facilities are **for** first-class passengers. 이 대합실 시설은 일등석 승객들을 위한 것입니다.
수단	We accept documents sent directly to our office **by** fax. 우리 사무실에 팩스로 직접 보내진 서류는 인정합니다.
추가	**In addition to** the printed brochure, the information is also available online. 인쇄 책자에서뿐 아니라 온라인에서도 정보가 제공된다.
제외	The bank stays open until 8:00 P.M. every weekday **except** Monday. 그 은행은 월요일을 제외한 모든 평일에 저녁 8시까지 영업합니다.

ETS 빈출 ▶ 출제 포인트 ✅

- **기간과 시점의 전치사를 구별하는 문제가 출제된다.** → 기출공식 25

  The power will be out (**for** / at) the next two hours. 앞으로 2시간 동안 전기가 공급되지 않습니다.

- **이유, 양보의 전치사 문제가 출제된다.** → 기출공식 27

  (**Despite** / Except) the generous offer, the customer decided not to renew the subscription.
  후한 제공에도 불구하고, 그 고객은 구독을 갱신하지 않기로 결정했다.

- **구전치사의 어휘 문제가 출제된다.** → 기출공식 30

  (**On behalf of** / In case of) the library, I would like to express our gratitude.
  도서관을 대표하여 감사의 표시를 하고자 합니다.

기출공식	시간의 전치사는 기간과 시점에 따라 구별해야 한다.

25 Analysts expect the merger between the textile firms will occur ------- a few weeks.
(A) within   (B) before   (C) among   (D) until

핵심분석   Analysts expect (that) the merger between the textile firms will occur ------- a few weeks.
               주절   주어   동사   전치사 + 기간

문제해설   빈칸 뒤 일정 기간을 나타내는 a few weeks가 있으므로 기간과 함께 쓰이는 전치사 (A) within이 정답이다.

시점	at + 시각 / on + 날짜, 요일 / in + 월, 연도 ~에	by(완료) / until(계속) ~까지	since ~ 이래로
	as of / starting / beginning ~부로	before / prior to ~ 전에	after / following ~ 후에

Fill out the form and **hand it in** (~~until~~ / **by**) the end of this week.   양식서를 작성해서 이번 주 말까지 제출해 주세요.
→ complete(완료하다), submit / hand in(제출하다), pay(지불하다) 등 완료의 의미를 지닌 동사는 by와 함께 쓰인다.

The exhibition will **continue** (**until** / ~~since~~) next month.   전시회는 다음 달까지 계속됩니다.
→ wait(기다리다), continue(계속하다), postpone(연기하다) 등 계속의 의미를 지닌 동사는 until과 함께 쓰인다.

기간	during + 명사 / for + 숫자 ~ 동안	over ~ 동안	throughout ~ 내내	within ~ 이내에	in ~ 후에

(**During** / ~~While~~) **the presentation**, a fabric sample was provided.   프레젠테이션 중에 섬유 샘플이 제공되었습니다.
→ while은 접속사이므로 뒤에 주어와 동사가 온다.

기출공식	장소 / 위치와 방향의 전치사

26 Randy Waters will be doing a product demonstration ------- the electronics convention.
(A) out   (B) at   (C) into   (D) among

핵심분석   Randy Waters will be doing a product demonstration ------- the electronics convention.
                주어   동사   목적어   전치사 +   장소 명사

문제해설   빈칸은 장소 명사와 어울리는 전치사 자리로, '~에(서)'라는 의미로 특정 장소와 함께 쓰이는 전치사 (B) at이 정답이다.

장소/ 위치	at <특정 지점> ~에(서)	in <공간> ~에(서)	on <접촉> ~ 위에	throughout / across ~ 전역에
	within <범위> ~ 내에	inside ~ 안에	outside ~ 밖에	next to / beside / by ~ 옆에
	between <위치·범위> (둘) 사이에		among <위치·범위> ~ 사이에, ~ 중에서	
	opposite / across from ~ 맞은편에		near ~ 근처에	

(**Throughout** / ~~Into~~) **Europe**, travel restrictions will be in effect.   유럽 전역에 걸쳐, 여행 제한이 시행될 것이다.

(**Among** / ~~Across~~) **the options**, the first one seems promising.
선택 사항 중에서 첫 번째가 전망 있어 보인다.

TIPS among은 '~ 중에서'라는 의미로 자주 쓰이는 빈출 전치사로, 뒤에 항상 복수명사를 동반한다.

방향	from ~로부터	to ~로	into ~ 안으로, ~로	out of ~ 밖으로
	through ~을 통과하여	along ~을 따라서	across ~을 가로질러	toward(s) ~ 쪽으로, ~을 향하여

The company is planning to expand (**into** / ~~at~~) **North America** next year.
그 회사는 내년에 북미로 진출할 계획이다.

실전 ETS PRACTICE

제한시간 2분 40초 | 정답 및 해설 p. 19

1. The customer needed help carrying her selections ------- the checkout counter.
(A) in
(B) via
(C) with
(D) to

2. Mr. Cole regularly takes the express train ------- Paris and Barcelona.
(A) aboard
(B) over
(C) between
(D) until

3. All timesheets for the month of June must be submitted ------- 5:00 p.m. this Friday.
(A) within
(B) by
(C) until
(D) for

4. ------- the month of August, the Rochester Modern Art Gallery will be closed for renovations.
(A) Between
(B) At
(C) Inside
(D) Throughout

5. Some promotional pamphlets are arranged on the table ------- the lecture hall's back door.
(A) next
(B) besides
(C) close
(D) near

6. Pecuch Farm uses innovative methods to protect its crops ------- harsh weather.
(A) during
(B) unlike
(C) on
(D) within

7. Fresh local eggs will now be distributed to Mayplus Markets ------- the entire county.
(A) across
(B) against
(C) during
(D) under

8. The bookshop is located in the south wing of the Brooksville Mall, directly ------- Sam's Ice Cream Shop.
(A) throughout
(B) opposite
(C) among
(D) down

예제 **25** 분석가들은 그 섬유 업체들 사이의 합병이 몇 주 내로 이루어질 것이라고 예상한다.
26 랜디 워터스는 전자 제품 박람회에서 제품 시연을 할 것이다.

기출공식	이유, 양보, 목적의 전치사

27 The administration offices will be closing early this week ------- the national holiday.
(A) even　　(B) due to　　(C) regarding　　(D) known

핵심분석　The administration offices will be closing early this week ------- the national holiday.
　　　　　　　　　　　주어　　　　　　　　동사　　　　　　　　　　　　　전치사　+　명사구

문제해설　명사구 앞 전치사 자리이며, 문맥상 '국경일이기 때문에' 일찍 업무를 끝내는 것이므로 이유의 전치사 (B) due to가
　　　　　정답이다.

이유	because of/due to ~때문에 owing to/thanks to ~덕택에, ~때문에 given/considering/in light of ~을 고려[감안]하여	양보	despite/in spite of/notwithstanding ~에도 불구하고
		목적	for ~에 대한, ~을 위해서

(**Considering** / I̶n̶s̶t̶e̶a̶d̶ ̶o̶f̶) the recession, they will postpone the expansion plan until later.
불황을 감안하여 그들은 확장 계획을 나중으로 연기할 것이다.

The company moved its headquarters to Canada (a̶l̶t̶h̶o̶u̶g̶h̶ / **notwithstanding**) the high taxes.
그 회사는 높은 세금에도 불구하고 본사를 캐나다로 옮겼다. → although는 접속사이므로 뒤에 주어와 동사가 온다.

This spell-checking application is (**for** / o̶n̶) correcting typos.
이 맞춤법 앱은 오타를 수정하기 위한 것이다.

기출공식	주제/연관성, 자격, 수단, 비교, 영향의 전치사

28 Midway Manufacturing's policy ------- employee vacations will undergo some changes
starting on June 1.
(A) regarding　　(B) considering　　(C) following　　(D) approaching

핵심분석　Midway Manufacturing's policy ------- employee vacations will undergo some changes ~.
　　　　　　　　　　　주어　　　　　　　　전치사　+　명사구　　　　　동사　　　　　　목적어

문제해설　빈칸 뒤 employee vacations와 함께 빈칸 앞의 policy를 수식하여 '직원 휴가에 관한 정책'이라는 의미를 나타내야
　　　　　자연스러우므로 '~에 관한'이라는 뜻의 전치사 (A) regarding이 정답이다.

주제/ 연관성	about/on/over/regarding/concerning/ pertaining to/in[with] regard to ~에 관한 regardless of ~와 관련 없는	수단	with ~을 가지고, ~와 함께　without ~ 없이 by ~에 의해　　　　　　through ~을 통하여
		비교	like ~처럼　　　　　　　　unlike ~와 달리
자격	as ~로서	영향	under (영향) ~ 아래에/(진행) ~ 중인

(**Unlike** / I̶n̶) our competitors, we offer tech support for our discontinued models.
우리 경쟁 업체와는 달리, 우리는 단종된 제품에 대한 기술 지원을 제공해 드립니다.

The car is still (f̶o̶r̶ / **under**) warranty.　그 차량은 아직 보증 기간 중에 있다.

They will try to raise awareness of environmental issues (**through** / n̶o̶t̶w̶i̶t̶h̶s̶t̶a̶n̶d̶i̶n̶g̶) this campaign.
이 캠페인을 통하여 그들은 환경 문제에 대한 의식을 높이고자 노력할 것이다.

실전 ETS PRACTICE

제한시간 2분 40초 | 정답 및 해설 p. 20

1. ------- an unexpected software error, some of the research files in the database could not be fully recovered.
   (A) As of
   (B) Even though
   (C) Because of
   (D) When

2. Zornix Commodities is seeking a systems analyst ------- two years of experience writing programs for online retailers.
   (A) since
   (B) along
   (C) among
   (D) with

3. ------- the extreme weather conditions, several roads in the national park will temporarily be closed.
   (A) Except
   (B) According to
   (C) In light of
   (D) Prior to

4. The city subway system applies the same rate ------- destination during national holidays.
   (A) regardless of
   (B) owing to
   (C) between
   (D) nevertheless

5. ------- the difficulty of the research, Mr. Foster was granted a one-week extension to finish his report.
   (A) Since
   (B) Given
   (C) Among
   (D) Upon

6. ------- budget constraints, all full-time employees will receive a 3 percent salary increase.
   (A) Despite
   (B) When
   (C) Even if
   (D) Besides

7. Candidates ------- the account manager position must hold a master's degree in finance.
   (A) to
   (B) for
   (C) outside of
   (D) regardless of

8. The two pieces of plastic can be combined ------- the application of a generous amount of glue.
   (A) through
   (B) around
   (C) unlike
   (D) concerning

예제 27 국경일이기 때문에 행정 기관들은 이번 주에 일찍 문을 닫을 것이다.
   28 미드웨이 제조사의 직원 휴가에 관한 정책은 6월 1일부로 몇 가지 변동이 있을 것이다.

29

------- the comprehensive benefits, Clyde Manufacturing Ltd. offers competitive salaries commensurate with experience and seniority.

(A) In addition to   (B) Contrary to   (C) In case of   (D) Such as

핵심분석	------- <u>the comprehensive benefits</u>, <u>Clyde Manufacturing Ltd.</u> <u>offers</u> <u>competitive salaries</u> ~.
	전치사 + 명사구 주어 동사 목적어

문제해설 | '포괄적인 복리 후생 제도에 높은 연봉도 제공한다'가 자연스러우므로 '~에 더하여'인 (A) In addition to가 정답이다.

추가	in addition to / as well as / besides ~에 더하여, ~ 이외에	포함	including ~을 포함하여 such as ~와 같은
제외	except / aside from / other than ~을 제외하고	반대	against ~에 반대하여 contrary to ~와 달리

Every convenience store is open for 24 hours (**except** / ~~without~~) the ones around the stadium.
경기장 근처에 있는 편의점을 제외하고 모든 편의점은 24시간 동안 문을 연다.

TIPS except, aside from, other than은 전체를 나타내는 all, every, none 등의 표현과 함께 자주 출제된다.

30

------- the terms of the contract, a delivery must be made by the fifth of each month.

(A) Instead of   (B) According to   (C) With regard   (D) Other than

핵심분석	------- <u>the terms of the contract</u>, <u>a delivery</u> <u>must be made</u> <u>by the fifth of each month</u>.
	전치사 + 명사구 주어 동사 전치사구

문제해설 | 명사구를 문장과 연결시키는 전치사 자리이며, '계약 조항에 따르면'이 자연스러우므로 (B) According to가 정답이다.

▶ **구전치사 빈출 표현**

according to ~에 따르면	on behalf of ~을 대표하여	ahead of ~보다 빨리
in accordance with ~에 따라서	instead of / in place of ~ 대신에	as a result of ~의 결과로
in compliance with ~을 준수하여	in case of / in the event of ~의 경우에	depending on ~에 따라 달려 있는

SaMy Eyewear decided to expand its current location (**instead of** / ~~on behalf of~~) opening another branch. 새미 안경원은 지점을 하나 더 개장하는 것 대신에 현재 매장을 확장하기로 결정했다.

▶ **빈출 전치사 관용 표현**

at one's earliest convenience 가급적 빨리	until further notice 추후 공지가 있을 때까지	in effect 시행 중인
within walking distance 걸어갈 만한 거리인	under the supervision of ~의 감독하에	in charge of ~을 담당하는

Let us know your availability (**at** / ~~in~~) **your earliest convenience**. 시간이 되는지를 가급적 빨리 알려 주세요.

고득점 PLUS | **동명사를 자주 취하는 전치사 문제도 출제된다.**

before / after -ing ~하기 전 / 후에   **on[upon] -ing** ~할 때, 하자마자   **by -ing** ~함으로써   **in -ing** ~하는 데 있어서

(**Upon** / ~~At~~) **accessing** the database, enter your employee ID. 데이터에 접속할 때, 직원 아이디를 입력하세요.

(**By** / ~~During~~) **carrying** various gifts, Lim's Gift attracted tourists.
다양한 선물용품을 취급함으로써 림스 기프트는 여행객을 끌어들였다. → During은 동명사를 취하지 않는 전치사이다.

실전 ETS PRACTICE

제한시간 2분 40초 | 정답 및 해설 p. 21

1. Due to the unexpected storm, access to public swimming pool will be restricted ------- further notice.
   (A) around
   (B) through
   (C) onto
   (D) until

2. As several of the team members worked overtime, they completed the logo design project ------- schedule.
   (A) ahead of
   (B) aboard
   (C) along with
   (D) with

3. Billboards that advertise fitness clubs are more effective when placed near businesses ------- residential areas.
   (A) according to
   (B) instead of
   (C) in regard to
   (D) because of

4. Employees who handle food must wash their hands ------- taking a break.
   (A) after
   (B) within
   (C) toward
   (D) past

5. The kitchen at Midori, a popular Asian fusion restaurant, is currently ------- the supervision of Chef Anderson Carter.
   (A) for
   (B) with
   (C) under
   (D) about

6. The Iron Home & Garden hardware store specializes in selling tools ------- drills and screwdrivers.
   (A) depending on
   (B) such as
   (C) with regard to
   (D) as soon as

7. All the members of the tech support team ------- Gerald Carter, need to attend the new security program workshop.
   (A) without
   (B) other than
   (C) in spite of
   (D) notwithstanding

8. Bretton Manufacturing has increased production at all of its facilities ------- high demand.
   (A) beyond
   (B) in that
   (C) as a result of
   (D) to

예제 29 포괄적인 복리후생 제도에 더하여 클라이드 제조 유한회사는 경력과 근속 연수에 상응하는 높은 연봉을 제공한다.
  30 계약 조항에 따르면 배송은 매달 5일에 보내져야 한다.

1. Defective products are only eligible for a refund if the defect is reported ------- 30 days of purchase.
(A) by
(B) until
(C) within
(D) on

2. The meeting place for the conference must be determined ------- the announcement of the event.
(A) prior to
(B) in spite of
(C) other than
(D) in order to

3. Guests are asked to register at the front desk ------- entering the main lobby.
(A) upon
(B) about
(C) along
(D) during

4. ------- severe winter weather, affected bus routes may be either redirected or temporarily suspended until the roads are cleared.
(A) According to
(B) In the event of
(C) Of the following
(D) Out of support for

5. Allison Mimms is ------- the potential candidates for the computer programmer position at Veritas Engineering.
(A) among
(B) at
(C) through
(D) during

6. ------- running low on a few menu ingredients, Gibb Grill's grand opening was a success.
(A) Because of
(B) Inside
(C) Despite
(D) In addition to

7. Second-quarter sales improved ------- a strong advertising push in the first quarter.
(A) thanks to
(B) even though
(C) rather than
(D) not only

8. The Romero Institute is famous for its engaging curriculum ------- its knowledgeable faculty.
(A) as
(B) as well as
(C) because
(D) so that

UNIT
06

자/타동사, 수 일치, 태

자/타동사, 수 일치, 태

▶ 자동사와 타동사

동사에는 목적어를 필요로 하지 않는 자동사와 목적어를 필요로 하는 타동사가 있다.

자동사	work 일하다	go 가다	come 오다	arrive 도착하다	happen 발생하다	emerge 부상하다
	vary 다양하다	function 작동하다		rise 오르다	apply 지원하다	originate 유래하다
타동사	make 만들다	produce 생산하다	design 설계하다		have 가지다	take 취하다
	offer 제공하다	submit 제출하다	construct 건설하다		maintain 유지하다	describe 묘사하다

The seminar will **happen** <u>on December 11th.</u>　세미나는 12월 11일에 열린다.
　　　　　　　　자동사　　　　　수식어구
Handeul Sports **produces** <u>a variety of sports gear.</u>　한들 스포츠는 다양한 스포츠 용품을 생산한다.
　　　　　　　　타동사　　　　　목적어

▶ 주어와 동사의 수 일치

문장의 동사는 주어와 수 일치해야 한다. 단, 과거 동사와 조동사는 주어의 수에 영향을 받지 않는다.

단수주어 (3인칭)	단수동사	
She/He/It 단수명사 고유명사	is	<u>It</u> **is** important to meet the deadline. 기한을 맞추는 것은 중요하다.
	V+(e)s	The machine **works** properly. 기계가 제대로 작동한다.
	has p.p.	<u>Mr. Lee</u> **has led** his team for a year. 이 씨는 1년 동안 팀을 이끌어 왔다.

복수주어	복수동사	
They/We/You 복수명사 명사 and 명사	are	<u>We</u> **are** on the same team. 우리는 같은 팀이다.
	V(동사원형)	<u>Opinions</u> regarding the regulations **vary**. 그 규정에 대한 의견들은 다양하다.
	have p.p.	<u>Ms. Yi and Ms. Min</u> **have** finally **reached** an agreement. 이 씨와 민 씨는 마침내 합의를 이뤄 냈다.

▶ 능동태와 수동태

능동태는 주어가 동사 행위를 직접 하는 것으로 '주어가 ~하다'를 의미하며, 타동사 뒤에는 목적어가 온다.
수동태는 주어가 행위를 당하거나 받는 것으로 '주어가 ~되다'를 의미하며, 보통은 동사 뒤에 목적어가 오지 않는다.

3형식 타동사: 목적어가 있으면 능동태, 없으면 수동태

능동태	The association **adopted** new measures. 협회는 새로운 방안을 채택했다.
수동태	New measures **were adopted** (by the association). 새로운 방안이 (협회에 의해) 채택되었다.

4형식 타동사: 수동태 뒤에 목적어가 남을 수 있다.

능동태	The company **gives** qualified candidates preference. 회사는 자격을 갖춘 지원자에게 우선권을 준다.
수동태 1	Qualified candidates **are given** preference (by the company). 자격을 갖춘 지원자는 (회사에 의해) 우선권을 받는다.
수동태 2	Preference **is given** to qualified candidates (by the company). 우선권은 (회사에 의해) 자격을 갖춘 지원자에게 주어진다.

5형식 타동사: 수동태 뒤에 목적격 보어가 남는다.

능동태	The residents **keep** the park clean. 주민들은 공원을 깨끗하게 유지한다.
수동태	The park **is kept** clean (by the residents). 공원은 (주민들에 의해서) 깨끗하게 유지된다.

ETS 빈출 ▶ 출제 포인트 ✅

- **동사 뒤 부사나 전치사구와 짝이 되는 자동사 어휘 문제가 출제된다.** → 기출공식 31
  Please (**speak** / ~~contact~~) to the director of the administrative division. 총무부 부장님께 말씀하세요.

- **수량 형용사와 수량 대명사 관련 주의해야 할 주어와 동사의 수 일치 문제가 출제된다.** → 기출공식 34
  Many of the critics (~~has rated~~ / **have rated**) the short film by Mike Bart highly.
  평론가들 중 많은 이들이 마이크 바트의 단편 영화를 높이 평가했다.

- **목적어가 있으면 능동태, 없으면 수동태를 고르는 문제가 출제된다.** → 기출공식 35
  The invoice is (**enclosed** / ~~enclosing~~) in the letter. 송장은 우편에 동봉되어 있습니다.

목적어가 없는 자동사 뒤에는 부사나 전치사구가 온다.

31 The results can ------- widely depending on your skin type and how the product is used.
(A) determine   (B) offer   (C) produce   (D) vary

핵심분석   The results can ------- widely depending on your skin type and how the product is used.
            주어   동사   부사   전치사구

문제해설   빈칸 뒤 부사 widely가 있으므로 완전 자동사(1형식 동사)가 필요하다. 보기 중 완전 자동사인 (D) vary가 정답이다.

▶ **'1형식 자동사 + 부사' 빈출 표현**

vary widely 매우 다양하다	go smoothly 순조롭게 진행되다	function properly 제대로 작동하다
work collaboratively 협력하여 일하다	rise sharply 급격히 상승하다	arrive punctually 정시에 도착하다

The printer (**functioned** / ~~activated~~) **properly** after the technician's visit.
기사 방문 후에 복사기가 제대로 작동했다. → activate(~을 작동시키다, 활성화시키다)는 타동사이므로 뒤에 명사(구)가 와야 한다.

▶ **'1형식 자동사 + 전치사' 빈출 표현**

comply with / conform to ~을 준수하다	respond / reply to ~에 답변해 주다	speak / talk to ~에게 이야기하다
depend / rely on ~에 따라 달려 있다	apply for / to ~에 신청하다	result from (~의 결과로) 발생하다
inquire about ~에 대해 문의하다	consist of ~로 구성되다	benefit from ~로부터 이득을 얻다

타동사 뒤에는 주로 명사(구)가 목적어로 온다.

32 Once her probation period ends, Ms. Anderson will ------- all the requirements of the tuition assistance program.
(A) respond   (B) remain   (C) become   (D) meet

핵심분석   Once her probation period ends, Ms. Anderson will ------- all the requirements of the tuition ~.
                   부사절   주어   동사   목적어

문제해설   목적어 all the requirements를 취할 수 있는 타동사 자리로, '~을 충족시키다'라는 의미의 (D) meet이 정답이다.

▶ **'3형식 타동사 + 목적어' 빈출 표현**

meet requirements 요건을 충족시키다	attract customers 고객을 유치하다	join a company 회사에 입사하다
implement regulations 규정을 시행하다	extend a deadline 기한을 연장하다	reach an agreement 합의에 이르다

Mr. Lee (**joined** / ~~joined at~~) **the airline** as a mechanic. 이 씨는 정비사로 항공사에 입사했다.

▶ **4형식 타동사 + 간접목적어(~에게) + 직접목적어(~을)**

give 주다   grant 수여하다   offer 제공하다   send 보내다   charge 부과하다   **+**   간접목적어(~에게) + 직접목적어(~을)

The bank (**charges** / ~~informs~~) **customers transfer fees**. 은행은 고객들에게 송금 수수료를 부과한다.

고득점 PLUS   사람 목적어 다음에 전치사구 또는 that절을 쓰는 동사
inform, notify 알리다 / **remind** 상기시키다 + 사람 목적어(~에게) + **of** 명사(구) / **that**절

The manager (**reminded** / ~~gave~~) employees **of** the notice. 관리자는 직원들에게 공지를 다시 상기시켰다.

ETS PRACTICE

제한시간 2분 40초 | 정답 및 해설 p. 23

1. If you hire one of our competent, licensed real estate agents, your property sale will ------- smoothly.
(A) find
(B) make
(C) go
(D) hold

2. After a lengthy negotiation, the management and labor union finally ------- an agreement on the revised work conditions.
(A) stayed
(B) inquired
(C) benefitted
(D) reached

3. Materials for our online business writing class ------- primarily of video lectures and assigned reading material.
(A) consist
(B) make
(C) create
(D) teach

4. An inspector must confirm that the building's new plumbing ------- with local safety standards.
(A) complies
(B) fulfills
(C) operates
(D) demonstrates

5. Chocolate manufacturers have ------- from the recent fall in the price of cacao beans.
(A) applied
(B) invested
(C) prohibited
(D) benefited

6. The members of our shipping and delivery team ------- collaboratively to fill orders as quickly as possible.
(A) work
(B) require
(C) complete
(D) contact

7. The Canny Shopper credit card ------- cardholders discounts of up to 50% at over 200 retail businesses.
(A) benefits
(B) offers
(C) notifies
(D) spends

8. Director Yu sends regular e-mails to ------- the team of upcoming deadlines.
(A) remind
(B) encourage
(C) share
(D) offer

예제 31 결과는 피부 타입과 제품이 어떻게 사용되는지에 따라 매우 다양할 수 있습니다.
32 수습 기간이 끝나면, 앤더슨 씨는 학자금 보조 프로그램의 자격 요건을 충족시킬 것이다.

동사 문제는 주어의 단·복수를 확인하여 수가 일치하는 동사를 고른다.

33 The negotiations with Standard Liberty, Inc., ------- going to be handled by the CEO himself.

   (A) is   (B) was   (C) are   (D) have

핵심분석   The negotiations with Standard Liberty, Inc., ------- going to be handled by the CEO himself.
           복수주어   전치사구   복수동사

문제해설   주어는 복수명사인 negotiations이므로 이와 수 일치하는 복수동사 (C) are가 정답이다. (D) have도 복수동사이지만, 뒤에 (대)명사 또는 to부정사나 과거분사가 와야 하므로 오답이다.

▶ 주어 뒤의 수식어구는 수 일치에 영향을 주지 않으므로 제외한 후, 주어와 동사의 수 일치를 확인한다.

단수주어 +
단수동사   **Collaboration** with local residents (**is** / ~~are~~) required. 지역 주민들의 협조가 요구됩니다.

      Anyone staying at our hotel (**will receive** / ~~receive~~) a voucher for the next stay.
      우리 호텔에 머무는 누구나 다음 방문을 위한 바우처를 받게 됩니다. → 단수주어이므로 복수동사 receive는 답이 되지 않는다.

      Compiling documents (**requires** / ~~require~~) considerable time.
      서류를 모아 정리하는 데는 상당한 시간이 필요하다. → 동명사구 주어, 명사절 주어는 단수 취급한다.

복수주어 +
복수동사   **Strategies** to increase sales volume (**have been** / ~~has been~~) discussed.
      판매량을 늘리기 위한 전략들이 논의되어 왔다.

      Those who board Flight 101 (~~is~~ / **are**) advised to have their passports ready.
      101 여객기에 탑승하실 분들은 여권을 준비해 주시길 바랍니다.

      TIPS 주격 관계대명사의 동사는 선행사와 수 일치하므로, 관계사절에 복수동사 board가 쓰였다.

수량 표현이 쓰인 주어와 동사의 수 일치에 주의한다.

34 All of the managers at the Widge Works Corporation ------- invited to plan the annual company retreat.

   (A) were   (B) was   (C) has   (D) to be

핵심분석   All of the managers at the Widge Works Corporation ------- invited to plan the annual ~.
      주어: All + of the + 복수명사   전치사구   복수동사: be동사 + p.p.

문제해설   수량 표현 뒤 명사와 동사가 수 일치되어야 하므로 복수명사 managers와 수 일치되는 복수동사 (A) were가 정답이다.

단수동사와 수 일치	복수동사와 수 일치	부분 표현의 수 일치
a(n) / one / a single 하나(의)	a few 몇몇(의) few 거의 없는 (것)	[all / most / some / half] of the
each 각각(의) another 다른 하나(의)	both 둘 다(의)	+ 복수명사 + 복수동사
every 모든	several 몇몇(의)	+ 불가산명사 + 단수동사
the number of ~의 수	a number of 많은	*of 뒤 명사에 수 일치

  One of the projects (**is** / ~~are~~) almost completed. 프로젝트 중 하나가 거의 끝났다.

  Few errors (**have** / ~~has~~) been reported. 오류가 거의 보고 되지 않았다.

  (~~The number~~ / **A number**) **of visitors** to our Web site **find** it difficult to use.
  우리 웹사이트의 많은 방문자들이 이용이 어렵다고 느낀다. → 복수동사 find가 쓰였으므로 A number of

1. The designs of Ms. Koh's furniture never ------- to mainstream expectations.
   (A) conform
   (B) conforms
   (C) conforming
   (D) is conformed

5. Creating forms for your company through our easy-to-use applications ------- a great time-saver.
   (A) is
   (B) are
   (C) have been
   (D) having been

2. Your package ------- between 9:00 a.m. and noon, so please be available to sign for it.
   (A) having arrived
   (B) will be arriving
   (C) have arrived
   (D) arriving

6. The number of computer designers ------- expected to increase in the next few years.
   (A) is
   (B) will
   (C) are
   (D) has

3. Mr. Thomas and Ms. Vasquez ------- to work together on the market research project.
   (A) assigns
   (B) assigning
   (C) has assigned
   (D) have been assigned

7. Whether HP&P will move their plant out of the city ------- on how much they can sell their current property for.
   (A) depend
   (B) depends
   (C) depending
   (D) dependent

4. Few of the items featured on the Web site ------- popular with customers.
   (A) are
   (B) is
   (C) been
   (D) to be

8. Much of the feedback given by our customers in the surveys ------- well appreciated and will be applied to our products.
   (A) has been
   (B) have been
   (C) are
   (D) were

예제 33 스탠다드 리버티 주식회사와의 협상은 최고 경영자가 직접 다루게 될 것이다.
   34 위지 워크스 사의 관리자들 모두가 회사 연례 야유회를 계획하기 위해 초대되었다.

35 Residents' input on the proposed Springly Shopping Center ------- by the town council.

(A) seeking   (B) sought   (C) was sought   (D) used to seek

핵심분석   Residents' input on the proposed Springly Shopping Center ------- by the town council.
주어   전치사구   동사: 수동태   전치사구

문제해설   빈칸은 동사 자리이며, 타동사 seek 뒤에 목적어가 없고 전치사 by가 있으므로 수동태인 (C) was sought가 정답이다.

능동태   The manager (**developed** / ~~was developed~~) **the new sales approach**.
그 매니저는 새로운 영업 방법을 개발했다.

수동태   He **was** completely (**satisfied** / ~~satisfaction~~) **with** the test result.   그는 테스트 결과에 완전히 만족했다.
TIPS 타동사 뒤에 목적어 없이 부사, 전치사구 등이 나오면 수동태이다.

cf. The range of choices for electric cars (~~is varied~~ / **varies**) **widely**.   전기차의 선택이 매우 다양하다.
→ 자동사는 수동태로 쓰지 않는다. 따라서 부사나 전치사 앞 동사 자리에 자동사가 나올 수도 있다.

고득점 PLUS   **다양한 전치사와 쓰이는 수동태: 전치사가 단서가 되는 수동태 표현이 출제된다.**

be attributed to ~의 덕택으로 여겨지다	**be equipped with** ~로 설비가 되어 있다
be deducted from ~에서 차감[공제]되다	**be forwarded/directed to** ~에게 전달되다
be recognized for ~에 대해 (공로를) 인정받다	**be prohibited from** ~이 금지되다

The rent will **be** automatically (~~attributed~~ / **deducted**) **from** your bank account.
임대료는 은행 계좌에서 자동적으로 차감된다.

36 Armstrong, Inc., is ------- safe as a potential partner to work with in the future.

(A) considered   (B) consider   (C) considering   (D) been considered

핵심분석   Armstrong, Inc., is ------- safe as a potential partner to work with in the future.
주어   동사: be동사+p.p.+형용사   전치사구

문제해설   빈칸 앞에 be동사가 있고 뒤에 목적격 보어인 형용사가 있으므로, 5형식 동사 consider의 수동태 구문이다. 따라서 과거분사 (A) considered가 정답이다.

▶ **4형식 동사의 수동태 + 명사(직접목적어)**

be given/sent + 명사 ~을 받다	**be offered + 명사** ~을 제공받다	**be charged + 명사** ~을 청구받다

Ms. Chan **was** (**given** / ~~giving~~) **the title of director** after her promotion.   찬 씨는 승진 후에 이사 직함을 받았다.
TIPS 4형식 동사는 의미상 be동사 뒤에 -ing와 p.p.가 모두 가능하므로, 주어가 '주는' 입장인지 '받는' 입장인지 확인해야 한다.

▶ **5형식 동사의 수동태 + 형용사/명사(목적격 보어)**

be kept clean 깨끗하게 유지되다	**be considered safe** 안전하게 여겨지다	**be made available** 이용할 수 있게 되다
be found difficult 어렵게 생각되다	**be left unattended** 방치된 채로 있다	**be named the best** 최고로 선정되다

Educational resources **are** (**made** / ~~making~~) **available** in the classroom.   교육 자료를 교실에서 이용할 수 있게 됐다.

1. Mr. Adams ------- an advertising contract with a client from Patterson Realty.
   (A) negotiate
   (B) negotiated
   (C) negotiating
   (D) was negotiated

2. New orders of the Bazeli RX300 truck have been ------- until the GPS issue can be resolved.
   (A) suspend
   (B) suspended
   (C) suspending
   (D) suspension

3. The latest film by director Madoka Watanabe ------- as one of her best ever.
   (A) regards
   (B) to regard
   (C) regarding
   (D) is regarded

4. The exchange rate has ------- sharply, so the government needs to take measures to alleviate the problem.
   (A) risen
   (B) rise
   (C) rising
   (D) been risen

5. Ms. Hampton was ------- a managerial position at the company's new branch in Milan.
   (A) offer
   (B) having offered
   (C) offers
   (D) offered

6. It is widely understood that online security is considered ------- at the firm these days.
   (A) vital
   (B) vitality
   (C) vitally
   (D) vitalities

7. Tenants of Frizzell Apartments are ------- from making loud noise after 10 p.m.
   (A) tolerated
   (B) objected
   (C) prohibited
   (D) enforced

8. We are not responsible for the loss of or damage to personal items that ------- unattended in the facility.
   (A) are left
   (B) leave
   (C) have left
   (D) are leaving

예제 35 스프링리 쇼핑센터 제안 건에 대한 주민들의 의견은 시 의회에 의해 구해졌다.
　　　 36 암스트롱 주식회사는 앞으로 함께 일할 미래의 동업자로서 안심할 수 있게 여겨진다.

1. Airline rules regarding baggage allowances ------- by passengers on all Air Florida flights.
   (A) obeys
   (B) has obeyed
   (C) must be obeyed
   (D) is obeyed

2. Aspiring participants in the Future of Film Festival must ------- their entries by March 5.
   (A) inquire
   (B) attend
   (C) submit
   (D) apply

3. The updates to the computer program ------- its unauthorized use by anyone outside the company.
   (A) prevent
   (B) prevents
   (C) are prevented
   (D) has prevented

4. All attendees at the marketing conference will be ------- the opportunity to meet the keynote speaker, Dr. Reynolds.
   (A) given
   (B) gave
   (C) giving
   (D) gives

5. The new time-off policy is one of several changes that have ------- from our merger with Heim Partners.
   (A) departed
   (B) resulted
   (C) informed
   (D) added

6. Strengthening the security of our online payment system ------- a key priority for Corela Health and Beauty.
   (A) been
   (B) is
   (C) are
   (D) to be

7. Ms. Anderson is ------- the most qualified to interview the job candidates.
   (A) considered
   (B) compared
   (C) certified
   (D) compiled

8. Studies have shown that employees who ------- friendly with their coworkers are likely to report high levels of job satisfaction.
   (A) is
   (B) have
   (C) are
   (D) make

UNIT
07

시제

시제

▶ 동사의 시제

동사의 시제에는 단순 시제, 진행 시제, 완료 시제가 있다. PART 5에서 시제 관련 문제는 시간 부사가 중요한 단서가 되므로 각 시제와 어울리는 시간 부사 표현을 익혀 두어야 한다.

	현재	과거	미래
단순	am / are / is 동사원형 / 동사원형-(e)s	was / were 동사원형-(e)d / 불규칙 과거동사	will + 동사원형 am / are / is going to + 동사원형
진행	am / are / is -ing	was / were -ing	will be -ing
완료	have / has p.p.	had p.p.	will have p.p.

▶ 단순 시제

현재 시제	현재의 상태, 반복, 습관, 일반적인 사실 등을 나타내며 빈도 부사와 자주 쓰인다. The personnel manager <u>sometimes</u> **trains** new employees. 인사부장은 간혹 신입 사원 교육을 한다.
과거 시제	과거의 상태, 과거 시점에 일어난 일을 나타낸다. This coupon **expired** <u>a week ago.</u> 이 쿠폰은 1주일 전에 만료되었습니다.
미래 시제	미래의 시점에서 발생할 일을 나타낸다. The elevators **will be turned off** for maintenance <u>tomorrow afternoon</u>. 내일 오후에 정비를 위해 엘리베이터가 작동이 되지 않을 것입니다.

▶ 진행 시제

현재진행	현재의 한 시점에 진행 중인 일을 나타낸다. We **are** <u>currently</u> **seeking** Web designers. 우리는 현재 웹 디자이너를 찾고 있습니다.
과거진행	과거의 한 시점에 진행되었던 일을 나타낸다. The company **was developing** new products <u>when its competitor acquired it</u>. 그 업체는 경쟁업체가 회사를 인수했을 당시 신상품들을 개발 중이었다.
미래진행	미래의 한 시점에 진행될 일을 나타낸다. The Marketing Department **will be working** on the promotional event <u>next month</u>. 마케팅 부서는 다음 달에는 그 홍보 행사 관련 작업을 하고 있을 것이다.

▶ 완료 시제

현재완료	과거에 일어난 일이 현재까지 지속되거나 영향을 미치고 있음을 나타낸다. JP Pharmaceuticals **has conducted** medical research <u>since 2022</u>. 제이피 제약회사는 2022년 이래로 의학 연구를 실시해 왔다.
과거완료	특정 과거 시점에 일어난 일보다 더 먼저 일어난 일을 나타낸다. <u>By the time it was announced</u>, employees **had** already **heard** about the merger. 발표가 났을 즈음에는 직원들은 이미 합병에 대해 들어서 알고 있었다.
미래완료	미래의 어느 시점까지 계속되어 완료되는 일을 나타낸다. <u>By the time Mr. Lee returns to his desk</u>, his computer **will have been** updated. 이 씨가 그의 자리로 돌아올 때 즈음에는 컴퓨터가 업데이트되어 있을 것이다.

*완료 시제에 진행의 의미를 더해 완료진행 시제(have / had / will have been + -ing)로 표현할 수도 있다.

<u>Over the last decade</u>, the scientist **has been observing** climate change in northern Canada.
지난 10년 동안, 그 과학자는 캐나다 북부 지방의 기후 변화를 관찰해 오고 있다.

ETS 빈출 〉 출제 포인트 ✅

- **시간 부사가 단서가 되는 단순 시제 문제가 출제된다.** → 기출공식 37, 38

  Your order (~~will be~~ / **was**) shipped two days ago.
  귀하의 주문 상품이 이틀 전에 배송되었습니다.

- **시간 부사가 단서가 되는 완료 시제 문제가 출제된다.** → 기출공식 39

  <u>Over the last year</u>, they (**have offered** / ~~offer~~) free business consultations for start-ups.
  지난 1년 동안 그들은 신생 기업을 위한 무료 비지니스 자문을 제공해 왔다.

- **수 일치, 태, 시제가 조합된 동사 문제가 출제된다.** → 기출공식 40

  We (~~was informed~~ / **will inform**) our suppliers next week of the new environmental policies.
  우리는 다음 주에 공급업자들에게 새로운 환경 정책을 알려 줄 것이다.

기출공식	현재 시제는 always, 과거 시제는 ago 등의 시간 표현과 함께 쓰인다.

37 Ms. Wang always ------- her interior design clients to think about how they want to use a room before changing it.

(A) advise   (B) advises   (C) advising   (D) advisers

핵심분석	Ms. Wang always ------- her interior design clients to think about how they want to use ~.
	<u>주어</u> <u>빈도 부사</u> <u>동사</u> <u>목적어</u> <u>목적격 보어</u>
문제해설	동사의 시제 문제는 시간 부사가 단서로 주어진다. 빈도 부사 always는 현재 시제와 어울리므로 (B) advises가 정답이다.

▶ **현재 시제와 어울리는 시간 부사(구)**

always 항상   usually 주로   generally/typically 일반적으로   frequently 자주   every+시점 매~, ~마다

Safety inspections (**need** / ~~needed~~) to be conducted **every six months**. 안전 점검은 6개월마다 행해져야 한다.

▶ **과거 시제와 어울리는 시간 부사(구)**

formerly/previously 이전에   ~ ago ~ 전에   recently 최근에   once 한때   last+시점 지난 ~에

Last Friday, MJ Network (~~hosts~~ / **hosted**) a debate between the mayoral candidates.
지난 금요일에 MJ 방송국은 시장 후보들 간의 토론회를 개최했다.

This now gentrified area (**was** / ~~is~~) **once** popular with students with its affordable rents.
지금은 고급화된 이 지역은 한때 저렴한 월세로 학생들에게 인기가 많았다.

기출공식	미래 시제는 next, 현재진행은 currently 등의 시간 표현과 함께 쓰인다.

38 The Canadian Society of Scientists ------- its annual convention in Montreal next year.

(A) holding   (B) held   (C) has held   (D) will hold

핵심분석	The Canadian Society of Scientists ------- its annual convention in Montreal next year.
	<u>주어</u> <u>동사</u> <u>목적어</u> <u>전치사구</u> <u>미래 시간 부사</u>
문제해설	문장 맨 뒤의 시간 부사 next year를 단서로, 미래 시제가 필요하다는 점을 알 수 있다. 따라서 (D) will hold가 정답이다.

▶ **미래 시제와 어울리는 시간 부사(구)**

shortly/soon 곧   upcoming 다가오는   later this ~ 이번 ~ 말에   in+기간 ~ 후에   next+시점 다음 ~에

As of **next week**, new recycling regulations (**will be** / ~~was~~) in effect. 다음 주부터 새로운 재활용 규정이 시행된다.
We (**will start** / ~~started~~) to collect opinions **later this month**. 우리는 이달 말에 의견을 모으기 시작할 것이다.

▶ **현재진행과 어울리는 시간 부사(구)**

currently 현재   presently 현재   now 지금   at the moment 바로 지금

Now the technician (**is fixing** / ~~fixed~~) the malfunction. 기사가 지금 고장을 수리하고 있다.

 고득점 PLUS 현재진행으로 가까운 미래에 정해진 일을 나타낼 수도 있다.
They (~~have left~~ / **are leaving**) for Busan **tomorrow morning**. 그들은 내일 오전에 부산으로 출발한다.

80

1. Mr. Marsh frequently ------- managerial meetings early in the morning.
   (A) will have scheduled
   (B) schedule
   (C) schedules
   (D) have scheduled

2. Liza Baley recently ------- positive reviews for her performance in Mike Keric's new drama, *Nightfall*.
   (A) receives
   (B) was receiving
   (C) is received
   (D) received

3. The notification indicates that the package from the Suwon factory will ------- arrive.
   (A) ever
   (B) often
   (C) once
   (D) soon

4. Sylvan Motors is currently ------- engineers to work on designing its newest electric vehicles.
   (A) recruiting
   (B) recruited
   (C) to recruiting
   (D) being recruited

5. Several staff members ------- the conference on recent trends in international law last month.
   (A) attending
   (B) attendee
   (C) attend
   (D) attended

6. Annabelle Cosmetics ------- its newest line of products starting next August.
   (A) will be promoting
   (B) is promoted
   (C) promoted
   (D) has promoted

7. Christina Patton, a manager in the Personnel Department, ------- lived in Madrid for a decade.
   (A) formerly
   (B) early
   (C) increasingly
   (D) considerably

8. The CEO of the Arlington Group ------- a contract with Bannington, Inc., in a few moments.
   (A) sign
   (B) signed
   (C) is signing
   (D) has signed

예제 **37** 왕 씨는 항상 실내 디자인 고객들에게 방을 바꾸기 전에 어떻게 사용하고 싶은지에 대해 생각해 보라고 조언한다.
38 캐나다 과학자 협회는 내년에 몬트리올에서 연례 총회를 열 예정이다.

현재완료는 since, 과거/미래완료는 by the time 관련 문제가 자주 출제된다.

39 The financial report ------- more detailed specifications since the last audit.

(A) is included   (B) has included   (C) included   (D) had included

핵심분석   The financial report ------- more detailed specifications since the last audit.
               주어   동사   목적어   현재완료 시간 표현

문제해설   '(과거의 한 시점) 이래로'라는 의미를 지닌 전치사 since는 현재완료와 쓰이므로 (B) has included가 정답이다.

▶ **현재완료와 어울리는 시간 표현**

| since + 시점[주어 + 과거동사] ~ 이래로   for[over] the last[past] 지난 ~ 동안   recently 최근에   so far 지금까지 |

The park (**has been** / ~~is~~) a popular attraction **over the past decade**.   공원은 지난 10년 동안 인기 관광 명소였다.

Since the campaign (~~starts~~ / **started**), the sales **have increased**.   광고가 시작된 이래로 판매가 증가해 왔다.

TIPS   주절이 현재완료일때, since절은 과거 동사만 취한다.

▶ **과거완료와 어울리는 시간 표현**

| by the time + 주어 + 과거 동사 ~했을 즈음에   before + 주어 + 과거 ~하기 전에 |

By the time they **reported** the news item, other media outlets (~~have covered~~ / **had covered**) it already.
그들이 그 뉴스를 보도할 때 즈음에, 다른 언론 매체들이 이미 그 뉴스를 다뤘다.

TIPS   과거완료는 과거 특정 시점보다 더 먼저 일어난 일을 나타낸다.

▶ **미래완료와 어울리는 시간 표현**

| by the time + 주어 + 현재 동사 ~할 즈음에   by + 미래 시점 ~까지, ~ 즈음에 |

By the time the deadline **passes**, the sample (~~had been~~ / **will have been**) submitted.
마감 날짜가 지날 즈음에는 샘플이 제출되어 있을 것이다.

동사 문제는 '수 일치 + 태 + 시제'를 종합적으로 확인한다.

40 The prime minister ------- a press conference about new housing policies in a few minutes.

(A) give   (B) is given   (C) is giving   (D) has given

핵심분석   The prime minister ------- a press conference about ~ in a few minutes.
              주어   동사   목적어   미래 시간 표현

문제해설   단수주어 The prime minister와 수 일치되고, 목적어 a press conference를 취하는 능동태이면서 미래를 나타내는
부사구 in a few minutes와 어울리는 (C) is giving이 정답이다. 현재진행은 가까운 미래 시제를 나타낼 수 있다.

▶ **동사 문제는 수 일치 → 태 → 시제의 순서로 따져서 정답을 가려낸다.**

The accounting department ------- a workshop about the new online system last Wednesday.

(A) will lead   (B) lead   (C) led   (D) is being led

① 수 일치   단수주어 The accounting department와 수 일치해야 하므로 (B) lead를 소거한다.

② 태   목적어 a workshop이 있으므로 수동태인 (D) is being led를 소거한다.

③ 시제   과거를 나타내는 last Wednesday가 있으므로 (A) will lead를 소거한다. 따라서 정답은 (C) led이다.

회계부서는 지난 수요일에 새로운 온라인 시스템에 관한 워크숍을 이끌었다.

1. Since Ms. Anderson purchased the new architectural software, her team members ------- designed better buildings.
(A) have
(B) had
(C) are
(D) were

2. By the end of this year, Moorehouse Research Associates, Inc., ------- contracts with ten new clients.
(A) will be negotiated
(B) has been negotiated
(C) will have negotiated
(D) has negotiated

3. Sales of Fonseca electronic equipment have been increasing steadily ------- the past five years.
(A) from
(B) toward
(C) by
(D) over

4. The Vanderbilt Clinic has seen an increase in patients since it ------- two eye specialists.
(A) hire
(B) hiring
(C) hired
(D) has hired

5. The advanced material research center ------- for its innovative, sustainable materials for food packaging last month.
(A) recognized
(B) will be recognized
(C) were recognized
(D) was recognized

6. Ms. Chandler's secretary ------- the legal files by the time she concludes her meeting with Delmont Industries.
(A) will have organized
(B) had been organizing
(C) is organizing
(D) would organize

7. The Aberdeen Law Conference ------- attendees for the event until next Friday morning.
(A) will be registering
(B) will be registered
(C) has registered
(D) register

8. The board of directors ------- the possibility of expanding into Asia but chose to wait until later.
(A) consider
(B) had considered
(C) will be considered
(D) considering

예제 39 재정 보고서는 지난 감사 이래로 좀 더 자세한 내역서를 포함하고 있다.
    40 총리는 잠시 후에 새로운 주택 정책에 대한 기자 회견을 할 것이다.

기출공식	시간 / 조건의 부사절에서는 현재 시제로 미래를 나타낸다.

41 As soon as the architect ------- the blueprints, construction on the new building will begin.

(A) is confirmed　　(B) confirmed　　(C) confirms　　(D) will confirm

핵심분석　As soon as the architect ------- the blueprints, construction on the new building will begin.
시간의 접속사　　주어　동사(현재 시제)　　　　　　주절: 미래 시제

문제해설　시간의 접속사 as soon as가 이끄는 부사절의 시제는 문맥상 미래를 나타내더라도 현재 시제가 미래를 대신한다. 따라서 (C) confirms가 정답이다.

▶ 시간 / 조건의 부사절을 이끄는 접속사

시간	before ~ 전에	once 일단 ~하면	when ~할 때	by the time ~할 즈음에
	after ~ 후에	until ~까지	while ~하는 동안	as soon as ~하자마자
조건	if 만약 ~라면	unless ~하지 않는다면	as long as ~하는 한	in case (that) ~하는 경우를 대비하여

Once the time (**is** / will be) set, we **will** get prepared for the meeting.　일단 시간이 정해지면, 회의 준비를 할 것이다.

If you (**renew** / will be renewing) your Internet plan **next year**, you **will receive** a 50-percent discount.
내년에 인터넷 약정을 재계약하시면 50 퍼센트 할인을 받게 됩니다.

고득점 PLUS　시간 / 조건의 부사절에서 동사가 미래완료를 의미할 때는 현재완료가 대신한다.
Until the elevators (**have been** / will have been) fully inspected, access **will be** prohibited.
엘리베이터가 완전히 다 점검될 때까지, 이용은 금지될 것이다.

기출공식	권고 / 요구 / 제안의 동사나 당위성의 형용사 뒤 that절에는 동사원형이 온다.

42 To advance his career, the vice president insisted that Mr. Pratt ------- a transfer to the Chicago office.

(A) will accept　　(B) accepted　　(C) accept　　(D) accepting

핵심분석　To advance ~, the vice president insisted that Mr. Pratt ------- a transfer to the Chicago ~.
to부정사구　　주어　동사(주장) that + 주어 + (should) 동사원형

문제해설　주장의 동사 insisted를 단서로 that절의 동사는 should가 생략된 동사원형이 올 수 있다는 점을 알 수 있다. 따라서 (C) accept가 정답이다.

insist 주장하다　advise 권고하다　urge (강력히) 권고하다　require 요구하다
ask 요청하다　request 요청하다　recommend 추천하다　suggest 제안하다　**+** that+주어+(should) 동사원형
important / critical 중요한　necessary / imperative / vital 필수적인

Doctors **recommend** that a person over 60 (should) (exercises / **exercise**) regularly.
의사는 60세 이상인 사람은 정기적으로 운동을 해야 한다고 추천한다.
TIPS should가 생략되더라도 문맥상 '~해야 한다'로 해석한다.

It is **critical** that your password (should) (**be** / will be) changed every three months.
패스워드가 3개월마다 변경되어야 하는 것은 대단히 중요하다.

ETS PRACTICE

제한시간 2분 40초 | 정답 및 해설 p. 29

1. Ms. Samuels will give the keynote speech when she ------- part in the biotechnology conference in March.
(A) takes
(B) taking
(C) will take
(D) had taken

2. It is necessary that applicants for the computer programming position ------- interviewed by their potential coworkers.
(A) is
(B) are
(C) will be
(D) be

3. Ms. Moriarty will change offices once she ------- from her business trip in Guam.
(A) returns
(B) returned
(C) returning
(D) will return

4. To save time and costs, Alberta Industries recommends that any associates who travel for business ------- the amount of luggage they carry.
(A) minimize
(B) to minimize
(C) have minimized
(D) minimizing

5. Davidson Consulting ------- that every employee receive a medical checkup each year.
(A) advises
(B) lets
(C) appears
(D) refers

6. After his current advertising project ends later this week, Paul Watson ------- the London office.
(A) will visit
(B) has visited
(C) visited
(D) had visited

7. It is ------- that Ms. Hauser be informed of the news about her company's merger before she meets her clients.
(A) hopeful
(B) imperative
(C) careful
(D) aware

8. As long as the price of steel ------- the same next year, Dillon Manufacturing will make a profit.
(A) remains
(B) remained
(C) will remain
(D) has remained

예제 **41** 건축가가 설계도를 확인하자마자, 새 건물에 대한 공사가 시작될 것이다.
　　　42 부사장은 프랫 씨가 경력을 높이기 위해 시카고 지점으로의 발령을 받아들여야 한다고 주장했다.

제한시간 2분 40초 | 정답 및 해설 p. 30

1. Klondike Mining ------- its leading competitor in a hostile takeover last month.
   - (A) acquired
   - (B) acquires
   - (C) was acquired
   - (D) is acquiring

2. The negotiations will be complete once both parties ------- to the financial compensation.
   - (A) have agreed
   - (B) agreed
   - (C) will agree
   - (D) have been agreed

3. Ms. McCarney ------- how to use the software at our upcoming meeting in October.
   - (A) will demonstrate
   - (B) demonstrate
   - (C) is demonstrated
   - (D) will have been demonstrated

4. Stephanie Wilson sometimes receives advice from the person that ------- her job previously.
   - (A) holds
   - (B) held
   - (C) will hold
   - (D) has held

5. The security programs on the computers across all departments ------- by the end of this month.
   - (A) has been updating
   - (B) are updated
   - (C) had been updating
   - (D) will have been updated

6. The Springfield Hotel requires that all room upgrades ------- by the manager on duty.
   - (A) be approved
   - (B) are approved
   - (C) approved
   - (D) approve

7. So far, Ovintrust Ltd. ------- proposals from three companies to manage its billing and payment processing.
   - (A) was receiving
   - (B) to receive
   - (C) receive
   - (D) has received

8. By the time the magazine article on home security devices ------- on the newsstands, the pricing information had already been outdated.
   - (A) appears
   - (B) appeared
   - (C) will appear
   - (D) appearing

UNIT
08

to부정사와 동명사

to부정사와 동명사

▶ 준동사의 이해

동사의 성질을 지니고 있지만 문장 내에서 동사가 아닌 명사, 형용사, 부사 등 다른 품사의 역할을 하는 것을 준동사라고 한다. 준동사에는 to부정사, 동명사, 분사가 있다.

They want **to display** the new products. 그들은 신제품을 전시하기를 원한다.
　　　동사　준동사(to부정사)

▶ to부정사의 개념과 역할

to부정사는 'to+동사원형'의 형태로, 하나의 정해진 품사로 사용되는 것이 아니라 명사, 형용사, 부사로 다양하게 사용된다.

1) 명사 역할: '~하는 것'의 의미로 문장에서 주어, 목적어, 보어 역할을 한다.

주어	It is important **to read** the manual carefully. 설명서를 꼼꼼하게 읽는 것이 중요하다. → 주어 역할을 하는 to부정사는 보통 가주어 It을 쓰고 진주어인 to부정사구를 뒤로 보낸다.
목적어	They agreed **to renew** the contract. 그들은 계약을 갱신하는 것에 동의했다.
보어	The goal this quarter is **to improve** sales. → 주격 보어 이번 분기 목표는 매출을 향상시키는 것이다. The regulations require bicyclists **to wear** safety helmets. → 목적격 보어 규정에 따라 자전거를 타는 사람들은 안전모를 착용해야 한다.

2) 형용사 역할: '~하는, ~할'의 의미로 명사를 뒤에서 수식한다.

We have a plan **to visit** the plant. 우리는 그 공장에 방문할 계획을 가지고 있다.

3) 부사 역할: 문장에서 부사 역할을 하며 다양한 의미를 나타낸다.

Some team members will meet **to arrange** the schedule. → 목적: ~하기 위해서
몇몇 팀원들이 일정을 짜기 위해서 모일 것이다.

I'm pleased **to announce** plans to introduce new technology. → 이유: ~해서
저는 새로운 기술을 도입할 계획을 발표하게 되어 기쁩니다.

▶ 동명사의 개념과 역할

동명사는 '동사원형＋ing'의 형태로, 동사의 성질을 지니면서 명사 역할을 한다. 즉, 문장에서 주어, 목적어, 보어로 사용될 수 있다.

주어	**Drinking** plenty of water is recommended. 물을 충분히 마시는 것이 권장된다.
목적어	They suggested **sending** an e-mail or **making** a call. → 동사의 목적어 그들은 이메일을 보내거나 전화할 것을 제안했다. She is afraid of **making** speeches in public. → 전치사의 목적어 그녀는 대중 앞에서 연설하는 것을 두려워한다.
보어	The goal of this workshop is **developing** communication skills. 이번 워크숍의 목적은 의사소통 능력을 계발하는 것이다.

▶ to부정사와 동명사의 동사적 성질

to부정사와 동명사는 준동사로, 동사의 성질을 지니고 있기 때문에 목적어나 보어를 취할 수 있고 부사의 수식을 받을 수 있다.

The meeting agenda is **changing** the company name. 회의 안건은 회사명을 바꾸는 것이다.
　　　　　　　　　　　　　　　목적어
Mr. Tan is considered **to be** an outstanding lawyer. 탄 씨는 뛰어난 변호사로 평가받고 있다.
　　　　　　　　　　　　　　보어
The workers need **to arrive** promptly at two o'clock. 인부들은 2시 정각에 도착해야 한다.
　　　　　　　　　　　부사

ETS 빈출 ▷ 출제 포인트 ✅

- **특정 동사와 함께 쓰여 목적어 역할을 하는 to부정사 문제가 출제된다.** → 기출공식 43

  Mr. Carson decided (**to run** / ~~running~~) for mayor in the next election.
  카슨 씨는 차기 시장에 출마하기로 결심했다.

- **목적을 나타내는 부사 역할의 to부정사를 묻는 문제가 출제된다.** → 기출공식 46

  (~~Due to~~ / **In order to**) succeed in business, you must be diligent.
  사업에 성공하기 위해서는 성실해야 한다.

- **전치사의 목적어 역할을 하는 동명사 문제가 출제된다.** → 기출공식 48

  The company increased sales by (**expanding** / ~~to expand~~) operations into other countries.
  그 회사는 다른 나라로 사업을 확장함으로써 매출을 늘렸다.

to부정사를 목적어로 취하는 동사

43 Mercopia Electronix hopes ------- its sales in Asia over the next two years.

(A) double   (B) to double   (C) doubled   (D) doubling

핵심분석   <u>Mercopia Electronix</u> <u>hopes</u> ------- <u>its sales in Asia</u> <u>over the next two years</u>.
                      주어   동사   목적어   전치사구

문제해설   동사 hope는 명사나 to부정사를 목적어로 취할 수 있는데, 빈칸 뒤에 명사구 its sales가 있으므로 빈칸에는 이를 목적어로 취할 수 있는 to부정사가 들어가야 한다. 따라서 (B) to double이 정답이다.

▶ **to부정사를 목적어로 취하는 빈출 동사**

want to ~하기를 원하다	agree to ~하는 데 동의하다	intend to ~하려고 의도하다
hope to ~하기를 바라다	need to ~하는 것을 필요로 하다	plan to ~할 계획이다
wish to ~하기를 바라다	decide to ~하기로 결정하다	aim to ~하는 것을 목표로 하다
refuse to ~하기를 거절하다	promise to ~하기로 약속하다	deserve to ~할 만하다
fail to ~하지 못하다	manage to 가까스로 ~하다	expect to ~하기를 기대[예상]하다

Mr. Woo **refused** (~~commenting~~ / **to comment**) on rumors about a possible merger.
우 씨는 합병 가능성에 대한 소문에 대해 언급하기를 거부했다.

---

to부정사를 목적격 보어로 취하는 동사

44 Mr. Huang has asked Ms. Mizuno ------- the agenda from her computer.

(A) printed   (B) to print   (C) printing   (D) prints

핵심분석   <u>Mr. Huang</u> <u>has asked</u> <u>Ms. Mizuno</u> ------- <u>the agenda</u> <u>from her computer</u>.
               주어   동사   목적어   목적격 보어   전치사구

문제해설   ask는 5형식 동사로 쓰일 경우 'ask + 목적어 + 목적격 보어(to부정사)'의 구조로 쓰일 수 있는데, 빈칸은 목적격 보어인 to부정사 자리이므로, (B) to print가 정답이다.

▶ **to부정사를 목적격 보어로 취하는 빈출 동사**

ask 목적어 to ~하도록 요청하다	advise 목적어 to ~하도록 권고하다	remind 목적어 to ~할 것을 상기시키다
require 목적어 to ~하도록 요구하다	invite 목적어 to ~하도록 요청하다	enable 목적어 to ~할 수 있게 하다
allow 목적어 to ~하도록 허락하다	urge 목적어 to ~할 것을 촉구하다	request 목적어 to ~하도록 요청하다
expect 목적어 to ~할 것을 기대[예상]하다	encourage 목적어 to ~하도록 권장하다	permit 목적어 to ~할 것을 허용하다

A flight attendant **reminded** passengers not (**to smoke** / ~~smoke~~) on the plane.
승무원이 승객들에게 기내에서 흡연하지 말 것을 상기시켰다.

We **encourage** employees **to attend** training sessions.   우리는 직원들이 교육에 참석할 것을 권장한다.

→ Employees **are encouraged** (**to attend** / ~~attending~~) training sessions.
     직원들은 교육에 참석하도록 권장 받는다.

TIPS 'be동사 + p.p. + to부정사' 형태의 수동태로 자주 출제된다.

실전 ETS PRACTICE

제한시간 2분 40초 | 정답 및 해설 p.32

1. Those who wish ------- in tomorrow's walking tour must meet in the hotel lobby at 10:00 a.m.
(A) participating
(B) will participate
(C) to participate
(D) participate

2. Employees are not ------- to telecommute, except when there is bad weather.
(A) allowed
(B) allowing
(C) allowance
(D) allow

3. Mr. Lee has dedicated himself to the company and he deserves ------- a promotion.
(A) get
(B) to get
(C) getting
(D) gotten

4. The library ------- patrons to show proof of local residence in order to get a library card.
(A) realizes
(B) requires
(C) expands
(D) prevents

5. Nearly seventeen thousand people are expected to ------- the auto show in Tianjin later this month.
(A) visited
(B) visiting
(C) visit
(D) visits

6. The CEO Matt Kelly has decided ------- tomorrow's company picnic because of the forecasted storm.
(A) to cancel
(B) canceling
(C) cancellation
(D) that cancels

7. All Paddell University alumni are invited ------- nominations for this year's Alumni Achievement Awards.
(A) to submit
(B) submitting
(C) have submit
(D) having submitted

8. Until the renovation of its production facility is complete, Sunixa Home Furnishings expects its domestic sales ------- temporarily.
(A) have worsened
(B) be worse
(C) to worsen
(D) worsening

예제 43 머코피아 일렉트로닉스는 향후 2년 동안 아시아에서의 매출을 두 배로 늘리기를 희망한다.
44 황 씨는 미즈노 씨에게 그녀의 컴퓨터에서 안건을 인쇄해 달라고 부탁했다.

45 The authority ------- performance bonuses to employees rests solely with the department manager.

    (A) is awarded   (B) award   (C) to award   (D) would award

핵심분석   The authority ------- performance bonuses ~ rests solely with the department manager.
         명사(주어)   to부정사구   동사   전치사구

문제해설   문장에 동사 rests가 있으므로 빈칸은 명사 authority를 수식하면서 뒤에 나온 명사구 performance bonuses 목적어로 받는 준동사 자리이다. authority는 to부정사의 수식을 받아 '~할 권한'을 의미하므로, (C) to award가 정답이다.

▶ **'명사+to부정사' 빈출 표현**

authority to ~할 권한	decision to ~하려는 결정	way to ~할 방법	attempt to ~하려는 시도
opportunity to ~할 기회	ability to ~할 능력	right to ~할 권리	proposal to ~하겠다는 제안
chance to ~할 기회	effort to ~하려는 노력	plan to ~할 계획	time to ~할 시간

The company is looking for **ways** (**to improve** / ~~improve~~) its employee performance.
그 회사는 직원 성과를 개선할 방법을 찾고 있다.

▶ **'be동사+형용사+to부정사' 빈출 표현**

be willing to 기꺼이 ~하다	be pleased to ~하게 되어 기쁘다	be eligible to ~할 자격이 되다
be eager to ~하기를 갈망하다	be scheduled to ~할 예정이다	be reluctant to ~하기를 꺼리다
be able to ~할 수 있다	be due to ~할 예정이다	be hesitant to ~하기를 망설이다
be likely to ~할 것 같다	be ready to ~할 준비가 되다	be sure to 반드시 ~하다

Customers **are likely** (**to want** / ~~wanting~~) to buy quality clothes at reasonable prices.
고객들은 질 좋은 옷을 합리적인 가격에 사고 싶어할 것이다.

46 Please contact the system administrator ------- your password.

    (A) change   (B) changed   (C) to change   (D) will change

핵심분석   Please contact the system administrator ------- your password.
         완전한 절(명령문)   to부정사   명사구

문제해설   빈칸 앞에 완전한 절이 있고 뒤에 명사구가 있으므로, 빈칸에는 앞에 나온 완전한 절을 수식하면서 뒤에 나온 명사구를 목적어로 취할 수 있는 준동사가 와야 한다. 비밀번호를 변경하는 것은 관리자에게 연락하는 목적이라고 볼 수 있다. 따라서 '비밀번호를 변경하기 위해서'라는 의미로 부사 역할을 하는 to부정사 (C) to change가 정답이다.

▶ to부정사는 완전한 절 앞이나 뒤에서 부사처럼 수식하는 역할을 하며, 주로 '~하기 위해서'라는 목적의 의미를 나타낸다.

Ms. Aman visited the company's headquarters (**to participate** / ~~participate~~) in a conference.
아만 씨가 회의에 참석하기 위해 본사를 방문했다.

(**In order to** / ~~In addition to~~) **celebrate** Mr. Ford's promotion, the party will be held next week.
포드 씨의 승진을 축하하기 위해서 다음 주에 파티가 열릴 것이다.

TIPS 목적을 나타내는 to부정사는 in order to 또는 so as to로 쓸 수 있다.

실전 ETS PRACTICE

⊙ 제한시간 2분 40초 | 정답 및 해설 p.32

1. Because of the large number of résumés received each month, we are unable ------- to every job applicant.

(A) respond
(B) responding
(C) response
(D) to respond

2. During the group interview, candidates will have the ------- to explain their career experience.

(A) resource
(B) specialty
(C) opportunity
(D) application

3. Representatives from Vinpow, Inc., are scheduled ------- our office on Wednesday afternoon.

(A) visit
(B) visiting
(C) having visited
(D) to visit

4. Kunkel Marketing customizes its advertising strategy ------- clients' needs.

(A) to meet
(B) will meet
(C) meeting
(D) meets

5. Allaire Management, Inc., requires detailed information about your company ------- set up an online business profile.

(A) besides
(B) in order to
(C) because
(D) by means of

6. We would be pleased to ------- the requested customer testimonial for your company Web site.

(A) writes
(B) write
(C) written
(D) writing

7. Since Goldstone's revenue comes increasingly from online sources, the decision ------- certain store locations is a natural one.

(A) to close
(B) closed
(C) closely
(D) closing

8. The professor always assigns additional readings ------- what was covered in the chemistry class.

(A) reinforced
(B) is reinforcing
(C) reinforces
(D) to reinforce

예제 45 직원들에게 성과급을 주는 권한은 부서장에게만 있다.
46 비밀번호를 변경하려면 시스템 관리자에게 연락하십시오.

동명사를 목적어로 취하는 동사

47 Zulit City commuters should avoid ------- Second Avenue until the roadwork is completed.

(A) to take　　　(B) taking　　　(C) takes　　　(D) taken

핵심분석　Zulit City commuters should avoid ------- Second Avenue until the roadwork is completed.
　　　　　　　주어　　　　　　동사　　　　목적어　　　　　　　　　부사절

문제해설　동사 avoid는 명사나 동명사를 목적어로 취할 수 있는데, 빈칸 뒤에 명사구 Second Avenue가 있으므로 빈칸에는 이를 목적어로 취할 수 있는 동명사가 들어가야 한다. 따라서 (B) taking이 정답이다.

▶ **동명사를 목적어로 취하는 빈출 동사**

avoid -ing ~하는 것을 피하다	include -ing ~하는 것을 포함하다	enjoy -ing ~하는 것을 즐기다
consider -ing ~할 것을 고려하다	admit -ing ~했음을 인정하다	deny -ing ~했음을 부인하다
suggest -ing ~하기를 제안하다	postpone -ing ~하는 것을 미루다	finish -ing ~을 끝내다
recommend -ing ~하는 것을 추천하다	mind -ing ~하기를 꺼리다	discontinue -ing ~하는 것을 중단하다

The construction company had to **finish** (~~renovate~~ / **renovating**) the building before the deadline.
그 건설 회사는 마감일 전에 건물의 보수 공사를 마쳐야 했다.

James Milton will (**consider** / ~~decide~~) **applying** for the summer intern position.
제임스 밀턴은 하계 인턴직에 지원하는 것을 고려할 것이다. → decide는 to부정사를 목적어로 취하는 동사

TIPS 동명사 관용 표현도 함께 알아 두자.

keep -ing 계속 ~하다	on/upon -ing ~하자마자	be worth -ing ~할 가치가 있다
be busy -ing ~하느라 바쁘다	cannot help -ing ~하지 않을 수 없다	feel like -ing ~하고 싶다
spend+시간/돈+(in) -ing ~하는 데 시간/돈을 쓰다	have difficulty[trouble] (in) -ing ~하는 데 어려움을 겪다	

전치사 뒤 목적어 자리에 오는 동명사가 출제된다.

48 The age requirement for ------- a vehicle may vary slightly from company to company.

(A) rent　　　(B) rented　　　(C) renting　　　(D) rents

핵심분석　The age requirement for ------- a vehicle may vary slightly from company to company.
　　　　　　주어　　　　　　전치사　　동명사　명사구(목적어)　동사　　　　　　전치사구

문제해설　전치사 for의 목적어 역할을 하면서 명사구 a vehicle을 목적어로 취하는 동명사 (C) renting이 정답이다. 명사인 (A) rent와 (D) rents는 전치사의 목적어로 쓰일 수 있지만, 뒤에 목적어를 취할 수 없으므로 오답이다.

Our new method **of** (**producing** / ~~produce~~) rubber for tires is still being tested in the lab.
타이어용 고무를 생산하는 우리의 새로운 방법은 여전히 실험실에서 시험 중이다.

Workers must not enter the laboratory **without** (**wearing** / ~~to wear~~) protective clothing.
작업자는 보호복을 착용하지 않고 실험실에 들어가서는 안 된다.

TIPS to부정사는 전치사의 목적어로 사용할 수 없다.

1. Ledesma Hotel's employee manual includes guidelines for ------- guest complaints.
   (A) handling
   (B) handles
   (C) handle
   (D) to handle

2. Ms. Amber gave a presentation on the necessity of ------- crucial work skills.
   (A) improve
   (B) improves
   (C) improving
   (D) to improve

3. Mr. Artino will set up interviews for the accounting position once he finishes ------- the applications.
   (A) review
   (B) reviewed
   (C) reviewing
   (D) to review

4. A few employees have expressed interest in ------- a lunchtime book club.
   (A) create
   (B) creates
   (C) creation
   (D) creating

5. The CEO of the company has long considered ------- the firm into overseas markets.
   (A) expand
   (B) expands
   (C) expanding
   (D) expansion

6. Ms. Wade motivated the staff in her department by ------- their efforts at the weekly meeting.
   (A) praise
   (B) praises
   (C) praised
   (D) praising

7. The security consultant suggests ------- extra video cameras around the outside of the warehouse.
   (A) install
   (B) installing
   (C) installed
   (D) installation

8. Jeongsan Appliances ------- cleaning the filter of your air conditioner unit at least twice per year.
   (A) provides
   (B) conducts
   (C) recommends
   (D) agrees

예제 **47** 줄리트 시 통근자들은 도로 공사가 완료될 때까지 2번 가를 이용하는 것을 피해야 한다.
　　 48 차량 대여 연령 요건은 회사마다 조금씩 다를 수 있다.

'전치사 to + 동명사 / 명사' 표현에 유의한다.

49 Innisley Medical Clinic is dedicated to ------- thoughtful, innovative care.
(A) providing　　(B) provides　　(C) provide　　(D) provided

핵심분석　Innisley Medical Clinic <u>is dedicated</u> <u>to</u> ------- thoughtful, innovative care.
　　　　　　　　　主어　　　　　　　동사　전치사　동명사　　　명사구(목적어)

문제해설　be dedicated 다음에 오는 to는 전치사로, 뒤에 명사나 동명사를 목적어로 취한다. 빈칸 뒤 명사구 thoughtful, innovative care를 목적어로 취할 수 있어야 하므로, 동명사 (A) providing이 정답이다.

▶ **'전치사 to + 동명사 / 명사' 빈출 표현**

be dedicated / committed / devoted to ~에 헌신[전념]하다
be used / accustomed to ~에 익숙하다
be opposed to ~에 반대하다
be subject to ~의 대상이다, ~될 수 있다

contribute to ~에 기여하다
look forward to ~을 고대하다
object to ~에 반대하다
lead to ~의 결과를 낳다

Mr. Saito **is used** (**to giving** / ~~to give~~) presentations to international clients.
사이토 씨는 해외 고객들에게 프레젠테이션을 하는 것에 익숙하다.

We **are committed to** (**providing** / ~~provide~~) customized marketing solutions for businesses.
우리는 기업을 위한 맞춤형 마케팅 솔루션을 제공하는 데 전념하고 있습니다.

TIPS 전치사 to를 to부정사와 혼동하지 않도록 주의하자.

기출공식　**동명사와 명사를 구별하는 문제가 출제된다.**

50 Using this software is a method of ------- market trends quickly and effectively.
(A) determines　　(B) determining　　(C) determination　　(D) determined

핵심분석　Using this software is a method <u>of</u> ------- <u>market trends</u> <u>quickly and effectively.</u>
　　　　　　　　　　　　　　　전치사　동명사　명사구(목적어)　　　부사구

문제해설　빈칸은 전치사 of의 목적어 자리이므로 명사나 동명사가 들어갈 수 있는데, 뒤에 명사구 market trends가 나오므로 목적어를 취할 수 있는 동명사가 들어가야 한다. 따라서 (B) determining이 정답이다.

▶ 동명사는 명사와 달리 동사의 성질을 가지고 있어서 목적어를 취할 수 있고, 부사의 수식을 받을 수 있다.

Mr. Gibson is responsible for <u>regularly</u> (**checking** / ~~check~~) <u>the safety equipment.</u>
　　　　　　　　　　　　　　　　　부사　　　　　　　　　　　　　목적어
깁슨 씨는 안전 장비를 정기적으로 점검하는 일을 담당하고 있다.

By (~~participant~~ / **participating**) <u>in this seminar,</u> you can learn how to manage the new system.
　　　　　　　　　　　　　　　　　전치사구
이 세미나에 참여함으로써 새로운 시스템을 관리하는 방법을 배울 수 있다.

TIPS 자동사인 경우에는 동명사 뒤에 전치사구가 나올 수 있다.

▶ 명사는 목적어를 취할 수 없고, 한정사와 형용사의 수식을 받는다.

The final (~~reporting~~ / **report**) will be released in December. 최종 보고서는 12월에 발표될 것이다.

1. ------- a patio area behind the restaurant will allow us to seat more customers at a time.
   (A) Added
   (B) Adding
   (C) Addition
   (D) Add

2. Installing solar panels on the roof has contributed ------- our electricity bill.
   (A) to have lowered
   (B) to be lowered
   (C) to lowering
   (D) to lower

3. Since taking office, Mayor Reeves has been committed to ------- economic growth.
   (A) promotes
   (B) promotion
   (C) promoted
   (D) promoting

4. Kankal Corporation can access important Asian markets by ------- in the International Trade Fair in Osaka.
   (A) participating
   (B) participant
   (C) participate
   (D) participated

5. Some employees objected to ------- shorter lunch breaks from next month.
   (A) take
   (B) have taken
   (C) be taken
   (D) taking

6. It is important for businesses to find effective ways of ------- new customers.
   (A) attracts
   (B) attracting
   (C) attraction
   (D) attractive

7. Nate Trevino, the star of *Northside Law*, is looking forward to ------- the show's second season this summer.
   (A) film
   (B) filming
   (C) filmed
   (D) films

8. By actively ------- the acquisition of Lortus Industries, Hacro Devices intends to broaden its production capabilities.
   (A) pursue
   (B) pursued
   (C) pursuit
   (D) pursuing

예제 **49** 이니슬리 메디컬 클리닉은 사려 깊고 혁신적인 치료를 제공하는 데 전념하고 있다.
     50 이 소프트웨어를 사용하는 것은 시장 동향을 신속하고 효과적으로 파악하는 방법이다.

⏱ 제한시간 2분 40초 | 정답 및 해설 p. 35

1. Not all veterinarians are skilled in ------- unusual pets such as reptiles.
   (A) treat
   (B) treats
   (C) treating
   (D) treatment

2. Due to traffic on Hemlock Avenue, motorists are urged ------- alternative routes into the city center.
   (A) be taking
   (B) take
   (C) took
   (D) to take

3. ------- supplement his income, Mr. Kadoyan locates rare books for private collectors and auction houses.
   (A) Even though
   (B) In order to
   (C) Provided that
   (D) As long as

4. Through its new internal message boards, Keveit Corporation is aiming ------- interaction among employees.
   (A) having increased
   (B) increase
   (C) increased
   (D) to increase

5. The downtown marathon is likely to ------- inconvenience for Barrowville residents.
   (A) causing
   (B) caused
   (C) cause
   (D) causes

6. This organization has been devoted to ------- the welfare of the children in the world.
   (A) promoting
   (B) promote
   (C) promotion
   (D) promotes

7. Mayor Barrow's staff has not told reporters his reason for ------- today's press conference.
   (A) to call
   (B) calling
   (C) called
   (D) calls

8. Lothew Company's employee retention strategies include ------- flexible working practices and providing regular pay increases.
   (A) permitting
   (B) being permitted
   (C) permission
   (D) to permit

분사

분사

▶ 분사의 역할

분사는 동사원형에 -ing 또는 -ed가 붙은 형태로, 형용사 역할을 한다. 즉, 형용사처럼 명사를 수식하거나 문장의
보어로 쓰일 수 있다.

명사 앞 수식	We have to adapt to a rapidly **changing society**.
	우리는 빠르게 변화하는 사회에 적응해야 한다.

명사 뒤 수식	**All materials required** for the seminar need to be prepared in advance.
	세미나에 필요한 모든 자료는 사전에 준비되어야 한다.

주격 보어	**The results of the survey** were very **disappointing**.
	설문 조사 결과는 매우 실망스러웠다.

목적격 보어	Mr. Shen found **his team members tired**.
	셴 씨는 그의 팀원들이 피곤하다는 것을 알았다.

▶ 현재분사와 과거분사

현재분사

현재분사는 '동사원형 + -ing'의 형태로, 분사와 수식을 받는 명사의 관계가 능동일 때 사용하며, '~하는'으로 해석한다.

After 10:00 P.M., all **remaining staff members** should report to the security office.
오후 10시 이후에 남아 있는 모든 직원은 경비실에 보고해야 한다.

The manager training new employees is very professional.
신입 사원들을 교육하는 그 매니저는 무척 능숙하다.

과거분사

과거분사는 '동사원형 + -ed'의 형태로, 분사와 수식을 받는 명사의 관계가 수동일 때 사용하며, '~되는, 된'으로 해석한다.

You need to check the **revised manual** before operating a machine.
기계를 작동하기 전에 수정된 매뉴얼을 확인해야 한다.

The date written on the timetable may be changed.
일정표에 쓰여진 날짜는 변경될 수 있다.

▶ 분사구문

분사구문은 '접속사+주어+동사'의 부사절에서 접속사와 주어를 생략하고, 동사를 분사로 바꿔 간결하게 표현한 구문으로, 부사 역할을 한다. 보통 완전한 절의 앞이나 뒤에 위치한다.

분사구문 만드는 방법

<u>Because</u> <u>we</u> <u>improved</u> our online system, **we** received positive reviews.
　　　①　　　②　　　③

→ **Improving** our online system, we received positive reviews.
　우리는 온라인 시스템을 개선했기 때문에 긍정적인 평가를 받았다.

> ① 접속사를 생략한다.
> ② (주절의 주어와 같으면) 주어를 생략한다.
> ③ 동사를 '동사원형+-ing'로 바꾼다.

능동형 분사구문

As they watched the fashion show, the audience checked the product brochure.

→ **Watching** the fashion show, the audience checked the product brochure.
　패션쇼를 지켜보면서 관객들은 제품 소책자를 검토했다.

수동형 분사구문

When he is faced with some problems, he usually consults with his team members.

→ **(Being) Faced** with some problems, he usually consults with his team members.
　어떤 문제에 직면할 때, 그는 보통 그의 팀원들과 상의한다. → 수동태 분사구문에서는 Being을 생략할 수 있다.

ETS 빈출 〉 출제 포인트 ✓

- **명사를 앞에서 수식하는 현재분사와 과거분사를 구별하는 문제가 출제된다.** → 기출공식 51

  Mr. James is one of the most (~~promised~~ / **promising**) musicians.
  제임스 씨는 가장 유망한 음악가 중 한 명이다.

- **명사를 뒤에서 수식하는 현재분사와 과거분사를 구별하는 문제가 출제된다.** → 기출공식 52

  The seminar (**held** / ~~holding~~) yesterday was helpful to new employees.
  어제 열린 세미나는 신입 사원들에게 도움이 되었다.

- **접속사 뒤에 들어갈 알맞은 분사구문 형태를 묻는 문제가 출제된다.** → 기출공식 54

  While (**examining** / ~~examined~~) the report, Mr. Kim noticed some errors in the tax figures.
  보고서를 검토하던 중, 김 씨는 세금 내역에 몇 가지 오류가 있음을 알았다.

분사가 명사 앞에서 수식할 때는 능동 / 수동 관계를 확인한다.

51 Customers who rent a meeting room are only allowed to use the ------- venue.
(A) approve　　　(B) approved　　　(C) approving　　　(D) approval

핵심분석　Customers who rent a meeting room are only allowed to use the ------- venue.
　　　　　　　　　주어　　　　　　　　　　　　　　동사　　　　　　　　　　과거분사　명사

문제해설　빈칸이 관사 the와 명사 venue 사이에 있으므로, 빈칸에는 venue를 수식하는 형용사 또는 venue와 복합명사를
　　　　이루는 명사가 들어갈 수 있다. 문맥상 '승인된 장소'라는 내용이 되어야 자연스러우므로, '승인된'이라는 뜻으로 수동의
　　　　의미를 나타내는 과거분사 (B) approved가 정답이다.

▶ 분사가 수식 받는 명사와 능동 관계이면 현재분사, 수동 관계이면 과거분사를 쓴다.

We need to submit all the (requesting / **requested**) **documents**. 우리는 요청받은 모든 서류를 제출해야 한다.

▶ '현재분사 / 과거분사 + 명사' 빈출 표현

existing facility 기존 시설	preceding years 지난 몇 년	detailed information 자세한 정보
remaining staff 남아 있는 직원	outstanding balance 미지불 잔고	experienced employee 경력 직원
demanding task 까다로운 업무	assigned budget 배당된 예산	updated manual 업데이트된 설명서
leading company 선도하는 회사	involved task 관련된 업무	accomplished artist 뛰어난 예술가
growing industry 성장하는 산업	qualified applicant 적격인 지원자	damaged item 파손된 물품

Kano Rental is one of the (**leading** / led) **companies** in the industry. 카노 렌탈은 업계에서 선두 기업 중 하나이다.
You can return (**damaged** / damaging) **items** to us. 파손된 물품은 저희에게 반품할 수 있습니다.

분사가 명사 뒤에서 수식할 때는 목적어 유무를 확인한다.

52 Dr. Anderson wrote a paper ------- the possibility of using robots to treat patients.
(A) describing　　　(B) described　　　(C) describe　　　(D) describes

핵심분석　Dr. Anderson wrote a paper ------- the possibility of using robots to treat patients.
　　　　　　　주어　　　동사　명사　현재분사　　　　　　　　　　목적어

문제해설　Dr. Anderson이 주어, wrote가 동사인 완전한 절로, 빈칸 이하는 a paper를 수식하는 어구이다. 따라서 명사를 수식할
　　　　수 있고 the possibility 이하를 목적어로 취할 수 있는 현재분사 (A) describing이 정답이다.

▶ 분사가 명사를 뒤에서 수식할 때는 분사 뒤에 목적어가 있으면 현재분사, 목적어가 없으면 과거분사를 쓴다.

Riverside's fair (introduced / **introducing**) the latest products will be held next week. → 현재분사 + 목적어
최신 제품을 소개하는 리버사이드 박람회가 다음 주에 열릴 것이다.

Any person (**involved** / involving) in a legal case is advised to consult a lawyer. → 과거분사 + 전치사구
법적 소송과 관련된 사람은 변호사와 상담하도록 권고 받는다.

The students (**participating** / participated) in volunteer work will be rewarded.
자원봉사에 참여한 학생들은 보상을 받을 것이다.

TIPS 자동사는 목적어의 유무에 관계없이 현재분사로만 쓰고, 뒤에 주로 전치사구나 부사(구)가 나온다.

1. Register now to receive a free catalog with ------- information about Shorepoint Home and Office products.
(A) detail
(B) details
(C) detailed
(D) detailer

2. Once your payment is processed, you will receive an e-mail ------- your order.
(A) confirm
(B) confirmed
(C) confirmation
(D) confirming

3. The data show a steadily ------- gap between the Yorfield mine's production targets and its actual output.
(A) growing
(B) grown
(C) growth
(D) grow

4. The gallery ------- art from the nineteenth century has gained popularity.
(A) displays
(B) displayed
(C) displaying
(D) displayer

5. A new musical production is holding auditions for ------- singers next Saturday at the Grovetown Theater.
(A) experience
(B) to experience
(C) experiences
(D) experienced

6. Deaton Apartment Complex is comprised of 42 spacious units ------- with the needs of elderly people in mind.
(A) constructed
(B) construction
(C) were constructed
(D) constructing

7. The architectural style proposed for the new building is similar to the style of ------- structures in the district.
(A) exist
(B) exists
(C) existed
(D) existing

8. Before concluding, the panel will discuss a few questions ------- from members of the audience.
(A) collection
(B) collected
(C) collecting
(D) collect

예제 **51** 회의실을 빌린 고객은 승인된 장소만 사용할 수 있습니다.
52 앤더슨 박사는 환자를 치료하기 위해 로봇을 사용할 가능성을 설명하는 논문을 썼다.

기출공식	감정을 유발하면 현재분사, 감정을 느끼면 과거분사

53 Online reviews suggest that most customers are ------- with their Washright dishwashers.

(A) satisfying   (B) satisfactory   (C) satisfaction   (D) satisfied

핵심분석

Online reviews suggest that most customers are ------- with their Washright dishwashers.
주어   동사   접속사   주어(사람)   be동사   과거분사   전치사구

문제해설

빈칸은 주격 보어 자리이므로 명사 또는 형용사가 들어갈 수 있다. 접속사 that절의 주어인 most customers가 감정을 느끼는 대상이기 때문에 과거분사 (D) satisfied가 정답이다.

▶ 감정을 나타내는 분사의 경우, 현재분사는 주로 감정을 유발하는 사물 명사, 과거분사는 감정을 느끼는 사람 명사와 쓴다.

The news reported yesterday was (~~surprised~~ / **surprising**). 어제 보도된 뉴스는 놀라웠다.

You need to develop your teaching skills to keep **students** (~~interesting~~ / **interested**) in the subject.
당신은 학생들이 그 과목에 계속해서 관심을 갖도록 하기 위해서 교수법을 발전시켜야 한다.

▶ **감정 동사의 현재분사 / 과거분사**

exciting 신나는	excited 신이 난, 흥분한	tiring 피곤하게 하는	tired 피곤한
satisfying 만족스러운	satisfied 만족한	delighting 기쁘게 하는	delighted 기뻐하는
pleasing 기분 좋게 하는	pleased 기뻐하는	confusing 혼란스럽게 하는	confused 혼란스러운
overwhelming 압도적인	overwhelmed 압도된	surprising 놀라운	surprised 놀란
fascinating 매력적인	fascinated 매료된	interesting 흥미로운	interested 관심 있는

기출공식	분사구문의 분사 형태는 목적어의 유무와 주어와의 관계로 결정한다.

54 ------- at thousands of retailers, the GoPay app offers a convenient way to pay for purchases.

(A) Accepting   (B) Accepted   (C) Acceptance   (D) Accept

핵심분석

------- at thousands of retailers, the GoPay app offers a convenient way to pay for purchases.
과거분사   전치사구   주어   동사   목적어   수식어구

문제해설

빈칸 뒤에 목적어가 없고, 주절의 주어인 the GoPay app은 '승인되는' 대상이므로 수동의 의미를 나타내는 과거분사 (B) Accepted가 정답이다.

▶ 목적어가 있고 주절의 주어와 능동 관계이면 현재분사, 목적어가 없고 주절의 주어와 수동 관계이면 과거분사를 쓴다.

(~~Reviewed~~ / **Reviewing**) the document, **Lucy** noticed some errors.
                  목적어
루시는 서류를 검토하다가 몇 가지 오류를 발견했다. → 주어인 Lucy가 서류를 '검토하는' 주체이므로 능동

The project should be completed as (~~scheduling~~ / **scheduled**) in the contract.
                                         전치사구
그 프로젝트는 계약서의 예정대로 완료되어야 한다. → 주어인 The project가 '예정되어 있는' 대상이므로 수동

▶ 분사구문의 의미를 명확하게 하기 위해서 접속사를 생략하지 않을 수도 있다.

When (**taking** / ~~taken~~) an order, Farina Restaurant uses robots. 주문을 받을 때, 파리나 식당은 로봇을 사용합니다.

ETS PRACTICE

실전

제한시간 2분 40초 | 정답 및 해설 p.38

1. All of our executives are ------- with the portrait photographs that your studio produced.
(A) pleasure
(B) please
(C) pleased
(D) pleasing

2. Customers are allowed to see and touch fabric samples before ------- an order.
(A) placed
(B) place
(C) to place
(D) placing

3. The creator of *The Doctor Bennett Show* hopes that the final episode will leave viewers -------.
(A) satisfying
(B) satisfied
(C) satisfyingly
(D) satisfy

4. ------- to a question from a journalist, Ms. Huang said she had no plans to sell Spensley Football Club.
(A) Have responded
(B) Responding
(C) Responses
(D) Responded

5. Donovan Sanders reported on an ------- new sports car designed by Emery Motors.
(A) exciting
(B) excite
(C) excites
(D) excited

6. When properly -------, Potten Home furniture is extremely sturdy.
(A) assembles
(B) assembly
(C) assemble
(D) assembled

7. Overnight travel on West Connect trains is never ------- because passenger compartments are furnished with comfortable beds.
(A) tired
(B) tires
(C) tiring
(D) tiredly

8. ------- in collaboration with Aguna Games, the LingoQuest app makes learning a foreign language fun and easy.
(A) Develop
(B) Developed
(C) Development
(D) Developers

예제 53 온라인 리뷰는 대부분의 고객들이 워시라이트 식기세척기에 만족한다는 것을 보여 준다.
54 수천 개의 소매점에서 승인된 고페이 앱은 구매 비용을 지불하는 편리한 방법을 제공한다.

PART 5 문법 | UNIT 09

1. Following the severe storm, the Department of Transportation's top priority was clearing ------- roads.
   (A) obstructs
   (B) obstructing
   (C) obstructed
   (D) obstruction

2. After online ticket sales close, any ------- tickets are only available at the theater on the day of the performance.
   (A) remain
   (B) remained
   (C) remaining
   (D) remainders

3. Reward points ------- before the end of this year will not be subject to the new expiration policy.
   (A) that earn
   (B) are earned
   (C) earning
   (D) earned

4. Applicants are required to submit documentation ------- their eligibility for the position.
   (A) verification
   (B) verifying
   (C) verifiably
   (D) verifies

5. Parsons Group staff were ------- to receive a paid day off on the anniversary of the company's founding.
   (A) delighted
   (B) delights
   (C) delight
   (D) delighting

6. Some of the customers who bought the new product have complained that the instructions were somewhat -------.
   (A) confuse
   (B) confuses
   (C) confusion
   (D) confusing

7. Managers are asked to remain objective while carefully ------- employee performance.
   (A) evaluate
   (B) evaluating
   (C) evaluation
   (D) evaluates

8. As ------- in a striking series of television commercials, the latest Frugi BXU tablet computer is completely waterproof.
   (A) advertise
   (B) advertising
   (C) advertised
   (D) advertisers

UNIT
10

접속사

접속사

▶ 접속사

접속사는 단어와 단어, 구와 구, 절과 절을 이어 주는 연결어로, 등위접속사, 상관접속사, 부사절 접속사, 명사절 접속사 등이 있다.

▶ 등위접속사와 상관접속사

등위접속사는 단어와 단어, 구와 구, 절과 절을 대등하게 연결해 주는 접속사이다.

He needs <u>to check the schedule</u> **and** <u>(to) call Ms. Krystal</u>.
　　　　　　구(to부정사)　　　　　　　　　구(to부정사)

그는 일정을 확인하고 크리스탈 씨에게 전화해야 한다.

You can request <u>a refund</u> **or** (can request) <u>a replacement</u> with an original receipt.
　　　　　　　　단어(명사)　　　　　　　　　　단어(명사)

원본 영수증이 있으면 환불이나 교환을 요청할 수 있다.

→ 등위접속사로 연결된 구나 절에서 반복된 단어나 어구는 생략 가능하다.

상관접속사는 두 개 이상의 단어가 서로 짝을 이루어 함께 쓰이는 접속사이다.

She will submit her report **either** <u>today</u> **or** <u>tomorrow</u>.
　　　　　　　　　　　　　　　　　단어(부사)　　　단어(부사)

그녀는 오늘이나 내일 보고서를 제출할 것이다.

▶ 부사절 접속사

부사절 접속사는 절과 절을 이어 주는 연결어로, 시간, 이유, 양보, 조건 등 다양한 의미를 나타낸다. 부사절은 문장에서 부사 역할을 하는 수식어이므로, 생략해도 문장이 성립한다.

<u>Make a detour</u> **because** <u>heavy traffic is predicted</u>.
　　주절　　　　　　　　　　　부사절(이유)

교통량이 많을 것으로 예상되니 우회하세요.

Although <u>she worked all night</u>, <u>she failed to complete the work on time</u>.
　　　　　부사절(양보)　　　　　　　　　　　　　주절

그녀는 밤을 새워 일했지만 제시간에 일을 끝내지 못했다.

▶ 명사절 접속사

명사절 접속사는 문장에서 주어, 목적어, 보어 역할을 하는 절을 이끈다. 명사절 접속사에는 that, whether / if, 의문사 등이 있다.

that	~라는 것	
whether / if	~인지 아닌지	
의문사	who 누가 ~하는지 what 무엇이[무엇을] ~하는지 which 어떤 것이[어떤 것을] ~하는지	when 언제 ~하는지 where 어디서 ~하는지 how 어떻게 ~하는지 why 왜 ~하는지

주어	**Whether** we can hire more staff members depends on our budget. 우리가 더 많은 직원을 고용할 수 있는지는 우리의 예산에 달려 있다.
동사의 목적어	Mr. Koga indicates **(that)** the company will implement a new policy starting in March. 코가 씨는 회사가 3월부터 새로운 정책을 시행할 것이라고 알린다. → 명사절 접속사 that이 동사의 목적어로 쓰이는 경우에는 생략할 수 있다.
전치사의 목적어	This program has made me think about **what** I should do now for my future. 이 프로그램은 미래를 위해 내가 지금 무엇을 해야 하는지에 대해 생각하게 만들었다.
보어	The main agenda of the meeting is **who** will replace Mr. Ahn. 회의의 주요 의제는 누가 안 씨의 후임이 될 것인지이다.

ETS 빈출 ▶ 출제 포인트 ✅

- **시간, 이유, 양보, 조건의 부사절 접속사를 선택하는 문제가 출제된다.** → 기출공식 55, 56

  (**Although** / If) she studied biochemistry, Ms. Patel works in the Marketing Department.
  파텔 씨는 생화학을 공부했지만, 마케팅부에서 일한다.

- **의미가 비슷한 접속사와 전치사를 구별하는 문제가 출제된다.** → 기출공식 58

  (**While** / During) the office is renovated, employees will work at home.
  사무실이 개조되는 동안 직원들은 집에서 일할 것이다.

- **상관접속사의 짝을 묻는 문제가 출제된다.** → 기출공식 60

  (Either / **Neither**) Mr. Regan nor Ms. Allen approved the proposal.
  리건 씨와 앨런 씨 모두 그 제안을 승인하지 않았다.

55

The sales representative job comes with a company car ------- it requires frequent travel.

(A) instead of   (B) following   (C) because   (D) though

핵심분석

The sales representative job comes with a company car ------- it requires frequent travel.
주어   동사   전치사구   접속사 주어 동사   목적어

문제해설

빈칸은 뒤에 나온 완전한 절을 이끄는 접속사 자리로, 해당 절은 영업직에게 회사 차가 제공되는 이유를 나타낸다. 따라서 '~ 때문에'라는 의미의 부사절 접속사 (C) because가 정답이다. (A) instead of와 (B) following은 전치사로 절을 이끄는 자리에 들어갈 수 없다.

시간	when/as ~할 때 while/as ~하는 동안	before ~ 전에 after ~ 후에	once ~하자마자 until ~까지	since ~ 이후로 as soon as ~하자마자
이유	because/since/as ~ 때문에		now that ~이므로, ~ 때문에	in that ~라는 점에서

You should check the e-mail (**when** / ~~then~~) it comes tomorrow. 당신은 내일 이메일이 오면 확인해야 합니다.
→ then은 부사이므로 절을 이끌 수 없다.

The meeting was postponed (**as** / ~~if~~) every meeting room was occupied.
모든 회의실이 사용 중이었기 때문에 회의는 연기되었다.

56

------- our security system is functional, the consultant has recommended an upgrade.

(A) Although   (B) Because   (C) In case   (D) However

핵심분석

------- our security system is functional, the consultant has recommended an upgrade.
접속사   주어   동사 주격 보어   주어   동사   목적어

문제해설

빈칸은 뒤에 나온 완전한 절을 이끄는 접속사 자리로, 보안 시스템이 잘 작동하는 것과 컨설턴트가 업그레이드를 추천하는 것은 서로 상반되는 상황이다. 따라서 '비록 ~이지만'의 의미를 가진 부사절 접속사 (A) Although가 정답이다.

양보/대조	although/though/even though/even if 비록 ~이지만, ~일지라도 while/whereas ~이긴 하지만, ~인 반면에	
조건	if/providing (that)/provided (that) ~라면 assuming (that) ~라고 가정하면 in case (that) ~의 경우를 대비하여	unless ~이 아니라면 as long as ~하는 한 in the event (that) ~하는 경우에

Ms. Ishrak disagreed with the opinion (**though** / ~~instead~~) everyone on the staff agreed.
이쉬락 씨는 모든 직원들이 동의했음에도 불구하고 그 의견에 동의하지 않았다. → instead는 부사이므로 절을 이끌 수 없다.

(**If** / ~~Whereas~~) the schedule needs to be changed, we will notify you immediately.
만약 일정 변경이 필요하면 여러분에게 즉시 통지하겠습니다.

실전 ETS PRACTICE

제한시간 2분 40초 | 정답 및 해설 p.40

1. Selwood Salon has built up a loyal customer base ------- its location is inconvenient.
(A) during
(B) if
(C) even though
(D) through

2. Production at the Ulsan factory will resume ------- it has received the necessary materials.
(A) then
(B) because
(C) as for
(D) owing to

3. ------- the R&D team has discovered some issues with the prototype, the product launch has been postponed.
(A) Unless
(B) Such as
(C) Only if
(D) As

4. Kansai Palate Magazine's new list of the top ten restaurants will be published ------- the winners have been notified.
(A) as soon as
(B) until
(C) in order to
(D) rather

5. Oak Tree Grill issues uniforms to its staff, ------- Belle's Bistro simply requires its servers to wear black clothing.
(A) whereas
(B) rather than
(C) despite
(D) unless

6. ------- the original packaging is not damaged, customers can receive a full refund on returned items.
(A) As though
(B) Provided that
(C) Regardless of
(D) For example

7. Annual bonuses will continue to be awarded to sales representatives ------- our sales volumes remain high.
(A) as long as
(B) by means of
(C) in addition to
(D) with regard to

8. Retail pioneer Jung-Hoon Park believed that ------- customers receive good service, they usually return.
(A) yet
(B) but
(C) despite
(D) when

예제 **55** 영업직은 잦은 출장이 필요하기 때문에 회사 차가 제공된다.
56 우리 보안 시스템은 잘 작동되고 있지만 컨설턴트는 업그레이드를 추천했다.

111

기출공식	다양한 의미를 나타내는 부사절 접속사

57 ------- she has experience and expertise in the field, Ms. Wesley is an ideal candidate for the job.

(A) Given that   (B) Furthermore   (C) Even though   (D) Therefore

핵심분석

------- she has experience and expertise ~, Ms. Wesley is an ideal candidate ~.
접속사 주어 동사 목적어 주어 동사 주격 보어

문제해설 빈칸은 뒤에 나온 완전한 절을 이끄는 접속사 자리로, 문맥상 '그녀가 그 분야에서 경험과 전문 지식을 가지고 있다는 것을 고려하면'이라는 내용이 되어야 자연스럽다. 따라서 '~을 고려하면'이라는 의미의 부사절 접속사 (A) Given that이 정답이다. (B) Furthermore, (D) Therefore은 접속부사로, 절을 이끄는 자리에 들어갈 수 없다.

목적	so that ~ (can/may/could/would) ~할 수 있도록 in order that ~하기 위해	결과	so/such ~ that ... 너무 ~해서 …하다
고려	given that/considering (that) ~을 고려해 볼 때	제외	except (that) ~을 제외하고
비유	as if/as though 마치 ~처럼	양보	whether A or B A이든 B이든 (상관없이)

We will hire some temporary workers (~~that~~ / **so that**) we **can** finish the project by the deadline.
우리는 기한 내에 프로젝트를 끝낼 수 있도록 임시직 근로자들을 고용할 것이다.

기출공식	부사절 접속사 + 주어 + 동사 vs. 전치사 + 명사(구)

58 Passengers are required to keep their seat belts fastened ------- the bus is in motion.

(A) including   (B) except   (C) while   (D) during

핵심분석

Passengers are required to keep their seat belts fastened ------- the bus is in motion.
주어 동사(수동태) to부정사구 접속사 주어 동사 주격 보어

문제해설 빈칸은 뒤에 나온 완전한 절을 이끄는 접속사 자리로, 승객들이 안전벨트를 매야 하는 것은 버스가 움직이는 동안 일어날 일이다. 따라서 '~하는 동안'이라는 의미의 부사절 접속사 (C) while이 정답이다. (D) during도 '~하는 동안'이라는 뜻이지만 전치사이므로 절을 이끌 수 없다.

▶ 의미가 비슷한 접속사와 전치사를 구분해야 한다.

접속사	전치사
although/even though/even if/though 비록 ~일지라도	despite/in spite of ~에도 불구하고
because/since/as ~ 때문에	because of/due to/owing to ~ 때문에
while ~하는 동안	during ~하는 동안
as soon as/once ~하자마자	on/upon ~하자마자

접속사		전치사	
before ~ 전에	after ~ 후에	before/prior to ~ 전에	after/following ~ 후에
until ~까지	since ~ 이래로	until ~까지	since ~ 이래로

(~~Due to~~ / **Because**) the last workshop was successful, another one will be held this year.
지난번 워크숍이 성공적이었기 때문에 올해 또 다른 워크숍이 열릴 것이다. → 부사절 접속사+주어+동사

(~~Although~~ / **Despite**) his efforts to deal with problems, he couldn't solve them.
문제를 해결하려는 노력에도 불구하고 그는 그 문제들을 해결할 수 없었다. → 전치사+명사(구)

1. In order to catch her train, Ms. Chan will have to leave ------- the last presentation ends.
   (A) prior to
   (B) before
   (C) immediately
   (D) now that

2. ------- efforts to cancel the project, construction of a new bridge over the West River will begin on schedule.
   (A) Although
   (B) Neither
   (C) Despite
   (D) Unless

3. ------- inclement weather, tickets for today's bicycle tour will be refunded upon request.
   (A) In case
   (B) Such as
   (C) Because
   (D) Due to

4. Please indicate whether you will attend the party ------- the planning committee can order enough food.
   (A) therefore
   (B) aside from
   (C) as well as
   (D) so that

5. Wisniewski Corporation's stock price soared ------- its quarterly report was released yesterday.
   (A) upon
   (B) in order
   (C) as soon as
   (D) according to

6. ------- that the meeting is only scheduled to last for 30 minutes, the agenda should be shortened.
   (A) Considering
   (B) Such as
   (C) In fact
   (D) Even

7. It was surprising the gym was so popular, ------- it has a limited range of equipment.
   (A) instead of
   (B) provided
   (C) given that
   (D) in addition

8. ------- the terms of the merger were agreed to at the meeting, they still must be formally approved.
   (A) Rather than
   (B) In spite of
   (C) Regarding
   (D) Even though

예제　**57** 그 분야에서 경험과 전문 지식을 가지고 있다는 것을 고려하면, 웨슬리 씨는 그 일에 이상적인 후보이다.
　　　58 승객들은 버스가 움직이는 동안 안전벨트를 매야 한다.

59 The instructions included with the product should be clear ------- understandable.

(A) as   (B) for   (C) nor   (D) and

핵심분석   <u>The instructions</u> <u>included with the product</u> <u>should be</u> <u>clear</u> ------- <u>understandable</u>.
               주어   수식어구   동사   단어(형용사) 접속사   단어(형용사)

문제해설   형용사 clear와 understandable을 대등하게 연결하고, 문맥상 '명확하고 이해하기 쉬운'이라는 내용이 되어야
               자연스러우므로, '그리고'라는 의미의 등위접속사 (D) and가 정답이다.

---

and 그리고   but / yet 그러나   or 또는   so 그래서   for ~ 때문에

The advertisement was **simple** (**but** / ~~for~~) remarkably **effective**. → 단어와 단어 연결
그 광고는 단순하지만 굉장히 효과적이었다.

Employees should keep the documents **in the cabinet** (~~but~~ / **or**) **in the file box**. → 구와 구 연결
직원들은 서류를 캐비닛이나 파일 박스에 보관해야 한다.

Choosing the best way to invest is difficult, (~~yet~~ / **so**) **it is good to consult with an expert**.
가장 좋은 투자 방법을 선택하는 것은 어려우니, 전문가와 상담하는 것이 좋다. → 절과 절 연결

TIPS 등위접속사 so나 for는 단어나 구는 연결할 수 없고, 절과 절만 연결할 수 있다.

---

60 Conference attendees may register for workshops ------- online or in person.

(A) and   (B) as if   (C) either   (D) in case

핵심분석   <u>Conference attendees</u> <u>may register</u> <u>for workshops</u> ------- <u>online</u> or <u>in person</u>.
                 주어   동사   전치사구   부사 접속사 전치사구

문제해설   뒤에 나온 or가 문제 해결의 단서로, 문맥상 '온라인으로 또는 직접'이라는 의미가 되어야 한다. 따라서 or와
               상관접속사를 이루는 (C) either가 정답이다.

---

both A and B A와 B 모두, 둘 다   not A but B A가 아니라 B

either A or B A 또는 B 중 하나   neither A nor B A도 B도 아닌

not only A but (also) B = B as well as A A뿐만 아니라 B도

(**Both** / ~~Not only~~) **management and employees** were satisfied with the board's decision.
경영진과 직원들 모두 이사회의 결정에 만족했다.

This book is **not for beginners** (~~and~~ / **but**) **for intermediate learners**.
이 책은 초급자를 위한 책이 아니라 중급자를 위한 책이다.

Either we will hire a new manager (**or** / ~~nor~~) **Mr. Thompson will be promoted to the position**.
새로운 부장을 채용하거나 또는 톰슨 씨가 부장으로 승진될 것이다.

ETS PRACTICE

실전

제한시간 2분 40초 | 정답 및 해설 p.42

1. A rosebush makes a lovely addition to a garden ------- requires some effort to maintain.
   (A) but
   (B) except
   (C) until
   (D) nor

2. Bohnzen's new tires are not only designed to last longer, ------- made with more eco-friendly materials.
   (A) compared to
   (B) but also
   (C) now that
   (D) as well as

3. The graphic designer agreed to change ------- the color scheme and the font of the poster.
   (A) much
   (B) both
   (C) some
   (D) either

4. During July, employees will not be permitted to take time off ------- travel on business.
   (A) but
   (B) so
   (C) or
   (D) with

5. Before the recent improvements, Lorrely Park had neither play equipment ------- picnic facilities.
   (A) and
   (B) as
   (C) nor
   (D) any

6. The usual payday falls on a holiday this month, ------- paychecks will be issued one day early.
   (A) or
   (B) instead
   (C) in case
   (D) so

7. Saitichi Orchestra often plays classical arrangements of modern pop songs ------- traditional classical music.
   (A) as well as
   (B) than
   (C) given that
   (D) yet

8. Tsuihiji Motors doubled its market share through clever advertising ------- unique sales promotions.
   (A) either
   (B) both
   (C) yet
   (D) and

예제 59 제품에 포함된 설명서는 명확하고 이해하기 쉬워야 한다.
      60 컨퍼런스 참석자는 온라인으로 또는 직접 워크숍에 등록할 수 있다.

기출공식	**that은 '~라는 것'이라는 의미로 명사절을 이끈다.**

61 Our product testers have confirmed ------- Gould laundry detergent effectively removes stains.

(A) everything   (B) that   (C) while   (D) about

핵심분석	<u>Our product testers</u> <u>have confirmed</u> ------- <u>Gould laundry detergent</u> ~ <u>removes</u> <u>stains</u>.
	주어 동사 목적어: 명사절 접속사 + 주어 + 동사 + 목적어
문제해설	빈칸 이하는 동사 have confirmed의 목적어 역할을 하는 명사절로, '~라는 것을 확인했다'라는 의미가 되어야 하므로 (B) that이 정답이다.

▶ that은 문장에서 주어, 목적어, 보어 역할을 하는 명사절을 이끌며, 뒤에 완전한 절이 나온다.

주어   **It** is apparent (~~what~~ / **that**) Ms. Asano knows the details.   아사노 씨가 세부 사항을 알고 있는 것이 분명하다.
        TIPS   that절이 주어로 쓰인 경우 앞에 가주어 It을 쓰고 진주어 that절을 뒤로 보내는 것이 일반적이다.

목적어   The study **indicates (that)** speed limits are effective at preventing accidents.
        그 연구는 속도 제한이 사고 예방에 효과적이라는 것을 보여 준다.   TIPS   목적어를 이끄는 접속사 that은 생략 가능하다.

▶ **형용사+that절**: 특정 형용사 뒤에 that절이 올 수 있으며 관용 표현처럼 익혀 둔다.

be aware that ~을 알고 있다	be sure/certain/confident that ~을 확신하다
be glad/pleased/delighted that ~라니 기쁘다	be afraid/sorry that ~라니 유감이다

Please **be sure** (~~which~~ / **that**) all supervisors attend the meeting.   모든 관리자는 회의에 참석하도록 하십시오.

기출공식	**whether/if는 '~인지 아닌지'라는 의미로 명사절을 이끈다.**

62 Namji Rental Cars uses surveys to determine ------- customers are satisfied with its services.

(A) whether   (B) even though   (C) either   (D) whereas

핵심분석	Namji Rental Cars uses surveys to <u>determine</u> ------- <u>customers</u> <u>are satisfied</u> <u>with its services</u>.
	동사 목적어: 명사절 접속사+주어+ 동사(수동태) + 전치사구
문제해설	빈칸 이하가 동사 determine의 목적어이고, 빈칸 뒤에 완전한 절이 나왔다. 문맥상 '고객들이 자사 서비스에 만족하는지 여부를 파악한다'라는 의미가 되어야 한다. 따라서 '~인지 아닌지'라는 의미의 명사절 접속사 (A) whether가 정답이다.

▶ whether는 문장에서 주어, 목적어, 보어 역할을 하는 명사절을 이끌며, 뒤에 완전한 절이 나온다.

주어   (**Whether** / ~~Although~~) Mr. Dale is the best person for the job is arguable.
        데일 씨가 그 일에 가장 적임자인지는 논란의 여지가 있다.

동사의 목적어   The receptionist **asked** me **whether[if]** I needed any help.
        그 접수원은 나에게 도움이 필요한지 물었다.   TIPS   명사절 접속사 if는 동사의 목적어 자리에서만 whether 대신 쓸 수 있다.

전치사의 목적어   The director has been asked **as to** (**whether** / ~~if~~) he intends to renew the current contract.
        그 이사는 현재 계약을 갱신할 의향이 있는지에 대한 질문을 받았다.

▶ **whether+to부정사**: whether절의 주어가 주절의 주어와 같은 경우, 주어를 생략하고 동사를 to부정사로 바꿔 쓸 수 있다.

Local residents haven't decided (**whether** / ~~if~~) **to follow** the council's decision.
지역 주민들은 의회의 결정을 따라야 할지 여부를 결정하지 못했다.

1. Do not attempt to clean the cutting machine unless you are certain ------- it is unplugged.
   (A) so
   (B) that
   (C) about
   (D) however

2. Dr. Brammer is considering ------- to add a television to the clinic's waiting room.
   (A) if
   (B) that
   (C) whether
   (D) either

3. Residents should be aware ------- the repair work may cause interruptions to water service.
   (A) that
   (B) otherwise
   (C) what
   (D) of

4. Ms. Klipp asked her assistant to find out ------- any of the clients have special dietary requirements.
   (A) that
   (B) if
   (C) what
   (D) even if

5. Because it is closer to his home, Robert has asked ------- he could transfer to the uptown branch.
   (A) whether
   (B) whereas
   (C) about
   (D) for

6. Mr. Anderson suggested ------- employees park in the paid parking lot down the street this week.
   (A) that
   (B) while
   (C) either
   (D) so

7. Depending on ------- your room was occupied the previous night, early check-in may be available.
   (A) that
   (B) where
   (C) either
   (D) whether

8. By upgrading its Web site, Denton Foods will ensure ------- all customer orders are processed properly.
   (A) so
   (B) for
   (C) that
   (D) which

예제 61 제품 테스터들은 굴드 세탁 세제가 얼룩을 효과적으로 제거한다는 것을 확인했다.
     62 남지 렌터카는 설문 조사를 통해 고객들이 자사 서비스에 만족하는지 여부를 파악한다.

의문사는 명사절을 이끌 수 있다.

63 A press conference was held yesterday to announce ------- will replace Mr. Vance as vice president.

(A) how   (B) whose   (C) who   (D) what

핵심분석　A press conference ~ to announce ------- will replace Mr. Vance as vice president.
　　　　　　　　　　　　　　　　동사　목적어: 명사절 접속사+동사+　목적어　+　전치사구

문제해설　빈칸 이하가 동사 announce의 목적어이고, 빈칸 뒤에 주어가 빠진 불완전한 절이 나왔다. 문맥상 '밴스 씨의 후임으로 누가 부통령이 될 것인지'라는 내용이 되어야 자연스러우므로 의문사 (C) who가 정답이다.

▶ **의문대명사 who(m) / what / which + 불완전한 절**

The technician tried to find out (**what** / ~~how~~) the problem is.
그 기술자는 문제가 무엇인지 알아내려 애썼다. → 보어가 빠진 불완전한 절이 이어지고 있으므로 what

▶ **의문부사 when / where / how / why + 완전한 절**

Please ask Ms. Tran (~~what~~ / **when**) you can use the devices.
트란 씨에게 언제 장치를 사용할 수 있는지 물어보세요. → '주어+동사+목적어' 형태의 완전한 절이 이어지고 있으므로 when

▶ **의문사 + to부정사**

She will explain (~~that~~ / **how**) **to reduce** stress and anxiety. 그녀는 스트레스와 불안을 줄이는 방법을 설명할 것이다.
`TIPS` 접속사 that이나 if가 이끄는 명사절은 to부정사구로 축약할 수 없다.

'의문사 + ever'는 명사절 또는 부사절을 이끈다.

64 ------- took the notes at Monday's meeting should upload a summary to the shared folder.

(A) Each other   (B) Everybody   (C) Someone   (D) Whoever

핵심분석　------- took the notes at Monday's meeting should upload a summary to the shared folder.
　　　　　　주어: 명사절 접속사+동사+목적어　　　　　　　　　　　동사　　　목적어　　　　전치사구

문제해설　빈칸은 뒤에 있는 불완전한 절(took ~ meeting)을 이끌어 동사 should upload의 주어 역할을 하는 명사절 접속사 자리이다. 따라서 '~하는 사람은 누구든지'라는 의미를 나타내는 복합관계대명사 (D) Whoever가 정답이다.

▶ **복합관계대명사**: 'who / what / which + ever'는 불완전한 절을 이끌고, 명사절과 부사절을 모두 이끌 수 있다.

whoever (명사절) ~하는 사람은 누구든지 　　whatever (명사절) ~하는 것은 무엇이든지 　　whichever (명사절) ~하는 것은 어떤 것이든지
　　　　　 (부사절) 누가 ~하든지 　　　　　　　　　　　　 (부사절) 무엇이 ~하든지 　　　　　　　　　　　　　 (부사절) 어떤 것이 ~하든지

Whoever visits this building needs a pass. 이 건물을 방문하는 사람은 누구든지 출입증이 필요하다. → 명사절

Whoever is in charge of the project, that person will feel some pressure. → 부사절
누가 그 프로젝트를 담당하든 간에, 그 사람은 부담을 가질 것이다.

▶ **복합관계부사**: 'when / where / how + ever'는 완전한 절을 이끌고, 부사절만 이끌 수 있다.

whenever 언제 ~하더라도, ~하는 언제든지 　　wherever 어디서 ~하더라도, ~하는 어디든지 　　however 아무리 ~하더라도, 어떻게 ~하든지

Contact me (~~whatever~~ / **whenever**) you need a help. 도움이 필요할 때 언제든지 저에게 연락하세요.

1. Models of differently shaped airplane wings are tested to find ------- is most efficient.
   (A) either
   (B) another
   (C) anything
   (D) which

2. A prize will be given to ------- can answer the most questions about our city's history.
   (A) whoever
   (B) anyone
   (C) those
   (D) others

3. Visit our Web site today to learn ------- Cava Bank can support your growing business.
   (A) more
   (B) about
   (C) how
   (D) what

4. Lorvena lawn chairs can be folded up and stored ------- they are not in use.
   (A) between
   (B) whenever
   (C) meanwhile
   (D) rather than

5. Packing slips let customers know ------- their boxes should contain.
   (A) what
   (B) when
   (C) that
   (D) it

6. The staff of the Meng Hotel will do ------- they can do to make your stay as enjoyable as possible.
   (A) some
   (B) whatever
   (C) above
   (D) each

7. Winners of a staff award can take a cash bonus or an extra day off, ------- they prefer.
   (A) whomever
   (B) one another
   (C) either
   (D) whichever

8. At Teodorico stores, staff demonstrate ------- to use its newest kitchen appliances.
   (A) so
   (B) how
   (C) which
   (D) and

예제 63 어제 밴스 씨의 후임으로 누가 부통령이 될 것인지를 발표하기 위한 기자 회견이 열렸다.
      64 월요일 회의에서 메모한 사람은 누구든지 공유 폴더에 요약본을 업로드해야 한다.

1. Candidates will visit our office to undergo ------- an interview and a timed skills test.

(A) either
(B) which
(C) both
(D) not only

2. The sales and marketing teams share the same office space ------- maintain completely separate operations.

(A) but
(B) besides
(C) because
(D) in case

3. ------- is the last person to leave the office must turn off the lights and lock the door.

(A) Whenever
(B) Wherever
(C) Whoever
(D) Whatever

4. ------- you are a Doyon Art Museum member, you will have early access to special exhibitions.

(A) In that case
(B) Now that
(C) Throughout
(D) In order for

5. At today's meeting, the board of directors will discuss ------- to create an independent audit committee.

(A) what
(B) fully
(C) in order
(D) whether

6. ------- the machinery on the production floor is inspected every day, it does occasionally break down unexpectedly.

(A) Except
(B) Although
(C) Despite
(D) But

7. McGee Logistics will soon be able to purchase more trucks, ------- its loan application is approved.

(A) unless
(B) rather than
(C) regardless of
(D) assuming that

8. Asta Airlines has increased the space between the rows of its coach-class seats ------- passengers were complaining about being uncomfortable.

(A) despite
(B) until
(C) because
(D) although

UNIT
11

관계사

관계사

▶ 관계대명사의 역할

관계대명사는 두 문장을 이어 주는 '접속사＋대명사' 역할을 한다. 앞에 있는 선행사를 수식하는 형용사절로 쓰이며,
관계대명사 뒤에는 불완전한 절이 온다.

They introduced a product, **and it** had been tested.
　　　　　　　　　　　　　　　　　접속사＋대명사

→ They introduced **a product** [**which** had been tested]. 　그들은 테스트를 거친 신제품을 소개했다.
　　　　　　　　선행사 └──────┘ 관계대명사

▶ 관계대명사의 종류와 격

선행사	주격	목적격	소유격
사람	who, that	who(m), that	whose
사물	which, that	which, that	whose

1) 주격 관계대명사: 선행사가 관계사절 내에서 주어 역할을 하며 사람이면 who, 사물이면 which를 쓴다.

Most of the staff attended the workshop **which[that]** was held yesterday.
직원들 대부분은 어제 진행된 워크숍에 참석했다.

2) 목적격 관계대명사: 선행사가 관계사절 내에서 목적어 역할을 하며 사람이면 who(m), 사물이면 which를 쓴다.

The representative **who(m)[that]** I met this morning works in the HR Department.
오늘 아침에 내가 만난 직원은 인사과에서 일한다.

Confidential e-mails should be read only by the person **to whom** they are sent.
기밀 이메일은 이메일을 받은 사람만 읽어야 한다.

→ 선행사가 관계사절에서 전치사의 목적어로 쓰인 경우 '전치사＋관계대명사' 형태로 쓴다.

3) 소유격 관계대명사: 선행사의 소유격을 나타내며 사람, 사물 선행사 모두 whose를 쓴다.

We are an international organization **whose** mission is to protect children.
우리는 아이들을 보호하는 것을 사명으로 하는 국제기구입니다.

▶ 관계부사의 역할과 종류

관계부사는 관계대명사처럼 두 문장을 이어 주고, '접속사+부사' 역할을 한다. 시간, 장소, 이유, 방법을 나타내는 선행사를 수식하는 형용사절로 쓰이며, 관계부사 뒤에는 완전한 절이 온다.

You will be notified of the time, **and** the next meeting will be held **at that time**.
                       접속사   +부사(구)

→ You will be notified of **the time** [**when** the next meeting will be held].
             선행사(시간)   관계부사

    당신은 다음 회의가 열리는 시간을 통지 받을 것입니다.

시간	Employees should work overtime during <u>the season</u> **when** demand is high. 직원들은 수요가 많은 시기에는 초과 근무를 해야 한다.
장소	The city council found <u>a suitable place</u> **where** an art center can be built. 시 의회는 아트 센터를 지을 수 있는 적절한 장소를 찾았다.
이유	Mr. James explained <u>the reason</u> **why** the seminar started earlier than expected. 제임스 씨는 세미나가 예상보다 일찍 시작하는 이유를 설명했다.
방법	This is **how** we can offer our products at reasonable prices. 이것이 우리 제품을 합리적인 가격에 공급할 수 있는 방법이다.

ETS 빈출 ▶ 출제 포인트 ✓

- **사람 선행사를 받는 주격 관계대명사 who를 묻는 문제가 출제된다.** → 기출공식 65

  People (**who** / ~~which~~) enroll in the program in advance will be given additional discounts.
  프로그램에 미리 등록하는 사람들은 추가 할인을 받을 것이다.

- **사물 선행사를 받는 관계대명사 which나 that을 묻는 문제가 출제된다.** → 기출공식 65

  The building (~~whose~~ / **that**) will become a public library was designed by a famous architect.
  공공 도서관이 될 그 건물은 유명한 건축가에 의해 설계되었다.

- **'관계대명사+불완전한 절'과 '관계부사+완전한 절'을 구별하는 문제가 출제된다.** → 기출공식 70

  They are renovating the lobby (~~which~~ / **where**) the winning photographs will be exhibited.
  그들은 입상한 사진들이 전시될 로비를 개조하고 있다.

기출공식	선행사와 뒤의 문장 구조에 따라 알맞은 관계대명사를 선택한다.

65 The staff members ------- oversee summer interns say it is challenging but rewarding work.

(A) those   (B) which   (C) who   (D) their

핵심분석 The staff members [------- oversee summer interns] say it is challenging but rewarding work.
주어: 사람 선행사 + 관계대명사 + 동사 + 목적어   동사   목적어(that절)

문제해설 빈칸에는 주어가 빠진 불완전한 절을 이끌어 앞의 명사구 The staff members를 수식할 수 있는 관계대명사가 들어가야 한다. 선행사가 사람이고 빈칸 뒤에 동사가 나오므로 주격 관계대명사 (C) who가 정답이다.

▶ **주격 관계대명사: 사람/사물 선행사＋who/which＋동사**

I met **Ms. Petty**, (~~whose~~ / **who**) is responsible for the Beijing branch.
나는 베이징 지사를 담당하는 페티 씨를 만났다.   **TIPS** 관계사절의 동사는 선행사와 수 일치한다.

▶ **목적격 관계대명사: 사람/사물 선행사＋who(m)/which＋주어＋타동사**

He was satisfied with **the portfolio** (~~who~~ / **which**) he had submitted.
그는 자신이 제출한 포트폴리오에 만족했다.

▶ **소유격 관계대명사: 사람/사물 선행사＋whose＋명사**

We will introduce **a smartphone** (~~that~~ / **whose**) design was inspired by nature this year.
우리는 올해 자연에서 영감을 받은 디자인의 스마트폰을 소개할 것입니다.

 관계대명사 that은 선행사에 관계없이 who(m), which 자리에 쓸 수 있지만, 콤마나 전치사 뒤에는 쓸 수 없다.
The hotel, (~~that~~ / **which**) is located near the airport, is convenient for business travelers.
공항 근처에 있는 그 호텔은 출장 여행객들에게 편리하다.

기출공식	목적격 관계대명사와 '주격 관계대명사＋be동사'는 생략할 수 있다.

66 Researchers ------- to access the Randle Rare Book Collection must submit a detailed request.

(A) hope   (B) hoping   (C) have hoped   (D) will hope

핵심분석 Researchers [------- to access ~] must submit a detailed request.
주어: 선행사(＋관계대명사＋be동사)＋분사구   동사   목적어

문제해설 문장의 동사는 must submit이고, 접속사가 없으므로 빈칸에는 동사가 올 수 없다. 문맥상 '랜들 희귀 도서 컬렉션을 이용하기를 희망하는 연구원'이라는 의미로 빈칸 앞의 명사 Researchers를 수식하는 것이 적절하므로, who are가 생략되어 현재분사만 남은 (B) hoping이 정답이다.

▶ **목적격 관계대명사의 생략:** 목적격 관계대명사가 생략된 문장에서 주어 자리를 묻는 문제가 출제된다.

The book **(which)** (**you** / ~~yours~~) **recommended** has some detailed examples.
당신이 추천한 책에는 몇 가지 자세한 예가 있다.

▶ **'주격 관계대명사＋be동사'의 생략:** 선행사 뒤에 알맞은 분사 형태를 묻는 문제가 출제된다.

You can obtain the form from the personnel office **(which is)** (~~locating~~ / **located**) on the third floor.
당신은 3층에 위치한 인사부에서 그 양식을 받을 수 있습니다.

실전 ETS PRACTICE

제한시간 2분 40초 | 정답 및 해설 p. 46

1. The business card template ------- you have chosen does not have space for a large image.
   (A) which
   (B) what
   (C) when
   (D) whom

2. Trendy Style Fashions features a line of colorful suits and dresses for those customers ------- prefer vibrant clothing.
   (A) them
   (B) who
   (C) it
   (D) they

3. Mr. Yi was interviewed for an article ------- will appear in next month's issue of *Smart Investor Magazine*.
   (A) who
   (B) about
   (C) its
   (D) that

4. For more details, please refer to the schedule ------- in the information packet.
   (A) enclosed
   (B) enclosing
   (C) enclosure
   (D) enclose

5. Esquivel University provides financial aid to all students ------- household income is below a certain amount.
   (A) why
   (B) whose
   (C) which
   (D) who

6. Hargrave Contracting is happy to provide receipts for any materials ------- purchase for your project.
   (A) we
   (B) us
   (C) ours
   (D) ourselves

7. Genri Air generously compensates those ------- volunteer to give up their seat on an overbooked flight.
   (A) who
   (B) what
   (C) when
   (D) where

8. The Lifetime Achievement Award went to Joe Blanchett, ------- music has inspired generations of musicians.
   (A) which
   (B) these
   (C) how
   (D) whose

예제 65 하계 인턴을 총괄하는 직원들은 그것이 힘들지만 보람 있는 일이라고 말한다.
66 랜들 희귀 도서 컬렉션을 이용하기를 희망하는 연구원은 상세한 요청서를 제출해야 한다.

전치사 뒤에 오는 목적격 관계대명사 문제가 출제된다.

67 The facility manager has the key to the storage room in ------- the office supplies are kept.

(A) which   (B) where   (C) that   (D) what

핵심분석	The facility manager has the key to the storage room [in ------- the office supplies are kept].
	주어 동사 목적어 선행사 전치사＋관계대명사 ＋ 주어 ＋ 동사(수동태)

문제해설 빈칸에는 전치사와 함께 쓰일 수 있는 관계대명사가 들어가야 한다. 선행사가 사물인 the storage room이고 전치사 in의 목적어가 들어갈 자리이므로, 목적격 관계대명사 (A) which가 정답이다.

▶ 선행사가 관계사절에서 전치사의 목적어인 경우, '전치사＋관계대명사' 형태로 쓸 수 있다.

We introduced **the software program**. + Ms. Whalen talked **about the program** at the meeting.

= We introduced **the software program which** Ms. Whalen talked **about** at the meeting.

= We introduced **the software program about** (which / ~~whom~~) Ms. Whalen talked at the meeting.
우리는 왈렌 씨가 회의에서 이야기한 소프트웨어 프로그램을 도입했다.

▶ 관계사대명사 앞에 알맞은 전치사를 묻는 문제도 출제된다.

The training seminar (~~with~~ / during) which Ms. Cha will share her expertise will take place at 8:00 P.M.
차 씨가 전문 지식을 공유하는 연수회는 오후 8시에 열린다.

'수량 표현＋of' 뒤에 알맞은 관계대명사를 묻는 문제가 출제된다.

68 Edward's Plumbing has six company-owned vehicles, two of ------- are now in the repair shop.

(A) whose   (B) which   (C) either   (D) other

핵심분석	Edward's Plumbing has six company-owned vehicles, two of ------- are ~.
	주어 동사 목적어(사물 선행사) 수량 표현＋of＋관계대명사＋동사

문제해설 문장에 동사가 두 개(has, are) 있고 접속사가 없으므로, 접속사 역할을 할 수 있는 관계사가 들어가야 한다. 빈칸은 전치사 of 뒤 목적격 자리이며, 선행사가 사물이므로 관계대명사 (B) which가 정답이다.

▶ 관계사절이 앞 명사의 일부 또는 전체를 수식하는 경우 '수량 표현＋of＋관계대명사' 형태로 쓸 수 있다.

The company decided to hire **some interns, and half of them** are local college students.

= The company decided to hire **some interns, half of** (~~which~~ / whom) are local college students.
그 회사는 수습사원 몇 명을 채용하기로 결정했는데, 그들 중 절반은 그 지역의 대학생들이다.

→ 전치사 뒤 목적격 관계대명사 자리이므로 선행사가 사람이면 whom, 사물이면 which를 쓴다.

Mr. Weiss holds **three accounts** at this bank, **and all of them** are in good standing.

= Mr. Weiss holds **three accounts** at this bank, **all of** (which / ~~them~~) are in good standing.
바이스 씨는 이 은행에 3개의 계좌를 가지고 있는데, 세 계좌 모두 신용 상태가 양호하다.

→ 대명사는 접속사 기능이 없으므로 두 문장을 연결할 수 없다.

실전 ETS PRACTICE

제한시간 2분 40초 | 정답 및 해설 p.48

1. Ms. Archer's talk attracted around 300 people, most of ------- had read her book.
(A) their
(B) which
(C) whom
(D) whose

2. Unfortunately, it is not possible to change the date on ------- your monthly bill is issued.
(A) whoever
(B) which
(C) what
(D) whose

3. CEO Brendan Marshall gave a speech during ------- he emphasized the cooperation between staff members.
(A) while
(B) whoever
(C) which
(D) whose

4. Last night's city council meeting drew over 200 people, many of ------- had never attended one before.
(A) which
(B) whom
(C) whose
(D) that

5. The Tanzya Building has multiple office spaces available to lease, some of ------- are already furnished.
(A) whom
(B) where
(C) whose
(D) which

6. Tobin Bay must protect the beautiful beaches ------- which its tourism industry depends.
(A) by
(B) to
(C) on
(D) with

7. Blythe Coffee has many locations throughout the state, all of ------- offer its signature seasonal drinks.
(A) which
(B) whose
(C) what
(D) where

8. The names of the customers to ------- the packages will be sent should be printed clearly.
(A) what
(B) why
(C) whom
(D) whichever

예제 **67** 시설 관리자는 사무용품을 보관하는 보관실의 열쇠를 가지고 있다.
　　68 에드워드 수도 설비에는 6대의 회사 소유 차량이 있으며, 그 중 2대는 현재 수리점에 있다.

기출공식	선행사에 따라 알맞은 관계부사를 선택한다.

69 Routine maintenance should be performed during a time ------- traffic to the Web site is light.

(A) why　　　　(B) whom　　　　(C) when　　　　(D) which

핵심분석　Routine maintenance should be performed during a time [------- traffic to the Web site is light].
주어　　　　　　　동사　　　　시간 선행사+관계부사　+　주어　+　동사+주격 보어

문제해설　빈칸 이하는 시간을 나타내는 선행사인 a time을 부연 설명하는 관계사절로, 빈칸 뒤에 완전한 절이 이어지고 있으므로
관계부사 (C) when이 정답이다.

▶ 관계부사는 선행사에 따라 when(시간), where(장소), why(이유), how(방법)가 쓰이고, 뒤에 완전한 절이 나온다.

The invitation will show you the way to **the hotel** (**where** / ~~when~~) the meeting will be held.
그 초대장은 회의가 열리는 호텔로 가는 길을 알려 줄 것이다.

The housing shortage is one of **the reasons** (~~which~~ / **why**) the prices of properties have increased.
주택 부족은 부동산 가격이 증가한 원인 중 하나이다.

The chef refused to tell the reporter **the way[how]** she makes her famous seafood spaghetti.
그 주방장은 기자에게 자신의 유명한 해산물 스파게티 만드는 방법을 알려주기를 거부했다.

TIPS 관계부사 how는 선행사 the way와 함께 쓸 수 없고, 둘 중 하나만 쓸 수 있다.

▶ 관계부사는 '전치사+관계대명사'로 바꿔 쓸 수 있다. 전치사 뒤에는 관계부사를 쓸 수 없다.

All applicants wish to work at **the company to** (**which** / ~~where~~) they are applying.
모든 지원자들이 그들이 지원하는 회사에서 일하기를 바란다.

기출공식	관계대명사+불완전한 절 vs. 관계부사+완전한 절

70 Mr. Railey raised funds to improve the park in the neighborhood ------- he lives.

(A) what　　　　(B) which　　　　(C) where　　　　(D) that

핵심분석　Mr. Railey raised funds ~ in the neighborhood [------- he lives].
주어　　동사　목적어　　　　　선행사　+　관계부사+완전한 절(주어+자동사)

문제해설　빈칸 앞에 장소를 나타내는 선행사 the neighborhood가 나와 있고, 빈칸 뒤에 완전한 절이 이어지고 있으므로
관계부사 (C) where가 정답이다.

▶ 관계대명사는 관계사절에서 주어 또는 목적어 역할을 하므로 뒤에 주어나 목적어가 빠진 불완전한 절이 나온다.

The city renovated the bridge (**which** / ~~where~~) **was constructed two decades ago**.
시는 20여 년 전에 건설된 다리를 보수했다. → 뒤에 주어가 빠진 불완전한 절이 이어지므로 관계대명사

▶ 관계부사는 관계사절에서 문장의 필수 성분에 속하지 않는 부사 역할을 하므로 뒤에는 완전한 절이 온다.

Ms. Seo often goes to the library, (~~which~~ / **where**) **she can borrow books for free**.
서 씨는 무료로 책을 빌릴 수 있는 그 도서관에 자주 간다. → 뒤에 완전한 절이 이어지므로 관계부사

ETS PRACTICE

1. One of our most popular tours visits sites
------- famous movies have been filmed.
(A) where
(B) which
(C) who
(D) what

2. Orders ------- are placed after 6:00 p.m. will
not be processed until the following day.
(A) that
(B) what
(C) when
(D) these

3. Her skill on the court is just one reason
------- tennis fans love Maya Paredes.
(A) when
(B) why
(C) how
(D) where

4. The software training session should be
held in Conference Room B, ------- the
audiovisual equipment is the most reliable.
(A) which
(B) where
(C) who
(D) why

5. Michel Ltd. encourages its employees to
work from home on days ------- the weather
is poor.
(A) where
(B) why
(C) what
(D) when

6. Our wait times are long in spring -------
there is the greatest demand for bicycle
repairs.
(A) which
(B) whom
(C) how
(D) when

7. Willod marking tape can be used to warn
people away from areas ------- there may
be hazards.
(A) which
(B) why
(C) what
(D) where

8. Recent roadwork on Pampler Bridge lasted
three months, during ------- only one lane
was open in each direction.
(A) whose
(B) when
(C) which
(D) that

예제 **69** 정기적인 유지 보수는 웹사이트 방문량이 적은 시간에 수행해야 한다.
70 레일리 씨는 그가 살고 있는 지역의 공원을 개선하기 위해 기금을 모금했다.

제한시간 2분 40초 | 정답 및 해설 p. 50

1. Each year, trade show attendees love the promotional T-shirts ------- we give away.
   (A) when
   (B) who
   (C) that
   (D) what

2. Of the negotiators ------- usually handle contracts, Ms. Swann is known to be the most effective.
   (A) these
   (B) they
   (C) who
   (D) one

3. The inventory control software automatically creates a spreadsheet ------- lists all available items.
   (A) where
   (B) that
   (C) what
   (D) whose

4. Min-jae is responsible for many tasks, none of ------- other employees could handle without additional training.
   (A) which
   (B) that
   (C) whom
   (D) where

5. With clients' permission, Gloria Kennedy posts pictures on social media of the home interiors ------- designs.
   (A) herself
   (B) hers
   (C) her
   (D) she

6. The photography of Stella Maldonado, ------- work depicts scenes of rural Tennessee, will be featured in the exhibition.
   (A) none
   (B) whose
   (C) which
   (D) this

7. The workshop's content should be tailored to the needs of the retail workers for ------- it is intended.
   (A) why
   (B) what
   (C) whom
   (D) where

8. Skylink Technology will use satellites to deliver high-speed Internet access to places ------- service is currently poor.
   (A) which
   (B) with
   (C) where
   (D) what

UNIT

12

비교 / 가정법 / 도치

기출공식 >

71 비교급은 -er 또는 more ~의 형태로 뒤에 than이 올 수 있다.

72 최상급은 -est 또는 most ~의 형태로 앞에 주로 the가 온다.

73 비교급과 최상급을 강조하는 부사 문제가 출제된다.

74 원급, 비교급, 최상급 관용 표현

75 if절에 had p.p.가 있으면 주절에는 '조동사의 과거형 + have p.p.'를 쓴다.

76 보어, 부정어, only 등이 문장 앞에 오면 도치된다.

기본 문법 학습 — 비교 / 가정법 / 도치

▶ 비교

비교 구문은 형용사나 부사의 형태를 바꿔 둘 또는 그 이상의 대상을 비교할 때 사용되며 원급, 비교급, 최상급이 있다.

원급	**as + 형용사 / 부사의 원급 + as:** ~만큼이나 …한 This shelf is **as strong as** the other products. 이 선반은 다른 제품들만큼 튼튼하다. → 원급은 두 비교 대상이 동등할 때 쓰인다.
비교급	**형용사 / 부사의 비교급(-er / more ~) + than:** ~보다 더 …한 Profits at CKP Electronics this year were **lower than** last year. 올해 CKP 일렉트로닉스의 수익은 작년보다 더 낮았다. This design is **more attractive than** the old one. 이 디자인이 이전 것보다 더 매력적이다. → 비교급은 두 대상의 우열을 나타낼 때 쓰인다.
최상급	**the[소유격] + 형용사 / 부사의 최상급(-est / most ~):** 가장 ~한 You need to find **the easiest way** to solve the problems. 당신은 문제를 해결할 가장 쉬운 방법을 찾아야 합니다. He is **the most reliable person** of the three. 그는 셋 중에서 가장 믿을 만한 사람이다. → 최상급은 셋 이상 중에서 가장 뛰어남을 나타낼 때 쓰인다.

▶ 가정법

가정법은 실제 사실과 다르게 가정할 때 사용한다. 현재의 사실과 반대되는 가정법 과거, 과거의 사실과 반대되는 가정법 과거완료, 불확실한 미래를 나타내는 가정법 미래가 있다.

가정법 과거	If + 주어 + **동사의 과거형**, 주어 + **would / should / could / might + 동사원형** If I **were** rich enough, I **could buy** the car. 내가 충분히 부자라면, 그 차를 살 수 있을 텐데. → if절의 동사가 be동사일 때는 주어의 수와 상관없이 were만 사용할 수 있다.
가정법 과거완료	If + 주어 + **had p.p**, 주어 + **would / should / could / might + have p.p.** If we **had tried** harder, we **could have won** the award. 우리가 더 열심히 노력했더라면, 그 상을 탈 수 있었을 텐데.
가정법 미래	If + 주어 + **should + 동사원형**, 주어 + **will / can / may + 동사원형**(또는 **명령문**) If you **should experience** any problems with this product, first **refer** to the guide. (혹시나) 이 제품에 문제가 발생하면, 먼저 안내서를 참조하십시오.

▶ 도치

도치는 강조하려는 어구를 문장 맨 앞에 둘 때, 주어와 동사의 어순이 바뀌는 것을 의미한다.

보어 도치	보어를 문장 맨 앞으로 보내고 주어와 동사를 도치한다. The estimate is **attached** for the materials. → **Attached** is the estimate for the materials. 첨부된 것은 재료비 견적이다.
부정어 도치	부정어를 문장 맨 앞으로 보내고 주어와 동사를 도치한다. Ms. Brown **never** stops working on self-improvement. → **Never** does Ms. Brown stop working on self-improvement. Brown 씨는 결코 자기 계발을 멈추지 않는다.
only 도치	'only + 부사구[절]'를 문장 맨 앞으로 보내고 주어와 동사를 도치한다. These seats are designated **only for regular customers**. → **Only for regular customers** are these seats designated. 이 좌석들은 단골 고객만을 위해 지정되어 있다.
가정법 도치	if가 생략되면 if절의 동사가 주어 앞으로 온다. If **you should need** any help with the presentation, please feel free to contact me. → **Should you need** any help with the presentation, please feel free to contact me. 발표 준비에 혹시라도 도움이 필요하시면, 언제든지 저에게 연락하세요.

ETS 빈출 ▶ 출제 포인트 ✓

- **비교급이나 최상급을 완성하는 문제가 출제된다.** → 기출공식 71, 72

  Mr. Colman will leave the office (~~early~~ / **earlier**) than usual today for a client meeting.
  콜먼 씨는 고객 미팅을 위해 오늘 평소보다 더 일찍 퇴근할 것이다.

- **가정법 문장에서 if절의 동사나 주절의 동사를 완성하는 문제가 출제된다.** → 기출공식 75

  If we had taken a taxi, we (**could have arrived** / ~~could arrive~~) at the meeting on time.
  우리가 택시를 탔더라면, 회의에 제시간에 도착했을 텐데.

- **주어와 동사의 위치가 바뀌는 도치 구문 문제가 출제된다.** → 기출공식 76

  (**Should** / ~~Having~~) you have any questions regarding our return policy, don't hesitate to
  contact us. 저희 반품 정책과 관련하여 질문이 있으면, 주저하지 마시고 연락하십시오.

비교급은 -er 또는 more ~의 형태로 뒤에 than이 올 수 있다.

71 We always run out of pens more ------- than any other item we use in the office.
(A) quickest　　　　(B) quickly　　　　(C) quicker　　　　(D) quicken

핵심분석　We always run out of <u>pens</u> <u>more -------</u> <u>than</u> <u>any other item</u> we use in the office.
　　　　　　　　　　　　　　비교 대상　　비교급+than　　　비교 대상

문제해설　빈칸은 동사 run out of를 수식하는 부사 자리로, 빈칸 앞 more, 빈칸 뒤 than과 함께 비교급을 완성해야 한다. 따라서 부사 (B) quickly가 정답이다.

▶ than 앞에 비교급을 넣거나 비교급 뒤에 than을 넣는 문제가 출제된다.

Our wireless Internet service is (**faster** / ~~fast~~) **than** our competitors' service.
우리의 무선 인터넷 서비스는 경쟁사의 서비스보다 더 빠르다.

The supervisors will monitor productivity **more closely** (**than** / ~~that~~) in previous years.
그 감독관들은 예년보다 더 면밀하게 생산성을 관찰할 것이다.

▶ 비교급의 품사는 문장 구조에 따라 형용사와 부사 중 알맞은 것을 선택한다.

The revised training program for new technicians was **more** (**difficult** / ~~difficultly~~) **than** anticipated.
새로운 기술자를 위한 개정된 교육 프로그램은 예상보다 더 어려웠다. → be동사의 보어 자리이므로 형용사가 와야 한다.

최상급은 -est 또는 most ~의 형태로 앞에 주로 the가 온다.

72 Though it is the ------- of all the shipping methods, rail transport is very reliable.
(A) slowest　　　　(B) slower　　　　(C) slowly　　　　(D) slowness

핵심분석　<u>Though</u> <u>it</u> <u>is</u> <u>the -------</u> <u>of all the shipping methods</u>, <u>rail transport</u> <u>is</u> very <u>reliable</u>.
　　　　　접속사 주어 동사　the+최상급+of+복수명사　　　　　　　　주어　　　동사　　주격 보어

문제해설　빈칸은 be동사 is의 보어 역할을 하는 형용사 자리이다. 빈칸 앞에 the가 있고, 모든 운송 방법 중에서(of all the shipping methods)라는 비교 대상 범위가 주어졌으므로 빈칸에는 '가장 느린'이라는 의미를 나타내는 최상급 표현이 들어가야 자연스럽다. 따라서 (A) slowest가 정답이다.

▶ the 뒤에 나오는 최상급을 완성하는 문제가 출제된다.

We are proud that we offer our customers **the** (**highest** / ~~higher~~) quality seafood.
우리는 고객들에게 최고 품질의 해산물을 제공한다는 사실을 자랑스럽게 여긴다.

This year's job fair was **the** (~~more popular~~ / **most popular**) one that has **ever** been held.
올해의 취업 박람회는 지금까지 개최된 것 중 가장 인기 있는 박람회였다.

TIPS **최상급은 of, among+집단, in+장소, ever/to date(지금까지 가장 ~한), possible/available(가능한/이용할 수 있는 가장 ~한) 등의 표현과 잘 어울려 쓰인다.**

▶ 최상급의 품사는 문장 구조에 따라 형용사와 부사 중 알맞은 것을 선택한다.

PK Time Managing is one of **the most** (~~wide~~ / **widely**) used apps.
피케이 타임 매니징은 가장 널리 사용되는 앱 중 하나입니다. → 과거분사 used를 수식하는 자리이므로 부사가 와야 한다.

실전 ETS PRACTICE

제한시간 2분 40초 | 정답 및 해설 p.51

1. Mr. Chan had the ------- sales figures out of the entire team last month.
   (A) highest
   (B) higher
   (C) highly
   (D) height

2. Use the Beeline navigation app to find the ------- route to any destination in the country.
   (A) directly
   (B) more directly
   (C) most direct
   (D) directions

3. The housekeeping staff prefer metal service carts because they can carry ------- loads than plastic ones.
   (A) heavier
   (B) heavily
   (C) heaviness
   (D) heaviest

4. Ms. Lane is the second ------- promoted salesperson in the store's history.
   (A) quick
   (B) quicken
   (C) more quickly
   (D) most quickly

5. Because it is her hometown, comedian Jackie Stokes performs ------- in Vannet than other small cities.
   (A) frequently
   (B) more frequently
   (C) frequent
   (D) most frequent

6. Customers appreciate that Sparks Cycling describes its terms of service in ------- language than most companies do.
   (A) simple
   (B) simpler
   (C) simply
   (D) most simply

7. EV Motor Corp. delivered 15 percent more electric vehicles in the second quarter of the year ------- it did in the first.
   (A) that
   (B) which
   (C) than
   (D) since

8. Among the members of the city planning commission, Jorge Gonzalez seems to take citizens' concerns the -------.
   (A) serious
   (B) seriousness
   (C) more serious
   (D) most seriously

예제 71 우리는 항상 사무실에서 사용하는 어떤 물품보다 펜이 더 빨리 떨어진다.
　　 72 모든 운송 방법 중에서 가장 느리지만 철도 운송은 매우 안정적이다.

기출공식	비교급과 최상급을 강조하는 부사 문제가 출제된다.

73 New podcasters often find that editing episodes takes ------- longer than they expected.

(A) much (B) many (C) more (D) so

핵심분석 New podcasters often find that editing episodes takes ------- longer than they expected.
주어 　　　　 동사　 접속사　 주어　　　 동사　 강조 부사＋비교급＋than 주어　 동사

문제해설 빈칸 뒤에 longer이라는 비교급 표현이 나와 있으므로, 비교급을 강조하는 부사 (A) much가 정답이다.

▶ **비교급 강조 빈출 부사**

much/even/far/still/a lot 훨씬	considerably/significantly/substantially 상당히	noticeably 두드러지게, 현저하게

The new version of the program has been (~~too~~ / **considerably**) **faster than** the old version.
그 프로그램의 새 버전은 이전 버전보다 상당히 빨라졌다. → very나 too는 비교급을 강조할 수 없다.

▶ **최상급 강조 부사는 위치도 함께 알아 두자.**

even/by far＋**the 최상급**	**the**＋single/very＋**최상급**	**the 최상급**＋ever/possible/yet

Blue Sky Airways provides **the** (**very** / ~~even~~) **best** travel experiences for all customers.
블루 스카이 항공은 모든 고객에게 최고의 여행 경험을 제공합니다.

기출공식	원급, 비교급, 최상급 관용 표현

74 When washing dishware, kitchen personnel should use plastic brushes ------- cloths or sponges.

(A) rather than (B) so that (C) whereas (D) although

핵심분석 When ~, kitchen personnel should use plastic brushes ------- cloths or sponges.
분사구문　　　　 주어　　　　　　 동사　　 명사구　　　　　 명사구

문제해설 빈칸 앞뒤로 대등한 명사구가 나오며, 문맥상 '천이나 스펀지보다는 플라스틱 브러시를 사용해야 한다'라는 내용이
되어야 자연스럽다. 따라서 '~보다는'이라는 의미의 (A) rather than이 정답이다.

▶ **빈출 비교급 관용 표현**

more than ~ 이상의	no later than 늦어도 ~까지	no longer[not ~ any longer] 더 이상 ~하지 않는
less than ~ 이하의	no less than 자그마치 ~만큼	A rather than B B라기보다는 A

Lomolex Ltd.'s new shoes will arrive in stores **no** (**later** / ~~latest~~) **than** 3:00 P.M.
로모렉스 유한회사의 신상품 신발들은 늦어도 오후 3시까지는 매장에 도착할 것이다.

▶ **빈출 원급, 최상급 관용 표현**

the same (＋명사) as ~와 동일한	at the latest 아무리 늦어도	at the earliest 아무리 빨라도
as ~ as possible 가능한 한	at least＋숫자 최소한, 적어도	at your earliest convenience 가급적 빨리

The new policy will take effect in February next year (~~early~~ / **at the earliest**).
새 정책은 이르면 내년 2월부터 시행될 예정이다.

ETS PRACTICE

제한시간 **2분 40초** | 정답 및 해설 **p. 52**

PART 5 | 문법 | UNIT 12

1. Ahern Wind Farm boasts the largest
   turbines ------- to be manufactured
   domestically.
   (A) ever
   (B) since
   (C) much
   (D) quite

2. Ms. Cathy should receive the revised
   proposal by e-mail this afternoon -------.
   (A) later
   (B) lately
   (C) the latest
   (D) at the latest

3. The Mays Family Creamery uses the -------
   best ingredients to make its ice cream.
   (A) so
   (B) very
   (C) such
   (D) much

4. Experienced marketing specialists are
   expected to have ------- higher productivity
   than recent graduates.
   (A) much
   (B) so
   (C) more
   (D) very

5. Thanks to the new self-service kiosks, our
   lunchtime customers ------- have to wait in
   line to order.
   (A) no longer
   (B) than ever
   (C) hardly any
   (D) anymore

6. To be profitable, the lobby vending machine
   must generate ------- $300 in revenue each
   month.
   (A) as much
   (B) ahead of
   (C) at least
   (D) such as

7. Circulation numbers indicate that the
   Robles Times is ------- more popular than
   the *Robles Gazette*.
   (A) signifying
   (B) significant
   (C) significantly
   (D) significance

8. Sandrinas Corporation wants its redesigned
   logo to feature the same colors ------- its
   original one.
   (A) after
   (B) still
   (C) as
   (D) for

예제 **73** 새로운 팟캐스터들은 종종 에피소드 편집이 예상보다 훨씬 더 오래 걸린다고 생각한다.
74 주방 직원은 식기류를 씻을 때 천이나 스펀지보다는 플라스틱 브러시를 사용해야 한다.

137

if절에 had p.p.가 있으면 주절에는 '조동사의 과거형 + have p.p.'를 쓴다.

75

If he had received the instructions earlier, Mr. Martin ------- preliminary work for the project.

(A) begin   (B) beginning   (C) had been begun   (D) could have begun

핵심분석

If he had received the instructions earlier, Mr. Martin ------- preliminary work for the project.
If 주어   had p.p.   주어   조동사의 과거형 + have p.p.

문제해설

if절의 동사가 과거완료 시제이므로, 주절의 동사 자리인 빈칸에는 '조동사의 과거형 + have p.p.'가 들어가야 한다. 따라서 (D) could have begun이 정답이다.

가정법 과거   If the new product (**met** / ~~has met~~) the environmental standards, it **could be** exported.
신제품이 환경 기준을 충족한다면, 수출할 수 있을 텐데.

가정법 과거완료   If he **had finished** it earlier, he (**would have reviewed** / ~~will review~~) the proposal in detail.
그가 제안서를 더 일찍 끝냈더라면, 자세히 검토했을 텐데.

가정법 미래   If you (~~can~~ / **should**) **experience** any problems, **contact** our customer service desk.
(혹시나) 문제가 생기면, 고객 서비스 창구로 연락하세요. → 가정법 미래는 가능성이 희박한 경우를 나타낸다.

보어, 부정어, only 등이 문장 앞에 오면 도치된다.

76

------- in the price of your festival ticket is a souvenir photograph taken upon your arrival.

(A) Inclusion   (B) Include   (C) Including   (D) Included

핵심분석

------- in the price of your festival ticket is a souvenir photograph taken upon your arrival.
보어   전치사구   동사   주어

문제해설

a souvenir photograph 이하가 문장의 주어이고 is가 동사, 빈칸은 보어 자리로, 보어 도치 구문이다. 기념품 사진은 포함되어 있는 대상이므로, 수동의 의미를 나타내는 과거분사 (D) Included가 정답이다. 명사인 (A) Inclusion은 '포함된 것'을 나타낼 때 가산명사로 쓰이므로 관사 없이 쓸 수 없다.

▶ **보어 도치: 보어 + 동사 + 주어**

(~~Enclosure~~ / **Enclosed**) **are the results of the employee survey** on the proposed shift schedule.
동봉된 것은 제안된 교대 근무 일정에 대한 직원 설문 조사 결과이다.

▶ **부정어 도치: 부정어(never / hardly / seldom / rarely / little / nothing / nor) + 조동사 + 주어 + 동사원형**

(**Never** / ~~Further~~) **does the floor manager eat** food during business hours.
그 매장 감독은 영업 시간에는 결코 음식을 먹지 않는다.

▶ **only 도치: Only + 부사구[절] + 동사 + 주어**

Only after they began testing the samples **did the researchers** (**notice** / ~~noticed~~) some were missing. 샘플 테스트를 시작하고 나서야 연구원들은 샘플 몇 개가 분실된 것을 알아차렸다.

▶ **가정법 도치**

(**Should** / ~~Could~~) the A&K Corporation **acquire** JAD, the value of its stock **will rise**.
A&K 사가 JAD를 인수한다면 주식 가치는 상승할 것이다. → 가정법 미래 도치: Should + 주어 + 동사원형 ~, 주어 + 조동사 + 동사원형 / 명령문

(~~Have~~ / **Had**) we **sent** the parts by express delivery, they **would have arrived** much earlier.
부품을 속달로 보냈더라면, 훨씬 더 일찍 도착했을 텐데. → 가정법 과거완료 도치: Had + 주어 + p.p ~, 주어 + 조동사의 과거형 + have p.p.

1. Our exhibit at the exposition would have been more successful if we ------- a booth near the entrance.
   (A) have chosen
   (B) had chosen
   (C) will choose
   (D) choose

5. If you ------- your charger cable does not display a serial number, please call customer service.
   (A) finding
   (B) are found
   (C) can find
   (D) should find

2. ------- it not been for your hard work, we could not have reached our sales target.
   (A) Has
   (B) Had
   (C) Have
   (D) Having

6. If the weather had been better this fall, construction of the Nunley Center ------- on time.
   (A) was completed
   (B) may be completed
   (C) would have been completed
   (D) has been completed

3. More people ------- at downtown retailers if parking in the area were not so expensive.
   (A) are shopping
   (B) will shop
   (C) would shop
   (D) have been shopping

7. Only after its first-choice candidate accepted the position did the hiring committee ------- the other candidates.
   (A) reject
   (B) rejected
   (C) rejecting
   (D) rejects

4. ------- Spruill Mattresses' sales continue to decline, the board of directors will likely replace its CEO.
   (A) Should
   (B) Regarding
   (C) Wherever
   (D) Could

8. Properly ------- is the motor for vehicles that run on solar power.
   (A) design
   (B) designs
   (C) designed
   (D) designing

예제 **75** 만약 마틴 씨가 더 일찍 지시를 받았더라면 그는 그 프로젝트를 위한 예비 작업을 시작할 수 있었을 것이다.
     76 당신의 축제 티켓 가격에는 당신이 도착하자마자 찍은 기념품 사진이 포함되어 있다.

1. If the computer malfunction had not been reported so quickly, we ------- the necessary support.
(A) are not receiving
(B) will not receive
(C) would not have received
(D) cannot receive

2. Blaine botanical garden has the ------- selection of exotic plants in the Ledford region.
(A) widely
(B) widen
(C) wider
(D) widest

3. Mr. Durham always looks for ways to make the learning process ------- for his young students.
(A) more enjoyably
(B) more enjoyable
(C) enjoyed
(D) enjoy

4. Ms. Lai is known for examining goods ------- than any other quality control inspector.
(A) careful
(B) more careful
(C) more carefully
(D) carefully

5. The recent cut to our department's budget means that we must work ------- more efficiently than before.
(A) very
(B) hardly
(C) enough
(D) even

6. To meet our publishing deadline, the translator must submit her first draft ------- April 3.
(A) otherwise
(B) no later than
(C) instead of
(D) by the end

7. ------- does Ms. Whalen approve annual leave requests in November or December, as employees are so busy at that time of year.
(A) Seldom
(B) Further
(C) Again
(D) Indeed

8. Extensive media coverage of Mr. Vail's new paintings has helped make this his ------- art exhibition to date.
(A) popularizes
(B) popularity
(C) must popularize
(D) most popular

MEMO

PART

VOCABULARY

UNIT 13 동사 어휘

기출공식 **특정 전치사와 함께 쓰이는 동사 어휘 문제가 출제된다.**

77 Mr. Aziz became Rishard Corporation's president after he ------- as its vice president of finance for five years.

(A) recommended   (B) transferred   (C) founded   (D) served

문제해설   빈칸 뒤에 전치사 as가 있으므로 자동사가 들어가야 한다. as와 짝을 이뤄 '~로 근무하다, 역임하다'라는 의미의 동사 (D) served가 정답이다.

● 특정 전치사와 함께 쓰이는 자동사

subscribe to ~을 구독하다	refer to ~을 참고하다	appeal to ~에게 호소하다, 관심을 끌다
contribute to ~에 기여하다	object to ~에 반대하다	apply to ~에 지원하다; 적용하다
account for ~을 설명하다, 차지하다	register for ~에 등록하다(= enroll in)	qualify for ~에 자격을 얻다
serve[work] as ~로 근무[역임]하다	refrain from ~을 삼가다	depart from ~에서 출발하다
participate in ~에 참석하다	specialize in ~을 전문으로 하다	concentrate[focus] on ~에 집중하다
coincide with ~와 일치하다	comply with ~을 준수하다	proceed with ~을 진행하다

● 구동사: 동사+전치사 / 부사

look into ~을 알아보다, 고려하다	use up ~을 다 써 버리다	bring up (화제, 주제 등을) 꺼내다
act on ~에 작용하다	team up with ~와 협력하다	sign up for ~에 회원 가입[등록]하다
hand[turn] in(to) ~을 제출하다	hand over ~을 넘겨주다	take apart ~을 분해하다
pour in 한꺼번에 많이 모이다	take over from ~로부터 인계받다	shut down 정지시키다, 멈추다
pick out ~을 선택하다	carry out ~을 수행하다	take place (행사 등이) 열리다

● 특정 전치사와 함께 쓰이는 타동사

assist A with B A를 B에 대해 돕다	submit A to B A를 B에 제출하다
expand A into B A를 B로 확장[진출]시키다	deduct A from B A를 B로부터 빼다[차감하다]
provide A with B A에게 B를 제공하다(= provide B to A)	replace A with B A를 B로[와] 교체하다
compensate A for B A에게 B에 대해 보상하다	substitute B for A A를 B로 대신하다[교체하다]
prohibit[forbid] A from -ing A가 ~하는 것을 금지시키다	prevent[keep] A from -ing A가 ~하는 것을 막다, 방지하다

● 특정 전치사 / to부정사와 함께 수동태 형태로 자주 쓰이는 동사

be allowed[permitted] in + 장소 ~에 입장이 허용되다	be scheduled to ~할 예정이다
be assigned to + 명사 / to do ~에 / ~하도록 배정되다	be expected to ~할 것으로 예상되다[기대되다]
be equipped with ~을 갖추고 있다	be advised to ~하는 것이 권고되다, ~해야 한다
be informed of ~에 대해 (들어서) 알다	be required to ~하는 것은 필수이다, ~해야 한다

1. Mr. Ennis is away at a conference and is ------- to return by September 8.
   (A) departed
   (B) scheduled
   (C) considered
   (D) attempted

2. Staff are expected to ------- with the laboratory's policies on handling hazardous materials.
   (A) approve
   (B) obey
   (C) submit
   (D) comply

3. Danwon Hardware store associates must have the ability to ------- customers with home-repair questions.
   (A) assist
   (B) respond
   (C) solve
   (D) attend

4. The Caruso City Council has agreed to ------- measures to reduce air pollution.
   (A) care for
   (B) look into
   (C) sign off
   (D) take place

5. Katsumi has been ------- to take photographs for the article on the farmer's market.
   (A) appreciated
   (B) practiced
   (C) assigned
   (D) inquired

6. Adame Studios' re-release of *Unrivaled* will ------- with the 30th anniversary of the film's opening date.
   (A) coincide
   (B) perform
   (C) involve
   (D) celebrate

7. Only airport personnel and ticketed passengers are ------- in boarding areas.
   (A) permitted
   (B) included
   (C) conducted
   (D) provided

8. Every time a job opening is announced at Moodment, the beloved animation studio, applications -------.
   (A) act on
   (B) move forward
   (C) pour in
   (D) carry out

예제 **77** 아지즈 씨는 5년 동안 재무 담당 부사장을 역임한 후 리샤드 사의 회장이 되었다.

문맥을 보고 의미에 알맞은 동사를 고른다.

78 To accommodate late-night shoppers, Qureshi's Grocery Store has ------- its hours to 11:00 P.M.

(A) invented   (B) rejected   (C) visited   (D) extended

문제해설   빈칸 뒤 기간의 표현인 its hours와 어울려 '시간을 연장하다'라는 문맥이 자연스러우므로 (D) extended가 정답이다.

● TOEIC 빈출 동사

hire 고용하다 hire a qualified applicant 자격이 되는 지원자를 고용하다	**approve** 승인하다 approve a proposal 제안서를 승인하다
implement 시행하다 implement new policies 새로운 정책을 시행하다	**locate** 찾아내다(=find), 장소를 정하다 locate a defect 결함을 찾아내다
conduct 실시하다 conduct a safety inspection 안전 점검을 실시하다	**demonstrate** (사용법 등을) 시연하다, 보여 주다 demonstrate a method 방법을 시연하다
lead 이끌다 lead a workshop 워크숍을 이끌다	**identify** (신원 등을) 확인하다; 감정[식별]하다 identify key information 중요한 정보를 식별하다
exceed 넘어서다 exceed the speed limit 제한 속도를 넘어서다	**acquire** 인수하다 acquire a company 회사를 인수하다
oversee 감독하다(= supervise) oversee production 생산을 감독하다	**meet** 충족시키다, (기한 등을) 지키다 meet a deadline 기한을 지키다
review 검토하다 review an expense report 경비 보고서를 검토하다	**introduce** 소개하다; (신제품 등을) 알리다 introduce a new product 신제품을 알리다
retain 보유[보관]하다, 유지하다 retain the workforce 인력을 보유하다	**offer** 제공하다 offer a discount 할인을 제공하다
attract 끌어들이다, 유치하다 attract customers 소비자를 유치하다	**recognize** 인지하다; (공로 등을) 인정해 주다 recognize their efforts 그들의 노고를 인정하다
extend (기간, 길이 등을) 연장하다 extend the hours of operation 운영 시간을 연장하다	**reserve** 예약하다 reserve a table 테이블을 예약하다
expand (규모 등을) 확장하다 expand a business into ~로 사업을 확장하다	**differ** 다르다, 다양하다 differ widely 크게 다르다
lease 임대하다, 빌리다 lease an office space 사무 공간을 임대하다	**address** 다루다; (편지 따위에) 주소를 쓰다 address the issue 그 문제를 다루다
charge 청구하다, 부과하다 charge a customer a fee 고객에게 이용 요금을 청구하다	**determine** 결정하다; (원인 등을) 알아내다, 밝히다 determine the cause 원인을 밝히다
convince 설득하다 convince him to invest 그에게 투자하도록 설득하다	**present** 제시하다; 발표하다 present an employee badge 사원증을 제시하다
yield (결과 등을) 내다; (농작물 등을) 생산하다; 굴복하다 yield positive results 긍정적인 결과를 내다	**raise** (가격 등을) 인상하다, 높이다 raise awareness of ~의 의식을 높이다

ETS PRACTICE

제한시간 2분 40초 | 정답 및 해설 p.56

PART 5 어휘 | UNIT 13

1. Mr. Yoon in Purchasing wants to ------- all of last month's expenses as soon as possible.
   (A) review
   (B) spend
   (C) schedule
   (D) predict

2. A beautiful property like 344 Hyland Boulevard will quickly ------- potential buyers.
   (A) estimate
   (B) occur
   (C) attract
   (D) update

3. This month, Ostento Promotions is ------- 15 percent off the price of its premier advertising package.
   (A) producing
   (B) encouraging
   (C) solving
   (D) offering

4. Ione Properties, Inc., wants to ------- a business development manager for its coastal markets.
   (A) hire
   (B) plan
   (C) look
   (D) lead

5. With the approval of both companies' boards, Osorio Pharmaceuticals has ------- Devlin Biotechnology for $52 million.
   (A) determined
   (B) acquired
   (C) appealed
   (D) contained

6. Because our direct marketing promotion for magazine subscriptions ------- such positive results last year, we plan to do it again this year.
   (A) yielded
   (B) oversaw
   (C) exceeded
   (D) convinced

7. As part of her guitar workshop, Ms. Meade will ------- several methods of tuning the instrument.
   (A) participate
   (B) demonstrate
   (C) instruct
   (D) spend

8. In the case that the airline cannot ------- your lost luggage, you may file a reimbursement claim.
   (A) equip
   (B) proceed
   (C) locate
   (D) oversee

예제 78 늦은 저녁 쇼핑객들은 수용하기 위해 꾸레쉬즈 식료품점은 오후 11시까지 영업시간을 연장했다.

147

UNIT 14 명사 어휘

특정 단어와 함께 쓰이는 명사 어휘 문제가 출제된다.

79 For safety ------, Cheewa Mountain National Park is not open to the public during the winter.

(A) supplies   (B) travels   (C) reasons   (D) instructions

문제해설   짝을 이루는 요소가 단서인 어휘 문제가 자주 출제된다. 빈칸 앞 전치사 For와 어울려, '안전상의 이유로, 겨울에는 개방하지 않는다'라는 문맥이 자연스러운 (C) reasons가 정답이다.

● 특정 전치사와 함께 쓰이는 명사

in accordance with ~에 따라서	in observance of ~을 준수하여	in recognition of ~을 인정하여
out of stock 재고가 없는, 품절된	out of order 고장 난	out of service 운행[제공]되지 않는
at one's disposal 마음대로	on hold 보류된	on display 진열된, 전시 중인
for ~ reasons ~의 이유로	a reputation for ~에 대한 평판	concerns about[regarding] ~에 관한 우려
an approach to ~에의 접근(법)	a contribution to ~에 대한 기여	a revision[change] to ~의 변경, 수정

● 특정 동사와 함께 쓰이는 명사

make an appointment 예약하다	give[make] a presentation 발표하다
make progress 향상하다, 진전을 보이다	get a subscription to ~을 구독하다
make a contact with ~와 연락하다	take initiative 솔선수범하다, 주도권을 쥐다
make a (phone) call 전화하다	take measures 조치를 취하다

● 복합명사

expiration date 만기일	work site 일터, 작업장	work environment 근무 환경
marketing strategy 마케팅 전략	transportation expense 운송비	employee performance 직원 성과
reference letter 추천서	management position 관리직	benefit package 복리 후생 제도(=benefits)

● 항상 복수로 쓰이는 명사

benefits 복리 후생 제도	belongings 소지품	earnings 소득, 수입	directions 길 안내

● 형태가 비슷한 혼동되는 명사

observation 관찰 observance 준수	measures 조치 measurement 측정	implement 도구 implementation 시행	remainder 남은 것 reminder 상기시켜 주는 것(공지)
variety 다양성, 종류 variant 변종	original 원본 originality 독창성	alternative 대안 alternation 교대, 교체	reader 독자 readership 독자층[수]

1. As part of its efforts to provide a pleasant work -------, Vickery Insurance has renovated its break room.
   (A) surface
   (B) environment
   (C) feedback
   (D) method

2. Management is holding a special meeting to address employees' ------- regarding our merger with Steed Group.
   (A) factors
   (B) firms
   (C) concerns
   (D) qualities

3. This is a ------- to renew your Chamber of Business membership, which expires on August 30.
   (A) purpose
   (B) remainder
   (C) question
   (D) reminder

4. Any proposed ------- to the contract will need to be approved by our legal team.
   (A) terms
   (B) revisions
   (C) signatures
   (D) selections

5. The online course will discuss some simple ways to expand and diversify your blog's -------.
   (A) read
   (B) reading
   (C) reader
   (D) readership

6. The building manager has informed us that the west entrance elevators will be out of ------- for the remainder of the week.
   (A) work
   (B) aid
   (C) service
   (D) help

7. The new members of the payroll division have made significant ------- in learning the requirements for the work.
   (A) subscription
   (B) initiative
   (C) progress
   (D) contact

8. Turpelton's new mayor intends to take an active ------- to preserving the city's cultural heritage.
   (A) approach
   (B) decision
   (C) regulation
   (D) advantage

예제 79 안전상의 이유로 치와산 국립 공원은 겨울 동안 개방하지 않는다.

문맥을 보고 의미에 알맞은 명사를 고른다.

80

An earlier ------- of this article misstated the name of the architecture firm that designed the stadium.

(A) length   (B) service   (C) category   (D) version

문제해설   빈칸 앞 형용사 earlier와 빈칸 뒤 전치사구 of this article의 수식을 받아 '이 기사의 이전 버전'이라는 의미가 되어야 '잘못 기재했다'라는 동사 misstated와 문맥이 맞으므로, '~판, 버전'의 의미인 (D) version이 정답이다.

● TOEIC 빈출 명사

property 소유지, 건물, 재산 a property owner 건물주	**reimbursement** 상환, 환급 reimbursement of travel expenses 출장 비용 환급
initiative 주도권; 계획 take initiative 주도권을 잡다, 솔선수범하다	**term** 조건; 기간; 용어 terms and conditions of the contract 계약 약정, 조항
compensation 보상(금) compensation for ~에 대한 보상(금)	**version** ~판[형태], 버전 the printed version 인쇄판
packaging 포장재 recyclable packaging 재활용 가능한 포장재	**registration** 등록 due to low registration 낮은 등록 때문에
improvement 향상, 개선, 개량 공사 a drainage improvement project 배수관 개량 공사 기획	**phase** 단계 in the early phase 초기 단계에서
expense 비용 reduce expenses 비용을 절감하다	**delegation** 대표단; 위임 delegation of tasks 업무 위임
objective 목표, 목적 a project objective 기획 목표	**allowance** 허용량; 비용, 수당 a commuting allowance 통근 수당
mission 임무, 사명 a mission to offer medical care 의료를 제공하려는 사명	**source** 출처; 원천 a reliable source 믿을 만한 출처
overview 개요, 개관 give an overview of ~의 개요를 설명하다	**priority** 우선권 a top priority 최우선 사항
application 지원, 신청; 적용, 응용; 도포 a job application 일자리 지원(서)	**replacement** 교체, 후임자 a replacement part 교체품
defect 하자, 결함 check for defects 결함을 찾기 위해 점검하다	**proximity** 근접성, 가까움 proximity to an airport 공항 근접성
coverage 보험 보장; (언론) 보도 full coverage of vehicle repairs 차량 수리 완전 보장 보험	**responsibility** 직무, 책무 The responsibilities include ~ 직무는 ~을 포함한다
issue (잡지 등의) 호 The February issue of a magazine 잡지의 2월호	**retention** 유지, 보관 customer retention 고객 유지
durability 내구성 high durability 높은 내구성	**acquisition** 인수 the acquisition of a competitor 경쟁업체 인수
recipient 받는 사람, 수령인 the recipient of an award 수상자	**account** (은행) 계좌, (이용) 계정; 이야기, 설명 give an account of the event 그 사건에 대해 이야기하다

ETS PRACTICE

실전

제한시간 2분 40초 | 정답 및 해설 p. 58

1. Delivery fees have risen because of a 10 percent increase in the store's transportation -------.
   (A) alterations
   (B) expenses
   (C) branches
   (D) displays

2. The user guide gives you a clear ------- of your device's features and capabilities.
   (A) agenda
   (B) boundary
   (C) overview
   (D) formula

3. The insurance package provided by Double Dots Ltd. extends ------- to its employees' family members.
   (A) coverage
   (B) issue
   (C) retention
   (D) delegation

4. This month's ------- of *Canadian Woodworker* magazine includes a guide to choosing hand tools.
   (A) design
   (B) location
   (C) decision
   (D) issue

5. As stated in the company guidelines, sales agents receive ------- for time spent traveling to meet with clients.
   (A) automation
   (B) interruption
   (C) compensation
   (D) distribution

6. The Web site www.lionsoftguy.com is a popular ------- for tips on using Lionsoft business software.
   (A) demand
   (B) activity
   (C) type
   (D) source

7. Kobix smartphone cases have an extra layer of protective foam for increased -------.
   (A) durability
   (B) accuracy
   (C) frequency
   (D) requirement

8. Fragile items cost more because they require special ------- to protect them in transit.
   (A) packaging
   (B) property
   (C) retention
   (D) excess

예제 80 이 기사의 이전 버전은 그 경기장을 설계한 건축 회사의 이름을 잘못 기재했다.

UNIT 15 형용사 어휘

81 Ms. Carter hopes to be more ------- with the machinery after the training session.
(A) familiar　　　(B) primary　　　(C) understanding　　　(D) aware

문제해설 | 문맥상 '교육 후에 기계에 더 익숙해지기를 희망한다' 는 내용이 되어야 자연스러우므로 '익숙한'이라는 뜻의 (A) familiar가 정답이다. familiar는 be familiar with(~에 익숙하다)의 형태로 자주 쓰인다.

● 특정 명사와 함께 쓰이는 형용사

thorough research 철저한 조사	exceptional service 탁월한 서비스
primary responsibilities 주요 업무[책임]	routine tasks 일상 업무
defective items 불량품	confidential document 기밀 문서
advanced technology 첨단 기술	considerable upturn 상당한 상승
competitive price 경쟁력 있는 가격, 저렴한 가격	contemporary design 현대 디자인
versatile tool 다목적 도구	incremental improvement 점진적 향상
positive comments 긍정적인 의견[평가]	flexible schedule 유연한 일정
prior experience 이전 경험	potential client 잠재 고객
frequent maintenance 잦은 정비, 점검	joint presentation 공동 발표

● 특정 전치사와 함께 쓰이는 형용사

of	be sure of ~을 확신하다　be capable of ~을 할 수 있다　be considerate of ~을 배려하다 be appreciative of ~에 감사하다　be indicative of ~을 나타내다
for	be responsible for ~을 책임지다, ~을 맡고 있다　be appropriate for ~에 적합하다 be eligible for ~의 자격이 있다　be available for ~을 이용할 수 있다
to	be prone to ~하기 쉽다　be pertinent to ~와 관련되다　be equivalent to ~와 동등하다 be committed to ~에 전념하다[헌신하다]　be vulnerable to ~에 취약하다 be comparable to ~에 필적하다　be contrary to ~와 대조적이다
with	be familiar with ~에 익숙하다　be satisfied with ~에 만족하다　be consistent with ~와 일치하다 be compatible with ~와 호환이 가능하다　be associated with ~와 관련되다
from	be exempt from ~을 면제받다
about	be optimistic about ~에 대해 낙관적이다　be enthusiastic about ~에 열정적이다
on	be dependent on ~에 달려있다, 의존하다

● 'be동사+형용사+to부정사' 빈출 표현

be willing to 기꺼이 ~하다	be able to ~할 수 있다
be proud to ~하는 것이 자랑스럽다	be bound to 반드시 ~하다
be eligible to ~할 자격이 있다	be about to 막 ~하려고 하다
be reluctant to ~하기를 꺼리다	be pleased to ~하는 것을 기뻐하다

1. The office building will be renovated next year, in favor of a more ------- design.
(A) aware
(B) eventual
(C) proposed
(D) contemporary

2. As a junior employee, Mark Coburn performs a number of ------- tasks to support his boss.
(A) confident
(B) deep
(C) routine
(D) faulty

3. According to her job description, Ms. Hallmark is ------- for developing work schedules on a weekly basis.
(A) ambitious
(B) considerable
(C) established
(D) responsible

4. Long-term customers are ------- from service fees for six months by applying a coupon.
(A) proof
(B) exempt
(C) opposed
(D) subject

5. The results of the experiment can only be confirmed after the team conducts ------- research.
(A) considerate
(B) thorough
(C) alternating
(D) expired

6. All Danforth Software products are ------- with computers manufactured by major corporations.
(A) compatible
(B) repeated
(C) agreeable
(D) conclusive

7. In a ------- presentation, Dr. Shah and Dr. Adler discussed the results of their most recent clinical trial.
(A) joint
(B) fascinated
(C) constant
(D) dependable

8. The university's alumni association is ------- to offer a membership discount on all campus bookstore merchandise.
(A) responsible
(B) concerned
(C) innovative
(D) pleased

예제 81 카터 씨는 교육 후에 기계에 더 익숙해지기를 희망한다.

문맥을 보고 의미에 알맞은 형용사를 고른다.

82 Most books will be sold at discounted prices throughout the ------- holiday sale.
(A) available (B) upcoming (C) capable (D) relaxing

문제해설	조동사 will이 쓰여 미래에 예정된 일에 대해 설명하고 있고, 문맥상 '다가오는 연휴 세일 기간 내내'라는 내용이 되어야 자연스럽다. 따라서 '다가오는'이라는 의미의 (B) upcoming이 정답이다.

● **TOEIC 빈출 형용사**

upcoming 다가오는 an upcoming meeting 다가오는 회의	**helpful** 도움이 되는, 유용한 a helpful suggestion 유익한 제안
supplemental 보충의, 추가의 supplemental information 추가 정보	**sustainable** 지속 가능한 sustainable growth 지속 가능한 성장
qualified 자격 있는, 적임의 a qualified candidate 적격인 후보자	**diverse** 다양한 a diverse range of products 다양한 제품군
comprehensive 종합적인, 포괄적인 comprehensive insurance 종합 책임 보험	**additional** 추가의 charge an additional fee 추가 요금을 부과하다
adequate 충분한, 적당한 adequate time for review 충분한 검토 시간	**initial** 초기의, 최초의 initial investment 초기 투자
affordable (가격 등이) 알맞은, 저렴한 keep costs affordable 비용을 저렴하게 유지하다	**relevant** 관련 있는, 적절한 a relevant term 관련 용어
informative 유익한 The workshop was informative. 워크숍은 유익했다.	**consecutive** 연속적인 for seven consecutive years 7년 연속으로
available 이용할 수 있는, 유효한 The conference room is available. 회의실을 사용할 수 있다.	**latest** 최근의, 최신의 the latest film 최신 영화
aware 알고 있는, 인식하는 be aware of how to operate 작동 방법을 알고 있다	**delicate** 정교한, 부서지기 쉬운 the use of delicate equipment 정밀한 장비의 사용
complimentary 무료의 a complimentary shuttle bus 무료 셔틀 버스	**designated** 지정된 a designated area 지정 구역
significant 중요한, 상당한 significant improvement 상당한 개선	**innovative** 혁신적인, 획기적인 an innovative approach 혁신적인 접근법
extensive 광범위한, 폭넓은 extensive experience 폭넓은 경험	**limited** 한정된, 제한을 받은 limited availability 제한된 가용성
reliable 신뢰할 만한 a reliable source 믿을 만한 출처	**accurate** 정확한, 정밀한 an accurate record 정확한 기록
beneficial 이익이 되는, 도움이 되는 a beneficial aspect 유익한 측면	**sufficient** 충분한 sufficient funding 충분한 자금
brief 짧은, 간단한 a brief intermission 짧은 휴식 시간	**accessible** 접근할 수 있는, 사용하기 쉬운 easily accessible by car 차로 쉽게 접근할 수 있는

1. The ------- line of frozen food products by Jaxon, Inc., will be released next month.
   (A) artistic
   (B) latest
   (C) relevant
   (D) calculated

2. Most of the dinnerware made by Hampton Ceramics is ------- and breaks easily.
   (A) delicate
   (B) selective
   (C) cautious
   (D) visual

3. Protective goggles are ------- for those who are working with dangerous chemicals in the laboratory.
   (A) apparent
   (B) loyal
   (C) frequent
   (D) available

4. The company is pleased that its sales in the third quarter exceeded its ------- expectations.
   (A) approved
   (B) initial
   (C) accessible
   (D) intended

5. Sylvester Finance has developed an ------- software program that helps people invest in the stock market.
   (A) assorted
   (B) innovative
   (C) appreciative
   (D) elevated

6. Every member of the marketing team expects to receive a ------- bonus following the successful ad campaign.
   (A) significant
   (B) cooperative
   (C) defensive
   (D) various

7. On Pompano Electronics Corporation's feedback survey, many customers commented specifically on Mr. Chen's ------- service.
   (A) alike
   (B) several
   (C) helpful
   (D) mutual

8. Mr. Mark was asked to create a ------- strategy for improving the firm's market share in Eastern Europe.
   (A) comprehensive
   (B) knowledgeable
   (C) surrounding
   (D) relative

예제 82 대부분의 책들은 다가오는 연휴 세일 기간 내내 할인된 가격으로 판매될 것이다.

UNIT 16 부사 어휘

특정 단어와 함께 쓰이는 부사 어휘 문제가 출제된다.

83 The use of Arrowmore's new surgical laser ------- reduces healing time for patients.
(A) significantly   (B) persuasively   (C) proficiently   (D) gladly

문제해설   빈칸 뒤의 동사 reduces를 수식하여 '상당히 줄어든다'라는 내용이 되어야 자연스러우므로 '상당히'를 뜻하는 (A) significantly가 정답이다. 참고로 significantly는 증가나 감소를 나타내는 동사와 어울리는 부사이다.

● 숫자 앞에 쓰여 숫자를 수식하는 부사

대략, 거의	nearly / almost / approximately / around / roughly / about
이상 / 이하	more than / over ~ 이상 less than ~ 이하
최대 / 최소	up to / a maximum of 최대 at least / a minimum of 최소
기타	only / just / no more than 겨우

● 시제와 함께 쓰이는 시간 부사

현재 시제	always 항상 regularly 정기적으로 frequently / often 자주 usually / normally 보통 generally / typically 일반적으로 routinely 일상적으로 occasionally 때때로, 가끔
과거 시제	recently 최근에 previously 이전에 once 한때
미래 시제	soon / shortly 곧
현재진행	now 지금 currently / presently 현재

● 증감 동사와 함께 쓰이는 부사

significantly / considerably / substantially 상당히 noticeably / remarkably / markedly 두드러지게 sharply / drastically 극적으로 rapidly 급속히 gradually / steadily 점점 slightly 약간	**[증감 동사]** increase 증가하다 rise 오르다 grow 성장하다 soar 치솟다, 증가하다 improve 향상되다 expand 확장하다 decrease / drop / fall / reduce / decline 감소하다

● 특정 단어와 함께 쓰이는 부사

temporarily unavailable 일시적으로 사용할 수 없는 highly effective 매우 효과적인 strictly confidential 엄격히 기밀의 fiercely competitive 대단히 경쟁적인 available exclusively to + 사람 ~만 이용할 수 있는 conveniently located 편리한 곳에 위치한 commonly asked 자주 문의되는 severely damaged 심하게 손상된 specifically designed 특별히 고안된	regularly publish 정기적으로 출간하다 officially begin 공식적으로 시작하다 eagerly await 간절히 기다리다 work closely with ~와 긴밀하게 일하다 listen attentively 주의 깊게 듣다 newly constructed 신축된 originally planned 원래 계획된 reasonably priced 저렴한 가격의 unless otherwise stated 별도의 지시 사항이 없다면

1. As ------- ten days have passed since you applied for the job, you should call about an interview.
   (A) nearly
   (B) partially
   (C) continually
   (D) soon

2. Ms. Drew's tenure as vice president of sales will ------- begin on Tuesday, May 6.
   (A) usually
   (B) officially
   (C) loudly
   (D) extremely

3. Betty Crawford's articles on economics are published ------- in the *Orlando Tribune*.
   (A) regularly
   (B) seemingly
   (C) shortly
   (D) naturally

4. Traffic jams on Route 29 have decreased thanks to the ------- constructed bridge over the Berges River.
   (A) newly
   (B) fairly
   (C) annually
   (D) apparently

5. Everyone in the office is ------- awaiting the results of the customer survey.
   (A) accurately
   (B) wholly
   (C) gratefully
   (D) eagerly

6. The freight elevator will be ------- unavailable until the work crew can repair it.
   (A) temporarily
   (B) curiously
   (C) individually
   (D) openly

7. Amber Pharmaceuticals announced that its new medicine has been confirmed to be ------- effective.
   (A) correctly
   (B) highly
   (C) evenly
   (D) suspiciously

8. The new subway station will be ------- located near the city's theater district.
   (A) plentifully
   (B) seriously
   (C) repeatedly
   (D) conveniently

예제 **83** 애로우모어의 새로운 수술용 레이저를 사용하면 환자의 회복 기간이 상당히 줄어든다.

문맥을 보고 의미에 알맞은 부사를 고른다.

84

When compared to other laptop computers, the Granderson 1000 is ------- powerful.
(A) strictly   (B) relatively   (C) freely   (D) efficiently

문제해설   빈칸 뒤의 형용사 powerful을 수식하는 부사 자리로, 문맥상 '상대적으로 강력하다'라는 의미가 되어야 자연스럽다.
따라서 '상대적으로, 비교적'이라는 의미의 (B) relatively가 정답이다.

● TOEIC 빈출 부사

relatively 상대적으로, 비교적 relatively fewer visitors 상대적으로 적은 방문자	**entirely** 완전히, 전적으로 entirely different 완전히 다른
finally 마침내, 결국 The movie was finally released. 영화가 마침내 개봉했다.	**shortly** 곧 shortly after 직후에
wisely 현명하게 reinvest profits wisely 수익을 현명하게 재투자하다	**perfectly** 완벽히 fit the budget perfectly 예산에 딱 맞다
firmly 단단히, 강하게 hold firmly 단단히 붙들다	**awkwardly** 어색하게, 서투르게 awkwardly positioned 잘못 놓인
intentionally 고의로, 의도적으로 intentionally designed 의도적으로 설계된	**quite** 꽤, 상당히 quite helpful 꽤 도움이 되는
specifically 명확하게, 특별히 specifically state 분명히 말하다	**directly** 직접, 바로 be sent to the office directly 사무실로 직접 보내다
periodically 정기적으로 check e-mail periodically 이메일을 주기적으로 확인하다	**closely** 면밀하게, 밀접하게 read texts closely 글을 자세히 읽다
solely 오직, 단독으로 be solely responsible for ~에게 전적으로 책임이 있다	**immediately** 즉시, 바로 start immediately 즉시 시작하다
properly 적절하게 function properly 제대로 작동하다	**diligently** 근면하게 work diligently 열심히 일하다
collectively 전체적으로, 집단으로 collectively agreed terms 단체 협약된 조건	**cautiously** 조심하여, 신중히 drive cautiously 조심해서 운전하다
elsewhere (어딘가) 다른 곳에서 not available elsewhere 다른 곳에서는 구할 수 없는	**primarily** 주로, 우선 focus primarily on ~에 우선적으로 초점을 맞추다
unexpectedly 예상외로 unexpectedly large audience 예상외로 많은 청중	**sincerely** 진심으로 sincerely thank you 진심으로 감사하다
markedly 현저하게, 두드러지게 markedly successful 눈에 띄게 성공적인	**consistently** 지속적으로 consistently increase 지속적으로 증가하다
precisely 정확히 calculate precisely 정확히 계산하다	**frequently** 자주, 빈번하게 frequently updated 자주 업데이트되는
gladly 기꺼이 gladly pay extra 기꺼이 추가 지불하다	**rapidly** 빠르게 rapidly expand its business 사업을 빠르게 확장하다

1. Hold the board ------- with one hand while applying glue with the other.
   (A) firmly
   (B) slowly
   (C) quite
   (D) somewhat

2. Janet West's supervisor believes that her prior experience fits the need for the position in Lakeside -------.
   (A) regularly
   (B) recently
   (C) seriously
   (D) perfectly

3. Scholarships are reserved ------- for students who can prove a clear financial need.
   (A) very
   (B) intently
   (C) solely
   (D) finally

4. Irwin Motors credits its increased profits ------- to improvements in the quality of its vehicles.
   (A) extremely
   (B) vastly
   (C) importantly
   (D) primarily

5. The seminar leader stated that addressing customer concerns ------- was one crucial element for financial success.
   (A) consistently
   (B) largely
   (C) hugely
   (D) identically

6. All safety violations in the shipyard must be ------- reported to the foreman on duty.
   (A) brightly
   (B) immediately
   (C) seldom
   (D) gradually

7. Balally Shoes will close its remaining retail locations and shift ------- to online sales.
   (A) entirely
   (B) commonly
   (C) famously
   (D) equally

8. The warranty only covers products that were fixed by a certified technician and not those repaired -------.
   (A) once
   (B) elsewhere
   (C) thereby
   (D) furthermore

예제 **84** 다른 노트북 컴퓨터와 비교했을 때, 그랜더슨 1000은 상대적으로 강력하다.

PART 6

ETS TOEIC

UNIT 17 문장 고르기 문제

UNIT 18 접속부사 문제

UNIT 19 문법 문제

UNIT 20 어휘 문제

기출공식 85-88

UNIT 17 문장 고르기 문제

대명사 / 지시어, 접속부사, 어휘 등을 활용해 문맥상 알맞은 문장을 고른다.

85 앞에 언급된 대상을 가리키는 대명사 / 지시어와 문장의 논리적 관계를 알려 주는 접속부사는 문장 고르기 문제에서 중요한 단서를 제공한다. 빈칸 앞뒤 또는 보기에 이런 단서가 없다면, 빈칸 주변의 어휘들과 관련된 표현을 보기에서 찾아 대입해 본다.

ETS 예제 이메일

Subject: Exercise at Work Program

Metronnel invites you to join your colleagues in a free daily exercise program. Each morning an experienced trainer will lead you in a 30-minute routine suitable for all ages and levels. E-mail fitworks@metronnel.com for more details.

-------. If **this** has happened, please notify us at the above e-mail address to **avoid duplicate postings** in the future.

(A) Participation in the program is completely voluntary.
(B) Exercising before work can improve your productivity.
(C) Some of you may have **received this e-mail message twice**.
(D) We also welcome suggestions for other wellness benefits.

풀이전략

STEP 1 빈칸 뒤 지시어 this 확인
빈칸 뒤의 If this has happened는 '이것이 일어난다면'이라는 의미로 this가 어떤 상황을 가리킴을 유추할 수 있다.

STEP 2 관련 어휘 확인
빈칸 뒤 문장에서 duplicate postings (중복 게시물)을 방지하도록 알려 달라고 했으므로, 빈칸에는 중복된 상황이 들어가야 한다.

STEP 3 보기 확인
빈칸 뒤의 this가 보기 (C)의 이메일을 두 번 받은 상황을 가리켜야 자연스럽다.

정답 (C)

문제해결 전략

1 대명사 / 지시어 활용하기

We host **educational programs** for all ages on Quentin Street. **These** include classes in dancing and painting. In addition, we offer several outdoor events throughout the year.

▶ 빈칸의 대명사 These가 앞 문장의 educational programs를 지칭한다.

2 접속부사 활용하기

Hong Kong is home to people from all over the world. **Therefore**, a variety of fashion styles can be seen in the city on any given day.

▶ 뒤에 인과 관계를 나타내는 접속부사 Therefore가 있으므로, 빈칸에는 원인을 나타내는 내용이 오는 것이 자연스럽다.

3 빈칸 주변의 어휘 활용하기

The seminar costs $55 for a participant and is restricted to fifteen people. If you are interested, register early! There are **a limited number of spots**.

▶ The seminar(세미나), a limited number of spots(한정된 자리) 등으로 '서둘러 등록하라'는 내용을 유추할 수 있다.

유형 연습　**article**

Azmah, Inc., one of Malaysia's leading electronics manufacturers, announced yesterday that it achieved record sales in the last quarter. Azmah's revenue jumped 18 percent to RM 144 million. The increase was largely driven by television sales, which rose nearly 30 percent over sales figures from the previous quarter. -------. Azmah reports its profit margins have been reduced by 20 percent because of the rising prices of computer chips and other electronic components.

(A) Analysts were not surprised by these numbers.
(B) Azmah televisions are known for cutting-edge technology.
(C) However, production costs also reached record highs.
(D) In fact, the company will launch its newest model this month.

실전 연습　**Questions 1-4** refer to the following memo.

MEMO

To: All Employees of Appern Boats
From: Darnell Bregman, Vice President of Operations
Date: 20 March
Subject: Important updates

------- 1 July, we will expand our operations in Mexico City. We will also open a manufacturing
　　1.
plant for saltwater fishing boats in the coastal city of Ensenada. The new ------- will enable
　　　　　　　　　　　　　　　　　　　　　　　　　2.
Appern Boats to better serve its customers in North and South America. ------- this expansion
　　　　　　　　　　　　　　　　　　　　　　　　　　　　　3.
also comes the opportunity for Appern Boats employees who are interested in doing so to

relocate. -------. As always, we will offer a corporate package to help with moving costs. More
　　　4.
information will be available soon.

Please refer any questions you may have to your supervisor.

1. (A) Effective
(B) Effect
(C) To effect
(D) Effectively

2. (A) ship
(B) role
(C) process
(D) facility

3. (A) Compared with
(B) Along with
(C) Just as
(D) In contrast

문장 고르기 문제

4. (A) We have worked in Ensenada for many years.
(B) Job openings have already been posted on our Web site.
(C) Smaller recreational boats are in high demand.
(D) There are many public transportation options in Mexico City.

UNIT 18 접속부사 문제

빈칸 앞 문장과의 논리적 연결 관계를 파악한다.

86 접속부사는 앞 문장과의 논리적 연결 관계를 보여 주는 부사이다. 연결 관계에 따라 역접, 인과, 첨가, 대조 등 알맞은 접속부사를 선택한다. 또한 보기에 접속사, 전치사가 함께 출제되기도 하므로 문법적 차이를 구별할 수 있어야 한다.

ETS 예제 광고

SALES STAFF WANTED

Keller Travel is looking for well-traveled, energetic people to join our exceptional team. **We work long hours, including weekends, in a very busy sales environment. -------, there are marvelous travel opportunities.** In addition, we offer one of the travel industry's best salary packages.

To apply, please send your résumé with a letter detailing your qualifications.

(A) For instance   (B) Whereas
(C) **On the other hand**   (D) Otherwise

풀이전략

STEP 1 빈칸 앞 문장 확인
매우 바쁜 영업 환경에서 주말을 포함하여 근무 시간이 깁니다.

STEP 2 빈칸 뒤 확인
-------, 멋진 여행 기회가 부여되기도 합니다.

STEP 3 보기 확인
빈칸 앞뒤 문장이 서로 대조되는 내용이므로, '반면에, 다른 한편으로는'이라는 뜻의 접속부사 (C) On the other hand로 연결하는 것이 자연스럽다. (B) Whereas(반면에)는 접속사로 문장 앞에 단독으로 쓸 수 없다.

정답 (C)

문제해결 전략

1 빈출 접속부사

therefore 그러므로	thus 따라서	as a result 그 결과	consequently 결과적으로
however 그러나	in contrast 그에 반해서	on the other hand 반면에	nevertheless 그럼에도 불구하고
besides 게다가	furthermore 게다가	moreover 게다가	in addition 추가로
likewise 마찬가지로	if so 만일 그렇다면	if not 만일 그렇지 않다면	otherwise 그렇지 않다면
instead 대신	for instance 예를 들면	then 그 다음에, 그때	meanwhile 그동안
namely 즉, 다시 말해	in short 간단히 말해서	accordingly 그에 따라	to that end 그런 목적으로

2 접속부사 vs. 접속사 vs. 전치사

접속부사 The weather conditions were poor. **However**, the construction was completed on schedule.   ▶ 접속부사는 보통 문장 앞에 단독으로 쓰여 앞 문장과의 논리적 관계를 연결한다.

접속사 **Although** the weather conditions were poor, the construction was completed on schedule.   ▶ 접속사는 두 개의 절을 이어 주는 역할로, 접속사 뒤에는 절이 나온다.

전치사 **Despite** the poor weather conditions, the construction was completed on schedule.   ▶ 전치사 다음에는 명사(구)가 나온다.

유형 연습 e-mail

Dear Ms. Zhou:

The editors of *Computers Today* are pleased to invite you to join our list of book reviewers.
Reviewers receive one free copy of the book to be reviewed. -------, their names and professional
affiliations will appear in print alongside their reviews. Most reviews are 600-800 words,
but some may be 1,000 words or longer. Guidelines for reviewers can be found on our Web site.
If you are interested in contributing to our publication, please send a copy of your résumé.

(A) Instead
(B) Nevertheless
(C) If not
(D) Moreover

실전 연습 Questions 1-4 refer to the following notice.

When you order a product from the Dress Access shopping catalog, your name and address will

be placed in our customer file. We collect customer ------- in order to enhance your shopping
             1.

experience and to communicate with you about new products and sales. We do not make

customer names and postal addresses ------- to other companies or any third parties, but we
             2.

occasionally mail out printed catalogs featuring new items or special bargains. -------, if you do
             3.

not wish to receive our printed catalog or other correspondence, please indicate that under your

address on the order form. -------.
           4.

접속부사 문제

1. (A) informs
   (B) informed
   (C) information
   (D) informational

2. (A) inclined
   (B) comfortable
   (C) available
   (D) vacant

3. (A) However
   (B) Despite
   (C) Until then
   (D) To that end

4. (A) This will ensure that your items are
       delivered promptly.
   (B) Then we will not include you on our
       mailing list.
   (C) There is an additional fee for overseas
       orders.
   (D) We look forward to receiving your
       feedback.

UNIT 19 문법 문제

대명사/지시어 및 시제 문제는 앞뒤 문맥을 통해 단서를 찾는다.

87 PART 6는 독해 지문에 PART 5의 문제를 결합한 형태이다. 따라서 기본적으로는 PART 5와 같이 빈칸에 알맞은 품사를 찾는 문법 문제가 출제되지만, 빈칸이 있는 문장만으로는 답을 고를 수 없고 주변 문맥을 통해 답을 찾아야 하는 대명사/지시어, 시제 문제도 자주 출제된다.

ETS 예제 기사

LONDON, 2 November — Dixon Dairy Products Ltd. announced today that it will spend nearly £1.5 million to improve the ten inspection rooms at its facility in Slough.

The plans are motivated by increased demand for Dixon products in several markets. In addition to the Slough facility, Dixon has a smaller production plant in Cardiff, Wales, where **a similar project commenced early last year**. The work at Cardiff ------- within seven months. **Since then, the company's dairy production has risen** by roughly 4 percent.

(A) has been completed
(B) will be completed
(C) **was completed**
(D) will have been completed

> **풀이전략**

> **STEP 1** 빈칸 앞 문장의 시제 확인
> 빈칸 앞 문장에서 '지난해 초에 유사한 프로젝트가 시작되었다'는 과거의 일을 언급하고 있다.

> **STEP 2** 빈칸 뒤 문장의 시제 확인
> 빈칸 뒤 문장은 Since then으로 시작하며 '그 이후'의 상황을 나타내고 있다.

> **STEP 3** 빈칸 문장 및 보기 확인
> 빈칸이 있는 문장의 주어 The work가 앞 문장의 a similar project를 가리키므로, 앞뒤 문장의 시제 흐름상 빈칸에는 과거 시제가 들어가야 한다.

> 정답 (C)

문제해결 전략

1 대명사/지시어 문제는 빈칸 앞 문장의 명사 확인

Special thanks are due to the sponsors of the event, **Montville Electronics and Jeffers Furniture**. [**They** / ~~Their~~ / ~~It~~] donated the prizes handed out to children participating in the quiz contest.

▶ 두 개의 후원사 Montville Electronics and Jeffers Furniture를 가리키는 주격 인칭대명사 자리이므로 They. 대명사/지시어 문제는 가리키는 대상과의 수 일치에 유의한다.

2 시제 문제는 빈칸 주변 문장의 문맥과 시제 확인

The Duglas Marketing Company **is offering** a series of seminars that can help you find markets. **How does it work?** Our initial two-day class [**will give** / ~~has given~~] you an overview of marketing basics. After that, we'**ll arrange** a meeting between you and our expert advisor.

▶ 세미나 개최를 알림: is offering (정해진 미래를 나타내는 현재진행) → 진행 방식 언급: How does it work? (현재) → 진행방식 설명: will give, will arrange (미래)

유형 연습　**e-mail**

Dear Finn,

As you know, we have eight sales department employees who are starting on Monday. I want to verify that the IT department is prepared to provide them with computers. They will be in training from Monday to Thursday, and then on Friday they will start answering calls in the call center. The computers must be ready for use by Friday, so it would be a great help if you could have all of ------- set up by Thursday morning. Thank you for your assistance.

(A) one
(B) them
(C) me
(D) some

실전 연습　**Questions 1-4** refer to the following notice.

The twelfth annual Glenbridge County Reads is scheduled to take place on June 5–6. Due to

------- overwhelming popularity, the book festival will be held in a new location, the Glenbridge
　　1.

Conference Center. This venue is able to ------- up to 800 attendees. The larger facility will
　　　　　　　　　　　　　　　　　　　　　　2.

enable more members of the community to participate. Historian Michele Temet is this year's

featured book author. She ------- copies of her latest book, *The Old Stay.* Interested attendees
　　　　　　　　　　　　3.

are encouraged to bring a copy of Ms. Temet's work for this event. -------. For additional
　　　　　　　　　　　　　　　　　　　　　　　　　　　4.

information about the festival and a list of activities, visit www.gcreads.com.

인칭대명사 문제

1. (A) his
(B) yours
(C) ours
(D) its

2. (A) include
(B) accommodate
(C) accompany
(D) gather

시제 문제

3. (A) signed
(B) sign
(C) being signed
(D) will sign

4. (A) It is now on sale at several area shops.
(B) This will be the final year it is at the city park.
(C) The festival awards will be announced soon.
(D) It is scheduled to be reviewed next year.

UNIT 20 어휘 문제

어휘 문제는 글 전체 또는 주변 문장에서 단서를 찾는다.

88 PART 6의 어휘 문제는 글의 주제와 흐름을 파악해야 풀 수 있다. 대부분 빈칸이 있는 문장만으로는 해결할 수 없으며, 빈칸 앞뒤의 주변 문장에서 단서를 찾아야 한다.

ETS 예제 기사

Every spring for the last decade, the Aslette Bicycle Race has been held to **raise money** for the local Aslette Park Foundation. On Sunday, April 17, over 200 individuals participated in the event. Before the end of the race, local residents **had contributed over 2,000 euros**, more than in any previous year, and **more money continues to pour in**. Oliver Davies, president of the foundation, would like to thank all community members for their generous ------- and support.

(A) influences
(B) expectations
(C) **donations**
(D) confirmations

풀이전략

STEP 1 빈칸 앞 문장에서 관련 어휘 파악

단서 1 기금 마련을 위해 자전거 경주 대회 개최

단서 2 지역 주민들이 2천 유로 이상을 기부

단서 3 더 많은 돈이 계속 기부되고 있음

STEP 2 보기 확인

앞 문장에서 2천 유로 이상이 기부되었고 더 많은 돈이 계속 모금되고 있다는 것으로 미루어 보아, 빈칸에 가장 알맞은 단어는 '기부, 기증'의 의미인 donations이다.

정답 (C)

문제해결 전략

1 빈칸 문장 앞에 단서가 있는 경우

If you are unable to pay your bill in full, please contact Customer Service immediately. We will be glad to help you set up an [**alternative** / ~~extensive~~] payment plan.

▶ 빈칸 앞 문장에서 '청구 대금을 일시불로 납부하지 못하면' 고객 서비스 센터로 연락해 달라고 했으므로, 이를 단서로 '대체 지불 방법'을 선택할 수 있다.

2 빈칸 앞뒤의 대명사/지시어 활용하기

Currently, fashion shows are [~~avoided~~ / **dominated**] by a few top designers and a handful of brands. However, a new crop of designers is eager to **challenge the established conventional industry leaders**.

▶ 빈칸 뒤 문장에서 신진 디자이너 세력이 '기성의 틀에 박힌 업계 선두주자들에게 도전하길' 열망하고 있다고 했으므로, 현재는 소수의 톱 디자이너들과 브랜드가 패션쇼를 '장악하고 있다'는 어휘가 들어가야 적절하다.

실전 ETS PRACTICE

유형 연습 **instructions**

Thank you for buying a Tocus RS-1300 Mini Refrigerator. When using your new refrigerator, please bear in mind the following points. First, the Tocus RS-1300 is designed only for short-term -------. Food should generally not be left in the refrigerator for more than a few days. Second, all stored food should be wrapped tightly with foil or plastic film or placed in airtight bags or containers. This will prevent food from dehydrating and keep the strong smell of some foods from transferring to milder ones.

(A) customer   (B) parking   (C) storage   (D) taste

실전 연습 **Questions 1-4** refer to the following e-mail.

To: All head office personnel <allpersonnel@tronicaville.com>
From: Central security <security@tronicaville.com>
Subject: New construction

Please pass the following information on to ------- in your area who might need a reminder.
                                        1.
In ------- for the factory expansion, the southeast section of parking lot C is now permanently
    2.
closed. This area will be completely fenced in, and excavation will begin shortly.

During the construction period, delays should be expected in entering and leaving parking lot C.
-------. You must also pay special attention to all ------- traffic signs. The locations of these signs
                                              4.
will change as the workers move to different areas of the site.

If you have any questions, please contact Marty Spencer at extension 7845.

1. (A) ones
    (B) others
    (C) every
    (D) them

    명사 어휘 문제

2. (A) founding
    (B) preparation
    (C) support
    (D) provision

3. (A) Electric vehicles have become
        increasingly popular with employees.
    (B) Lots A and B do not require improvements
        at this time.
    (C) There have been some noise complaints
        from neighboring businesses.
    (D) Watch for construction equipment and
        personnel working in the area.

    형용사 어휘 문제

4. (A) city
    (B) sudden
    (C) temporary
    (D) modern

Questions 1-4 refer to the following article.

ROTTERDAM (3 September)—Landiss Company's patented facial cleanser came on the market a couple of years ago. ------- strong sales, production was halted while the company adjusted
1.
its formula. Landiss Company's spokesperson, Arlette Crehen, explained that company researchers realized a foam application would be ------- on the skin. So the product was
2.
withdrawn from retail outlets for almost a year while they worked to develop a more lightweight formula.

-------. Ms. Crehen noted, "We believe that this ------- will ensure that Landiss Company has
3. **4.**
the most effective product of its kind on the market."

1. (A) As far as
(B) Because of
(C) Although
(D) Despite

2. (A) gentler
(B) gentleness
(C) gently
(D) gentled

3. (A) Foam cleansers are known to be more expensive.
(B) The researchers are highly trained chemists.
(C) Now the popular cleanser is back and better than ever.
(D) Product distribution has been a challenge.

4. (A) equipment
(B) innovation
(C) data
(D) document

Questions 5-8 refer to the following memo.

Date: October 25
To: Julie Lin, Purchasing
From: Peter Melaney, Information Technology
Re: New Computer Software

As you know, our business ------- on keeping our computers and electronic documents safe
                            5.
from viruses. -------. The license for our current computer-protection software will expire at the
              6.
end of the year, so this is a good time to consider other possibilities.

The first program is called Compu Cleaner, and it comes from a Taiwanese company. Compu
Cleaner has been around for many years and is ------- used in the industry. However, it is quite
                                              7.
expensive.

The second possibility is a program made in Canada called Viraways. This program is relatively
new and has not yet been reviewed. -------, its low price makes it a product that we should
                                   8.
consider.

Please let me know your thoughts on this matter.

---

5. (A) depend
   (B) depends
   (C) depending
   (D) dependable

6. (A) Thank you for agreeing to do business
       with us this year.
   (B) We have examined your computer and
       removed all the viruses.
   (C) With that in mind, I've recently looked
       into two new software options.
   (D) Our technicians are currently working
       on some of our computers.

7. (A) desirably
   (B) conclusively
   (C) perfectly
   (D) widely

8. (A) Nevertheless
   (B) Whereas
   (C) Therefore
   (D) Because

Questions 9-12 refer to the following notice.

Ross & Bloom Publishing Group ------- an associate editor for the gardening section.
                                    9.

This full-time position requires a dynamic individual who will provide support for the editorial

------- of the magazine by researching and writing feature stories and columns under the
10.
direction of the managing editor. -------.
                                  11.

------- superb writing and editing skills, the qualified candidate is expected to demonstrate
12.
computer literacy. The work will involve some travel. Send a cover letter and a résumé to Sandy

Meyers at jobs@rossbloom.com.

---

9. (A) hiring
(B) has hired
(C) is hiring
(D) hired

10. (A) assistance
(B) reinforcement
(C) locations
(D) functions

11. (A) At this time there are no interviews being held.
(B) A degree in journalism and at least two years of experience are required.
(C) We regret to inform you that the position has already been filled.
(D) The magazine publishes a special edition every year in December.

12. (A) Compared to
(B) As well as
(C) In spite of
(D) Ever since

Questions 13-16 refer to the following e-mail.

From: lboxworthy@sweetstarcosmetics.com
To: mchao@tellneradvertising.com
Date: December 10
Subject: Follow-up on yesterday's meeting

Dear Mr. Chao,

I initially contacted Tellner Advertising ------- my respect for your agency's work. Now that
                                          13.
I have met your team, I have an additional reason ------- to work with Tellner. I was very
                                                  14.
impressed by your agency's commitment to the -------. I have worked with other advertising
                                              15.
agencies that show little concern for the customers who buy the products we are selling.
At Sweet Star Cosmetics, we prefer to work with agencies that care about and support our
customer base. -------. I am confident that Tellner is the right company to tell our brand story.
               16.
I will send the signed contract over to you tomorrow.

Best regards,

Lillian Boxworthy
Director of Marketing, Sweet Star Cosmetics

---

13. (A) despite
    (B) although
    (C) because of
    (D) as far as

14. (A) it wanted
    (B) and want
    (C) that wants
    (D) for wanting

15. (A) memories
    (B) consumers
    (C) occasions
    (D) associations

16. (A) That is why we have decided to award
        our business to Tellner Advertising.
    (B) Our company started in a small
        workshop seven years ago.
    (C) Social media is fast becoming an
        effective form of advertising.
    (D) Some advertising regulations have
        changed recently.

ETS
실전
모의고사

ETS 실전 모의고사 1회

ETS 실전 모의고사 2회

READING TEST

In the Reading test, you will read a variety of texts and answer several different types of reading comprehension questions. The entire Reading test will last 75 minutes. There are three parts, and directions are given for each part. You are encouraged to answer as many questions as possible within the time allowed.

You must mark your answers on the separate answer sheet. Do not write your answers in your test book.

PART 5

Directions: A word or phrase is missing in each of the sentences below. Four answer choices are given below each sentence. Select the best answer to complete the sentence. Then mark the letter (A), (B), (C), or (D) on your answer sheet.

101. The Trapizon app converts words in scanned documents to ------- text.
(A) editable
(B) edition
(C) editing
(D) edit

102. Wang Beverage Company recently announced that it is changing ------- name to Superior Sodas.
(A) its
(B) his
(C) her
(D) your

103. In the event of rain, the holiday parade scheduled for March 2 will be held on March 3 -------.
(A) instead
(B) likewise
(C) considering
(D) indeed

104. After the switch malfunction, electrical service on the main building was ------- restored at 8:00 P.M.
(A) finally
(B) constantly
(C) consecutively
(D) usually

105. Appreciation certificates are issued to ------- who volunteer with us for more than 50 hours in a year.
(A) them
(B) every
(C) those
(D) that

106. The auditorium is ------- with a state-of-the-art sound system and stage lighting.
(A) equipping
(B) equipped
(C) equip
(D) equipment

107. All tablet accessories, with the exception of the charging cables, are sold -------.
(A) separately
(B) to separate
(C) separates
(D) separateness

108. Excellent energy efficiency is an important ------- of the buildings that Mr. Jeong designs.
(A) strong
(B) strongly
(C) strengthen
(D) strength

109. The store ------- customers shipping fees if they return any items purchased online.
(A) charges
(B) requires
(C) denies
(D) reports

110. ------- the pilot project has been successful, it is more likely that we will win the government environmental subsidy.
(A) Now that
(B) Although
(C) However
(D) Rather than

111. Ms. Schuler ------- the subject of transportation at the latest city council meeting.
(A) showed up
(B) got up
(C) brought up
(D) used up

112. Baseball fans should visit Mintley Stadium one last time before ------- closes forever.
(A) he
(B) we
(C) they
(D) it

113. Participants in the study could not ------- between the two product samples.
(A) differences
(B) differentiate
(C) differently
(D) different

114. Among other requirements, applicants must show proof of stable employment in order to be ------- for a housing loan.
(A) beneficial
(B) fortunate
(C) possible
(D) eligible

Go on to the next page ➡

115. Most truck rental companies offer an online calculator to help customers ------- the most appropriate truck size for their needs.
(A) broaden
(B) determine
(C) renovate
(D) combine

116. New employees will receive their uniforms ------- their training session.
(A) against
(B) between
(C) along
(D) after

117. Vaught Financial has placed additional bins around its offices ------- encourage employees to recycle.
(A) in order to
(B) therefore
(C) strongly
(D) as well as

118. Ms. Callaway is working on making our resources ------- to employees who work remotely.
(A) accesses
(B) accessibility
(C) more accessibly
(D) more accessible

119. ------- of our expected expenditures are listed in the attached budget plan.
(A) These
(B) All
(C) Other
(D) Everything

120. Darini Fashions has been ------- formal wear for famous actors since 1949.
(A) designs
(B) designing
(C) design
(D) designed

121. Zomida Co. is raising the prices of its imported goods to match ------- of its competitors.
(A) those
(B) whose
(C) theirs
(D) them

122. Maxine Ford, the Ballard Times movie critic, makes comments about ------- a movie is worth seeing.
(A) after
(B) what
(C) whether
(D) because

123. Tamura Entertainment is reissuing several classic computer games in formats that are compatible ------- current operating systems.
(A) with
(B) by
(C) of
(D) about

124. Mr. Takei attended one business conference in April and plans to attend two more conferences ------- in the year.
(A) then
(B) later
(C) long
(D) ever

125. The ------- of Potowac Enterprises is to provide superior customer service.
(A) assignment
(B) mission
(C) scheme
(D) journey

126. Weeklee's new calendar software automates many ------- tasks, freeing up staff time to address more complex matters.
(A) instant
(B) tight
(C) opposed
(D) routine

127. The library expansion proposal, ------- funds have been collected for, will be discussed at tonight's planning committee meeting.
(A) where
(B) how
(C) those
(D) whose

128. Paintings ------- by Maurer Conservation Studio hang in museums all over the world.
(A) restored
(B) are restored
(C) restoring
(D) that restore

129. Atlantis Software Company ------- its clients complete satisfaction with all its products.
(A) requests
(B) admits
(C) agrees
(D) guarantees

130. ------- Air Falconia cancels a flight due to mechanical issues, passengers are offered a full refund.
(A) Whenever
(B) Which
(C) That
(D) As though

Go on to the next page

PART 6

Directions: Read the texts that follow. A word, phrase, or sentence is missing in parts of each text. Four answer choices for each question are given below the text. Select the best answer to complete the text. Then mark the letter (A), (B), (C), or (D) on your answer sheet.

Questions 131-134 refer to the following memo.

MEMO

To: Regard Organics staff
From: Stephen Gicheru, CEO
Subject: Introducing talent acquisition manager
Date: 1 April

I am happy to announce that Lilian Kimani ------- Regard Organics as talent acquisition
131.
manager on 8 April. Ms. Kimani will work from our Nairobi headquarters and will help us attract

and retain individuals with the skills ------- to grow our business throughout Kenya.
132.

Ms. Kimani comes to us from Mombasa Aqua Resources Ltd., ------- she led a team that
133.
smoothly increased the company's workforce from 45 employees to 150 in just two years.

I believe that Ms. Kimani will prove to be a terrific asset to Regard Organics. -------.
134.

---

131. (A) was joining
(B) joined
(C) will be joining
(D) to join

132. (A) necessity
(B) necessitate
(C) necessarily
(D) necessary

133. (A) where
(B) eventually
(C) while
(D) until

134. (A) Please welcome her to our company
next week.
(B) We will launch some exciting new
products this month.
(C) She moved to Nairobi from Mombasa
three years ago.
(D) Please attend her job interview at
2:00 P.M. tomorrow.

Questions 135-138 refer to the following article.

TORONTO (8 March)—Voltrex Industries today announced the release of the V32-9 leak detector. Leak detectors have grown in popularity as a convenient way for people to check for water leaks when they are away from their home or business. When ------- is detected, **135.** the sensor installed at the home or business will trigger an alarm on the owner's smartphone. Consumers looking for a ------- option should be especially pleased with the V32-9. The V32-9 **136.** is built to withstand extremes of temperature as well as the accumulation of dirt and grime. To celebrate the release of the V32-9, Voltrex is offering a two-for-one discount on sensors ------- **137.** directly from the Voltrex Web site this month. -------. **138.**

135. (A) moisture
(B) brightness
(C) dust
(D) smoke

136. (A) cheap
(B) durable
(C) customizable
(D) lightweight

137. (A) purchasers
(B) are purchasing
(C) purchased
(D) to purchase

138. (A) Instead, that unit was completely redesigned.
(B) More information on this offer can be found at www.voltrexindustries.com.
(C) Those surveys indicate that the product is not performing as intended.
(D) This requirement will apply to all new commercial construction.

Go on to the next page

181

To: Evelyn Ong <eong@yewchinfactory.com.sg>
From: Joel Ngele <jngele@botswanamanufacturingcorp.co.bw>
Date: 22 February
Subject: Factory Tour

Dear Ms. Ong,

I am writing to thank you for my recent guided tour of your Singapore plant. -------. The **139.** efficiency I observed in your factory processes was remarkable. In addition, your factory manager was very -------. She answered all my questions about your new quality-control **140.** procedure. I found it to be innovative and cost-efficient. My colleagues will no doubt be interested in ------- more about this procedure. At the end of this week, I will describe my visit **141.** and present my notes in a meeting with my associates. I will ------- contact you to let you know **142.** the outcome of the meeting.

Sincerely,

Joel Ngele
Vice President, Production
Botswana Manufacturing Corporation

---

139. (A) I was impressed with your operations.
(B) Growth will occur over the next year.
(C) I plan to enjoy my time in your city.
(D) It has been ten years since we first met.

140. (A) quiet
(B) helpful
(C) prompt
(D) grateful

141. (A) learned
(B) will learn
(C) learning
(D) to learn

142. (A) seldom
(B) then
(C) instead
(D) somewhat

Questions 143-146 refer to the following letter.

June 30
Peter Mazzie
14 Wyndmoor Court, Apartment A
Edinburgh, EH5 2TU
Scotland

Dear Mr. Mazzie:

Your subscription to *Financial News Weekly* will expire on October 30. That's still four months away, but if you ------- before July 21, we will add one extra month to your subscription. -------.
                       143.   **144.**
You do not need to include your ------- at this time.
                                  145.

We will send you an invoice, and you can send your money later. So mail the card today. You will not miss a ------- copy of *Financial News Weekly*, and you will receive an extra month for
              146.
free!

Sincerely,

Sharon Oakman
Circulation Manager

---

143. (A) renew
(B) renewing
(C) had renewed
(D) will be renewed

145. (A) rent
(B) bill
(C) résumé
(D) payment

144. (A) This offer is only being made to new subscribers.
(B) All you have to do is complete and return the enclosed card.
(C) We hope you enjoy reading our magazine each month.
(D) Every issue contains a wealth of information on financial matters.

146. (A) single
(B) recognized
(C) treatable
(D) lonely

READING TEST

In the Reading test, you will read a variety of texts and answer several different types of reading comprehension questions. The entire Reading test will last 75 minutes. There are three parts, and directions are given for each part. You are encouraged to answer as many questions as possible within the time allowed.

You must mark your answers on the separate answer sheet. Do not write your answers in your test book.

PART 5

Directions: A word or phrase is missing in each of the sentences below. Four answer choices are given below each sentence. Select the best answer to complete the sentence. Then mark the letter (A), (B), (C), or (D) on your answer sheet.

101. To finish setting up your account, -------
an appropriate username.
(A) choosing
(B) choose
(C) choice
(D) chosen

102. For those who lack the time to prepare
------- own meals, Destiny Catering
provides fully cooked meals.
(A) them
(B) they
(C) their
(D) theirs

103. During her ------- on the board, Juana
Maynez served on more than a dozen
committees.
(A) time
(B) point
(C) entry
(D) key

104. ------- the next two weeks, Margaret
Taylor will transfer to the new facility in
Toronto.
(A) Before
(B) Since
(C) Among
(D) Within

105. People wait in line for hours ------- new
Wivy sneakers before they sell out.
(A) to buy
(B) will buy
(C) can buy
(D) buy

106. Mr. Li's laptop malfunctioned just before
the presentation, but ------- he was able
to borrow another one.
(A) especially
(B) sincerely
(C) freely
(D) fortunately

107. Some of Bryer Accounting's ------- will be absent tomorrow because of an off-site training event.
(A) employee
(B) employment
(C) employer
(D) employees

108. Bus 43 stops just two blocks from Town Plaza Towers, ------- it perfect for commuting from the suburbs.
(A) make
(B) makes
(C) making
(D) made

109. These special offers are available ------- to individuals who have made online purchases since July.
(A) acceptably
(B) financially
(C) finally
(D) exclusively

110. Software updates will be ------- automatically at the end of the workday.
(A) influenced
(B) informed
(C) installed
(D) interpreted

111. New recruits at Samson Manufacturing ------- by mentors during their first year of employment.
(A) are advised
(B) are advising
(C) to advise
(D) advised

112. At Mombasa Move, we have a ------- team ready to help you with all your travel needs.
(A) dynamic
(B) surprised
(C) distracting
(D) succinct

113. The members of the staff at Mesa Engineering consider ------- knowledgeable in construction methods.
(A) itself
(B) themselves
(C) himself
(D) herself

114. ------- final sales figures have not yet been released, investors predict a strong third quarter for Trenelex, Inc.
(A) Although
(B) That
(C) Until
(D) Whether

Go on to the next page

115. It is ------- to consult an accountant before buying accounting software for your small business.
(A) adviser
(B) advising
(C) advisable
(D) advise

116. Ms. Morton insists ------- visitors to the factory wear safety gear at all times.
(A) that
(B) for
(C) because
(D) or

117. Every video game released by Archer Tech has passed the quality ------- of the International Gaming Association.
(A) requires
(B) required
(C) requirements
(D) requiring

118. We hope to add two ------- graphic designers to our advertising team by May 1.
(A) extensive
(B) remaining
(C) composed
(D) experienced

119. The value of the contract HBR, Inc., signed with Marston Airlines is ------- $5 million over three years.
(A) approximate
(B) approximates
(C) approximately
(D) approximation

120. At the weekly staff meeting, several employees were praised for ------- the quality of their work.
(A) improve
(B) improves
(C) improving
(D) being improved

121. Technical difficulties were experienced ------- the entire weekend, making it difficult to shop at the online store.
(A) within
(B) among
(C) throughout
(D) about

122. The *Saskatchewan Journal of Medicine* just published a ------- on the negative effects of prolonged sitting.
(A) research
(B) participant
(C) study
(D) request

123. Half of the interns at Vivaldi Engineering ------- to apply for a permanent position.
(A) intends
(B) intend
(C) is intending
(D) has intended

124. Mr. Alderson expressed his surprise at the meeting because his blueprints had been ------- altered.
(A) complete
(B) completed
(C) completion
(D) completely

125. Bonuses will be given to everyone ------- surpasses their sales quota by 20 percent or more.
(A) all
(B) this
(C) most
(D) who

126. Moline Shipbuilding recently ------- a plan to open a third facility along the Pacific coast.
(A) announced
(B) spread
(C) informed
(D) measured

127. Changes to the magazine's publication schedule are made only ------- the managing director deems it necessary.
(A) when
(B) there
(C) whether
(D) though

128. ------- building a warehouse on the vacant lot, the city council voted to use the land for a park.
(A) Instead of
(B) Primarily
(C) In fact
(D) Because

129. The improved performance of the sales team can be ------- to the leadership skills of Samantha Harte.
(A) deduced
(B) attributed
(C) approved
(D) confirmed

130. ------- being honest about their financial goals, clients should provide thorough documentation for their advisor.
(A) In addition to
(B) Provided that
(C) In order to
(D) So that

Go on to the next page ➡

PART 6

Directions: Read the texts that follow. A word, phrase, or sentence is missing in parts of each text. Four answer choices for each question are given below the text. Select the best answer to complete the text. Then mark the letter (A), (B), (C), or (D) on your answer sheet.

Questions 131-134 refer to the following article.

Understanding Trends in the Energy Sector

The energy sector does not operate in a vacuum. In order to analyze trends in the energy industry, we must consider the ------- economic and business environment in which it operates.
   131.
For example, weakening economic growth ------- to economic uncertainty. International trade
   132.
disputes can cause ------- in important supply chains. -------.
   133.   **134.**

131. (A) broader
(B) prompt
(C) yearly
(D) convenient

132. (A) led
(B) leader
(C) leads
(D) lead

133. (A) disrupt
(B) disrupts
(C) disrupted
(D) disruptions

134. (A) Indeed, trade disagreements can have a large impact on the energy industry.
(B) In fact, the oil and gas industries were quite profitable in Southeast Asia.
(C) The news media describes regional business trends.
(D) Economics textbooks often include chapters on supply chains.

Questions 135-138 refer to the following notice.

Attention, San Marcel Fitness Members:

Please note that the pool at our Chamberston location will be closed for ------- maintenance,
135.
beginning at 10:00 A.M. on Thursday, October 22 through noon on Saturday, October 24.

-------. The pools at our Hillsbrook and Kinley locations will remain open, and members are
136.
encouraged to use those -------. All other ------- at the Chamberston location will be available
137.   138.
as usual while the pool is being maintained. This includes the locker rooms, group exercise

rooms, and weight rooms.

Thank you for your understanding.

San Marcel Fitness Management

135. (A) schedule
(B) scheduled
(C) scheduling
(D) schedules

137. (A) instead
(B) in addition
(C) otherwise
(D) so far

136. (A) Certified lifeguards are invited to apply.
(B) Because of space limitations,
attendance will be limited.
(C) Membership rates are posted on our
Web site.
(D) There will be no access to the pool
during this time.

138. (A) classes
(B) instructors
(C) facilities
(D) arrangements

Go on to the next page

Questions 139-142 refer to the following letter.

April 10

Mr. Rafael Mercado
Sun Electronics Credit Department
2258 Hastings Boulevard
Grand Rapids, MI 49501

Dear Mr. Mercado:

Re: Account number 489564

I am writing in response to the payment request I ------- 139. in the mail from your company on April 5. This letter indicated an outstanding balance of $342.49 on my account. -------, 140. I paid off my entire account balance on March 17 and have made no new charges since then. I confirmed this with my bank, and I am told that ------- 141. of the payment can be provided.

Please double-check your records. -------. 142. Then I will put you in touch with a manager at my bank who can confirm my payment.

Sincerely,

Tamara Owens

---

139. (A) receive
(B) received
(C) receiving
(D) will receive

140. (A) Therefore
(B) However
(C) Consequently
(D) Furthermore

141. (A) verify
(B) verified
(C) verifiable
(D) verification

142. (A) I am pleased to have settled this matter.
(B) The payment will be mailed by the end of the month.
(C) If you require further proof, please let me know.
(D) I would like to cancel my credit card effective immediately.

Questions 143-146 refer to the following Web page.

---

http://www.mcgrathnutrition.ie/recycling

McGrath Nutrition Recycling

McGrath Nutrition has long been Ireland's top provider of natural and organic foods. Now, we are teaming up with Whelan Recycling Solutions (WRS) to help customers do their part in reducing -------. Instead of throwing out your McGrath Nutrition product packaging, you can
      143.
send it to WRS and support your favourite charitable organisation!

Here's how it works. First, collect and rinse all your McGrath Nutrition packaging. Next, register online ------- labels for free shipping. Finally, gather all of your packaging, seal it in a box, and
      144.
send it to the WRS redistribution centre. All forms of McGrath Nutrition plastic packaging will
be -------. These include resealable bags, containers, pouches, and liners. -------. Once you
    145.   **146.**
reach 50 points, WRS will donate €10 to the charity of your choice!

---

143. (A) fat
    (B) waste
    (C) accidents
    (D) shipments

144. (A) to access
    (B) accesses that
    (C) accessible
    (D) in access to

145. (A) added
    (B) washed
    (C) accepted
    (D) showcased

146. (A) You will receive one point for every ten grams of plastic received.
    (B) You will be pleased by our minimal use of plastic packaging.
    (C) WRS is Ireland's primary processor of recyclable paper products.
    (D) Last year, WRS donated over €60,000 to charities nationwide.

ANSWER SHEET

실전 모의고사

성명 한글 / 한자 / 영자

수험번호

응시일자 : 20   년   월   일

READING (Part V ~ VII)

101	121	141	161	181
102	122	142	162	182
103	123	143	163	183
104	124	144	164	184
105	125	145	165	185
106	126	146	166	186
107	127	147	167	187
108	128	148	168	188
109	129	149	169	189
110	130	150	170	190
111	131	151	171	191
112	132	152	172	192
113	133	153	173	193
114	134	154	174	194
115	135	155	175	195
116	136	156	176	196
117	137	157	177	197
118	138	158	178	198
119	139	159	179	199
120	140	160	180	200

READING (Part V ~ VII)

101	121	141	161	181
102	122	142	162	182
103	123	143	163	183
104	124	144	164	184
105	125	145	165	185
106	126	146	166	186
107	127	147	167	187
108	128	148	168	188
109	129	149	169	189
110	130	150	170	190
111	131	151	171	191
112	132	152	172	192
113	133	153	173	193
114	134	154	174	194
115	135	155	175	195
116	136	156	176	196
117	137	157	177	197
118	138	158	178	198
119	139	159	179	199
120	140	160	180	200

ANSWER SHEET

실전 모의고사

수험번호

응시일자 : 20   년   월   일

성

명

한글
한자
영자

READING (Part V ~ VII)

101 102 103 104 105 106 107 108 109 110 111 112 113 114 115 116 117 118 119 120

121 122 123 124 125 126 127 128 129 130 131 132 133 134 135 136 137 138 139 140

141 142 143 144 145 146 147 148 149 150 151 152 153 154 155 156 157 158 159 160

161 162 163 164 165 166 167 168 169 170 171 172 173 174 175 176 177 178 179 180

181 182 183 184 185 186 187 188 189 190 191 192 193 194 195 196 197 198 199 200

*toeic.
토익
단기공략
PART
56

정답과 해설

PART 5 문법

UNIT 01 문장 구조

실전 ETS PRACTICE 본책 p.21

1. (C)	**2.** (A)	**3.** (A)	**4.** (D)
5. (B)	**6.** (B)	**7.** (B)	**8.** (A)

1. (C) 명사 자리_주어

해설 빈칸은 문장의 주어 자리이며, 빈칸 앞에 관사 The가 있고, 뒤에 전치사 of가 있으므로 명사가 필요하다. 따라서 '완료'라는 의미의 명사 (C) completion이 정답이다. (A) completed는 동사/과거분사, (B) completes는 동사, (D) complete는 동사/형용사로 품사상 빈칸에 들어갈 수 없다.

번역 시 공원 복구 프로젝트의 완료가 지역 숙박업 협회에 의해 어제 발표되었다.

어휘 municipal 시의, 시영의 restoration 복구 local 지역의 hospitality 숙박업, 환대 association 협회 complete 완성하다; 완전한

2. (A) 동사 자리_조동사+동사원형

해설 조동사 can 뒤에는 동사원형이 와야 하므로 '지치게 하다'의 의미인 동사 (A) exhaust가 정답이다.

번역 연구는 선택권이 너무 많으면 쇼핑객들이 지칠 수 있고, 이로 인해 구매 행위를 멈출 수 있다는 것을 보여 주었다.

어휘 choice 선택권 purchase 구입 exhausting 진을 빼는 exhaustive 철저한 exhaustion 탈진

3. (A) 동사 자리_동사원형(명령문)

해설 빈칸은 부사 Please 다음에 위치해 명령문을 만들고 your driver's license를 목적어로 취하는 동사 자리로, 동사원형이 와야 한다. 따라서 (A) present가 정답이다. 참고로 명령문의 주어는 you이며, 보통 생략한다.

번역 주차권을 받으려면 접수 담당자에게 운전면허증을 제시해 주세요.

어휘 driver's license 운전면허증 receptionist 접수원 parking pass 주차권 present 제시하다

4. (D) 명사 자리_동사의 목적어

해설 동사 implemented의 목적어 자리이므로, 명사인 (D) regulations(규제, 규정)가 정답이다. (A) regulate와 (B) regulates는 동사, (C) regulatory는 형용사로 목적어 자

리에 들어갈 수 없다.

번역 시(市)가 일회용 비닐 봉투에 대한 규제를 시행한 이후로 더 많은 사람들이 재사용할 수 있는 쇼핑백을 들고 다니기 시작했다.

어휘 implement 시행[실행]하다 disposable 일회용의 reusable 재사용할 수 있는 regulate 규제하다 regulatory 규제력을 지닌

5. (B) 동사 자리

해설 빈칸은 주절의 주어 the department의 동사 자리로, a reception을 목적어로 취한다. 따라서 문장의 동사 역할을 할 수 있는 (B) will hold가 정답이다. to부정사인 (A) to hold, 동명사/현재분사인 (C) holding과 (D) having held는 문장의 동사 역할을 할 수 없다.

번역 마침내 윌크스 씨가 은퇴하면, 부서는 그녀의 오랜 공로를 인정하는 축하 연회를 열 것이다.

어휘 retire 은퇴하다 reception 축하[환영] 연회 in recognition of ~을 인정하여 lengthy 긴, 오랜 service 근무, 업무

6. (B) 명사 자리_동명사의 목적어

해설 빈칸은 전치사 for의 목적어인 동명사 requesting의 목적어 역할을 하는 자리이다. 따라서 명사인 (B) authorization (승인, 허가)이 정답이다. (A) authorizes와 (D) authorize는 동사, (C) authorized는 동사/과거분사로 품사상 빈칸에 들어갈 수 없다.

번역 새로운 온라인 양식은 회사 자금을 사용하기 위한 승인을 요청하는 절차를 간소화한다.

어휘 simplify 간소화하다 procedure 절차 request 요청하다 fund 자금, 기금 authorize 허가하다, 권한을 부여하다

7. (B) 명사 자리_전치사의 목적어

해설 빈칸은 전치사 Upon의 목적어 역할을 하는 명사 자리이므로, (B) delivery(배송)가 정답이다. (A) deliver와 (C) delivers는 동사, (D) delivered는 동사/과거분사로 품사상 빈칸에 들어갈 수 없다. 'upon+명사/동명사'는 '~할 때' 또는 '~하자마자'의 의미로 쓰이는 빈출 전치사구이다.

번역 배송 시 저희 택배 기사에게 결제 부탁드립니다.

어휘 payment 지불, 납입 courier 택배기사, 택배사

8. (A) 동사 자리

해설 빈칸은 주어 This special annual gathering의 동사 자리로, our students를 목적어로 취한다. 따라서 문장의 동사 역할을 할 수 있는 (A) provides(제공하다)가 정답이다. 동명사/현재분사인 (B) providing과 (D) having provided, to부정사인 (C) to provide는 문장의 동사 자리에 들어갈 수 없다.

2

번역 이 특별한 연례 모임은 우리 학생들에게 요식업계에서 찾을 수 있는 다양한 직업을 탐색할 수 있는 기회를 제공합니다.

어휘 annual 연례의 gathering 모임 provide A with B A에게 B를 제공하다 explore 탐색하다 available 구할[이용할] 수 있는 culinary 요리의

실전 ETS PRACTICE			본책 p.23
1. (A)	**2.** (B)	**3.** (C)	**4.** (B)
5. (A)	**6.** (D)	**7.** (C)	**8.** (C)

1. (A) 형용사 자리_주격 보어

해설 빈칸은 be동사의 보어 자리이며 형용사 또는 명사가 들어갈 수 있다. 형용사는 주어의 상태를 보충 설명하는 역할을 하며, 명사는 '주어는 보어이다'라는 동격의 의미를 만든다. 문맥상 '참석은 ~에게(to) 개방되어 있다'라는 의미가 되어야 자연스러우므로 형용사 (A) open이 정답이다. 반면 명사인 (B) opener는 '참석은 개시자이다'라는 비논리적인 의미가 되므로 답이 될 수 없다.

번역 루이스빌 비즈니스 워크숍의 참석은 모든 사업주들에게 개방되어 있다.

어휘 be open to ~에게 개방[제공]되다 owner 소유주, 주인 opener 개시하는 사람, 병따개 openly 공공연하게

2. (B) 형용사 자리_목적격 보어

해설 빈칸은 'made + 목적어(it) + 목적격 보어'의 5형식 구문에서 목적어 it을 보충 설명하는 목적격 보어 자리이다. 문맥상 it은 기조 연설자의 연설(speech)을 나타내고, 목적격 보어 자리에는 이를 설명하는 형용사가 들어가야 자연스럽다. 따라서 (B) memorable(기억할 만한)이 정답이다. 목적어와 동격 관계를 이루지 않는 명사 (A) memories와 (D) '기억된, 암기된'이라는 의미의 과거분사 (D) memorized는 문맥상 어울리지 않는다. (C) memorably는 부사로 목적격 보어가 될 수 없다.

번역 기조 연설자의 연설에서 영감을 주는 그의 개인적 이야기는 연설을 기억에 남게 만들었다.

어휘 inspiring 영감을 주는 keynote speaker 기조 연설자

3. (C) 형용사 자리_주격 보어

해설 2형식 동사 become 뒤에 오며, 주절의 주어 the new law를 보충 설명하는 주격 보어 자리이다. 문맥상 새로운 법의 시행 여부에 대해 설명하는 형용사가 들어가야 자연스러우므로, (C) effective(시행되는)가 정답이다. 명사로 쓰일 수 있는 (A) effect와 (B) effects는 주어와 동격 관

계를 이루지 않으므로 정답이 될 수 없다.

번역 어제 통과되기는 했지만, 새 법은 내년까지 시행되지 않을 것이다.

어휘 pass (법안 등을) 통과시키다 effectively 효과적으로

4. (B) 수식어 자리_전치사

해설 a mechanical problem은 항공편이 결항된 이유를 나타내므로 빈칸에 들어갈 말로 (B) due to(~ 때문에)와 (C) because를 고려해 볼 수 있다. because는 접속사로 뒤에 주어와 동사를 갖춘 절이 나와야 하므로 전치사인 (B) due to가 정답이다. 참고로 (A) as much as는 원급 비교의 표현이며, (D) in case는 접속사이므로 오답이다.

번역 도쿄발 오후 항공편은 기계적 결함 때문에 결항되었다.

어휘 flight 항공편 cancel 취소하다 mechanical 기계(상)의 as much as ~만큼 많이 in case ~할 경우에 대비해서

5. (A) 형용사 자리_주격 보어

해설 빈칸은 made sure 뒤 접속사 that이 생략된 that절의 주어인 the project plan에 대해 설명하는 주격 보어 자리이다. 따라서 '받아들여지는'을 의미하는 형용사인 (A) acceptable이 정답이다.

번역 건축가는 프로젝트 계획이 지역 주민들에게 받아들여질 만하도록 노력했다.

어휘 architect 건축가 resident 주민 accept 받아들이다 acceptably 받아들일 수 있게

6. (D) 형용사 자리_목적격 보어

해설 빈칸은 'find + 목적어(its new compact car) + 목적격 보어'의 5형식 구문에서 its new compact car를 보충 설명하는 목적격 보어 자리이므로, 형용사 (D) ideal이 정답이다. (A) idealizes와 (B) idealize는 동사, (C) ideally는 부사로 품사상 빈칸에 들어갈 수 없다.

번역 거피 모터스는 운전자들이 자사의 신형 소형차를 도시 주행에 이상적으로 느낄 것이라고 믿는다.

어휘 compact car 소형차 ideal 이상적인

7. (C) 형용사 자리_주격 보어

해설 빈칸은 2형식 동사 seemed의 주격 보어 자리이다. 빈칸 앞에 부사 slightly가 있으므로 부사의 수식을 받을 수 있는 형용사인 (C) disappointed(실망한)가 정답이다.

번역 시튼 음료의 고객들은 우리가 제안한 마케팅 전략에 조금 실망한 것 같았다.

어휘 slightly 조금, 약간 strategy 전략 propose 제안하다

8. (C) 수식어 자리_접속사

해설 빈칸 뒤에 '주어 (the new computers)+동사(are arriving)'가 이어지므로 빈칸은 접속사 자리이다. 따라서 '~에도 불구하고'라는 의미로 양보의 뜻을 나타내는 부사절 접속사 (C) Although가 정답이다. 의미가 비슷한 (A) Despite와 (B) Nevertheless는 각각 전치사와 접속부사이며, (D) Whereby는 부사이므로 오답이다.

번역 다음 주에 새 컴퓨터가 오는데도 기존 컴퓨터를 폐기할 계획을 세우지 않았다.

어휘 dispose of ~을 폐기하다 nevertheless 그럼에도 불구하고 whereby 그로써 ~하는

ETS TEST 본책 p.24

1. (A)	**2.** (C)	**3.** (A)	**4.** (C)
5. (D)	**6.** (D)	**7.** (A)	**8.** (C)

1. (A) 명사 자리_주어

해설 빈칸 앞에 정관사와 형용사가 있으므로 빈칸은 명사 자리이다. 또한 빈칸은 동사 will be distributed의 주어 자리로, 문맥상 '신제품 라인이 유통될 것이다'라는 의미가 되어야 자연스러우므로 '(상품의) 제품군'을 뜻하는 명사 (A) line이 정답이다.

번역 새로운 화장품 라인은 다음 달 중에 매장에 유통될 예정이다.

어휘 cosmetics 화장품 distribute 유통시키다 lining 안감

2. (C) 형용사 자리_주격 보어

해설 2형식 동사 remain 뒤에 오는 주격 보어 자리이다. 문맥상 주어인 demand for corn(옥수수 수요)의 향후 전망에 대해 설명하는 형용사가 들어가야 자연스러우므로 (C) high(높은)가 정답이다. 명사인 (B) height는 주어인 demand와 동격 관계를 이루지 않으므로 빈칸에 들어갈 수 없다. (A) heighten은 동사, (D) highly는 부사로 품사상 오답이다.

번역 다양한 용도 때문에 옥수수 수요는 가까운 장래에 여전히 높을 것으로 예상된다.

어휘 due to ~ 때문에 variety of 다양한 demand 수요 be expected to ~가 예상되다 foreseeable 예측 가능한

3. (A) 동사 자리

해설 The Bridgewater School of Design이 주어이고 빈칸이 동사인 문장이다. 따라서 정답은 (A) is awarding이다. 준동사인 to부정사와 동명사는 문장의 동사가 될 수 없다.

번역 브릿지워터 디자인 학교는 프로그램을 성공적으로 수료하는 즉시 학생들에게 수료증을 수여할 것이다.

어휘 certificate 수료증, 증명서 successful 성공적인 completion 완료 award 수여하다

4. (C) 명사 자리_동사의 목적어

해설 빈칸은 to부정사의 목적어 자리이므로 '도움'이라는 의미의 명사 (C) assistance가 정답이다. 참고로 타동사는 준동사인 to부정사 형태로 쓰여도 목적어를 취한다.

번역 우리 출판물의 목적은 유학을 가려는 학생들에게 도움을 제공하는 것이다.

어휘 goal 목적, 목표 publication 출판(물), 간행(물) study overseas 유학하다

5. (D) 동사 어휘_5형식 동사

해설 빈칸 뒤 목적어와 목적격 보어인 형용사 confusing(헷갈리는, 혼란스러운)이 있으므로 '~을 …하게 생각하다, 느끼다'의 의미를 지닌 5형식 동사 (D) find가 정답이다. (A) agree와 (C) look은 자동사이므로 목적어를 취할 수 없고 (B) take는 문맥상 맞지 않다.

번역 많은 철도 이용객들은 웨스터치 역의 배치가 헷갈린다고 느낀다.

어휘 layout 배치(도)

6. (D) 동사 자리

해설 빈칸은 주어 the laboratory의 동사 자리로, a report on the condition of your soil을 목적어로 취한다. 따라서 문장의 동사 역할을 할 수 있는 (D) will produce가 정답이다. to부정사인 (C) to produce와 동명사/현재분사인 (A) having produced, (B) producing은 문장의 동사 역할을 할 수 없다.

번역 제공된 샘플을 분석한 후, 실험실에서 토양 상태에 대한 보고서를 작성할 것입니다.

어휘 analyze 분석하다 provide 제공하다 laboratory 실험실 soil 흙, 토양

7. (A) 수식어 자리_접속사

해설 빈칸은 완전한 절(the nursery started growing rare seedlings)을 이끌어 주절을 수식하는 부사절 접속사 자리이다. 따라서 보기 중 유일한 접속사인 (A) Since(~ 이래로)가 정답이다. (B) With, (C) Despite, (D) Due to는 전치사로 절을 이끌 수 없다.

번역 묘목장이 희귀 묘목을 재배하기 시작한 이래로 수익이 크게 증가했다.

어휘 nursery 묘목장, 양식장 grow 재배하다 rare 희귀한 seedling 묘목 significantly 상당히, 크게

8. (C) 형용사 자리_목적격 보어

해설 빈칸은 'keep + 목적어(the finished cake) + 목적격 보어'의 5형식 구문에서 the finished cake를 보충 설명하는 목적격 보어 자리이다. 문맥상 '제공될 때까지 신선하게 유지하다'라는 내용이 되어야 자연스러우므로, 형용사인 (C) fresh(신선한)가 정답이다. 명사인 (A) freshness도 목적격 보어 역할을 할 수 있지만 목적어 the finished cake와 동격 관계를 이루지 않으므로 빈칸에 적절하지 않다.

번역 서빙될 때까지 완성된 케이크를 신선하게 유지하기 위해서는 밀폐 용기를 사용하세요.

어휘 airtight container 밀폐 용기 finished 완성된, 마무리된 serve (음식을) 서빙하다, 제공하다

UNIT 02 명사

1. (C) 명사 자리_관사 뒤

해설 문장의 주어 자리로, 앞에 정관사 The가 있고 뒤에 전치사구 at Luigi's Body Shop이 이어지고 있으므로 빈칸에는 명사가 들어가야 한다. 따라서 '주안점'이라는 뜻의 명사인 (C) emphasis가 정답이다.

번역 루이지 정비소는 빠르고 믿을 수 있는 서비스에 주안점을 둔다.

어휘 body shop 자동차 정비소 reliable 믿을 수 있는 emphasize 강조하다 emphatic 강조하는

2. (C) 명사 자리_관사 + 형용사 뒤

해설 be동사 was의 보어 자리로, 부정관사 a와 형용사 huge의 수식을 받고 있으므로 빈칸에는 명사가 들어가야 한다. 따라서 a huge와 함께 '대성공'이라는 의미를 나타내는 명사인 (C) success가 정답이다.

번역 발메이지 갤러리의 새 전시회 개막일은 대성공이었다.

어휘 opening 개막식, 개통식 exhibition 전시회 huge 막대한, 거대한

3. (A) 가산 단수명사 vs. 가산 복수명사

해설 동사 include의 목적어 자리로, 부정관사 a와 형용사 vegetarian의 수식을 받고 있으므로 빈칸에는 명사가 들어가야 한다. '선택(할 수 있는 것)'이라는 의미의 option은 가산명사이므로, 단수와 복수를 구별해야 한다. 앞에 부정관사 a가 있으므로 단수명사인 (A) option이 정답이다.

번역 브리스톨 리더스 기념 행사의 오찬 메뉴에는 채식주의자를 위한 선택 식단이 포함될 예정이다.

어휘 luncheon 오찬 celebration 기념 행사 include 포함하다 vegetarian 채식주의의, 채식주의자를 위한

4. (D) 명사 자리_소유격 뒤

해설 빈칸에는 소유격 뒤에 오며 전치사구 in his job search의 수식을 받는 동시에 문장의 주어가 될 수 있는 품사, 즉 명사가 들어가야 한다. 따라서 '끈기, 인내'라는 의미의 명사인 (D) persistence가 정답이다.

번역 몬트로스 씨는 끈기 있게 일자리를 찾아서 결국 회사 세 곳에서 채용 제안을 받았다.

어휘 job search 구직 result in (결과를) 초래하다 employment offer 채용 제안 persist 고집하다, 주장하다 persistently 끈기 있게

5. (A) 불가산명사

해설 빈칸은 동사 have의 목적어 자리로 명사가 들어가야 한다. 따라서 '접근'이라는 의미의 불가산명사인 (A) access가 정답이다. (B) accesses는 동사, (D) accessible은 형용사로 품사상 빈칸에 들어갈 수 없다. (C) accessing은 동명사로 명사 역할을 할 수도 있지만, 뒤에 목적어를 취하는 타동사의 준동사이므로 답이 되지 않는다.

번역 권한이 있는 직원들만 '기밀'로 표시된 파일 폴더에 접근할 수 있다.

어휘 authorized 권한이 있는 have access to ~에 접근[접속]할 수 있다 confidential 기밀의

6. (B) 가산 단수명사 vs. 가산 복수명사

해설 빈칸에는 동사 has announced의 목적어이면서 to부정사 to expand의 수식을 받을 수 있는 명사가 들어가야 한다. 또한 앞에 관사나 소유격이 없으므로 가산 복수명사나 불가산명사가 들어갈 수 있다. '~할 계획'이라는 의미로 to부정사의 수식을 받는 가산 복수명사 (B) plans가 정답이다. 앞에 관사나 소유격이 없으므로 가산 단수명사 (C) plan은 답이 되지 않는다.

번역 커들리 토이스 주식회사는 그린스보로 생산 시설을 확장할 계획을 발표했다.

어휘 announce 발표하다 production 생산 facility 시설

7. (A) 명사 자리_형용사 뒤

해설 빈칸에는 전치사 in의 목적어 역할을 하며 형용사 greater의 수식을 받는 명사가 들어가야 한다. 따라서 '일관성'을 의미하는 명사인 (A) consistency가 정답이다. 앞에 형용사가 있고 뒤에 전치사구가 바로 이어지고 있으므로, 동명사/현재분사 (B) consisting, 부사 (C) consistently, 형용사 (D) consistent는 빈칸에 들어갈 수 없다.

번역 제조 과정이 개선되면서 목재 가구 생산의 일관성이 증대했다.

어휘 improvement 개선, 향상 manufacturing process 제조 과정 production 생산 consistently 일관되게 consistent 일관된, 일치하는

8. (B) 불가산명사

해설 빈칸은 전치사 without의 목적어 자리이고, 소유격 our와 형용사 written의 수식을 받고 있으므로 명사가 들어가야 한다. 문맥상 '서면 동의 없이'라는 의미가 되어야 하므로, '동의'라는 의미를 나타내는 불가산명사인 (B) consent가 정답이다. consent는 동사(동의하다)와 명사(동의)로 모두 쓰이는데, 명사로 쓰일 때는 불가산명사로 복수형을 쓰지 않고 앞에 부정관사 a를 붙이지 않는다.

번역 이 웹사이트에 있는 내용은 우리의 서면 동의 없이 사용하거나 복제할 수 없습니다.

어휘 content 내용 reproduce 복제하다

실전	**ETS PRACTICE**		본책 p.31
1. (B)	**2.** (D)	**3.** (A)	**4.** (C)
5. (C)	**6.** (A)	**7.** (B)	**8.** (A)

1. (B) 복합명사

해설 동사 present의 목적어 자리로, 앞에 소유격 their가 있고 뒤에 명사 documents가 있으므로 빈칸에는 형용사나 복합명사를 이룰 수 있는 명사가 들어가야 한다. 뒤의 documents와 함께 '탑승 서류'라는 의미의 복합명사를 만드는 명사인 (B) boarding이 정답이다.

번역 모든 승객은 탑승 수속 시 탑승 서류를 제시해야 한다.

어휘 passenger 승객 present 제시하다, 보이다 document 서류, 자료 check-in counter (공항) 탑승 수속을 하는 곳 board 탑승하다, 승차하다 boarding 탑승, 승선

2. (D) 사람 명사 vs. 사물 / 추상 명사

해설 빈칸은 전치사 for의 목적어 자리로, 명사가 들어가야 한다. 보기 중 명사는 (B) visitor와 (D) visitation인데, 문맥상 전치사 for 앞에 나온 명사 the rules를 수식해 '방문 규칙'을 의미하는 것이 적절하므로 '방문'이라는 의미의 사물/추상 명사인 (D) visitation이 정답이다. 사람 명사인 (B) visitor는 가산명사로 한정사 없이 쓸 수 없으므로 오답이다.

번역 램버트 중공업의 고객들은 항상 방문 규칙을 준수해야 합니다.

어휘 heavy industry 중공업 at all times 항상

3. (A) 사람 명사 vs. 사물 / 추상 명사

해설 빈칸은 to부정사 to convince의 목적어 자리로, 명사가 들어가야 한다. 보기 중 명사는 (A) investors와 (B) investments인데, 동사 convince(설득하다)의 대상으로는 사람 명사가 어울리므로 '투자자들'이라는 의미의 명사인 (A) investors가 정답이다. (C) invests는 동사, (D) invested는 동사/과거분사로 품사상 빈칸에 들어갈 수 없다.

번역 툴로크 씨는 투자자들이 항구 근처 그의 새로운 건설 프로젝트에 지원하도록 설득하기를 희망한다.

어휘 convince 설득하다 support 지원하다 construction 건설 harbor 항구 investment 투자

4. (C) 복합명사

해설 전치사 of의 목적어 자리로, 빈칸에는 명사가 들어가야 한다. 따라서 앞의 명사구 business expansion과 함께 '사업 확장 전략'이라는 의미의 복합명사를 이룰 수 있는 명사 (C) strategy가 정답이다. 이처럼 복합명사가 두 개 이상의 단어로 이루어질 수도 있다는 점에 유의한다. (A) strategize는 동사, (B) strategic은 형용사, (D) strategically는 부사로 품사상 빈칸에 들어갈 수 없다.

번역 사업 확장 전략의 일환으로, 오스가드 자동차 회사는 다용도 소형 트럭 시리즈를 출시할 계획이다.

어휘 expansion 확장 launch (신상품을) 출시하다, (계획에) 착수하다 small utility truck 다용도 소형 트럭

5. (C) 사람 명사 vs. 사물 / 추상 명사

해설 빈칸은 '~ 중 하나'라는 의미의 'one of the[소유격]+복수명사' 구조로, 소유격 뒤에 복수명사가 들어가야 한다. 보기 중 명사로는 (A) specials, (C) specialties, (D) specialists가 있다. 문맥상 앞 부사절의 areas에 상응하는 단어이면서 '전공 분야들 중 하나'라는 의미가 되어야 자연스러우므로, 명사 (C) specialties가 정답이다.

번역 오베츠 박사가 몇 가지 분야에서 자격을 갖추고 있기는 하지만, 영양 보건학이 그녀의 전공 분야 중 하나이다.

어휘 qualified 자격이 있는 nutritional 영양의 specialize (in) (~을) 전공하다 speciality 전공[전문] 분야 specialist 전문가

6. (A) 복합명사 어휘

해설 빈칸은 management와 복합명사를 이루어 전치사 from의 목적어 역할을 하는 명사 자리로, 사임을 하는 (resigned from) 직위에 관련된 단어가 들어가야 한다. 따라서 '직책'이라는 의미의 (A) position이 정답이다.

번역 펑 씨는 그의 업무가 스트레스가 많다고 생각했기 때문에 경영직에서 사임했다.

어휘 resign 사임하다 management 경영(진) duty 직무, 업무 position 직책 expertise 전문 지식

7. (B) 사람 명사 vs. 사물 / 추상 명사

해설 빈칸에는 관사 the와 형용사 well-known의 수식을 받으며 뒤의 고유명사 Soo-Jin Rah와 동격을 이루는 명사가 들어가야 한다. 따라서 '자본가'를 의미하는 사람 명사인 (B) financier가 정답이다. (C) financial은 형용사(금융의)로 빈칸에 들어갈 수 없고, (D) finance는 명사(자금, 재정)와 동사(자금을 조달하다)로 모두 쓰인다.

번역 화상 연설에서 저명한 자본가 수진 라는 국제적으로 투자하는 것의 중요성에 대해 말했다.

어휘 video address 화상 연설 speak of ~에 대해 말하다 internationally 국제적으로

8. (A) 복합명사 어휘

해설 앞에 소유격 your가 있고 뒤에 명사 letter가 있으므로 빈칸에는 형용사나 복합명사를 이룰 수 있는 명사가 들어갈 수 있다. 보기가 모두 명사인 것으로 미루어 보아 문맥에 어울리는 복합명사 어휘를 고르는 문제이다. 문맥상 letter와 함께 '확인서'라는 의미의 복합명사를 만드는 (A) confirmation이 정답이다. letter와 함께 쓰여 (B) designation은 지명서, (C) notification은 통지서, (D) decision은 결정서를 의미하므로 문맥상 어울리지 않는다.

번역 객실 열쇠와 환영 패키지를 받으려면 프런트에 (예약) 확인서를 제시해 주세요.

어휘 front desk (호텔 등의) 프런트 welcome packet 환영 패키지 designation 지명, 지정 notification 통지

실전 ETS PRACTICE   본책 p.33

1. (D)	**2.** (A)	**3.** (A)	**4.** (C)
5. (D)	**6.** (B)	**7.** (B)	**8.** (A)

1. (D) -ing형 명사

해설 빈칸은 to부정사 to include의 목적어 자리로, 앞에 관사 the가 있고 뒤에 전치사구가 이어지므로 빈칸에는 명사가 들어가야 한다. 보기 중 명사는 (C) recycler(재생 처리기)와 (D) recycling(재활용)인데, 문맥상 '플라스틱 및 유리 용기의 재활용을 포함하다'라는 의미가 되어야 하므로 (D) recycling이 정답이다. (A) recyclable은 형용사, (B) recycled는 동사/과거분사로 품사상 빈칸에 들어갈 수

없다.

번역 그레고르손 러버시 리무벌은 플라스틱 및 유리 용기의 재활용을 포함하도록 서비스를 확장했다.

어휘 rubbish removal 쓰레기 처리 expand 확장하다 container 용기, 그릇 recyclable 재활용할 수 있는

2. (A) 가산명사 vs. 불가산명사

해설 빈칸은 문장의 주어 자리로 명사가 들어가야 한다. 따라서 보기 (A) photocopying, (B) photocopies, (C) photocopier 중에서 선택해야 한다. 단수동사 is가 쓰였으므로 복수명사 (B)는 정답에서 제외된다. 문맥상 '기밀 서류의 복사는 허용된다'라는 의미가 되어야 하므로, '복사'라는 뜻의 불가산명사 (A) photocopying이 정답이다. 불가산명사 앞에 부정관사 a/an은 쓸 수 없지만, 정관사 the나 소유격은 쓸 수 있다.

번역 기밀 서류 복사는 관리자의 승인이 있어야만 허용된다.

어휘 classified 기밀의 permission 승인, 허가 photocopy 복사(물); 복사하다 photocopier 복사기

3. (A) -al형 명사

해설 빈칸은 동사 receives의 목적어 자리이므로 명사가 와야 한다. 문맥상 '승인을 받다'라는 의미가 되어야 자연스러우므로 '승인'이라는 의미의 명사인 (A) approval이 정답이다. (B) approved는 동사/과거분사, (C) approve와 (D) approves는 동사로 품사상 빈칸에 들어갈 수 없다.

번역 그 관리자의 예산 증액 요청이 승인을 받으면, 우리는 배달용 화물차 두 대를 추가로 구입할 것이다.

어휘 request 요청 budget increase 예산 증액 purchase 구입하다 additional 추가의 delivery van 배달용 화물차

4. (C) -ive형 명사

해설 '목적어가 ~할 수 있도록 돕다'라는 의미의 'help + 목적어(the sales -------) + 동사원형(advance)' 구문으로, 빈칸에는 동사 help의 목적어이면서 명사 sales와 함께 복합명사를 이루는 명사가 와야 한다. 따라서 sales와 더불어 '영업 사원들'을 의미하는 명사 (C) representatives가 정답이다. (A) representation은 '대표제; 표현'이라는 의미의 명사로 문맥상 어울리지 않는다.

번역 영업 사원들이 화술을 향상시킬 수 있도록 돕기 위해서 조 씨는 목요일에 워크숍을 제공할 것이다.

어휘 advance 개선하다, 향상시키다 provide 제공하다

5. (D) 가산명사 vs. 불가산명사

해설 빈칸은 동사 halt의 목적어 자리로 명사가 들어가야 한다. 따라서 보기에서 명사인 (A) product(제품, 상품), (C)

produce(농산물), (D) production(생산) 중 하나를 선택해야 한다. 빈칸 앞에 한정사가 없으므로 가산 단수명사 (A) product는 쓸 수 없고, 문맥상 '생산을 중단할 것이다'라는 의미가 적절하므로 '생산'이라는 의미의 불가산명사 (D) production이 정답이다.

번역 파고 일렉트로닉스는 소매점들이 잉여 재고를 다 팔 때까지 신제품 비디오 게임 생산을 잠정 중단할 것이다.

어휘 halt 중단하다 line 상품군 retailer 소매업자, 소매점 sell off 팔아 치우다 existing surplus 잉여 재고

6. (B) 가산명사 vs. 불가산명사

해설 빈칸에는 전치사 from의 목적어 역할을 하며 bank와 함께 복합명사를 이루는 명사가 들어가야 한다. 보기 중 명사는 '계좌'라는 의미의 (B) account와 '회계'라는 의미의 (D) accounting인데, 앞에 관사 a가 있으므로 bank와 함께 쓰여 '은행 계좌'를 의미하는 가산명사 (B) account가 정답이다. 복합명사의 단수/복수는 두 번째 자리의 명사가 결정하므로, 불가산명사가 쓰인 bank accounting은 앞에 부정관사 a를 쓸 수 없다.

번역 월 정기 주차권은 은행 계좌 자동 이체를 통해 지불할 수 있다.

어휘 payment 지불, 납부 monthly 매월의 parking voucher 주차권 automatic withdrawal 자동 이체 accountable 책임이 있는, 설명할 수 있는

7. (B) -al형 명사

해설 한정사 each의 수식을 받아 전치사 on의 목적어 역할을 하는 명사 자리이다. 따라서 보기에서 (A) individuality(개성), (B) individual(개인), (C) individualism(개인주의) 중 하나를 선택해야 한다. 자신이 맡고 있는(that he is responsible for) 대상에 해당하는 명사가 빈칸에 들어가야 하므로, (B) individual이 정답이다. (D) individually는 부사로 품사상 빈칸에 들어갈 수 없다.

번역 부서장은 자신이 맡고 있는 각 개인에 대한 종합 파일을 보관하고 있다.

어휘 comprehensive 포괄[종합]적인 responsible 책임지고[책임 맡고] 있는 individually 개별적으로

8. (A) 가산명사 vs. 불가산명사

해설 빈칸은 형용사 groundbreaking의 수식을 받으며 전치사 Through의 목적어 역할을 하는 명사 자리인데, 앞에 관사나 소유격이 없으므로 빈칸에는 가산 복수명사나 불가산명사가 들어가야 한다. 따라서 '연구'라는 뜻의 불가산명사 (A) research가 정답이다. (B) survey(조사), (C) project(프로젝트), (D) approach(접근법)도 의미상 답이 될 수 있을 것 같지만, 모두 가산명사로 한정사 없이 단수로 쓸 수 없으므로 답이 되지 않는다.

번역 병원 서비스에 대한 획기적인 연구를 통해 챈 박사는 환자 치료의 기본 개념을 재정립했다.

어휘 groundbreaking 획기적인 redefine 재정립하다 concept 개념 patient care 환자 치료

📄 **ETS TEST**　　　　　　　　　　　본책 p. 34

1. (C)	2. (B)	3. (C)	4. (A)
5. (C)	6. (D)	7. (C)	8. (C)

1. (C) 명사 자리_관사+형용사 뒤

해설 The greatest ------- of our bank가 주어, is가 동사인 문장으로, 빈칸에는 앞에서 관사와 형용사 최상급의 수식을 받고 뒤에서 전치사구의 수식을 받으며 주어 역할을 할 수 있는 명사가 들어가야 한다. 따라서 '강점'이라는 의미의 명사인 (C) strength가 정답이다. (A) strong은 형용사, (B) strongly는 부사, (D) strengthen은 동사로 품사상 빈칸에 들어갈 수 없다.

번역 우리 은행의 가장 큰 강점은 우리가 각각의 고객과 맺는 개인적인 관계이다.

어휘 relationship 관계 strengthen 강화하다[되다]

2. (B) 복합명사

해설 빈칸에는 employee와 함께 복합명사를 이루어 to부정사 to increase의 목적어 역할을 하는 명사가 들어가야 한다. 문맥상 '직원 생산성을 높이다'라는 의미가 되어야 하므로 '생산성'이라는 뜻의 명사 (B) productivity가 정답이다. 명사로도 쓰이는 (A) produce는 '농작물'이라는 뜻으로 employee와 복합명사를 이루기에 의미상 적절하지 않다. (C) productive는 형용사, (D) productively는 부사로 품사상 오답이다.

번역 그 보고서는 말콤 텔레콤의 새로운 복리후생 제도가 직원 생산성을 높이는 데 도움이 되었다는 것을 보여 준다.

어휘 benefit package 복리후생 제도 productive 생산적인 productively 생산적으로

3. (C) 가산 단수명사 vs. 가산 복수명사

해설 동사 charge의 목적어 자리로, two very different의 수식을 받는 명사가 들어가야 한다. 명사 price는 가산명사이므로 한정사와 함께 쓰거나 복수명사로 써야 한다. 앞에 two라는 복수의 표현이 있으므로 복수명사인 (C) prices가 정답이다. (B) pricing은 '가격 책정'이라는 의미의 불가산명사이므로 two와 쓸 수 없다.

번역 패리 여행 서비스와 XR 여행 서비스는 비슷한 휴가 패키지 상품에 아주 다른 두 가격을 청구한다.

어휘 charge 청구하다, 부과하다 similar 비슷한 package (여행사의) 패키지여행

4. (A) 사람 명사 vs. 사물 / 추상 명사

해설 '가장 ~한 것들 중 하나'라는 의미를 나타내는 'one of the + 최상급 + 복수명사' 구문으로, 빈칸에는 snack과 함께 복합명사를 이루는 복수명사가 들어가야 한다. 따라서 '제조업체'의 복수형 명사인 (A) manufacturers가 정답이다. (B) manufacture는 동사/불가산명사, (C) manufactured는 동사/과거분사, (D) manufacturing은 동명사/현재분사로 빈칸에 들어갈 수 없다.

번역 신 주식회사는 남아시아 시장으로 입지를 확대하기 위해 말레이시아에서 가장 큰 과자 제조업체들 중 하나를 인수했다.

어휘 acquire 인수하다 expand one's presence 입지를 확대하다 manufacture 제조하다; 제조

5. (C) 명사 자리 _ 관사 + 형용사 + 형용사 뒤

해설 빈칸은 동사 get의 목적어 자리로, 앞에 나온 부정관사 a, 형용사 strong과 first의 수식을 받고 있으므로 명사가 들어가야 한다. 따라서 정답은 (C) impression이다.

번역 잠재적 구매자는 종종 그저 입구를 보는 것만으로 집에 대해 강한 첫인상을 받는다.

어휘 potential 잠재적인 simply 그냥, 그저 view 보다 entryway 입구(의 통로)

6. (D) 사람 명사 vs. 사물 / 추상 명사

해설 빈칸은 부정관사 an과 함께 동사 issued의 목적어 역할을 하는 가산명사 자리이다. 따라서 보기에서 (C) adviser(조언자)와 (D) advisory(경보, 주의보) 중에서 하나를 선택해야 한다. '도로에 얼음이 얼 수 있는 것'은 시 정부가 발표하는 '주의보'라고 할 수 있으므로, (D) advisory가 정답이다. (A) advice는 불가산명사, (B) advised는 동사/과거분사로 빈칸에 들어갈 수 없다.

번역 베일리셔 시 정부는 추운 기온으로 인해 도로에 얼음이 얼 수 있다는 주의보를 발표했다.

어휘 government 정부 issue 발표하다 cause 야기하다, 초래하다 form 형성되다

7. (C) 명사 자리 _ 소유격 뒤

해설 빈칸은 전치사 at의 목적어 자리로, 소유격 their의 수식을 받는 명사가 들어가야 한다. 따라서 동사인 (A) dispose와 (D) disposes는 답에서 제외된다. 문맥상 '마음대로 처분할 수 있는 재량 자금을 더 많이 보유하고 있다'라는 내용이 되어야 자연스럽다. '~의 처분대로, ~의 마음대로'라는 의미는 at one's disposal로 나타내므로, '처분, 처리'를 뜻하는 명사인 (C) disposal이 정답이다. at one's

disposal을 한 단어처럼 외워 두자.

번역 그 나라의 경제가 그렇게 잘 운영되고 있는 이유 중 하나는, 국민들이 임의로 처분할 수 있는 재량 자금을 더 많이 보유하고 있기 때문이다.

어휘 economy 경제 discretionary 임의의, 자유재량의 fund 자금 dispose 처리하다(of)

8. (C) 복합명사 어휘

해설 빈칸 앞에 명사 Conference, 뒤에 동사 begins가 있으므로, 빈칸에는 앞의 명사와 함께 복합명사를 이루어 주어가 될 수 있는 명사가 들어가야 한다. 보기가 모두 명사인 것으로 미루어 보아 문맥에 어울리는 복합명사 어휘를 고르는 문제이다. 문맥상 '학회 등록이 12월 21일에 시작된다'는 의미가 되어야 자연스러우므로, Conference와 함께 '학회 등록'이라는 복합명사를 만드는 (C) registration이 정답이다. (B) presentation도 의미상 가능할 것 같지만, 가산명사로 관사가 필요하므로 답이 되지 않는다.

번역 학회 등록은 12월 21일에 시작되어 연말까지 계속된다.

어휘 conference 회의, 학회 committee 위원회 presentation 발표, 프레젠테이션 ideal 이상

UNIT 03 대명사

실전	ETS PRACTICE		본책 p.39
1. (B)	**2.** (C)	**3.** (C)	**4.** (D)
5. (D)	**6.** (B)	**7.** (D)	**8.** (B)

1. (B) 인칭대명사 _ 소유격

해설 빈칸에는 뒤에 온 명사 studio를 수식하는 소유격 인칭대명사가 들어가야 한다. 따라서 정답은 (B) his이다.

번역 판화가 존 세다리오는 그의 스튜디오에서 3주간의 워크숍을 진행할 것이다.

어휘 printmaker 판화가 conduct (특정 활동을) 하다

2. (C) 인칭대명사 _ 목적격

해설 동사 organized의 목적어 자리이다. 정리의 대상은 앞에서 언급된 '참고 도서들(the reference books)'이므로, 목적격 인칭대명사 (C) them이 정답이다.

번역 참고 도서들을 찾아보는 것을 더 쉽게 하기 위해서, 풀 씨는 주제별로 그것들을 정리했다.

어휘 browse (책을) 훑어보다 reference 참고, 참조 organize 정리하다 by subject 주제별로

3. (C) 인칭대명사_주격

해설 부사절 접속사 after 뒤 빈칸은 동사 had graduated의 주어 자리이므로, 주격 인칭대명사 (C) she가 정답이다.

번역 우셰 씨는 졸업한 직후 파마시디온에 입사했다.

어휘 join (회사에) 입사하다, 합류하다 graduate 졸업하다

4. (D) 재귀대명사_강조 용법

해설 빈칸이 없어도 완전한 문장이므로 부사 역할을 하는 강조 용법의 재귀대명사가 필요하다. 따라서 (D) herself가 정답이다.

번역 애트웰 박사는 응급실에서 대기하고 있는 환자를 스스로 자진해서 진찰했다.

어휘 volunteer to 자진해서 ~하다 examine 진찰하다 emergency room 응급실

5. (D) 인칭대명사_소유대명사

해설 접속사 while절에서 동사 is의 주어가 와야 하는 자리이므로, 빈칸에는 주격이면서 단수 취급되는 대명사가 와야 한다. 따라서 소유대명사 (D) theirs가 정답이다. 소유대명사는 '소유격+명사'의 역할을 하며 이 문장에서는 Fourth-floor employees' printer를 나타낸다.

번역 4층 직원들은 그들의 프린터가 고장 났을 때 5층에 있는 프린터를 사용할 수 있다.

어휘 out of service 제공[운행]되지 않는, 고장 난

6. (B) 재귀대명사_관용 표현

해설 복수주어인 New employees와 일치하므로 재귀대명사 (B) themselves가 가능하다. 또한, 문맥상 '공장 설비를 혼자서 조작하는 것이 허용되지 않는다'라는 내용이 와야 자연스럽다. 따라서 전치사 by와 함께 쓰여 '혼자서, 직접'이라는 의미의 관용 표현을 이루는 (B) themselves가 정답이다.

번역 신입 사원은 교육 기간이 종료되기 전에 공장 설비를 혼자서 조작하는 것이 허용되지 않는다.

어휘 operate 조작[가동]하다 equipment 장비, 설비 by oneself 혼자서, 직접

7. (D) 재귀대명사_재귀 용법

해설 빈칸은 타동사 pride의 목적어가 되는 대명사 자리이다. 주어 We와 일치하고, 문맥상 '~에 대해 자부심을 가지다'라는 의미의 pride oneself on 표현이 쓰였으므로 재귀대명사 (D) ourselves가 정답이다.

번역 우리는 외딴 지역의 어린이들에게 교육 지원 프로그램을 제공하는 데에 자부심을 느낍니다.

어휘 outreach 지원[봉사] 활동 isolated 외딴

8. (B) 인칭대명사_목적격

해설 전치사 to의 목적어 자리이다. 전달을 받는 대상은 앞에서 언급된 Ms. Collins이므로, 목적격 인칭대명사 (B) her가 정답이다. 접속사 that절의 주어 all inquiries와 목적어가 일치하지 않으므로 재귀대명사 (D) herself는 쓸 수 없다.

번역 콜린스 씨는 회사의 리콜 정책에 관한 모든 문의 사항을 그녀에게 전달해 달라고 요청했다.

어휘 inquiry 문의, 질문 regarding ~에 관한 recall policy 리콜 정책 be forwarded to (우편 등이) ~에게 전달되다

실전	**ETS PRACTICE**		본책 p.41
1. (C)	**2.** (C)	**3.** (A)	**4.** (B)
5. (C)	**6.** (C)	**7.** (A)	**8.** (D)

1. (C) 지시대명사 that vs. those

해설 빈칸은 비교 표현에 쓰인 전치사 than 뒤 명사 자리로, 문맥상 뒤에 나온 전치사구 of imitation vanilla의 수식을 받으면서 앞에서 언급된 명사의 반복 사용을 피하는 지시대명사가 들어가는 것이 적절하다. than을 전후해서 비교하는 대상이 복수명사 sales figures이므로, 지시대명사 (C) those가 정답이다.

번역 천연 바닐라 추출물의 판매 수치는 인공 바닐라의 그것들보다 훨씬 높다.

어휘 sales figures 판매 수치 extract 추출물 imitation 인조, 모조

2. (C) those+-ed

해설 빈칸은 동사 may enroll의 주어 자리로, 과거분사구 interested in taking the IT department's Internet security seminar의 수식을 받고 있다. 문맥상 '세미나 수강에 관심이 있는 사람들'이라는 의미를 나타내야 하므로, 분사의 수식을 받아 '~하는 사람들'이라는 의미로 쓰일 수 있는 대명사 (C) Those가 정답이다.

번역 IT 부서의 인터넷 보안 세미나 수강에 관심 있는 사람들은 온라인으로 신청할 수 있습니다.

어휘 security 보안 enroll in ~을 신청하다, ~에 등록하다

3. (A) those+who

해설 빈칸은 전치사 to의 목적어 자리로 관계사절 who post about it on social media의 수식을 받는다. 문맥상 'SNS에 카페에 대해 글을 올리는 사람들'이라는 의미가 되어

야 자연스러우므로, 주격 관계대명사 who와 함께 '~하는 사람들'이란 의미로 쓰일 수 있는 지시대명사 (A) those 가 정답이다. 인칭대명사 (B) them은 뒤에 관계사절 같은 수식어를 동반할 수 없으며, '누구든지'의 의미인 (C) anyone은 who 뒤에 단수동사(posts)가 와야 하므로 오답이다.

번역 그라놀린 카페는 SNS에 카페에 대해 글을 올리는 분들에게 할인 쿠폰을 제공합니다.

어휘 offer 제공하다 post (인터넷에) 게시하다

4. (B) 지시대명사 that vs. those

해설 비교 표현에 쓰인 전치사 than 뒤 명사 자리로, 문맥상 뒤에 나온 전치사구 of the previous one의 수식을 받으면서 앞에서 언급된 명사의 반복 사용을 피하는 지시대명사가 들어가는 것이 적절하다. than을 전후해서 비교하는 대상이 단수명사 the price이므로, 지시대명사 (B) that이 정답이다. 최신 모델 가격과 이전 모델의 가격은 각각 다른 대상이므로, 정확히 동일한 대상을 지칭할 때 쓰는 인칭대명사 (A) it은 빈칸에 들어갈 수 없다.

번역 X14 휴대폰의 최신 모델 가격은 이전 모델의 그것보다 더 저렴하다.

어휘 current 최신의, 현재의 affordable 저렴한, 가격이 알맞은

5. (C) those + -ing

해설 빈칸은 동사 should contact의 주어 자리로 현재분사구 missing from the latest employee directory의 수식을 받는다. 문맥상 '직원 명부에서 빠진 사람들'이라는 의미가 되어야 자연스러우므로, 분사의 수식을 받아 '~한 사람들'이란 의미로 쓰일 수 있는 지시대명사 (C) Those가 정답이다. 의문사인 (D) Who는 뒤에 동사가 필요하므로 구조상 답이 될 수 없다.

번역 최신 직원 명부에서 빠진 사람들은 인사과에 연락해야 합니다.

어휘 missing 빠진, 없어진 employee directory 직원 명부

6. (C) 지시대명사 that vs. those

해설 빈칸은 전치사구 of Ji-Min Yoo's early period의 수식을 받으면서 앞에서 언급된 명사의 반복 사용을 피하는 지시대명사 자리이다. that과 those는 similar to와 같은 비교의 표현과 잘 쓰이는데, 두 사람의 그림들(paintings)을 비교하고 있으므로 복수명사를 받는 지시대명사 (C) those 가 정답이다. 참고로 정확히 동일한 대상을 지칭할 때 쓰는 인칭대명사 (B) them은 뒤에 수식어구를 동반할 수 없다.

번역 알폰소 라미레스의 최근 그림은 유지민의 초기의 그것들과 유사하다.

어휘 latest 최신의 similar to ~와 비슷한

7. (A) those + 전치사구

해설 빈칸은 전치사구인 with scheduling conflicts의 수식을 받으며, 타동사 permit의 목적어 역할을 하는 대명사 자리이다. 문맥상 '사람들이(학생들이) 일찍 하교하는 것을 허락해 주다'라는 의미가 자연스러우므로 전치사구의 수식을 받아 '다른 일정이 있는 사람들(=학생들)'을 나타내는 지시대명사 (A) those가 정답이다.

번역 강사는 다른 일정이 있는 학생들이 일찍 하교하도록 허락해 줄지 모른다.

어휘 instructor 강사 permit 허락[허용]하다 scheduling conflict 겹치는 일정, 일정 충돌

8. (D) anyone + who

해설 주격 관계대명사인 who 뒤에 단수동사인 was가 있으므로 선행사는 이와 수 일치가 되는 단수이어야 한다. 따라서 주격 관계대명사 who와 함께 쓰여 '~하는 누구든지'라는 의미를 나타내며 항상 단수 취급하는 대명사 (D) anyone이 정답이다. '~하는 사람들'의 의미인 (A) those는 문맥상 가능할 수는 있으나, who 뒤에 복수동사와 수일치되어야 하므로 오답이다.

번역 스미스 씨는 원래 그 프로젝트를 담당했던 그 누구보다 어떻게 일처리를 해야 하는지 더 잘 알고 있다.

어휘 originally 원래 in charge of ~을 담당하는[맡은]

실전	ETS PRACTICE		본책 p. 43
1. (D)	**2.** (D)	**3.** (B)	**4.** (D)
5. (A)	**6.** (C)	**7.** (D)	**8.** (B)

1. (D) 부정대명사_ones

해설 주절에서 형용사 affordable의 수식을 받아 buy의 목적어 역할을 하는 명사 자리이다. 문맥상 부사절에 언급된 복수명사 laptop computers를 받는 부정대명사가 필요하므로 (D) ones가 정답이다. (A) another는 단수명사를 받을 뿐 아니라 형용사의 수식을 받지 않는 부정대명사이고, (B) other는 부정형용사로 대명사 역할을 못하기 때문에 오답이다.

번역 고급 노트북 컴퓨터가 많은 관심을 끌지만, 사람들은 실제로 저렴한 컴퓨터를 구입한다.

어휘 high-end 고급의 attract 끌어들이다 affordable 저렴한, 가격이 알맞은

2. (D) 수량을 나타내는 부정대명사

해설 빈칸은 이유의 접속사 as가 이끄는 부사절의 주어 자리로, 복수동사 contain이 있으므로 복수주어가 들어가야 한다. 보기 중 유일하게 복수로 쓰이고, '많은 것들'을 의미하는 대명사 (D) many가 정답이다. many는 앞의 주절에서 언급된 복수명사 packages의 많은 수량을 나타낸다.

번역 이 발송물의 소포들은 주의해서 취급되어야 하는데, 많은 소포들이 깨지기 쉬운 물건들을 포함하고 있기 때문이다.

어휘 package 소포 shipment 수송(물) handle 다루다 fragile 깨지기 쉬운

3. (B) 수량을 나타내는 부정대명사

해설 so 뒤에 오는 절의 동사 need의 주어 자리로, 수리 또는 교체되어야 하는 대상은 앞에서 언급한 '자전거 거치대와 화분 상자'이므로, 이 두 개의 대상을 나타내는 대명사 (B) both가 정답이다.

번역 지난밤 폭풍에 자전거 거치대와 화분 상자가 파손되어 둘 다 수리 또는 교체되어야 한다.

어휘 rack 거치[받침]대 planter box 화분 상자 repair 수리하다 replace 교체하다

4. (D) 수량을 나타내는 부정대명사

해설 빈칸은 'of the+명사'와 함께 특정 대상의 수량을 나타내는 부정대명사 자리이며, 단수동사 was와 수 일치되는 문장의 주어 자리이다. 빈칸 뒤 셀 수 없는 명사 information이 중요한 단서이며 이와 어울리는 부정대명사 (D) Little이 정답이다. (A) Many, (B) Few, (C) Each는 가산명사와 함께 쓰이는 부정대명사로 답이 될 수 없다.

번역 워크숍에서 논의된 정보는 우리 팀 업무와 거의 관련이 없었다.

어휘 discuss 논의하다 be relevant to ~와 관련이 있다

5. (A) 수량을 나타내는 부정대명사

해설 빈칸은 동사 are grown의 주어 자리로, 전치사구 of our products의 수식을 받는다. 이유를 나타내는 부사구에서 환경에 대한 헌신을 이유로 들었으므로 주절은 '농약을 사용하지 않는다'라는 의미가 되어야 자연스럽다. 따라서, '전부 아닌 것' 또는 '하나도 ~ 않다'라는 의미의 (A) none이 정답이다. (B) nothing과 (C) no one은 'of+the[소유격]+명사'의 수식을 받지 못하므로 답이 되지 않는다. (D) no는 감탄사/한정사/부사로 구조상 빈칸에 들어갈 수 없다.

번역 플레펜 농장의 환경에 대한 헌신 때문에, 우리 제품 중 어떤 것도 농약을 사용하여 재배되지 않습니다.

어휘 commitment 헌신, 전념 grow 재배하다 pesticide 농약, 살충제

6. (C) 부정대명사_the other

해설 빈칸은 but 뒤에 오는 절에서 동사 is의 주어 자리로, 행사장으로 이용할 수 있는(available for our event) 것을 나타낸다. 세 곳 중 두 곳이 이미 예약된 상태(Out of the three venues, two of them are already booked)이므로 나머지 한 곳만 이용할 수 있다고 보는 것이 타당하다. 따라서 '나머지 하나'의 의미를 지닌 (C) the other가 정답이다. the other(s)는 문장 내에 주어진 수가 있어야 답이 될 수 있다는 점에 유의한다.

번역 장소 세 곳 중 두 곳은 이미 예약이 되어 있지만, 나머지 한 곳은 우리 행사장으로 이용할 수 있습니다.

어휘 venue (경기, 회담 등의) 장소 book 예약하다 available 이용할 수 있는

7. (D) 수량을 나타내는 부정대명사

해설 빈칸은 if절에서 전치사구 of its doors의 수식을 받아 주어 역할을 하는 대명사 자리이다. 부정어 not과 쓰여 '문이 어느 것 하나라도 완전히 닫히지 않으면'이라는 내용이 되어야 자연스러우므로 '어느 것이든지'라는 의미의 부정대명사 (D) any가 정답이다. (A) none은 부정의 표현이 중복되므로 오답이고, (B) every는 형용사, (C) anything은 'of+the[소유격]+명사'의 수식을 받지 못하므로 답이 되지 않는다.

번역 문이 어느 것 하나라도 완전히 닫히지 않으면, 열차는 출발할 수 없습니다.

어휘 fully 완전히, 충분히 depart 출발하다

8. (B) 수량을 나타내는 부정대명사

해설 but이 이끄는 절의 주어 자리로 복수동사 have와 수 일치되어야 한다. 보기 중에서 복수동사와 쓸 수 있는 것은 부정대명사 few뿐이므로 (B)가 정답이다. few는 항상 복수 취급하며, 부정의 의미를 지니고 있어, 주어로 쓰일 때는 '자격 요건을 갖춘 사람은 거의 없다'처럼 동사와 함께 부정문으로 해석한다. (A) much, (C) nobody, (D) whoever는 단수동사와 쓰이므로 빈칸에 들어갈 수 없다.

번역 그 채용 공고는 수백 명의 지원자를 끌어모았지만, 필요한 자격 요건을 갖춘 사람은 거의 없다.

어휘 attract 끌어모으다 applicant 지원자 qualification 자격 요건

📄 **ETS TEST** 본책 p.44

1. (B)	**2.** (A)	**3.** (D)	**4.** (C)
5. (A)	**6.** (B)	**7.** (C)	**8.** (C)

1. (B) 인칭대명사_소유격

해설 빈칸에는 동사 will be hosting의 목적어인 명사구 annual antique auction을 수식할 수 있는 한정사가 들어가야 한다. 따라서 한정사 역할을 하는 소유격 대명사인 (B) her가 정답이다.

번역 이 씨는 7월 10일 리버사이드 커뮤니티 센터에서 열릴 그녀의 연례 골동품 경매를 진행할 것이다.

어휘 host 주최하다, 사회를 보다 annual 연례적인, 해마다 열리는 antique 골동품 auction 경매

2. (A) 재귀대명사_강조 용법

해설 빈칸은 주어 The author와 동사 agrees 사이의 부사 자리이다. 보기의 대명사 중 부사 자리에 들어갈 수 있는 것은 주어를 강조하는 재귀대명사뿐이므로 (A) himself가 정답이다.

번역 원작 소설보다 영화 각색이 더 낫다는 데 작가 자신도 동의한다.

어휘 author 작가 adaptation 각색

3. (D) those who

해설 동사 may apply의 주어 역할을 하면서 주격 관계대명사 who가 이끄는 절의 선행사 역할을 하는 대명사를 선택해야 한다. '원격 근무를 하고자 하는 사람들'이라는 의미가 가장 자연스러우므로 주격 관계대명사 who 앞에서 '~하는 사람들'이라는 의미로 쓰이는 지시대명사 (D) Those가 정답이다. (C) Anyone은 관계사 who 뒤에 단수동사 (wishes)와 수 일치되어야 하므로 오답이다.

번역 원격 근무를 하고자 하는 사람들은 인사부에 이메일을 보냄으로써 그렇게 하도록 신청할 수 있다.

어휘 remotely 원격으로 apply 신청하다 so 그렇게 Human Resources 인사부

4. (C) 재귀대명사_재귀 용법

해설 문맥상 '새로운 계획의 기본 개념을 숙지하라'라는 의미가 되는 것이 가장 자연스러우므로, familiarize with와 함께 쓰여 '~을 숙지하다'라는 관용 표현을 만드는 재귀대명사 (C) yourself가 정답이다. 명령문의 주어는 you이므로 재귀대명사는 항상 yourself/yourselves를 쓴다는 점에 유의한다.

번역 세미나에 참석하기 전에 새로운 계획의 기본 개념을 숙지해 주십시오.

어휘 familiarize oneself with ~을 숙지하다 concept 개념 initiative (새로운) 계획, 프로젝트

5. (A) 지시대명사 that vs. those

해설 빈칸은 전치사 to의 목적어 자리로 과거분사구 offered by higher-priced carriers의 수식을 받는다. 앞에서 언급된 단수명사 in-flight entertainment의 반복 사용을 피하기 위한 지시대명사가 들어가는 것이 적절하므로, 단수명사를 대신하는 (A) that이 정답이다. that과 those는 비교 상황에서 자주 등장하므로 비교 표현인 similar to를 문제 유형으로 함께 익혀 두도록 한다.

번역 저가 항공사임에도 불구하고, 델론 에어는 고가의 항공사들이 제공하는 것과 유사한 기내 오락 시스템을 갖추고 있다.

어휘 budget airline 저가 항공사 in-flight 기내의 carrier 항공사, 수송[운송]회사

6. (B) 인칭대명사_주격

해설 빈칸 이하는 the short story를 수식하는 관계사절로 목적격 관계대명사인 that이 생략되어 있다. 뒤에 타동사 chose가 있으므로 빈칸은 주어 자리이며, 주격 인칭대명사인 (B) they가 정답이다. 문장의 동사(will discuss)가 이미 있는 상태에서 명사구 뒤에 또 다른 '주어+타동사(chose)'가 목적어 없이 있다면, 목적격 관계대명사가 생략되어 있는 구문이다. 이와 같이 관계사절 내 주어 자리의 주격 인칭대명사를 묻는 문제가 자주 출제된다.

번역 독서 동아리 회원들은 그들이 주말 모임을 위해 선택한 단편 소설에 대해 토론할 것이다.

어휘 discuss 토론하다 choose 선택하다

7. (C) 수량을 나타내는 부정대명사

해설 빈칸은 주절의 주어 자리로 복수동사 change와 수 일치되어야 하며, 문맥상 '보안의 중요성에 대해 자주 주의를 받는 직원들(employees) 중 비밀번호를 정기적으로 변경하는 사람이 거의 없다'라는 의미가 자연스러우므로, 복수명사 employees를 대신하며 부정의 의미를 지닌 부정대명사 (C) few가 정답이다.

번역 직원들은 네트워크 보안의 중요성에 대해 자주 주의를 받지만, 비밀번호를 정기적으로 변경하는 직원은 거의 없다.

어휘 remind 상기시키다 security 보안 regularly 정기[규칙]적으로

8. (C) 인칭대명사_소유대명사

해설 주절의 동사 must rise의 주어 자리이다. 공급자의 가격(suppliers' prices)이 상승하면 우리의 것(=가격)도, 즉, 우리의 가격도 상승해야 한다는 내용이 되어야 자연스럽다. 따라서 소유대명사 (C) ours가 정답이다. 참고로 주격 인칭대명사인 (A) we는 '상승하다'라는 의미의 자동사 rise와 문맥상 맞지 않으므로 오답이다.

번역 공급업자의 가격이 계속 상승한다면, 수익성을 유지하기 위해 우리의 가격도 마찬가지로 상승해야 한다.

어휘 supplier 공급업자 maintain 유지하다 profitability 수익성

UNIT 04 형용사와 부사

1. (A) 형용사 자리_명사 수식

해설 빈칸은 동사 may include의 목적어 역할을 하는 명사 estimates를 수식하는 형용사 자리이다. 따라서 '대략적인'을 뜻하는 (A) rough가 정답이다. (B) roughest도 형용사이지만 앞에 the나 소유격을 동반해야 하는 최상급이므로 오답이다.

번역 최종 판매 수치를 입수할 수 없을 경우, 부장들은 주간 보고서에 대략적인 추정치를 포함할 수 있다.

어휘 figure 수치 available 구할 수 있는, 이용할 수 있는 include 포함하다 estimate 추정치 roughly 대략

2. (D) 형용사 자리_명사 수식

해설 소유격 Bookstore employees'와 함께 명사 belongings를 수식하는 형용사 자리이므로, (D) personal(개인의, 개인적인)이 정답이다. (A) personality는 명사, (B) personally는 부사, (C) personalize는 동사로 품사상 빈칸에 들어갈 수 없다.

번역 서점 직원의 개인 소지품은 근무 시간 중에 사물함에 보관되어야 한다.

어휘 belongings 소지품 store 보관[저장]하다

3. (A) 수량 형용사+가산 복수명사

해설 빈칸은 명사 forms를 수식하는 형용사 자리이다. 문맥상 '몇몇 개의 양식, 여러 개의 양식'이라는 내용이 되어야 하므로, 수량 형용사인 (A) several(여럿이, 몇몇의)이 정답이다. (B) something은 '어떤 것'을 의미하는 대명사이기 때문에 forms를 수식할 수 없고, (C) a little과 (D) much는 불가산명사와 쓰이는 수량 형용사이므로 가산 복수명사인 forms와 쓰일 수 없다.

번역 귀하를 변호하도록 저희 변호사 중 한 명을 고용하실 경우, 여러 개의 양식에 서명하라는 요청을 받을 것입니다.

어휘 hire 고용하다 represent 대변[변호]하다 form 양식, 서식

4. (B) 형용사 자리_명사 수식

해설 빈칸은 is seeking의 목적어 mechanics를 뒤에서 수식하는 형용사 자리이다. 따라서 '능숙한, 능한'을 의미하는 (B) proficient가 정답이다. 특히 proficient는 전치사 at과 함께 '~에 능숙한'이라는 관용 표현으로 자주 쓰이는데, 이처럼 뒤에 수식어구를 동반하는 형용사는 명사를 뒤에서 수식한다. (A) proficiency와 (D) proficiencies는 명사, (C) proficiently는 부사로 품사상 빈칸에 들어갈 수 없다.

번역 비보우 오토숍은 하이브리드 차량 수리에 능숙한 정비사를 찾고 있습니다.

어휘 mechanic 정비사 hybrid 하이브리드[전기, 휘발유 병용]의 vehicle 차량 proficiency 능숙, 숙달

5. (D) 형용사 자리_명사 수식

해설 빈칸은 콤마 앞 형용사 short와 함께 빈칸 뒤의 명사 jingle을 수식하는 자리이므로 형용사가 들어가야 한다. 따라서 정답은 (D) memorable이다. 참고로 여러 개의 형용사는 접속사 없이 하나의 명사를 수식할 수 있다.

번역 아르소 광고는 주빌리 바인 호텔의 텔레비전 광고에 동반되는 짧고 기억에 남는 광고 음악을 만들었다.

어휘 advertising 광고(업) jingle (라디오 등의) 시엠송(광고 음악) accompany 동반하다 advertisement 광고 memorable 기억할 만한

6. (C) 수량 형용사+가산 복수명사

해설 문장의 주어인 복수명사 cafés를 수식하는 수량 형용사 자리이므로 '대부분의'라는 의미의 (C) Most가 정답이다. 참고로 형용사, 부사의 최상급을 나타내는 (A) The most와 (B) Almost(거의)는 부사이므로 명사를 수식하지 못하고, (D) Most of는 뒤에 the나 소유격을 동반해야 하므로 오답이다.

번역 대부분의 도심 카페들은 메뉴의 재료를 현지 농장에서 구입한다.

어휘 purchase 구입하다 ingredient (요리) 재료 local 지역의

7. (C) 형용사 자리_명사 수식

해설 빈칸 앞 부사 relatively의 수식을 받는 동시에 명사 errors를 수식하는 형용사 자리이다. 따라서 (C) insignificant가 정답이다. (A) insignificance와 (D) insignificances는 명사, (B) insignificantly는 부사로 품사상 빈칸에 들어갈 수 없다.

번역 생산 과정에서는 비교적 사소한 오류도 보고되어야 한다.

어휘 relatively 비교적 production 생산 insignificant 사소한, 하찮은

8. (D) 수량 형용사+가산 단수명사

해설 빈칸에는 명사구 filing cabinet을 수식하는 형용사가 들어가야 한다. 초과 서류의 보관(to hold its excess documents) 목적으로 '또 다른 서류 캐비닛'을 구입했다(has purchased)는 것이 자연스러우므로, 가산 단수명사를 수식하며 '또 하나, 다른'이라는 의미의 (D) another가 정답이다. (A) all과 (C) other는 가산 복수명사 또는 불가

산명사를 수식하므로 오답이다.

번역 회계 부서는 초과 서류를 보관하기 위해 또 다른 서류 캐비닛을 구입했다.

어휘 accounting 회계 purchase 구입하다 excess 초과(한) document 서류

실전 **ETS PRACTICE** 본책 p.51

1. (D)	**2.** (D)	**3.** (A)	**4.** (D)
5. (A)	**6.** (C)	**7.** (A)	**8.** (B)

1. (D) 혼동되는 형용사 어휘

해설 빈칸은 소유격 employees'와 명사 information 사이에서 information을 수식하는 형용사 자리이다. 형용사인 (A) confident(확신에 찬)와 (B) confiding(신뢰를 나타내는), (D) confidential(기밀의, 비밀의) 중 하나를 선택해야 하는데, '직원들의 기밀(의) 정보'라는 의미가 가장 자연스러우므로 (D) confidential이 정답이다.

번역 인사부에서는 관리자들이 직원들의 기밀 정보에 접속하기 위해서는 타당한 이유를 제시할 것을 요구한다.

어휘 Human Resources 인사부 require 요구[필요]하다 valid 유효[타당]한 access 접속[접근]하다

2. (D) be동사 + 형용사 + 전치사

해설 빈칸은 주어 The range of programs를 보충 설명하는 주격 보어 역할의 형용사 자리이다. 빈칸 뒤 전치사 on이 문제 해결의 단서로, 전치사 on과 함께 쓰여 '~에 따라 달려 있다'라는 be dependent on을 이루는 형용사 (D) dependent(~에 달려 있는)가 정답이다. (B) dependable (신뢰할 수 있는)도 형용사이지만, 전치사 on과 쓰지 않고, 문맥상으로도 어울리지 않는다. (A) depended와 (C) depend는 동사로 품사상 빈칸에 들어갈 수 없다.

번역 주민센터가 제공할 수 있는 프로그램의 범위는 시로부터 받는 재정 지원의 규모에 달려 있다.

어휘 community 주민, 지역 사회 offer 제공하다 funding 재정 지원[자금 제공]

3. (A) -ed로 끝나는 형용사

해설 빈칸은 주격 관계대명사 that 앞에 있는 선행사 Websites를 be동사 are과 결합해 보충 설명하는 보어 자리로, 부사 too의 수식을 받는다. '웹사이트가 너무 복잡하다'라는 내용이 되어야 자연스러우므로, 형용사인 (A) complicated(복잡한)가 정답이다. (B) complicate는 동사, (C) complicating은 동명사로 빈칸에 들어갈 수 없다.

(D) complication은 명사로 주격 보어 역할을 할 수는 있지만 Websites와 동격 관계를 이루지 않으므로 빈칸에 적절하지 않다.

번역 웹 디자이너는 너무 복잡한 웹사이트의 제작을 피해야 한다.

어휘 complicate 복잡하게 만들다

4. (D) 혼동되는 형용사 어휘

해설 부정관사 a와 amount 사이에서 amount를 수식하는 형용사 자리로, (A) considerate(사려 깊은)과 (D) considerable(상당한, 많은) 중에 선택해야 한다. 문맥상 '상당한 양의 시간과 노력'이라는 의미가 자연스러우므로 (D) considerable이 정답이다.

번역 폭 넓은 고객층을 형성하려면 상당한 양의 시간과 노력이 요구된다.

어휘 customer base 고객층 effort 노력, 수고 considering ~을 감안하면 consideration 고려, 숙고

5. (A) be동사 + 형용사 + 전치사

해설 빈칸에는 부사 sharply의 수식을 받으면서, 주어 The analyst's commentary를 보충 설명하는 주격 보어 역할을 하는 형용사가 들어가야 한다. 따라서 전치사 of와 함께 쓰여 '~에 비판적이다'라는 의미의 be critical of를 이루는 (A) critical이 정답이다. 명사인 (B) critic과 (D) criticism은 부사의 수식을 받을 수 없고, (C) critically는 부사로 품사상 빈칸에 들어갈 수 없다.

번역 경과 보고서 내 그 분석가의 논평은 지도부를 신랄하게 비판했다.

어휘 analyst 분석가 commentary 논평, 비평 progress report 경과 보고서 sharply 날카롭게, 신랄하게 be critical of ~을 비판[비평]하다

6. (C) -ly로 끝나는 형용사

해설 빈칸은 관사 the와 명사 winner 사이에서 winner를 수식하는 형용사 자리이다. 따라서 '유력한 낙찰자'라는 의미가 자연스러운 '유력한, 그럴듯한'이라는 뜻의 형용사 (C) likely가 정답이다.

번역 지역 개발 사업을 위한 입찰자들 중에서 뉴로 건설이 유력한 낙찰자이다.

어휘 bidder 입찰자 improvement 개선 initiative 사업, 계획 liken 비유하다 likeness 유사성

7. (A) -ing로 끝나는 형용사

해설 빈칸은 부사절의 주어 the IT development education industry의 주격 보어 자리로, '많은 투자가 있어 왔다 (there has been a lot of investment)'라는 내용의 주절

에 근거가 되는 단어가 들어가야 한다. 즉, IT 개발 교육 산업이 유망해 보인다는 내용이 되어야 자연스러우므로, '유망한, 촉망되는'이라는 의미의 (A) promising이 정답이다.

번역 IT 개발 교육 산업이 유망해 보이기 때문에, 그곳에 많은 투자가 있어 왔다.

어휘 development 개발, 발달 investment 투자 detailed 자세한 custom 주문 제작된; 관습, 풍습

8. (B) 형용사 어휘

해설 빈칸은 'find + 목적어(our product workshop) + 목적격 보어' 구조에서 5형식 동사 find의 목적격 보어 자리이다. 워크숍이 유익하다는 내용이 되어야 자연스러우므로 '유용한'이라는 의미의 형용사 (B) informative가 정답이다.

번역 설문 조사 결과서는 방문객들이 우리 제품 워크숍을 매우 유익하게 생각한다는 점을 보여 준다.

어휘 feedback (설문 등의) 조사 결과 find ~을 …라고 느끼다, 생각하다 interested 흥미를 느끼는 potential 잠재력이 있는

실전 ETS PRACTICE			본책 p.53
1. (A)	**2.** (B)	**3.** (B)	**4.** (C)
5. (A)	**6.** (D)	**7.** (D)	**8.** (A)

1. (A) 부사 자리_동사 수식

해설 빈칸은 주어 Janet Gachobe와 동사 opposes 사이에서 opposes를 수식하는 부사 자리이다. 따라서 부사인 (A) energetically가 정답이다.

번역 아프리베스트의 신임 CEO인 자넷 가초비는 현재 새로운 자본 투자를 적극적으로 반대하고 있다.

어휘 oppose 반대하다 capital 자본의 investment 투자 energetically 적극적으로, 열렬히

2. (B) 부사 자리_동사 수식

해설 현재완료인 have와 p.p. 사이에서 p.p.인 동사 broken down을 수식하는 부사 자리이다. 따라서 '반복적으로, 여러 차례'라는 의미의 부사 (B) repeatedly가 정답이다. (A) repeat은 '되풀이하다, 반복하다'라는 의미의 동사, (D) repetition은 '반복'이라는 의미의 명사이므로 빈칸에 적절치 않다.

번역 조립 라인의 포장 기계들이 계속 여러 차례 고장 나서, 공장 관리인들은 그 기계들을 교체하기로 결정했다.

어휘 packaging machine 포장 기계 break down 고장 나다 assembly line 조립 라인 replace 교체하다

3. (B) 부사 자리_동사 수식

해설 수동태인 be동사 are과 p.p.인 satisfied 사이의 부사 자리이므로, (B) completely(완전히)가 정답이다. (A) complete는 형용사/동사, (C) completion은 명사, (D) completes는 동사로 품사상 빈칸에 들어갈 수 없다.

번역 그릇을 만든 장인의 실력에 완전히 만족하지 못한다면 알려 주십시오.

어휘 be satisfied with ~에 만족하다 craftsmanship (장인의) 실력, 솜씨 bowl 그릇, 통

4. (C) 부사 자리_문장 수식

해설 빈칸은 뒤에 이어지는 완전한 문장을 수식하는 부사 자리이므로, '흥미롭게도'라는 뜻의 부사 (C) Interestingly가 정답이다. 참고로, 문장 앞에 부사가 올 경우 문장과 부사 사이에 콤마가 있으므로, 콤마가 부사 자리의 유용한 힌트가 된다.

번역 흥미롭게도, 틴자 의류의 총매출은 최근 매장들의 폐점에도 불구하고 거의 떨어지지 않았다.

어휘 total sales 총매출액, 총판매액 closing 폐장, 폐점

5. (A) 부사 자리_부사절 수식

해설 빈칸 앞에 완전한 절이 있으므로, 빈칸은 부사절 접속사 before 앞에서 부사절을 수식하는 부사 자리이다. 따라서 before와 어울려 '바로 직전에'의 의미로 쓰이는 부사 (A) shortly가 정답이다.

번역 다과는 회의가 시작되기 직전에 회의실에 비치되어야 한다.

어휘 refreshment 다과, 음식물 conference 회의 shortly 곧 shorten 짧게 하다, 단축하다

6. (D) 부사 자리_동사 수식

해설 빈칸 앞에 수동태 동사 is divided가 있으므로 빈칸은 부사 자리이다. 따라서 '똑같이, 균등하게'라는 의미의 (D) equally가 정답이다. (A) equal은 형용사/동사, (C) equality는 명사이므로 품사상 빈칸에 들어갈 수 없다.

번역 광고 예산은 마케팅부에 있는 세 개의 분과에 균등하게 분배된다.

어휘 budget 예산 divide 분배하다, 나누다 division (관청·회사 등의) 부, 국, 과 equal 동등한; ~와 같다 equality 평등, 균등

7. (D) 부사 자리_부사 수식

해설 빈칸은 동사 went와 부사 well 사이에서 또 다른 부사를 수식하는 부사 자리이므로, (D) remarkably(매우, 현저히)가 정답이다. (A) remarks는 명사/동사, (B) remarked는 동사/과거분사, (C) remarking은 동명사/현재분사로 품사상 오답이다. 참고로 go well은 '잘[순조롭게] 진행되다'라는 빈출 표현이므로 익혀 두도록 한다.

번역 회사 송년회는 막바지 장소 변경에도 불구하고 매우 잘 진행되었다.

어휘 companywide 회사 전체의 last-minute 막판[막바지]에 venue 장소

8. (A) 부사 자리_동명사 수식

해설 전치사 for와 동명사 charging 사이에서 동명사를 수식하는 부사 자리이므로, (A) mistakenly(잘못하여, 실수로)가 정답이다. (B) mistaken은 과거분사, (C) mistook은 동사, mistake는 명사/동사로 품사상 빈칸에 들어갈 수 없다.

번역 최근 점검 방문에서 실수로 두 배의 요금을 청구한 것에 대해 사과드립니다.

어휘 charge (요금을) 청구하다 recent 최근의

실전 ETS PRACTICE 본책 p.55

1. (B)	**2.** (A)	**3.** (B)	**4.** (B)
5. (C)	**6.** (D)	**7.** (B)	**8.** (D)

---

1. (B) 숫자 수식 부사

해설 빈칸 뒤에 숫자(100 years)가 있으므로, 주로 숫자 앞에 쓰여 '거의'라는 의미를 나타내는 부사 (B) nearly가 정답이다.

번역 제프 플로어링은 거의 100년 동안 피넬라스 카운티에서 서비스를 제공해 왔습니다.

어휘 flooring 바닥재 serve (서비스를) 제공하다 proudly 당당히 normally 보통 finally 마침내

2. (A) 증감 동사 수식 부사

해설 빈칸 앞 동사 improved와 어울리는 부사 어휘 문제이다. '향상하다'라는 의미의 증감 동사 improve는 얼마만큼 향상하였는지를 보여 주는 부사가 어울리므로 '약간, 조금'이라는 의미의 (A) slightly가 정답이다. 의미가 자연스럽게 연결되는 듯한 (B) quite(상당히, 꽤)와 (C) fairly(상당히, 꽤)는 주로 형용사, 부사를 수식하는 부사이므로 동사 improved를 수식하지 않는다.

번역 팀원들이 스탠딩 데스크를 사용하면서 엔지니어링 팀의 생산성은 약간 향상되었다.

어휘 productivity 생산성 improve 향상[개선]되다 once ~하면, ~하자마자 closely 면밀히, 밀접하게

3. (B) 숫자 수식 부사

해설 빈칸 뒤에 숫자(six weeks)가 있으므로, 주로 숫자 앞에 쓰여 '최소한, 적어도'라는 의미를 나타내는 부사 (B) at least가

정답이다.

번역 그로우 그레이트 호박씨는 마지막 서리가 내린 후 최소 6주 뒤에 야외에 심어야 한다.

어휘 squash 호박 seed 씨 plant 심다 outdoors 야외에 frost 서리

4. (B) 현재진행과 어울리는 시간 부사

해설 '기사를 쓰고 있다'라는 현재진행 시제와 어울리는 부사를 선택해야 한다. 따라서 '현재, 지금'의 의미를 나타내는 (B) currently가 정답이다. 참고로, (A) recently(최근에)는 현재완료 또는 과거 시제와 어울리고, (D) formerly(이전에)는 과거 시제와 쓰이는 부사이다.

번역 업무 계획표에 따르면, 벤 데이글은 현재 해양 오염에 대한 기사를 쓰고 있다.

어휘 work on ~에 관한 일을 하다 article 기사, 글 pollution 오염 eventually 결국, 최후에는

5. (C) 과거 시제와 어울리는 시간 부사

해설 '이전에 운영 부이사였다'는 이력서의 과거 사실에 상응하고, 빈칸 앞에 과거 시제인 was가 있으므로, '이전에'라는 의미의 과거 시제 부사 (C) previously가 정답이다.

번역 스완 씨의 이력서에는 그녀가 이전에 월하이트 주식회사의 운영 이사였다고 나와 있다.

어휘 résumé 이력서 operation 운영, 경영

6. (D) '동사+부사' 빈출 표현

해설 피해(the damage)가 복구될(has been repaired) 때까지 쇼핑센터가 휴업을 한다(will be closing)는 상황에 어울리는 부사가 빈칸에 들어가야 한다. 따라서 close(휴업하다, 문을 닫다)와 자주 쓰이는 '일시적으로'라는 의미의 부사 (D) temporarily가 정답이다.

번역 파고 쇼핑센터는 지난 폭풍우 동안에 일어난 피해가 복구될 때까지 일시적으로 휴업할 것이다.

어휘 damage 피해, 손해 cause 야기하다 energetically 원기 왕성하게

7. (B) 과거 시제와 어울리는 시간 부사

해설 빈칸은 주어와 동사 사이에서 동사를 수식하는 부사 자리이다. transferred라는 과거 시제와 어울려 '최근에 베를린 지점으로 발령 났다'라는 의미가 자연스러운 시간 부사 (B) recently(최근에)가 정답이다. (A) usually는 반복되는 일이나 상태를 나타내므로 오답이며, (C) thoroughly와 (D) approximately도 문맥상 답이 될 수 없다.

번역 데브라 앨런은 유럽 자회사들을 감독하기 위해 최근에 베를린 지점으로 발령 났다.

어휘 transfer ~로 발령 나다, 전근 가다 oversee 감독하다
subsidiary 자회사 thoroughly 철저히
approximately 대략

8. (D) '부사＋동사' 빈출 표현

해설 개정안을 승인했다(approved the revised proposal)
는 내용과 상응하는 부사가 들어가야 하므로, 동사
approve(승인하다)와 어울리는 '만장일치로'라는 의미의
부사 (D) unanimously가 정답이다.

번역 마지막 회의에서 이사회는 그 건물을 개조하는 개정안을
만장일치로 승인했다.

어휘 board of directors 이사회 revised proposal 개정안
renovate 개조[보수]하다

📄 **ETS TEST**   본책 p. 56

1. (C)	2. (D)	3. (A)	4. (D)
5. (A)	6. (D)	7. (C)	8. (C)

1. (C) 부사 자리_동사 수식

해설 빈칸은 주어와 동사 사이에서 동사를 수식하는 부사 자리
이므로 정답은 (C) brilliantly이다.

번역 영화 <앳 올 아워즈>는 은행권의 이면을 훌륭하게 묘사하
고 있다.

어휘 depict 묘사하다 inner 내부의 banking 은행 업무
brilliant 훌륭한 brilliantly 훌륭히

2. (D) 변화 동사 수식 부사

해설 빈칸에는 입지를 넓히기 위해 마케팅 전략을 어떻게 변경
했는 지를 보여주는 부사가 들어가야 한다. 따라서 변화의
동사 shifted를 수식하여 '급격히 변경했다'라는 의미가 자
연스러운 (D) dramatically(급격히, 극적으로)가 정답이
다. '상당히, 꽤'라는 의미로 동사 '변경했다'와 어울릴 것
같은 (A) fairly는 주로 형용사나 부사를 강조하는 부사이
므로 동사 shifted를 수식하지 못한다.

번역 TTL 레코드는 음악 산업에서의 입지를 넓히기 위해 마케
팅 전략을 급격히 전환했다.

어휘 expand one's presence 입지[존재]를 확대하다 shift
바꾸다, 변경하다 strategy 전략 presently 현재, 지금

3. (A) 형용사 자리_명사 수식

해설 빈칸은 부사 exceedingly의 수식을 받으며 뒤에 있는 명
사 quality를 수식하는 형용사 자리이므로 (A) high가 정
답이다. (B) highly는 부사, (C) highs는 명사이므로 답이
될 수 없고, (D) highest는 최상급 형용사로 앞에 the나
소유격이 필요하므로 오답이다.

번역 상당히 고품질의 재료로 만들어졌기 때문에 그 매트리스
는 최소한 10년은 갈 것이다.

어휘 material 재료 exceedingly 상당히 of high quality
품질 좋은 mattress 매트리스 last 오래가다
highs 최고 기온

4. (D) 형용사 어휘_-ing로 끝나는 형용사

해설 부정관사 뒤, 명사 앞 provider를 수식하는 형용사 자리로,
'여행자를 위한 서비스의 선두 제공업체'라는 의미가 되어
야 자연스러우므로 '선두의'라는 뜻의 분사형 형용사인 (D)
leading이 정답이다.

번역 전 세계에 75개 이상의 지점을 갖고 있는 비아예세구로
유한회사는 여행자를 위한 서비스의 선두 제공업체이다.

어휘 located 위치한 provider 제공업체 objective 객관적인
leading 선두의

5. (A) 형용사 자리_명사 수식

해설 '기간'이라는 명사 periods를 수식하는 형용사 자리이
다. 따라서 (A) extended(길어진, 늘어난)가 정답이
다. (B) extent(정도, 크기), (C) extension(연장), (D)
extending(확대)는 모두 periods와 복합명사를 이루기에
는 어색하기 때문에 빈칸에 들어갈 수 없다.

번역 레이건 디지텍 안경은 장시간 디지털 화면을 봄으로써 생
기는 눈의 피로를 예방한다.

어휘 prevent 예방하다[막다] eye strain 눈의 피로 cause
야기하다 period 기간

6. (D) 형용사 자리_수량 형용사

해설 빈칸은 명사 buses를 수식하는 형용사 자리로, '수요의 부
족'이라는 이유가 버스 제공에 미치는 영향을 보여주는 단
어가 들어가야 한다. 즉, 버스를 거의 제공하지 않는다는
내용이 되어야 자연스러우므로, '수가 적은'이라는 의미의
(D) few가 정답이다. (A) which는 관계사와 의문사이므로
뒤에 동사가 와야 하며, (B) every는 가산 단수명사와 쓰
이고, (C) neither는 앞에 두 가지 사항이 언급되어 있어야
하므로 오답이다.

번역 홀멘 카운티는 수요의 부족으로 동절기에는 관광지를 오
가는 버스를 거의 제공하지 않는다.

어휘 lack 부족 demand 수요 offer 제공하다 spot 장소

7. (C) 부사 어휘_전치사구 수식

해설 '회사 주식의 급락 소식 후에(following the news of the
sharp decline in the company's stock price)'라는
시간 표현에 상응하는 부사가 들어가야 하므로, 전치사
following을 수식하여 '~ 직후에, ~하자마자 곧(바로)'의
의미를 이루는 부사 (C) shortly가 정답이다.

번역 파비안 포드 최고 경영자(CEO)는 회사 주가 급락 소식 직후에 사의를 표명했다.

어휘 resignation 사직[사임] following ~ 후에 sharp decline 급락 stock price 주가 shortly 곧 justly 공정하게

8. (C) 부사 자리_분사 수식

해설 비교급 관용 표현인 than expected(예상되었던 것보다) 사이에서 과거분사인 expected를 수식하는 자리이므로 부사가 들어가야 한다. 따라서 정답은 (C) originally이다. 과거분사를 비롯한 동명사나 to부정사 등의 준동사는 부사의 수식을 받는다.

번역 인터내셔널 컨설턴트는 당초 예상보다 더 빨리 새로운 웹사이트를 개설했다.

어휘 international 국제의 launch 시작하다 expect 예상하다 originality 독창성 original 원본; 원래의 originally 원래, 당초

UNIT 05 전치사

실전	ETS PRACTICE		본책 p. 61
1. (D)	**2.** (C)	**3.** (B)	**4.** (D)
5. (D)	**6.** (A)	**7.** (A)	**8.** (B)

1. (D) 방향 전치사

해설 빈칸은 장소를 나타내는 명사구 the checkout counter와 어울리는 전치사 자리이며, 문맥상 '상품들을 계산대로 옮기는 것'의 의미가 자연스러우므로 '~에, ~로'라는 의미의 방향 전치사 (D) to가 정답이다.

번역 그 고객은 그녀가 고른 상품들을 계산대로 옮기는 데 도움이 필요했다.

어휘 carry 운반하다 selection 선택한 것 checkout counter 계산대

2. (C) 범위 전치사

해설 빈칸 뒤에 오는 Paris and Barcelona는 특정 지역 사이의 범위를 나타낸다. 따라서 '~ 사이에'라는 의미의 (C) between이 정답이다. 참고로 between은 뒤에 복수명사가 오거나, A and B 구조와 자주 사용되므로 보기에 between이 있을 시 and의 유무를 확인한다.

번역 콜 씨는 정기적으로 파리와 바르셀로나 사이를 오가는 급행열차를 탄다.

어휘 regularly 정기적으로 express train 급행열차 between A and B A와 B 사이에

3. (B) 시점 전치사

해설 동사구 be submitted와 시간 표현 5:00 P.M. this Friday를 적절히 연결해 주는 전치사가 들어가야 하므로, '~까지'라는 의미의 시간 전치사 (B) by가 정답이다. 동사 submit(제출하다)은 1회성의 동작이므로 완료의 성질을 지닌 전치사 by와 자주 쓰인다. 비슷한 의미를 지닌 (C) until(~까지)은 계속, 연속의 의미를 나타내므로 be submitted(제출되다)와 어울리지 않는다.

번역 6월의 모든 근무 시간 기록표는 이번 주 금요일 오후 5시까지 제출되어야 한다.

어휘 timesheet 근무 시간 기록표 submit 제출하다

4. (D) 기간 전치사

해설 기간을 나타내는 명사구 the month of August를 목적어로 취하는 전치사 자리이다. 따라서 '~동안 쭉, 내내'라는 의미를 나타내는 (D) Throughout이 정답이다.

번역 로체스터 현대 미술관은 8월 한 달 내내 보수 공사를 위해 문을 닫을 것이다.

어휘 renovation 개조, 보수(공사)

5. (D) 위치 전치사

해설 위치를 나타내는 명사구 the lecture hall's back door를 목적어로 취하는 전치사 자리이다. 따라서 '~ 근처에'라는 뜻을 나타내는 (D) near가 정답이다. (A) next와 (C) close는 to와 함께 쓰여야 '~ 옆에, 근처에'라는 전치사 역할이 가능하고, (B) besides는 '~ 이외에도'라는 의미의 전치사로 문맥상 답이 되지 않는다.

번역 강의실 뒷문 근처 탁자 위에 약간의 홍보 팸플릿이 마련되어 있다.

어휘 promotional 홍보의 pamphlet 팸플릿 arrange 준비[마련]하다 lecture hall 강의실

6. (A) 기간 전치사

해설 빈칸 뒤의 harsh weather와 어울려 문맥상 '악천후 기간 동안'이라는 내용이 되어야 자연스러우므로 '~ 동안'이라는 뜻의 (A) during이 정답이다.

번역 피커크 농장은 악천후 기간 동안 작물을 보호하기 위해 혁신적인 방법을 사용한다.

어휘 innovative 혁신적인 method 방법 crop 작물 harsh 혹독한

7. (A) 위치 전치사

해설 빈칸은 뒤에 오는 장소를 나타내는 명사구 the entire country와 결합하여 명사구 Mayplus Markets를 수식하고 있다. '전국에 걸쳐 있는 메이플러스 마켓'이라는 의미가 되어야 하므로 '~ 전체에 걸쳐, ~ 전역에'를 뜻하는 (A)

across가 정답이다.

번역 이제 전국에 있는 메이플러스 마켓에 신선한 현지 달걀이 유통될 예정이다.

어휘 distribute 유통하다 entire 전체의

8. (B) 위치 전치사

해설 동사 is located와 빈칸 뒤에 온 장소 명사 Sam's Ice Cream Shop과 함께 어울려 쓸 수 있는 전치사를 선택해야 한다. 문맥상 '서점은 샘스 아이스크림 가게 바로 맞은편에 있다'라는 내용이 되어야 하므로, '~ 맞은편에'라는 의미의 (B) opposite이 정답이다. 참고로 opposite은 부사 directly와 자주 쓰이므로 '바로 맞은편'이라는 directly opposite도 함께 익혀 두자.

번역 그 서점은 브룩스빌 몰의 남쪽 동에 위치해 있으며, 샘스 아이스크림 가게 바로 맞은편에 있다.

어휘 located in ~에 위치한 wing 부속 건물, 동 directly 곧장, 바로 throughout ~ 전역에 걸쳐, 도처에

<table>
<tr><td>실전</td><td colspan="3">ETS PRACTICE</td><td>본책 p.63</td></tr>
<tr><td>1. (C)</td><td>2. (D)</td><td>3. (C)</td><td colspan="2">4. (A)</td></tr>
<tr><td>5. (B)</td><td>6. (A)</td><td>7. (B)</td><td colspan="2">8. (A)</td></tr>
</table>

1. (C) 이유 전치사

해설 빈칸은 뒤에 온 명사구 an unexpected software error를 목적어로 취하는 전치사 자리이다. 문맥상 소프트웨어 오류는 파일을 복구할 수 없는 이유를 나타내므로, '~ 때문에'라는 의미의 전치사 (C) Because of가 정답이다. (A) As of(~부로)는 시점과 쓰이는 전치사이므로 오답이고, (B) Even though와 (D) When은 접속사이므로 빈칸에 들어갈 수 없다.

번역 예기치 않은 소프트웨어 오류로 인해 데이터베이스의 연구 파일 일부는 완전히 복구될 수 없었다.

어휘 unexpected 예기치 않은 error 오류, 실수 research 연구 fully 완전히 recover 복구하다

2. (D) 수단 전치사

해설 '2년의 경력을 가진'이라는 내용이 되어야 적절하므로 '~을 가진'이라는 의미의 전치사 (D) with가 정답이다.

번역 조닉스 코모더티즈는 온라인 소매업체를 위한 프로그램 작성 경력이 2년인 시스템 분석가를 구하고 있다.

어휘 commodity 상품 seek 구하다 analyst 분석가 retailer 소매업체

3. (C) 이유 전치사

해설 빈칸 뒤 명사구 the extreme weather conditions를 목적어로 취하는 전치사 자리이다. 도로를 일시적으로 폐쇄하는 것(will temporarily be closed)은 극심한 기상 조건에 비추어 내려진 결정이므로, '~에 비추어, ~을 고려하여'라는 의미로 이유를 나타내는 구전치사 (C) In light of가 정답이다.

번역 극심한 기상 여건을 고려하여 국립 공원 내 여러 도로는 일시적으로 폐쇄될 것이다.

어휘 extreme 극심한, 극도의 temporarily 일시적으로

4. (A) 주제 / 연관성 전치사

해설 빈칸은 명사 destination을 목적어로 취하는 전치사 자리이다. '목적지에 상관없이 동일한 요금을 적용한다'라는 내용이 자연스러우므로, '~에 상관없이'라는 의미를 나타내는 전치사 (A) regardless of가 정답이다. (B) owing to(~ 때문에)와 (C) between(~ 사이에)도 전치사이지만 문맥상 적절하지 않고, (D) nevertheless는 부사이므로 품사상 빈칸에 들어갈 수 없다.

번역 도시 지하철 시스템은 공휴일 동안 목적지에 상관없이 동일한 요금을 적용한다.

어휘 apply 적용하다 rate 요금 destination 목적지, 도착지 nevertheless 그럼에도 불구하고

5. (B) 이유 전치사

해설 빈칸은 명사구 the difficulty of the research를 목적어로 취하는 전치사 자리로, 문맥상 1주일 연장을 승인받은 이유가 연구의 어려움이므로, '~을 고려[감안]하여'라는 의미의 이유 전치사 (B) Given이 정답이다. 참고로, '~ 때문에'의 의미를 지닌 since는 접속사일 때만 이유의 의미를 가진다. 하지만 전치사인 경우, 과거 시점과 쓰이는 '~ 이래로'라는 시간의 전치사이므로 (A) Since는 오답이다.

번역 연구의 어려움을 고려하여 포스터 씨는 보고서를 완성하기 위해 1주일 연장을 승인받았다.

어휘 grant 승인[허가]하다 extension 연장, 확대

6. (A) 양보 전치사

해설 빈칸은 뒤에 명사구인 budget constraints가 있으므로 전치사 자리이고, 보기 중 (A) Despite와 (D) Besides 중에서 선택해야 한다. 문맥상 예산 제약(budget constraints)에도 불구하고 임금 인상(salary increase)이 될 것이라고 해야 자연스러우므로 '~에도 불구하고'라는 의미의 전치사 (A) Despite가 정답이다. 비슷한 의미를 지닌 (C) Even if는 접속사이므로 빈칸에 들어갈 수 없다.

번역 예산상의 제약에도 불구하고 모든 풀타임 직원들은 3%의 임금 인상을 받게 될 것이다.

어휘 constraint 제약, 속박 full-time 전 시간 근무의, 상근의
even if 비록 ~일지라도, ~에도 불구하고

7. (B) 목적 전치사

해설 '회계 담당자 직책을 위한 지원자'라는 의미를 이루어
야 자연스럽고, Candidates는 the account manager
position을 위해서 채용될 지원자이므로 '목적, 용도'의 전
치사인 (B) for가 정답이다.

번역 회계 관리자직 지원자는 반드시 금융학 석사 학위를 소지
해야 한다.

어휘 candidate 후보자 master's degree 석사 학위
finance 금융

8. (A) 수단 전치사

해설 명사구 the application of a generous amount of
glue를 목적어로 취하는 전치사 자리로, 두 개의 플라스
틱 조각이 결합되기(The two pieces of plastic can be
combined) 위해 접착제를 바르는 것은 수단이 되므로, '~
을 통해'라는 의미를 나타내는 전치사 (A) through가 정
답이다. (B) around는 '~ 주위에', (C) unlike는 '~와 달리',
(D) concerning은 '~에 관하여'라는 의미로 문맥상 적절
하지 않다.

번역 그 두 개의 플라스틱 조각은 접착제를 넉넉히 발라서 붙일
수 있다.

어휘 combine 결합하다 application 바르기, 적용
generous amount 넉넉한 양 glue 접착제, 풀

실전	ETS PRACTICE		본책 p.65
1. (D)	**2.** (A)	**3.** (B)	**4.** (A)
5. (C)	**6.** (B)	**7.** (B)	**8.** (C)

1. (D) 전치사_관용 표현

해설 빈칸은 명사구 further notice(추후 공지)를 목적어로 취
하는 전치사 자리이다. '추후 공지가 있을 때까지'라는 의
미가 되어야 자연스러우므로 (D) until(~까지)이 정답이
다. until further notice는 빈출 표현이므로 익혀 두도록
한다.

번역 예기치 않은 폭풍으로 인해 공영 수영장에 대한 접근은 추
후 공지가 있을 때까지 제한될 것입니다.

어휘 due to ~로 인해 unexpected 예기치 않은 access
접근 restricted 제한된 further notice 추후 공지[안내]

2. (A) 구전치사

해설 빈칸 뒤의 schedule이 문제 해결의 단서로, 문맥상 '예정

보다 빨리 끝냈다'라는 의미가 되어야 하므로 '~보다 빨리'
라는 의미의 구전치사 (A) ahead of가 정답이다.

번역 팀원들 중 몇 명이 초과 근무를 했기 때문에, 그들은 로고
디자인 프로젝트를 예정보다 빨리 끝냈다.

어휘 work overtime 초과 근무하다 complete 완료하다

3. (B) 구전치사

해설 문맥상 '주거 지역 대신 상업 시설 주변에'라는 내용이 되
어야 자연스럽다. 따라서 '~ 대신에'라는 의미의 구전치사
(B) instead of가 정답이다.

번역 헬스클럽을 광고하는 전광판은 주거 지역 대신에 상업 시
설 주변에 설치될 때 더 효과적이다.

어휘 billboard (옥외) 전광판 advertise 광고하다 effective
효과적인 place 설치하다 residential 주택지의
in regard to ~에 관한

4. (A) 전치사+동명사

해설 빈칸은 동명사 taking a break를 목적어로 취하는 전치사
자리이며, 문맥상 '휴식을 취한 뒤 손을 씻어야 한다'는 내
용이 되어야 적절하므로 (A) after가 정답이다.

번역 음식을 취급하는 직원은 휴식을 취한 뒤 반드시 손을 씻어
야 한다.

어휘 handle 다루다 break 휴식 past (위치, 시간, 정도 등을)
지나서

5. (C) 전치사_관용 표현

해설 빈칸은 명사구 the supervision of Chef Anderson
Carter를 목적어로 취하는 전치사 자리이다. 미도리의 주
방(The kitchen at Midori)은 '셰프 앤더슨 카터의 감독
(the supervision of Chef Anderson Carter)'을 받아
운영된다고 볼 수 있으므로 '(관리자의) 아래[하]'라는 의
미로 쓰일 수 있는 (C) under가 정답이다.

번역 유명한 아시안 퓨전 레스토랑인 미도리의 주방은 현재 셰
프 앤더슨 카터의 감독하에 있다.

어휘 currently 현재 under the supervision of ~의 감독하에

6. (B) 포함 전치사

해설 빈칸은 명사구 drills and screwdrivers를 목적어로 취
하는 전치사 자리이다. 문맥상 철물점이 '판매하는 도구
(selling tools)'에 대한 예로 '드릴과 드라이버(drills and
screwdrivers)'를 언급한 것이므로, '~와 같은'이라는 의미
를 나타내는 전치사 (B) such as가 정답이다.

번역 아이언 홈 앤 가든 철물점은 드릴과 드라이버 같은 도구를
판매하는 것을 전문으로 한다.

어휘 hardware store 철물점 specialize in ~을 전문으로 하다 drill 드릴, 송곳 screwdriver 드라이버, 나사돌리개

7. (B) 제외 전치사

해설 '제럴드 카터를 제외한 모든 기술 지원팀의 팀원이 참석해야 한다'는 것이 자연스러우므로, '~을 제외하고'라는 의미를 나타내는 (B) other than이 정답이다. 참고로, 제외를 나타내는 전치사 except, other than, apart from은 전체를 나타내는 all, every, none 등과 자주 함께 출제된다.

번역 제럴드 카터를 제외한 기술 지원팀 전원은 새로운 보안 프로그램 워크숍에 참석해야 한다.

어휘 tech support 기술 지원 attend 참석하다 security 보안 notwithstanding ~에도 불구하고

8. (C) 구전치사

해설 빈칸은 명사구 high demand를 목적어로 취하는 전치사 자리이며, 문맥상 '높은 수요의 결과로 생산을 늘렸다'라는 의미가 되어야 자연스럽다. 따라서 '~의 결과로서'의 의미를 나타내는 (C) as a result of가 정답이다.

번역 브레턴 제조는 높은 수요의 결과로 모든 공장에서의 생산을 늘려 왔다.

어휘 manufacturing 제조업 increase 증가시키다 production 생산 facility (공장 등의) 시설 demand 요구, 수요 in that ~라는 점에 있어서

📄 ETS TEST 본책 p. 66

1. (C)	**2.** (A)	**3.** (A)	**4.** (B)
5. (A)	**6.** (C)	**7.** (A)	**8.** (B)

1. (C) 기간 전치사

해설 빈칸은 명사구 30 days of purchase를 목적어로 취하는 전치사 자리이다. '구매 후 30일'은 환불이 가능한(eligible for a refund) 기한을 나타내므로, '~ 이내에'라는 의미로 기간과 함께 쓰이는 전치사 (C) within이 정답이다. (A) by, (B) until, (D) on 모두 주로 시점과 쓰이는 전치사이므로 빈칸에는 적절하지 않다.

번역 불량 제품은 구매 후 30일 이내에 결함이 신고되어야 환불이 가능합니다.

어휘 defective 결함이 있는 eligible for ~에 자격이 있는 refund 환불 defect 결함 purchase 구매

2. (A) 시점 전치사

해설 명사구 the announcement of the event를 목적어로 취하는 전치사 자리로, 회의 장소(The meeting place)는 행

사 발표에 앞서서 결정되어야(must be determined) 하므로, '~ 전에'라는 의미의 전치사 (A) prior to가 정답이다.

번역 학회를 위한 회의 장소는 행사 발표 전에 결정되어야 한다.

어휘 conference 학회[회의] determine 결정하다 announcement 발표 other than ~을 제외하고

3. (A) 전치사 + 동명사

해설 빈칸은 동명사 entering을 목적어로 취하는 전치사 자리이다. 문맥상 '로비에 들어가자마자 서명하도록'이 자연스러우므로 '~하자마자, ~할 때'라는 의미의 전치사 (A) upon이 정답이다. 참고로, (D) during은 동명사를 목적어로 취하지 못하므로 오답이다.

번역 손님들은 메인 로비에 들어가자마자 프런트 데스크에서 서명하도록 요청받는다.

어휘 be asked to ~해야 한다, ~하도록 요청받다 register (숙박부 등에) 서명하다, 기입하다, 등록하다

4. (B) 구전치사

해설 문맥에 알맞은 구전치사를 고르는 문제이다. 문장의 내용이 혹독한 날씨로 버스 노선이 피해를 입은 경우에 대한 내용이므로, 빈칸에는 '만일 ~의 경우에, ~의 경우를 대비하여'라는 의미의 (B) In the event of가 정답이다.

번역 겨울 날씨가 혹독할 경우, 재해를 입은 버스 노선은 도로가 정리될 때까지 우회로로 변경되거나 일시 중단될 수도 있다.

어휘 severe 심각한, 혹독한 affected 영향받은 redirect 방향을 바꾸다, 새 방향으로 돌리다 temporarily 일시적으로, 임시로 suspend 유예[중단]하다 clear 제거하다, 치우다 of the following 다음의 ~ 중에서

5. (A) 범위 전치사

해설 Allison Mimms는 뽑힐 가능성이 있는 후보자들(the potential candidates) 중 하나라고 할 수 있으므로, '(셋 이상의 대상) 중의, 중에서 (하나)'라는 의미의 전치사 (A) among이 정답이다. among은 항상 뒤에 복수명사를 취한다는 점에 유의한다.

번역 앨리슨 밈스는 베리타스 엔지니어링의 컴퓨터 프로그래머 자리에 뽑힐 가능성이 있는 후보자 중 한 명이다.

어휘 potential 가능성이 있는, 잠재적인 candidate 후보자, 지원자

6. (C) 양보 전치사

해설 빈칸은 뒤에 온 동명사구 running 이하를 연결하는 전치사 자리이다. 빈칸 뒤에서 재료가 부족했다고 언급했으나 뒤따르는 절에서 개점식이 성공적이었다는 상반되는 내용이 왔으므로, '~에도 불구하고'를 의미하는 전치사 (C)

22

Despite가 정답이다.

번역 몇 가지 메뉴 재료가 떨어졌는데도 불구하고 킵 그릴의 개점식은 성공적이었다.

어휘 run low 떨어져 가다, 고갈되다 ingredient 재료 success 성공

7. (A) 이유 전치사

해설 빈칸은 명사구 a strong advertising push in the first quarter를 목적어로 취해 앞에 온 절을 수식해 주는 전치사 자리이다. 따라서 '~ 덕분에'라는 이유의 의미를 나타내는 (A) thanks to가 정답이다. (B) even though는 접속사, (C) rather than은 상관접속사, (D) not only는 부사이므로 빈칸에 들어갈 수 없다

번역 1분기에 광고를 강력하게 밀어붙인 덕분에 2분기 매출이 향상되었다.

어휘 quarter 분기 sales 매출량 push 분투, 격려

8. (B) 추가 전치사

해설 빈칸에는 전치사 for의 목적어인 두 명사구 its engaging curriculum과 its knowledgeable faculty를 이어 주는 연결어가 들어가야 한다. 빈칸 뒤 명사구(its knowledgeable faculty)가 있는 점을 보아 전치사 자리임을 알 수 있고, 문맥상 '박식한 교수진뿐만 아니라 흥미로운 교육 과정으로 유명하다'라는 의미가 되어야 자연스럽다. 따라서 '~뿐 아니라, ~ 이외에도'라는 추가의 의미를 나타내는 구전치사 (B) as well as가 정답이다. (A) as는 '~로서'라는 의미인 자격을 나타내는 전치사이므로 문맥상 맞지 않고, 접속사인 (C) because와 (D) so that은 뒤에 절을 취하므로 오답이다.

번역 로메로 인스티튜트는 박식한 교수진뿐만 아니라 흥미로운 교육과정으로 유명하다.

어휘 institute 협회, 기관 engaging 마음을 끄는, 흥미로워 보이는 curriculum 교육과정 knowledgeable 박식한 faculty 교수진

UNIT 06 자/타동사, 수 일치, 태

실전	ETS PRACTICE		본책 p. 71
1. (C)	**2.** (D)	**3.** (A)	**4.** (A)
5. (D)	**6.** (A)	**7.** (B)	**8.** (A)

1. (C) 자동사 + 부사

해설 빈칸은 주절의 주어 your property sale의 동사 자리로, 능동태 구조인데 목적어가 없으므로 자동사가 들어가야

한다. 따라서 부사 smoothly의 수식을 받아 '순조롭게 진행되다'라는 의미를 나타내는 자동사 (C) go(진행되다)가 정답이다. (A) find, (B) make, (D) hold는 모두 목적어를 필요로 하는 타동사이므로 오답이다.

번역 우리의 역량 있는 공인 중개사를 고용하시면, 부동산 매매가 순조롭게 진행될 것입니다.

어휘 hire 고용하다 competent 역량 있는, 유능한 licensed 자격증이 있는 real estate 부동산 property 부동산, 건물

2. (D) 타동사 + 목적어

해설 빈칸은 주어가 the management and labor union이고 목적어가 an agreement인 타동사 자리이다. '경영진과 노동조합은 합의에 도달했다'라는 내용이 자연스러우므로, 명사 agreement와 함께 '합의에 도달하다'라는 의미를 나타내는 동사 (D) reached가 정답이다.

번역 길고 지루한 협상 후 경영진과 노동조합은 마침내 수정된 근무 조건에 합의했다.

어휘 lengthy 너무 긴, 지루한 management 경영진 labor union 노동조합 agreement 합의 revised 수정된 work conditions 근무 조건

3. (A) 자동사 + 전치사

해설 빈칸은 주어 Materials의 동사 자리로, 문맥상 '수업의 자료가 강의와 읽기로 구성된다'라는 의미를 나타내야 하므로, of와 결합하여 '~로 구성되다'라는 의미를 나타내는 자동사 (A) consist가 정답이다. (B) make, (C) create, (D) teach는 모두 타동사로 전치사 없이 바로 목적어를 취한다.

번역 저희 온라인 비즈니스 글쓰기 수업의 자료는 주로 영상 강의와 할당되는 읽기 자료로 구성되어 있습니다.

어휘 material 자료 primarily 주로 assigned 할당된, 주어진

4. (A) 자동사 + 전치사

해설 명사절 내에서의 주어 the building's new plumbing의 동사 자리이다. 새 배관은 안전 기준에 부합해야 하므로, with와 함께 '~을 따르다, 준수하다'라는 의미를 나타내는 자동사 (A) complies가 정답이다. (B) fulfills와 (D) demonstrates는 모두 타동사로 전치사 없이 바로 목적어를 취하고, 자동사, 타동사가 모두 가능한 (C) operates는 문맥상 적절하지 않다.

번역 검사관은 건물의 새 배관이 지역 안전 기준을 따르고 있는지 반드시 확인해야 한다.

어휘 inspector 검사[조사]관 confirm 확인하다 plumbing 배관 fulfill 이행하다 operate 운영하다[되다]

5. (D) 자동사 + 전치사

해설 빈칸은 주어 Chocolate manufacturers의 동사 자리이

다. 카카오 콩의 가격 하락은 초콜릿 제조업체에게 이득을 가져다줄 수 있으므로, from과 함께 자동사로 쓰여 '~에서 이득을 보다'라는 의미를 나타내는 (D) benefited가 정답이다.

번역 초콜릿 제조업체들은 최근 카카오 콩의 가격 하락의 덕을 봐왔다.

어휘 manufacturer 제조업체 fall 하락 bean 콩 prohibit 금지하다

6. (A) 자동사 + 부사

해설 빈칸에는 The members of our shipping and delivery team을 주어로 받으면서, 목적어 없이 부사 collaboratively와 쓰이는 자동사가 들어가야 한다. 문맥상 '팀원들은 협력해서 일한다'라는 의미가 자연스러우므로 자동사 (A) work(일하다)가 정답이다. (B) require, (C) complete, (D) contact는 모두 목적어를 취하는 타동사이므로 답이 될 수 없다.

번역 우리 선적 배송 팀 팀원들은 가능한 한 빨리 주문을 이행하기 위해 협력해서 일한다.

어휘 collaboratively 협력해서 fill an order 주문을 이행하다

7. (B) 4형식 타동사

해설 빈칸은 주어 The Canny Shopper credit card의 동사 자리로, 빈칸 뒤 두 개의 명사 cardholders와 discounts를 목적어로 취하므로 4형식 동사가 들어가야 한다. 따라서 '~에게 …을 제공하다'라는 의미를 나타내는 타동사 (B) offers가 정답이다. '~에게 알려 주다'의 의미인 (C) notifies는 사람 목적어 뒤 discounts 앞에 전치사 of나 about을 취해야 하기 때문에 문법상 오답이다.

번역 캐니 쇼퍼 신용 카드는 200개 이상의 소매업체에서 카드 소지자에게 50%까지의 할인을 제공한다.

어휘 cardholder 카드 소지자 up to ~까지 retail business 소매업

8. (A) remind + 사람 목적어 + of

해설 빈칸은 명사구 the team을 목적어로 취하는 to부정사구의 동사 자리이다. '팀에게 마감일을 상기시키다'라는 의미가 자연스러우므로, 전치사 of와 함께 쓰여 '~에게 …을 상기시키다'라는 의미를 나타내는 타동사 (A) remind가 정답이다. remind와 inform(알려 주다), notify(알려 주다)는 '~에게'의 의미를 지닌 사람 목적어만을 취한다는 점에 유의해야 한다.

번역 유 이사는 팀에게 다가오는 마감일을 상기시키기 위해 정기적인 이메일을 보낸다.

어휘 regular 정기적인 upcoming 다가오는

1. (A)	**2.** (B)	**3.** (D)	**4.** (A)
5. (A)	**6.** (A)	**7.** (B)	**8.** (A)

1. (A) 복수주어 + 복수동사

해설 복수명사인 The designs가 주어이고, 빈칸은 동사 자리이다. 따라서 복수동사인 (A) conform이 정답이다. 전치사구 of Ms. Koh's furniture는 수 일치에 영향을 주지 않는다. 또한 conform은 전치사 to를 동반하는 자동사이므로 수동태를 만들 수 없기 때문에 (D) is conformed는 오답이다.

번역 고 씨의 가구 디자인은 주류의 기대에 결코 부응하지 않는다.

어휘 conform to ~에 부응하다, (규칙 등을) 따르다 mainstream 주류의 expectation 기대

2. (B) 수 일치

해설 빈칸은 주어 Your package의 동사 자리로, (B) will be arriving과 (C) have arrived 중에 선택해야 한다. Your package가 단수주어이므로 복수동사인 (C) have arrived와는 수 일치가 되지 않고, 수 일치에 영향을 받지 않는 '조동사 + 동사원형'의 구조인 (B) will be arriving이 정답이다.

번역 소포가 오전 9시에서 정오 사이에 도착할 예정이니 서명해 주시기 바랍니다.

어휘 package 소포 available (사람이) 자리에 있는, 시간을 내는

3. (D) 복수주어 + 복수동사

해설 빈칸은 복수주어인 Mr. Thomas and Ms. Vasquez의 동사 자리이므로 복수동사가 와야 한다. 따라서 (D) have been assigned가 정답이다. 현재분사 (B) assigning은 동사 자리에 올 수 없고, 주어가 복수이므로 단수동사 (A) assigns와 (C) has assigned는 답이 되지 않는다.

번역 토마스 씨와 바스케스 씨는 시장 조사 프로젝트에 공동 작업하도록 배정되었다.

어휘 market research 시장 조사 assign (사람을 임무나 직책 등에) 배정하다, 선임하다

4. (A) 수량 표현 주어의 수 일치

해설 빈칸은 주어 Few of the items featured on the Web site의 동사 자리로, 항상 복수 취급되는 few와 수 일치하는 복수동사 (A) are가 정답이다. (B) is는 주어(Few)와 수가 일치하지 않고, (C) been은 과거분사, (D) to be는 to부정사이므로 빈칸에 들어갈 수 없다.

번역 웹사이트에 나와 있는 물품들 대부분이 고객들에게 인기가 없다.

어휘 **item** 물품, 품목 **feature** 나오다, 등장하다

be applied to ~에 반영[적용]되다

5. (A) 동명사 주어+단수동사

해설 빈칸은 동명사구 Creating forms for your company through our easy-to-use applications의 동사 자리로, 동명사는 단수 취급하므로, 단수주어와 수 일치하는 단수동사가 와야 한다. 따라서 (A) is가 정답이다.

번역 당사의 사용이 편리한 애플리케이션을 이용해 귀사의 양식을 제작하면 시간을 크게 절약할 수 있습니다.

어휘 **form** 양식 **easy-to-use** 사용이 편리한 **application** 애플리케이션 **time-saver** 시간을 절약해 주는 것

6. (A) 수량 표현 주어의 수 일치

해설 빈칸은 주어 The number of computer designers(컴퓨터 디자이너의 수)의 동사 자리이며, 단수주어 The number는 단수동사와 수 일치되므로 (A) is가 정답이다. '~의 수'라는 의미의 The number of는 뒤에 복수명사를 동반하고, 주어일 때는 단수동사만 취한다는 점에 유의해야 한다. 참고로 (D) has도 단수동사이지만, 빈칸은 '~할 것으로 예상[기대]되다'라는 의미의 'be expected to부정사'의 be동사 자리이므로 has는 들어갈 수 없다.

번역 컴퓨터 디자이너의 수는 앞으로 몇 년 내에 증가할 것으로 예상된다.

어휘 **increase** 증가하다

7. (B) 명사절 주어+단수동사

해설 빈칸은 문장의 주어인 명사절 Whether HP&P will move their plant out of the city의 동사이며, 명사절은 단수 취급한다. 따라서 단수주어와 수 일치하는 단수동사가 들어가야 하므로 (B) depends가 정답이다. (A) depend는 복수동사, (C) depending은 동명사/현재분사, (D) dependent는 형용사로 빈칸에 들어갈 수 없다.

번역 HP&P가 공장을 시외로 옮길지 여부는 현재 부지를 얼마에 팔 수 있느냐에 달려 있다.

어휘 **plant** 공장 **depend on** ~에 달려 있다 **current** 현재의 **property** 부동산, 소유지

8. (A) 수량 표현 주어의 수 일치

해설 빈칸은 주어 Much of the feedback given by our customers in the surveys의 동사 자리이다. 수량 표현인 much of the 다음에는 불가산명사만 올 수 있으므로 단수 취급해야 하고 단수동사와 수 일치된다. 따라서 (A) has been이 정답이다. (B) have been, (C) are, (D) were는 모두 복수동사이므로 오답이다.

번역 설문조사에서의 고객들에 의해 주어진 많은 의견은 높이 평가되며 당사 제품에도 반영이 될 것입니다.

어휘 **well appreciated** 높이 평가되는, 매우 고맙게 여겨지는

실전	ETS PRACTICE		본책 p.75
1. (B)	**2.** (B)	**3.** (D)	**4.** (A)
5. (D)	**6.** (A)	**7.** (C)	**8.** (A)

1. (B) 능동태

해설 빈칸은 주어 Mr. Adams의 동사 자리로, an advertising contract를 목적어로 취하고 있으므로 능동태 동사가 들어가야 한다. 따라서 (B) negotiated가 정답이다. (A) negotiate는 주어와 수가 일치하지 않고, (C) negotiating은 동명사/현재분사, (D) was negotiated는 수동태 동사로 오답이다.

번역 애덤스 씨는 패터슨 부동산의 한 고객과 광고 계약을 협상했다.

어휘 **negotiate** 협상하다 **contract** 계약(서) **realty** 부동산

2. (B) 수동태

해설 주어는 New orders이고 빈칸은 have been 뒤에 분사가 들어가 동사의 형태를 완성시키는 자리이다. 빈칸 뒤에 목적어가 없으므로 수동태를 이루는 (B) suspended가 정답이다. be동사 뒤 보어 자리에 명사도 들어갈 수 있지만, '중단, 보류'를 의미하는 (D) suspension은 주어 New orders와 동격이 아니므로 답이 될 수 없다.

번역 GPS 문제가 해결될 때까지 바젤리 RX300 트럭의 신규 주문이 중단되었다.

어휘 **resolve** 해결하다 **suspend** 중단하다

3. (D) 수동태

해설 빈칸은 주어 The latest film의 동사 자리이다. 빈칸 뒤에 목적어가 없고 전치사 as가 있으므로 수동태를 이루는 (D) is regarded가 정답이다.

번역 마도카 와타나베 감독의 최신 영화는 그녀의 역대 최고작 중 하나로 평가받는다.

어휘 **latest** 최신의 **director** 감독 **best ever** 역대 최고의 **regard** 평가하다

4. (A) 능동태

해설 조동사 has와 함께 주어 The exchange rate의 동사 자리로, 과거분사인 (A) risen과 (D) been risen 중 하나를 선택해야 한다. 자동사인 rise는 수동태로 쓰일 수 없으므로 능동의 형태인 (A) risen이 정답이다.

번역 환율이 급격하게 올라서 정부는 그 문제를 완화하기 위한 조치를 취할 필요가 있다.

exchange rate 환율 **take measures** 조치를 취하다
alleviate 완화하다 **rise** 오르다 **sharply** 급격히

5. (D) 4형식 동사의 수동태

해설 빈칸은 be동사 was와 함께 주어 Ms. Hampton의 동사
자리이다. 문맥상 햄튼 씨가 관리직을 제안 받았다는 내
용이 되어야 자연스러우므로, be동사와 수동태를 이루는
과거분사 (D) offered가 정답이다. 빈칸 뒤에 목적어로 a
managerial position이 있으므로 능동태라고 생각하기
쉽지만 offer는 4형식 동사이므로 수동태에서도 동사 뒤에
직접목적어를 취할 수 있다. 이때 'be offered + 목적어'는
'~을 제공[제안] 받다'라는 의미로 해석된다.

번역 햄튼 씨는 밀라노에 있는 회사의 새 지사에서 관리직을 제
안 받았다.

어휘 managerial position 관리직 **offer** 제의[제안]하다

6. (A) 5형식 동사의 수동태 + 형용사

해설 빈칸은 'consider + 목적어(online security) + 목적격 보
어'라는 5형식 구문이 수동태로 바뀐 문형에서 주어가 된
목적어 online security를 보충 설명하는 보어 자리이다.
따라서 형용사 (A) vital이 정답이다. (B) vitality와 (D)
vitalities는 명사로 보어 역할을 할 수는 있지만 online
security와 동격 관계를 이루지 않으므로 빈칸에 적절하
지 않다. (C) vitally는 부사로 보어 역할은 할 수 없고, 동
사 is considered를 수식해야 하는데 비논리적인 의미가
되므로 오답이다.

번역 온라인 보안이 요즘 회사에서 필수적인 것으로 여겨진다
는 것은 널리 알려져 있다.

어휘 security 보안 **consider** 여기다, 간주하다 **vital** 필수적인
vitality 활력

7. (C) 다양한 전치사와 쓰이는 수동태

해설 빈칸은 주어 Tenants of Frizzell Apartments의 동사 자
리로, 문맥상 '소음을 내는 것이 삼가된다'라는 의미를 나
타내야 하므로, from과 결합하여 '~하는 것이 금지되다'라
는 의미를 나타내는 (C) prohibited가 정답이다. 참고로,
prohibit A from -ing(A가 ~하지 못하게 금지하다)의 구
조가 수동태로 바뀐 형태이다.

번역 프리즐 공동 주택의 세입자들은 밤 10시 이후에 소란을
피우는 것이 금지되어 있다.

어휘 tenant 세입자 **make noise** 소란을 피우다 **tolerate**
인내하다 **object** 반대하다 **enforce** (법률 등을)
집행[시행] 하다

8. (A) 5형식 동사의 수동태

해설 빈칸은 주격 관계대명사 that절의 동사 자리로 주어는 선
행사인 personal items(개인 물품)이다. 개인 물품은 남

겨지는 대상이므로, leave는 수동태로 쓰여야 한다. 따라
서 (A) are left가 정답이다. '~을 …한 상태로 남겨 두다'
의 의미를 지닌 'leave + 목적어 + 형용사'의 5형식 구조가
수동태로 변형된 것으로 are left 뒤에 '(주인없이) 방치된'
의 의미인 분사형 형용사 unattended가 왔다.

번역 시설에 주인이 없이 방치된 채로 남겨진 개인 물품의 분실
및 파손에 대해서는 책임지지 않습니다.

어휘 responsible 책임이 있는 **loss** 분실 **damage** 손해, 손상
facility 시설

📄 ETS TEST
본책 p. 76

1. (C)	**2.** (C)	**3.** (A)	**4.** (A)
5. (B)	**6.** (B)	**7.** (A)	**8.** (C)

1. (C) 수동태 / 수 일치

해설 주어 Airline rules regarding baggage allowances의
동사 자리이다. 빈칸 뒤 전치사 by와 연결되려면 타동사
obey가 수동태가 되어야 하며, 항공사 규정은 준수되어야
하는 대상이므로, 조동사 must와 결합한 수동태 동사인
(C) must be obeyed가 정답이다. (A) obeys와 (B) has
obeyed는 능동태, (D) is obeyed는 주어와 수 일치하지
않으므로 오답이다.

번역 수하물 중량 제한에 관한 항공사 규정은 모든 에어 플로리
다 항공편에 탑승하는 승객들에 의해 반드시 준수되어야
한다.

어휘 regarding ~에 관한 **baggage allowance** 수하물 중량
제한 **obey** 준수하다

2. (C) 타동사 자리

해설 Aspiring participants in the Future of Film Festival
의 동사 자리로, their entries를 목적어로 취하는 타동사
가 필요하다. 참가자는 출품작을 제출해야 한다는 내용이
자연스러우므로, '제출하다'라는 의미의 (C) submit이 정
답이다. (A) inquire와 (D) apply는 자동사, '~에 참가하다'
의 의미인 타동사 (B) attend는 목적어 entries와 어울리
지 않아 오답이다.

번역 '영화제의 미래'에 참가하려는 사람은 3월 5일까지 출품작
을 제출해야 한다.

어휘 aspiring 장차 ~가 되려는, 포부를 가진 **participant** 참가자
entry 출품작

3. (A) 능동태 / 수 일치

해설 주어 The updates의 동사 자리로, its unauthorized use를
목적어로 취한다. 따라서 능동태이면서 주어와 수 일치하

는 복수동사가 들어가야 하므로, (A) prevent가 정답이다. (B) prevents와 (D) has prevented는 단수동사이므로, 수동인 (C) are prevented는 뒤에 목적어를 취할 수 없기 때문에 오답이다.

번역 컴퓨터 프로그램 업데이트는 회사 외부로부터 누군가의 승인되지 않은 컴퓨터 사용을 방지한다.

어휘 unauthorized 승인되지 않은 prevent 방지[예방]하다

4. (A) 4형식 동사의 수동태

해설 빈칸 앞뒤에 be동사와 명사 the opportunity가 있으므로 능동태가 들어가는 것이 일반적이지만, 4형식 동사 give는 수동태 또한 뒤에 명사가 올 수 있으므로 문맥상 파악해야 한다. (A) given과 (C) giving 중 선택해야 하는데, 주어인 All attendees(모든 참석자들)는 '기조 연설자를 만날 기회(opportunity)'를 '준다'라기보다 '얻는다'고 해야 자연스러우므로, will be와 결합해 수동태를 이루며 '~을 받다, 얻다'의 의미가 되는 과거분사 (A) given이 정답이다. (B) gave는 능동태 과거 동사, (D) gives는 능동태 단수동사로 구조상 빈칸에 들어갈 수 없다.

번역 마케팅 학회의 모든 참석자들은 기조 연설자인 레이놀즈 박사를 만날 기회를 얻게 될 것이다.

어휘 attendee 참석자 opportunity 기회 keynote speaker 기조 연설자

5. (B) 자동사+전치사

해설 빈칸은 주격 관계대명사 that이 이끄는 절의 동사 자리로, 주어는 선행사인 several changes이다. '합병으로 발생한 변화'라는 의미를 나타내야 하므로, 전치사 from과 함께 쓰여 '(~의 결과로) 발생하다'라는 의미를 나타내는 자동사 (B) resulted가 정답이다.

번역 새로운 휴가 정책은 하임 파트너스와의 합병으로 인해 발생된 몇 가지 변화 중 하나이다.

어휘 time-off 휴가, 쉼 merger 합병 depart 출발하다

6. (B) 동명사 주어의 수 일치

해설 주어인 동명사구 Strengthening the security of our online payment system의 동사 자리이므로, 동사인 (B) is와 (C) are 중 하나를 선택해야 한다. 동명사 구는 단수 취급하므로 주어 자리에 올 때 단수동사와 수 일치한다. 따라서 (B) is가 정답이다. (A) been은 과거분사, (D) to be는 to부정사로 빈칸에 들어갈 수 없다.

번역 온라인 결제 시스템의 보안 강화는 코렐라 헬스 앤 뷰티의 핵심 과제이다.

어휘 strengthen 강화하다 security 보안 payment 결제 key 주요한 priority 우선 사항

7. (A) 5형식 동사의 수동태

해설 주어 Ms. Anderson의 동사 자리로, 빈칸 뒤에 최상급 형용사 the most qualified가 있다. 보기는 모두 수동태 동사이므로, 형용사를 목적격 보어로 취하는 5형식 동사가 나와야 한다. 따라서 '가장 적합할 것으로 여겨진다'라는 의미를 나타내는 (A) considered가 정답이다.

번역 앤더슨 씨는 입사 지원자들을 면접하기에 가장 적합한 사람으로 여겨진다.

어휘 qualified 자격 있는, 적임의 job candidate 입사 지원자 certify ~을 증명하다 compile (자료를) 모으다

8. (C) 관계사절 동사의 수 일치

해설 주격 관계대명사 뒤에는 동사가 바로 올 수 있으며 이 동사는 선행사와 수 일치한다. 따라서 빈칸에는 who 앞에 있는 복수명사인 선행사 employees와 수가 일치하고, 빈칸 뒤 형용사 friendly를 보어로 취하는 be동사가 들어가야 하므로 (C) are가 정답이다.

번역 연구에 따르면 직장 동료와 좋은 관계를 유지하는 직원은 업무 만족도를 높게 보고할 가능성이 높다.

어휘 friendly 친화적인 coworker 직장 동료 be likely to ~할 것 같다 satisfaction 만족

UNIT 07 시제

실전	ETS PRACTICE		본책 p.81
1. (C)	**2.** (D)	**3.** (D)	**4.** (A)
5. (D)	**6.** (A)	**7.** (A)	**8.** (C)

1. (C) 현재 시제

해설 앞에 '자주, 흔히'라는 반복의 의미를 나타내는 빈도 부사 frequently가 있으므로, 빈칸에는 현재 반복되는 사실을 나타낼 수 있는 현재 시제 동사가 들어가야 한다. 따라서 3인칭 주어(Mr. Marsh)에 수 일치하는 (C) schedules가 정답이다. (B) schedule 또한 현재 시제 동사이지만 복수 주어와 수 일치해야 하므로 오답이다.

번역 마쉬 씨는 자주 이른 아침에 관리자 회의 일정을 잡는다.

어휘 frequently 자주, 흔히 managerial 관리(자)의, 경영의 schedule 일정[계획]을 잡다

2. (D) 과거 시제

해설 적절한 동사의 시제를 고르는 문제이다. recently (최근에)는 과거나 현재완료 시제와 어울리는 부사이므로 (D) received가 정답이다. (B) was receiving도 과거 시

제이지만 이 문장에서는 과거에 진행 중이었던 동작을 나타내는 것이 아니므로 적절하지 않다.

번역 라이자 베일리는 최근 마이크 케릭의 신작 연극 <황혼>에서 보여 준 연기로 호평을 받았다.

어휘 positive 긍정적인, 호의적인 review 평론, 비평
performance 연기, 공연 nightfall 황혼, 해질녘

3. (D) 미래 시제와 어울리는 시간 부사

해설 빈칸은 동사 arrive를 수식하는 부사 자리로, 빈칸 앞에 미래를 나타내는 조동사 will이 있으므로, 빈칸에는 미래 시제와 함께 쓰이는 표현이 들어가야 한다. 따라서 '곧'이라는 의미를 나타내는 시간 부사 (D) soon이 정답이다.

번역 알림 표시는 수원 공장에서 오는 소포가 곧 도착할 예정이라는 것을 보여 준다.

어휘 notification 알림, 통지 indicate 보여 주다, 나타내다
package 소포, 짐

4. (A) 현재진행 시제

해설 빈칸 앞 be동사 is와 현재진행 시제와 어울리는 시간 부사 currently(현재)를 단서로 현재분사가 와야 한다는 점을 알 수 있다. 따라서 (A) recruiting과 (D) being recruited 중 선택해야 하는데, 빈칸 뒤 목적어인 engineers가 있으므로 능동태인 (A) recruiting이 정답이다.

번역 실번 모터스는 현재 최신 전기 자동차를 설계할 엔지니어를 모집하고 있다.

어휘 recruit 모집[채용]하다 electric vehicle 전기 자동차

5. (D) 과거 시제

해설 빈칸은 주어 Several staff members의 동사 자리로, '지난달'이라는 last month가 빈칸인 동사를 수식하고 있다. 따라서 과거에 이미 끝난 동작이나 상태를 나타내는 과거 시제 동사가 쓰여야 하므로, (D) attended가 정답이다. (A) attending은 현재분사/동명사, (B) attendee는 명사, (C) attend는 현재 시제로 빈칸에 들어갈 수 없다.

번역 여러 직원이 지난달 국제법의 최근 동향에 관한 학회에 참석했다.

어휘 trend 동향, 경향 international law 국제법

6. (A) 미래 시제

해설 '내년 8월부로'라는 의미의 starting next August가 빈칸인 동사를 수식하고 있다. 따라서 미래 상황을 나타내는 미래 시제 동사가 쓰여야 하므로, (A) will be promoting이 정답이다. 참고로, 미래진행 시제인 will be + -ing는 미래 시제를 강조할 때 사용할 수 있다.

번역 애너벨 코스메틱스는 내년 8월부터 최신 제품군을 홍보할 예정이다.

어휘 cosmetics 화장품 promote 홍보하다

7. (A) 과거 시제와 어울리는 시간 부사

해설 주어가 Christina Patton이고 동사가 lived인 문장에서 빈칸은 동사를 수식하는 부사 자리이다. 과거 시제 동사 lived가 단서가 되어 '이전에 살았다'는 내용이 되어야 자연스러우므로 '이전에'라는 의미의 과거 시간 부사 (A) formerly가 정답이다. 참고로, '상당히'라는 의미인 (D) considerably는 증감/변화 동사를 수식하는 부사이므로 동사 lived와 어울리지 않는다.

번역 인사부의 관리자인 크리스티나 패튼은 이전에 마드리드에서 10년 동안 거주했다.

어휘 Personnel Department 인사부[과] decade 10년
increasingly 점점 더

8. (C) 미래 시제

해설 '잠시 후에'라는 의미의 in a few moments가 빈칸인 동사를 수식하고 있다. 따라서 미래 상황에 대한 예상을 나타내는 미래 시제 동사가 쓰여야 하므로, (C) is signing이 정답이다. 현재진행 시제는 가까운 미래를 나타낼 수 있다.

번역 알링턴 그룹의 최고 경영자는 잠시 후에 배닝턴 주식회사와 계약을 체결할 것이다.

어휘 sign a contract 계약을 체결하다 in a few moments 잠시 후에

실전	ETS PRACTICE		본책 p.83
1. (A)	**2.** (C)	**3.** (D)	**4.** (C)
5. (D)	**6.** (A)	**7.** (A)	**8.** (B)

1. (A) 현재완료 시제

해설 빈칸은 designed와 함께 동사구를 이루는 자리이다. 문장 앞에 현재완료 시제와 자주 쓰이는 'since + 과거 시제' 절이 있으므로 designed와 결합하여 현재완료 시제를 나타내는 (A) have가 정답이다. 한편, 주어진 문장은 동사 뒤에 목적어(better buildings)가 있는 능동태 문장이므로, 수동태가 되는 be동사 (C) are과 (D) were는 빈칸에 들어갈 수 없다.

번역 앤더슨 씨가 새로운 건축 용 소프트웨어를 구입한 이후, 그녀의 팀원들은 더 나은 건물을 설계해 왔다.

어휘 purchase 구매하다 architectural 건축의

2. (C) 미래완료 시제

해설 문장 앞에 '올해 말까지'라는 의미의 By the end of this year가 쓰였으므로, 미래의 특정 시점까지 완료될 일을 나

타내는 미래완료 시제 동사가 와야 자연스럽다. 따라서, (C) will have negotiated가 정답이다. 참고로 By the end of this year는 미래 시제와도 쓰일 수 있어 (A) will be negotiated도 가능해 보이지만 수동태이므로, 뒤에 목적어를 취하고 있어 능동태 동사가 필요한 빈칸에는 들어갈 수 없다.

번역 올해 말까지 무어하우스 연구 협회 주식회사는 10명의 신규 고객과 계약을 협상해 놓을 것이다.

어휘 associate 협회 contract 계약 negotiate 협상하다

3. (D) 현재완료와 어울리는 시간 표현_전치사 어휘

해설 문장의 시제는 현재완료 진행인 have been increasing 이며, 빈칸 다음에 기간을 나타내는 the past five years 가 있다. 이와 결합하여 '지난 5년 동안'이라는 현재완료 시제와 어울리는 시간 표현을 만드는 전치사 (D) over가 정답이다.

번역 폰세카 전자 제품의 매출액은 지난 5년에 걸쳐 꾸준히 증가해 왔다.

어휘 electronic 전자의 equipment 장비, 기기 steadily 꾸준히 past 지난

4. (C) since + 과거 시제

해설 빈칸은 since가 이끄는 부사절의 동사 자리이다. 주절의 동사 시제가 과거에 시작된 일이 현재까지 계속되는 현재완료(has seen)이므로, since 이하는 과거 시점을 나타내야 한다. 따라서 과거 시제 동사 (C) hired가 정답이다. (B) hiring은 현재분사/동명사로 동사 자리에 들어갈 수 없다.

번역 밴더빌트 클리닉은 두 명의 안과 전문의를 고용한 이래로 환자가 증가해 왔다.

어휘 increase 증가 specialist 전문가, 전문의 hire 고용하다

5. (D) 수 일치 + 태 + 시제

해설 문장의 주어가 단수주어인 The advanced material research center(신소재 연구소)이므로, 단수주어와 수 일치되는 단수동사가 와야 하며, 빈칸 뒤 전치사 for가 있으므로 recognize는 수동태이어야 한다. 또한 문장 끝에 last month가 있으므로 동사의 시제는 과거가 어울린다. 따라서 (D) was recognized가 정답이다. (A) recognized는 능동태이므로, (B) will be recognized는 시제가 맞지 않고, (C) were recognized는 주어와 수가 일치하지 않으므로 오답이다.

번역 신소재 연구소는 지난달에 식품 포장재를 위한 그들의 혁신적이고, 지속 가능한 자재에 대한 공로를 인정받았다.

어휘 advanced material 신소재 be recognized for ~에 대한 공로를 인정받다 sustainable 지속 가능한 packaging 포장재

6. (A) 미래완료 시제

해설 부사절의 구조가 'by the time 주어 + 현재 시제(by the time she concludes her meeting)'의 형태를 가지고 있으므로, 주절의 시제는 미래의 특정 시점까지 완료될 일을 나타내는 미래완료가 쓰여야 한다. 따라서 (A) will have organized가 정답이다.

번역 챈들러 씨가 델몬트 인더스트리즈와의 회의를 마칠 때쯤이면, 그녀의 비서는 법률 관련 파일을 정리해 놓을 것이다.

어휘 legal 법률(상)의 conclude 끝내다, 결론짓다 organize 정리하다

7. (A) 수 일치 + 태 + 시제

해설 주어 The Aberdeen Law Conference의 동사 자리이다. 단수주어에는 단수동사를 써야 하므로 복수형 (D) register는 제외된다. 빈칸 뒤에 목적어 attendees 가 있어 능동태 동사를 써야 하므로 수동태 (B) will be registered도 제외된다. 또한 until next Friday morning 이 미래 시제를 나타내므로 현재완료 (C) has registered 도 오답이다. 따라서 미래진행인 (A) will be registering 이 정답이다.

번역 애버딘 법률 학회는 다음 주 금요일 오전까지 행사 참석자를 등록시킬 것이다.

어휘 attendee 참석자 register 등록[신청]하다

8. (B) 과거완료 시제

해설 빈칸은 The board of directors가 주어이고 the possibility를 목적어로 취하는 동사 자리로, 가능성을 고려한 것은 기다리기로 선택한 것보다 더 먼저 일어난 일이므로 과거완료 시제 동사가 쓰여야 한다. 따라서 (B) had considered가 정답이다.

번역 이사회는 아시아로의 확장 가능성을 고려했지만 나중까지 기다리기로 했다.

어휘 board of directors 이사회 possibility 가능성 expand 확장하다 consider 고려하다

실전	ETS PRACTICE		본책 p.85
1. (A)	**2.** (D)	**3.** (A)	**4.** (A)
5. (A)	**6.** (A)	**7.** (B)	**8.** (A)

1. (A) 시제 일치의 예외_시간의 부사절

해설 빈칸은 접속사 when(~ 때)이 이끄는 시간 부사절의 동사 자리이다. 주절의 시제는 미래이므로, 정황상 미래 시제인 (C) will take가 들어갈 듯 하지만, 시간 부사절에서는 현

재 시제가 미래 시제를 대신하므로 (A) takes가 정답이다. (B) taking은 동명사/현재분사로 동사 자리에 들어갈 수 없다.

번역 새뮤얼스 씨는 3월에 있을 생명 공학 학회에 참가할 때 기조 연설을 할 것이다.

어휘 keynote speech 기조 연설 take part in ~에 참가하다 biotechnology 생명 공학 conference 학회[회의]

2. (D) 시제 일치의 예외_당위성 형용사

해설 It is 뒤에 당위성을 나타내는 형용사 necessary가 나오므로 that절에는 '(should)+동사원형'이 와야 한다. 따라서 동사원형인 (D) be가 정답이다.

번역 컴퓨터 프로그래밍직 지원자들은 그들의 잠재적 동료들에 의한 면접을 꼭 봐야 할 필요가 있다.

어휘 applicant 지원자 potential 잠재적인 coworker 동료

3. (A) 시제 일치의 예외_시간 부사절

해설 접속사 once(일단 ~하면)가 이끄는 시간 부사절의 동사 자리이다. 주절의 시제는 미래이지만 시간 부사절에서는 현재 시제가 미래 시제를 대신하므로, (A) returns가 정답이다.

번역 모리아티 씨는 괌 출장에서 돌아오면 지점을 옮길 것이다.

어휘 change offices (다른 지점으로) 지점을 옮기다, 전근 가다 return 돌아오다[가다]

4. (A) 시제 일치의 예외_권고 동사

해설 빈칸은 관계사절의 수식을 받는 that절의 주어 any associates의 동사 자리이다. 추천, 권고의 의미를 갖는 동사 recommend(권고하다, 추천하다) 뒤의 that절에는 '(should)+동사원형'의 형태가 쓰이므로, 동사원형인 (A) minimize가 정답이다.

번역 시간과 비용을 절감하기 위해서 알베르타 인더스트리즈는 출장 가는 직원 누구나 가져가는 수하물의 무게를 최소화하도록 권고한다.

어휘 associate 직원, (직장) 동료 luggage 짐, 수하물 carry 갖고 가다 minimize 최소로 하다

5. (A) 시제 일치의 예외_동사 어휘

해설 that절 뒤에 주어 every employee와 수 일치하지 않는 동사원형 receive가 있는 것으로 보아, 제안이나 요구, 권고의 의미를 나타내는 동사 다음에 오는 that절의 '(should)+동사원형' 구조임을 알 수 있다. 따라서 '조언하다, 권고하다'라는 뜻의 동사 (A) advises가 정답이다. 참고로 '시키다'의 의미를 지닌 사역동사 (B) lets는 that절을 목적어로 취하지 않는다.

번역 데이비드슨 컨설팅은 모든 직원이 매년 건강 검진을 받아

야 한다고 권고한다.

어휘 medical checkup 건강 검진 refer 참조하다

6. (A) 미래 시제

해설 빈칸은 주절의 동사 자리이며, 주어는 Paul Watson이다. After가 이끄는 시간 부사절의 동사가 현재 시제인 ends 이지만 later this week(이번 주 말)라는 미래 시간 표현이 있으므로 미래를 나타낸다. 따라서 '광고 프로젝트가 끝난 뒤에 폴 왓슨은 런던 사무실을 방문할 예정이다'라는 미래에 대한 계획을 보여 주고 있으므로 주절의 시제는 미래 시제이며 (A) will visit가 정답이다.

번역 폴 왓슨은 이번 주 말에 현재 진행 중인 광고 프로젝트가 끝나고 나면 런던 사무실을 방문할 예정이다.

어휘 current 현재의 later this week 이번 주 말

7. (B) 시제 일치의 예외_형용사 어휘

해설 that절 뒤에 동사원형 be informed가 있는 것으로 보아, 이는 가주어 It으로 시작하는 구문에서 be동사 뒤 당위성을 나타내는 형용사 다음에 오는 that절의 '(should)+동사원형' 구조임을 알 수 있다. 따라서, '필수적인'이라는 뜻의 당위성을 나타내는 형용사 (B) imperative가 정답이다.

번역 하우저 씨는 고객을 만나기 전에 필수적으로 회사의 합병에 대해 통보를 받아야 한다.

어휘 be informed of ~에 대해 통보받다 merger 합병 hopeful 희망에 찬 aware 알고 있는

8. (A) 시제 일치의 예외_조건 부사절

해설 빈칸은 '~하는 한'이라는 뜻의 조건을 나타내는 부사절 접속사 as long as가 이끄는 절의 동사 자리이다. as long as절 내에 미래 시제를 나타내는 next year가 있지만, 조건 부사절에서는 현재 시제가 미래 시제를 대신하므로 (A) remains가 정답이다.

번역 내년에 철강 가격이 그대로 유지되는 한 딜론 매뉴팩처링은 이익을 낼 것이다.

어휘 steel 철강 make a profit 이익을 내다

📄 ETS TEST 본책 p.86

1. (A)	**2.** (A)	**3.** (A)	**4.** (B)
5. (D)	**6.** (A)	**7.** (D)	**8.** (B)

1. (A) 태+시제

해설 빈칸은 주어 Klondike Mining의 동사 자리로, its leading competitor를 목적어로 취하므로, 능동태 동사가 들어가야 한다. 따라서 (A) acquired, (B) acquires,

(D) is acquiring 중 하나를 선택해야 하는데, last month 와 함께 쓰일 수 있는 과거 시제가 와야 하므로, (A) acquired가 정답이다.

번역 클론다이크 마이닝은 지난달 적대적 인수로 선두 경쟁사를 인수했다.

어휘 leading 선두의 competitor 경쟁업체 hostile 적대적인 takeover 인수 acquire 인수하다

2. (A) 시제 일치의 예외_시간 부사절

해설 빈칸은 접속사 once가 이끄는 시간 부사절의 동사 자리이다. 시간 부사절에서는 현재(완료) 시제가 미래(완료) 시제를 대신하므로 (C) will agree는 들어갈 수 없다. 문맥상 '일단 동의를 해 놓으면'이라는 완료의 의미가 자연스러우므로 미래완료를 대신하는 현재완료가 올 수 있고, 주어 both parties(양측)는 동의하는 주체이므로 능동태가 쓰여야 한다. 따라서 (A) have agreed가 정답이다. 참고로 'agree to(전치사)+명사구'의 형태를 취하는 agree는 자동사이므로 일반적으로 수동태를 만들 수 없다. 따라서 (D) have been agreed는 오답이다.

번역 일단 양측이 금전적 보상에 합의하면 협상은 종결될 것이다.

어휘 negotiation 협상 complete 완료된, 완성된 once 일단 ~하면 party (계약 등의) 당사자 compensation 보상

3. (A) 수일치+태+시제

해설 단수주어 Ms. McCarney는 시연을 하는 주체이며 'how+to부정사'를 목적어로 취하므로, demonstrate는 능동태로 쓰여야 한다. 또한 미래 시제를 나타내는 at our upcoming meeting(다가올 회의에서)이 있으므로 미래 시제 동사가 쓰여야 한다. 따라서 (A) will demonstrate 가 정답이다.

번역 맥카니 씨는 다가올 10월에 있을 회의에서 소프트웨어 사용법을 시연할 예정이다.

어휘 upcoming 다가오는 demonstrate 시연하다, 보여 주다

4. (B) 과거 시제

해설 빈칸은 관계사절에서 동사 자리로, '전에, 이전에'라는 뜻의 부사 previously의 수식을 받고 있으므로, 과거 시제의 동사가 들어가야 한다. 따라서 (B) held가 정답이다.

번역 스테파니 윌슨은 때때로 이전에 그녀의 일을 담당했던 사람으로부터 조언을 받는다.

어휘 receive advice 조언을 받다 hold 재직하다

5. (D) 수 일치+태+시제

해설 빈칸은 전치사구 on the computers across all departments의 수식을 받는 주어 The security programs의 동사 자리이다. 복수주어이므로 단수형 (A)

has been updating은 정답에서 제외된다. 또한 빈칸 뒤에 전치사 by가 있고 보안 프로그램은 업데이트되는 대상으로 수동태로 쓰여야 하므로 능동태 (C) had been updating도 오답이다. 미래의 특정 시점까지 완료될 일을 나타내는 by the end of this month(이번 달 말까지)가 있으므로 현재 시제 (B) are updated 또한 정답에서 제외된다. 따라서 미래완료인 (D) will have been updated 가 정답이다.

번역 모든 부서 컴퓨터에 있는 보안 프로그램이 이번 달 말 즈음에는 업데이트가 되어 있을 것이다.

어휘 security 보안 the end of this month 이달 말

6. (A) 시제 일치의 예외+태_요구 동사

해설 '요구하다'라는 뜻의 동사 requires 뒤 that절에서는 '(should)+동사원형'을 써야 하므로, (A) be approved 와 (D) approve 중 하나를 선택해야 한다. 빈칸 뒤에 전치사 by가 있고, 주어 all room upgrades(모든 객실 업그레이드)는 승인되는 대상이므로 수동태 동사인 (A) be approved가 정답이다.

번역 스프링필드 호텔은 모든 객실 업그레이드는 근무 중인 관리자의 승인을 받아야 할 것을 요구한다.

어휘 on duty 근무 중인 approve 승인하다

7. (D) 현재완료 시제

해설 빈칸은 단수주어인 Ovintrust Ltd.의 동사 자리이므로 to 부정사인 (B) to receive와 복수동사인 (C) receive는 정답에서 제외된다. 앞에 '(과거부터) 지금까지'를 뜻하는 부사구 So far가 있으므로 '지금까지 제안을 받았다'라는 의미를 이루는 현재완료 시제가 적절하다. 따라서 (D) has received가 정답이다.

번역 지금까지 오빈트러스트 유한회사는 세 곳의 회사로부터 청구 및 결제 처리를 관리하겠다는 제안을 받았다.

어휘 proposal 제안 manage 관리하다 billing 청구서 발부 payment 지불 processing 처리 receive 받다

8. (B) 과거완료와 어울리는 시간 표현

해설 빈칸은 By the time이 이끄는 종속절의 동사 자리이다. 주절의 시제는 'had already been outdated(이미 낡은 정보가 되어버렸다)'라는 과거완료이며, by the time절은 주절보다 나중 시제를 받으므로 과거 시제가 와야 한다. 따라서 (B) appeared가 정답이다.

번역 주택 보안 장치에 관한 잡지 기사가 가판대에 나올 즈음에는, 그 가격 정보는 이미 낡은 정보가 되어 버렸다.

어휘 by the time ~할 때 즈음에는 article 기사 security device 보안 장치 newsstand 가판대, 신문 판매점 outdated 시대에 뒤진, 구식의

UNIT 8 to부정사와 동명사

실전 ETS PRACTICE 본책 p.91

1. (C)	**2.** (A)	**3.** (B)	**4.** (B)
5. (C)	**6.** (A)	**7.** (A)	**8.** (C)

1. (C) to부정사_동사의 목적어

해설 동사 wish는 to부정사를 목적어로 취하여 '~하기를 바라다'라는 의미로 쓰인다. 따라서 (C) to participate가 정답이다.

번역 내일 도보 투어에 참가하는 것을 희망하는 분들은 오전 10시에 호텔 로비에서 만나야 합니다.

어휘 participate in ~에 참가[참여]하다

2. (A) be동사+p.p.+to부정사

해설 주어인 Employees가 재택근무를 허락받는 대상이므로, 동사 allow가 수동태로 쓰여야 한다. 따라서 are과 결합해 수동태를 이루는 과거분사 (A) allowed가 정답이다. 참고로, allow는 5형식 동사로 쓰일 경우 'allow+목적어+목적격 보어(to부정사)'의 구조로 쓰일 수 있으며, 수동태로 쓰일 경우 'be allow to부정사'가 된다.

번역 악천후일 때를 제외하고는 직원들은 재택근무를 할 수 없다.

어휘 telecommute 재택근무하다 except ~을 제외하고는

3. (B) to부정사_동사의 목적어

해설 동사 deserve는 to부정사를 목적어로 취하여 '~할 만하다'라는 의미로 쓰인다. 따라서 (B) to get이 정답이다.

번역 이 씨는 회사에 헌신해 왔고 승진할 자격이 있다.

어휘 dedicate oneself to ~에 헌신하다 deserve ~할 만하다 promotion 승진

4. (B) to부정사를 목적격 보어로 취하는 동사

해설 빈칸은 동사 자리로, 뒤에 목적어 patrons와 목적격 보어 to show proof of local residence가 이어지고 있다. 따라서 to부정사를 목적격 보어로 취하며 '~을 요구하다'라는 뜻을 나타내는 동사 (B) requires가 정답이다. (A) realizes, (C) expands, (D) prevents는 모두 3형식 타동사로 목적격 보어를 취하지 않는다.

번역 도서관은 고객이 도서관 카드를 발급받기 위해 지역 거주 증명서를 제시할 것을 요구한다.

어휘 patron 고객 proof 증거, 증명(서) residence 거주지 realize 깨닫다 expand 확장하다 prevent 막다, 방지하다

5. (C) be동사+p.p.+to부정사

해설 expect는 5형식 동사로 쓰일 경우 'expect+목적어+목적격 보어(to부정사)'의 구조로 쓰일 수 있다. 수동태로 쓰일 경우 'be expected to부정사'가 되므로 빈칸은 to부정사의 동사원형 자리이다. 따라서 (C) visit이 정답이다.

번역 이달 말 텐진에서 열리는 자동차 박람회에 거의 1만 7천여 명이 방문할 것으로 예상된다.

어휘 nearly 거의 be expected to ~할 것으로 예상되다

6. (A) to부정사_동사의 목적어

해설 동사 decide는 명사나 to부정사를 목적어로 취할 수 있는데, 빈칸 뒤에 명사구 tomorrow's company picnic이 있으므로 빈칸에는 이를 목적어로 취할 수 있는 to부정사가 들어가야 한다. 따라서 (A) to cancel이 정답이다.

번역 최고 경영자 맷 켈리는 폭풍우가 예보되어 내일 있을 회사 야유회를 취소하기로 결정했다.

어휘 forecast 예보[예측]하다

7. (A) be동사+p.p.+to부정사

해설 invite는 5형식 동사로 쓰일 경우 'invite+목적어+목적격 보어(to부정사)'의 구조로 쓰일 수 있다. 수동태로 쓰일 경우 'be invited to부정사'가 된다. 따라서 to부정사인 (A) to submit이 정답이다.

번역 파델 대학의 모든 졸업생은 올해의 졸업생 공로상 후보 추천을 제출할 것을 요청받는다.

어휘 alumni 동창생들 (alumnus의 복수형) invite (정식으로) 요청하다 nomination 추천, 지명 achievement 업적, 성취 submit 제출하다

8. (C) to부정사_목적격 보어

해설 expect는 5형식 동사로 쓰일 경우 'expect+목적어+목적격 보어(to부정사)'의 구조로 쓰일 수 있는데, 빈칸은 목적격 보어인 to부정사 자리이므로, (C) to worsen이 정답이다.

번역 수니샤 홈 퍼니싱즈는 생산 시설 보수가 끝날 때까지 국내 판매가 일시적으로 악화될 것으로 예상한다.

어휘 renovation 보수, 개조 facility 시설, 설비 domestic 국내의 temporarily 일시적으로 worsen 악화되다

실전 ETS PRACTICE 본책 p.93

1. (D)	**2.** (C)	**3.** (D)	**4.** (A)
5. (B)	**6.** (B)	**7.** (A)	**8.** (D)

1. (D) be동사+형용사+to부정사

해설 빈칸 앞의 are unable이 문제 해결의 단서로, '~할 수 없다'라는 의미의 'be unable to부정사'를 완성하는 (D) to respond가 정답이다.

번역 매달 접수되는 이력서가 많기 때문에, 우리는 모든 구직자에게 답변드릴 수 없습니다.

어휘 résumé 이력서 applicant 지원자 respond 응답[대답]하다

2. (C) 명사+to부정사_명사 어휘

해설 빈칸 앞에 정관사 the가 있고 빈칸 뒤에 to explain이 있으므로, 빈칸은 to부정사의 수식을 받는 명사 자리이다. '설명할 기회'라는 뜻이 자연스러우므로 (C) opportunity가 정답이다. opportunity는 to부정사와 함께 쓰여 '~할 기회'라는 뜻을 나타낸다.

번역 그룹 면접에서 지원자들은 그들의 근무 경력을 설명할 기회를 가질 것이다.

어휘 candidate 지원자 career 경력 resource 자원 specialty 전문 분야 application 신청, 지원

3. (D) be동사+형용사+to부정사

해설 빈칸 앞의 are scheduled가 문제 해결의 단서로, '~할 예정이다'라는 의미의 'be scheduled to부정사'를 완성하는 (D) to visit이 정답이다.

번역 빈파우 주식회사의 직원들이 수요일 오후에 우리 사무실을 방문할 예정입니다.

어휘 representative 직원, 대표, 대리인

4. (A) 부사 역할을 하는 to부정사_목적

해설 빈칸 앞에 완전한 절(Kunkel Marketing customizes its advertising strategy)이 있고, 뒤에 명사구 clients' needs가 왔으므로, 빈칸에는 clients' needs를 목적어로 취하면서 앞에 나온 절을 수식할 수 있는 준동사가 들어가야 한다. 고객의 요구를 충족하는 것은 광고 전략을 고객에게 맞추는 목적이라고 볼 수 있다. 따라서 '고객의 요구를 충족시키기 위해서'라는 의미로 부사 역할을 하는 to부정사 (A) to meet이 정답이다.

번역 쿤켈 마케팅은 고객의 요구를 충족시킬 수 있도록 고객에게 맞춘 광고 전략을 제공합니다.

어휘 customize 주문 제작하다 strategy 전략 meet 충족시키다

5. (B) 부사 역할을 하는 to부정사_목적

해설 빈칸 앞에 완전한 절(Allaire Management, Inc., requires detailed information about your company)이 있고, 뒤에 동사구(set up an online business profile)가 왔으므로, 빈칸은 동사원형 set up과 함께 쓰여 앞의 절을 수식하는 수식어구이다. 보기 중에서 유일하게 동사원형과 함께 쓰일 수 있는 (B) in order to가 정답이다. 목적을 나타내는 to부정사는 '~하기 위해서'라는 의미로, in order to로 쓸 수 있다.

번역 올레어 매니지먼트 주식회사는 온라인 기업 프로필을 설정하기 위해 귀사에 대한 자세한 정보를 요구합니다.

어휘 require 요구하다, 필요로 하다 detailed 자세한, 상세한 set up 설정하다, 준비하다 besides 게다가 by means of ~을 통해

6. (B) be동사+형용사+to부정사

해설 pleased는 to부정사를 취하는 형용사로, 빈칸은 to부정사의 동사원형 자리이다. 따라서 (B) write가 정답이다.

번역 귀사의 웹사이트를 위해 요청받은 고객 추천서를 기꺼이 작성하겠습니다.

어휘 be pleased to 기꺼이 ~하다, ~하게 되어 기쁘다 request 요청하다 testimonial 추천서, 추천의 글

7. (A) 명사+to부정사

해설 주절에 동사 is가 있으므로 빈칸은 명사 decision을 수식하면서 뒤에 나온 명사구 certain store locations를 목적어로 받는 준동사 자리이다. (A) to close와 (D) closing 중에서 선택해야 하는데, decision은 to부정사의 수식을 받아 '~하려는 결정'이라는 의미를 나타낸다. 따라서 (A) to close가 정답이다.

번역 골드스톤의 수익이 점점 더 온라인에서 나오기 때문에, 특정 매장들을 닫기로 한 결정은 자연스러운 것이다.

어휘 revenue 수익 increasingly 점점 더, 갈수록 decision 결정 location 매장, 지점

8. (D) 부사 역할을 하는 to부정사_목적

해설 빈칸 앞에 완전한 절(The professor always assigns additional readings)이 있고, 뒤에 명사절(what was covered in the chemistry class)이 왔으므로, 빈칸에는 명사절을 목적어로 취하면서 앞에 나온 절을 수식할 수 있는 준동사가 들어가야 한다. 화학 수업에서 다룬 내용을 보강하는 것은 추가 읽기 자료를 내주는 목적이라고 볼 수 있다. 따라서 '화학 수업에서 다룬 내용을 보강하기 위해서'라는 의미로 부사 역할을 하는 to부정사 (D) to reinforce가 정답이다.

번역 교수는 화학 수업에서 다룬 내용을 보강하기 위해서 항상 추가 읽기 자료를 내준다.

어휘 assign 부여하다 additional 추가의 reading 읽기 자료 cover 다루다 chemistry 화학 reinforce 보강하다, 강화하다

1. (A) **2.** (C) **3.** (C) **4.** (D)
5. (C) **6.** (D) **7.** (B) **8.** (C)

1. (A) 동명사_전치사의 목적어

해설 빈칸은 명사구 guest complaints를 목적어로 취하는 동시에 전치사 for의 목적어 자리이다. 따라서 빈칸에는 동명사가 들어가야 하므로, (A) handling이 정답이다. to부정사는 전치사의 목적어로 쓰일 수 없으므로 (D) to handle은 오답이다.

번역 레데스마 호텔의 직원 매뉴얼에는 투숙객 불만 처리에 대한 지침이 포함되어 있다.

어휘 include 포함하다 complaint 불만 handle 다루다, 처리하다

2. (C) 동명사_전치사의 목적어

해설 빈칸은 명사구 crucial work skills를 목적어로 취하는 동시에 전치사 of의 목적어 자리이다. 따라서 빈칸에는 동명사가 들어가야 하므로, (C) improving이 정답이다.

번역 앰버 씨는 중요한 업무 능력을 향상시키는 것의 필요성에 대한 발표를 했다.

어휘 necessity 필요(성) crucial 중대한, 결정적인 improve 향상시키다

3. (C) 동명사_동사의 목적어

해설 동사 finish는 명사나 동명사를 목적어로 취할 수 있는데, 빈칸 뒤에 명사구 the applications가 있으므로 빈칸에는 이를 목적어로 취할 수 있는 동명사가 들어가야 한다. 따라서 (C) reviewing이 정답이다.

번역 아르티노 씨는 지원서 검토하는 것을 끝내면 회계직 면접 일정을 잡을 것이다.

어휘 set up interview 면접 일정을 잡다 accounting 회계 application 지원서

4. (D) 동명사_전치사의 목적어

해설 빈칸은 명사구 a lunchtime book club을 목적어로 취하는 동시에 전치사 in의 목적어 자리이다. 따라서 빈칸에는 동명사가 들어가야 하므로, (D) creating이 정답이다. 명사 (C) creation은 전치사의 목적어로 쓰일 수 있지만 뒤에 명사구를 목적어로 취할 수 없으므로 빈칸에 들어갈 수 없다.

번역 몇몇 직원들이 점심시간 독서 클럽을 만드는 것에 관심을 표했다.

어휘 express interest in ~에 관심을 표하다

5. (C) 동명사_동사의 목적어

해설 동사 consider는 명사나 동명사를 목적어로 취할 수 있는데, 빈칸 뒤에 명사구 the firm이 있으므로 빈칸에는 이를 목적어로 취할 수 있는 동명사가 들어가야 한다. 따라서 (C) expanding이 정답이다.

번역 그 회사의 최고 경영자는 오랫동안 그 회사를 해외 시장으로 확장하는 것을 고려해 왔다.

어휘 consider 고려[숙고]하다 firm 회사 overseas 해외의 expand 확장하다

6. (D) 동명사_전치사의 목적어

해설 빈칸은 명사구 their efforts를 목적어로 취하는 동시에 전치사 by의 목적어 자리이다. 따라서 빈칸에는 동명사가 들어가야 하므로, (D) praising이 정답이다.

번역 웨이드 씨는 주간 회의에서 직원들의 노력을 칭찬함으로써 부서 직원들에게 동기를 부여했다.

어휘 motivate 동기를 부여하다 department 부서 effort 노력 praise 칭찬하다

7. (B) 동명사_동사의 목적어

해설 동사 suggest는 명사나 동명사를 목적어로 취할 수 있는데, 빈칸 뒤에 명사구 extra video cameras가 있으므로 빈칸에는 이를 목적어로 취할 수 있는 동명사가 들어가야 한다. 따라서 (B) installing이 정답이다.

번역 보안 컨설턴트는 창고 외부에 비디오카메라를 추가로 설치할 것을 제안한다.

어휘 extra 추가의, 가외의 warehouse 창고 install 설치하다

8. (C) 동명사를 목적어로 취하는 동사

해설 빈칸은 주어 Jeongsan Appliances의 동사 자리로, 동명사구 cleaning the filter of your air conditioner unit을 목적어로 취한다. 따라서 동명사를 목적어로 취할 수 있는 동사 (C) recommends가 정답이다.

번역 정산 가전제품은 에어컨의 필터를 최소 1년에 2회 이상 청소할 것을 권장합니다.

어휘 appliances 가전제품 at least 최소, 적어도 recommend 추천하다 conduct 실시하다

1. (B) **2.** (C) **3.** (D) **4.** (A)
5. (D) **6.** (B) **7.** (B) **8.** (D)

1. (B) 동명사 vs. 명사

해설 빈칸은 동사 will allow의 주어 자리인데, 빈칸 뒤에 명사구 a patio area behind the restaurant이 나오므로 목적어를 취할 수 있는 동명사가 들어가야 한다. 따라서 (B) Adding이 정답이다. 명사인 (C) Addition은 주어 자리에 올 수 있지만 목적어를 취할 수 없으므로 오답이다.

번역 식당 뒤에 파티오 공간을 추가하는 것은 한 번에 더 많은 고객을 앉힐 수 있게 해 준다.

어휘 patio 파티오, 안뜰 allow 가능하게 하다 seat 앉히다 at a time 한 번에

2. (C) 전치사 to + 동명사

해설 동사 contribute는 전치사 to와 함께 쓰여 '~에 기여하다'라는 의미를 나타낸다. 전치사 to 다음에는 명사나 동명사가 와야 하므로 (C) to lowering이 정답이다.

번역 지붕에 태양 전지판을 설치하는 것은 전기 요금을 낮추는 데 기여했다.

어휘 install 설치하다 solar panel 태양 전지판 electricity bill 전기 요금 lower 낮추다

3. (D) 전치사 to + 동명사 / 동명사 vs. 명사

해설 be committed 다음에 오는 to는 전치사로, 뒤에 명사나 동명사를 목적어로 취한다. (B) promotion과 (D) promoting 중에서 빈칸 뒤 명사구 economic growth를 목적어로 취할 수 있는 것은 동명사이므로 (D) promoting이 정답이다.

번역 리브스 시장은 취임 이후 경제 성장을 촉진하기 위해 헌신해 왔다.

어휘 take office 취임하다 be committed to ~에 헌신하다 promote 촉진하다

4. (A) 동명사 vs. 명사

해설 빈칸은 전치사 by의 목적어 자리이므로 명사나 동명사가 들어갈 수 있다. 빈칸 뒤에 나온 전치사 in과 함께 '~에 참가함으로써'라는 의미가 되어야 자연스러우므로 동명사 (A) participating이 정답이다.

번역 칸칼 사는 오사카에서 열리는 국제 무역 박람회에 참가함으로써 중요한 아시아 시장에 접근할 수 있다.

어휘 corporation 기업, 법인 access 접근하다 trade fair 무역 박람회 participate in ~에 참가[참여]하다

5. (D) 전치사 to + 동명사

해설 동사 object 다음에 오는 to는 전치사로, 뒤에 명사나 동명사를 목적어로 취한다. 따라서 동명사 (D) taking이 정답이다. 빈칸 앞에 있는 to를 to부정사로 생각하여 동사원형 (A) take를 고르지 않도록 주의한다.

번역 일부 직원들은 다음 달부터 점심시간을 단축하는 것에 반대했다.

어휘 object to ~에 반대하다

6. (B) 동명사 vs. 명사

해설 빈칸은 전치사 of의 목적어 자리이므로 명사나 동명사가 들어갈 수 있는데, 뒤에 명사구 new customers가 나오므로 목적어를 취할 수 있는 동명사가 들어가야 한다. 따라서 (B) attracting이 정답이다.

번역 기업이 새로운 고객을 유인할 수 있는 효과적인 방법을 찾는 것은 중요하다.

어휘 effective 효과적인 attract 유인하다, 끌다

7. (B) 전치사 to + 동명사

해설 동사구 look forward는 전치사 to와 함께 쓰여 명사나 동명사를 목적어로 취한다. 따라서 명사구 the show's second season this summer를 목적어로 취하는 동시에 전치사 to의 목적어 역할을 하는 동명사 (B) filming이 정답이다.

번역 <노스사이드 로>의 스타인 네이트 트레비노는 올여름 그 쇼의 두 번째 시즌을 촬영하는 것을 고대하고 있다.

어휘 look forward to ~을 고대하다 film 촬영하다, 찍다

8. (D) 동명사 vs. 명사

해설 빈칸은 전치사 by의 목적어 자리이므로 명사나 동명사가 들어갈 수 있는데, 뒤에 명사구 the acquisition of Lortus Industries가 나오므로 목적어를 취할 수 있는 동명사가 들어가야 한다. 따라서 (D) pursuing이 정답이다. 참고로, 동명사는 준동사로, 동사의 성질을 갖고 있기 때문에 부사 actively의 수식을 받을 수 있다.

번역 하크로 디바이시즈는 로터스 인더스트리즈 인수에 적극 나서면서 생산 역량을 넓힐 계획이다.

어휘 acquisition 인수 intend to ~할 작정[생각]이다 broaden 넓히다 capability 역량, 능력 pursue 추구하다, 추진하다 pursuit 추구, 추적

📄 ETS TEST 본책 p.98

| 1. (C) | 2. (D) | 3. (B) | 4. (D) |
| 5. (C) | 6. (A) | 7. (B) | 8. (A) |

1. (C) 동명사_전치사의 목적어 / 동명사 vs. 명사

해설 명사구 unusual pets를 목적어로 취하는 동시에 전치사 in의 목적어 자리이다. 따라서 빈칸에는 동명사가 들어가야 하므로, (C) treating이 정답이다.

번역 모든 수의사가 파충류 같은 특이한 애완동물을 치료하는
데 능숙한 것은 아니다.

어휘 veterinarian 수의사 be skilled in ~에 능숙하다 reptile
파충류 treat 치료하다, 다루다

2. (D) be동사 + p.p. + to부정사

해설 urge는 5형식 동사로 쓰일 경우 'urge + 목적어 + 목적격
보어(to부정사)'의 구조로 쓰일 수 있다. 수동태로 쓰일 경
우 'be urged to부정사'가 된다. 따라서 to부정사인 (D)
to take가 정답이다.

번역 헴록 가의 교통 혼잡으로 인해, 운전자들은 도심으로 들어
가는 대체 경로를 택해야 한다.

어휘 due to ~ 때문에 be urged to ~하도록 촉구되다, ~해야
한다 alternative 대체의 route 경로

3. (B) 부사 역할을 하는 to부정사_목적

해설 콤마 뒤에 완전한 절(Mr. Kadoyan locates ~ auction
houses)이 있고 빈칸 뒤에는 동사구(supplement his
income)가 왔으므로 빈칸은 동사원형 supplement
와 함께 쓰여 콤마 뒤의 절을 수식하는 수식어구이다. 보
기 중에서 유일하게 동사원형과 함께 쓰일 수 있는 (B)
In order to가 정답이다. 목적을 나타내는 to부정사는 in
order to로 쓸 수 있다. (A) Even though(비록 ~일지라
도), (C) Provided that(~라면), (D) As long as(~하는 한)
는 부사절 접속사로, 뒤에 완전한 절이 와야 하므로 빈칸
에 들어갈 수 없다.

번역 카도얀 씨는 수입을 보충하기 위해 개인 수집가와 경매장
을 위한 희귀 도서들을 찾는다.

어휘 supplement 보충하다 income 수입, 소득 locate (위치
등을) 알아내다 rare 희귀한[드문] auction house 경매장

4. (D) to부정사_동사의 목적어

해설 동사 aim은 명사나 to부정사를 목적어로 취할 수 있는데,
빈칸 뒤에 명사구 interaction among employees가 있
으므로 빈칸에는 이를 목적어로 취할 수 있는 to부정사가
들어가야 한다. 따라서 (D) to increase가 정답이다.

번역 새로운 내부 게시판을 통해, 케베이트 사는 직원들 간의
상호 작용을 증가시키는 것을 목표로 하고 있다.

어휘 message board 게시판 corporation 회사, 법인 aim
to ~하는 것을 목표로 하다 interaction 상호 작용

5. (C) be동사 + 형용사 + to부정사

해설 빈칸 앞의 is likely가 문제 해결의 단서로, '~할 것 같다'라
는 의미의 'be likely to부정사'를 완성해야 한다. 빈칸은
to부정사의 동사원형 자리이므로, (C) cause가 정답이다.

번역 시내 마라톤은 배로빌 주민들의 불편을 초래할 가능성이
높다.

어휘 inconvenience 불편 resident 주민 cause
초래[야기]하다

6. (A) 전치사 to + 동명사 / 동명사 vs. 명사

해설 be devoted 다음에 오는 to는 전치사로, 뒤에 명사나 동
명사를 목적어로 취한다. 동명사 (A) promoting과 명사
(C) promotion 중에서 빈칸 뒤 명사구 the welfare of
the children을 목적어로 취할 수 있는 것은 동명사이므
로, (A) promoting이 정답이다.

번역 이 단체는 세계 어린이들의 복지를 증진하는 것에 헌신해
왔다.

어휘 organization 단체, 조직 be devoted to ~에 헌신하다
welfare 복지, 복리 promote 증진하다

7. (B) 동명사_전치사의 목적어

해설 명사구 today's press conference를 목적어로 취하는 동
시에 전치사 for의 목적어 자리이다. 따라서 빈칸에는 동명
사가 들어가야 하므로, (B) calling이 정답이다.

번역 배로 시장의 직원은 오늘 기자 회견을 소집한 이유를 기자
들에게 말하지 않았다.

어휘 press conference 기자 회견 call 소집하다, 호출하다

8. (A) 동명사_동사의 목적어 / 태

해설 동사 include는 명사나 동명사를 목적어로 취할 수 있는
데, 빈칸 뒤에 명사구 flexible working practices가 있으
므로 빈칸에는 이를 목적어로 취할 수 있는 동명사가 들어
가야 한다. 따라서 (A) permitting이 정답이다. 수동태인
(B) being permitted는 명사구를 목적어로 취할 수 없으
므로 빈칸에 들어갈 수 없다.

번역 로듀 컴퍼니의 직원 유지 전략에는 유연한 근무 관행을 허
용하고 정기적인 임금 인상을 제공하는 것이 포함됩니다.

어휘 retention 유지[보유] strategy 전략 flexible 유연한
practice 관행 regular 정기적인 pay increase 임금
인상 permit 허가하다

UNIT 9 분사

실전	ETS PRACTICE		본책 p.103
1. (C)	**2.** (D)	**3.** (A)	**4.** (C)
5. (D)	**6.** (A)	**7.** (D)	**8.** (B)

1. (C) 명사 앞에서 수식하는 분사_과거분사

해설 빈칸이 전치사 with와 명사 information 사이에 있으

므로, 빈칸에는 information을 수식하는 형용사 또는 information과 복합명사를 이루는 명사가 들어갈 수 있다. 문맥상 '자세한 정보'라는 내용이 되어야 자연스러우므로, '상세한, 자세한'이라는 뜻으로 형용사 역할을 할 수 있는 과거분사 (C) detailed가 정답이다.

번역 지금 등록해서 쇼어포인트 홈 앤 오피스 제품에 대한 자세한 정보가 있는 무료 카탈로그를 받아 보세요.

어휘 register 등록[신청]하다

2. (D) 명사 뒤에서 수식하는 분사_현재분사

해설 you가 주어, will receive가 동사인 완전한 절로, 빈칸 이하는 an e-mail을 수식하는 어구이다. 따라서 명사를 수식할 수 있는 과거분사 (B) confirmed와 현재분사 (D) confirming 중 선택해야 하는데, 빈칸 뒤에 목적어 your order가 있으므로 현재분사 (D) confirming이 정답이다. (A) confirm은 동사로 빈칸에 들어갈 수 없고, (C) confirmation은 명사로 두 명사구 an e-mail과 your order를 연결해 주지 못한다.

번역 일단 결제가 처리되면, 주문을 확인하는 이메일을 받게 됩니다.

어휘 once 일단 ~하면 process 처리하다 confirm 확인[승인]하다

3. (A) 명사 앞에서 수식하는 분사_현재분사

해설 빈칸은 부사 steadily의 수식을 받으면서 명사 gap을 수식하는 형용사 자리이다. 문맥상 '커지고 있는 격차'라는 내용이 되어야 자연스러우므로, '커지는, 성장하는'이라는 뜻으로 형용사 역할을 할 수 있는 현재분사 (A) growing이 정답이다. (B) grown(어른이 된, 장성한)은 의미상 어울리지 않고, (C) growth는 명사, (D) grow는 동사로 품사상 빈칸에 들어갈 수 없다.

번역 그 자료는 요필드 광산의 생산 목표와 실제 생산량 사이의 꾸준히 커지는 격차를 보여 준다.

어휘 steadily 꾸준히 mine 광산 production target 생산 목표 output 생산량

4. (C) 명사 뒤에서 수식하는 분사_현재분사

해설 The gallery부터 century까지가 주어, has gained가 동사인 완전한 절로, 빈칸부터 century까지가 The gallery를 수식하는 어구이다. 따라서 명사를 수식할 수 있는 과거분사 (B) displayed와 현재분사 (C) displaying 중 선택해야 하는데, 빈칸 뒤에 목적어 art가 있으므로 현재분사 (C) displaying이 정답이다. (A) displays는 동사, (D) displayer는 명사로 품사상 빈칸에 들어갈 수 없다.

번역 19세기 미술품을 전시하는 그 미술관은 인기를 얻었다.

어휘 gain 얻다 popularity 인기 display 전시하다

5. (D) 명사 앞에서 수식하는 분사_과거분사

해설 빈칸이 전치사 for와 명사 singers 사이에 있으므로, 빈칸에는 singers를 수식하는 형용사 또는 singers와 복합명사를 이루는 명사가 들어갈 수 있다. 문맥상 '경험이 많은 가수'라는 내용이 되어야 자연스러우므로, '경험이 많은, 능숙한'이라는 뜻으로 형용사 역할을 할 수 있는 과거분사 (D) experienced가 정답이다.

번역 새 뮤지컬 제작사는 다음 주 토요일에 경험 많은 가수들을 대상으로 그로브타운 극장에서 오디션을 개최한다.

어휘 production 제작(사) hold 개최하다

6. (A) 명사 뒤에서 수식하는 분사_과거분사

해설 Deaton Apartment Complex가 주어, is comprised가 동사인 완전한 문장으로, 빈칸 이하는 units를 수식하는 어구이다. 따라서 명사를 수식할 수 있는 과거분사 (A) constructed와 현재분사 (D) constructing 중 선택해야 하는데, 빈칸 뒤에 전치사구 with the needs of elderly people in mind가 있고, 가구는 건설되는 대상이므로 수동의 의미를 나타내는 과거분사 (A) constructed가 정답이다. (B) construction은 명사, (C) were constructed는 동사로 빈칸에 들어갈 수 없다.

번역 디튼 아파트 단지는 노인들의 요구를 고려하여 건설된 42개의 넓은 가구들로 구성되어 있다.

어휘 complex 단지, 복합 건물 be comprised of ~로 구성되다 spacious 넓은, 훤히 트인 unit (공동 주택 내의) 한 가구 with ~ in mind ~을 고려하여, ~을 염두에 두고 construct 건설하다

7. (D) 명사 앞에서 수식하는 분사_현재분사

해설 빈칸이 전치사 of와 명사 structures 사이에 있으므로, 빈칸에는 structures를 수식하는 형용사 또는 structures와 복합명사를 이루는 명사가 들어갈 수 있다. 문맥상 '기존의 건축 양식'이라는 내용이 되어야 자연스러우므로, '기존의'라는 뜻으로 형용사 역할을 할 수 있는 현재분사 (D) existing이 정답이다.

번역 신축 건물에 제안된 건축 양식은 그 구역의 기존 건축 양식과 유사하다.

어휘 architectural 건축(상)의 propose 제안하다 structure 구조(물), 건축 district 구역, 지구

8. (B) 명사 뒤에서 수식하는 분사_과거분사

해설 the panel이 주어, will discuss가 동사인 완전한 절로, 빈칸 이하는 questions를 수식하는 어구이다. 따라서 명사를 수식할 수 있는 과거분사 (B) collected와 현재분사 (C) collecting 중 선택해야 하는데, 빈칸 뒤에 전치사구 from members of the audience가 있고, 질문은 수집되는 대상이므로 수동의 의미를 나타내는 과거분

사 (B) collected가 정답이다. (A) collection은 명사, (D) collect는 동사로 빈칸에 들어갈 수 없다.

번역 결론을 내기 전에, 패널은 청중들에게서 수집된 몇 가지 질문에 대해 논의할 것이다.

어휘 conclude 결론을 내리다 **panel** 패널, 위원단 **audience** 청중, 관중 **collect** 모으다

| 1. (C) | 2. (D) | 3. (B) | 4. (B) |
| 5. (A) | 6. (D) | 7. (C) | 8. (B) |

1. (C) 감정을 나타내는 분사_과거분사

해설 주어인 All of our executives를 보충 설명하는 주격 보어 자리로, 문맥상 사람이 느끼는 감정을 나타내는 형용사가 들어가야 자연스럽다. 따라서 과거분사 (C) pleased(기쁜, 만족해하는)가 정답이다. 명사 (A) pleasure는 주어와 동격이 아니므로 답이 될 수 없고, (B) please는 동사로 품사상 빈칸에 들어갈 수 없다. (D) pleasing은 감정을 유발하는 주체를 묘사할 때 쓰이므로 오답이다.

번역 저희 임원들 모두가 귀사의 스튜디오에서 제작한 인물 사진에 만족하고 있습니다.

어휘 executive 임원, 중역 **portrait** 인물 사진, 초상화

2. (D) 분사구문_현재분사

해설 빈칸 앞 부사절 접속사 before 뒤에는 완전한 절 또는 분사구문이 올 수 있으므로, 과거분사 (A) placed와 현재분사 (D) placing 중 하나를 선택해야 한다. 빈칸 뒤 명사구 an order를 목적어로 취할 수 있어야 하므로, 현재분사 (D) placing이 정답이다.

번역 고객은 주문하기 전에 원단 샘플을 보고 만질 수 있다.

어휘 allow 허용하다, ~할 수 있게 하다 **fabric** 직물, 천 **place an order** 주문하다

3. (B) 감정을 나타내는 분사_과거분사

해설 빈칸은 'will leave + 목적어(viewers) + 목적격 보어' 구조에서 목적격 보어 자리이므로, 현재분사 (A) satisfying과 과거분사 (B) satisfied 중 하나를 선택해야 한다. 시청자들은 만족을 느끼는 대상이므로, 과거분사 (B) satisfied(만족하는)가 정답이다. (C) satisfyingly는 부사, (D) satisfy는 동사로 품사상 빈칸에 들어갈 수 없다.

번역 <닥터 베넷 쇼>의 제작자는 마지막 회가 시청자들을 만족하게 하기를 희망한다.

어휘 final episode 마지막 회 **satisfy** 만족시키다

4. (B) 분사구문_현재분사

해설 빈칸은 전치사구 to a question from a journalist와 함께 콤마 뒤에 오는 절을 수식한다. 따라서 빈칸에는 부사 역할을 할 수 있는 to부정사나 분사구문을 이끄는 분사가 들어갈 수 있으므로, 현재분사 (B) Responding이 정답이다. 참고로, respond는 자동사이므로 현재분사로만 쓸 수 있다.

번역 기자의 질문에 대해 황 씨는 스펜슬리 풋볼 클럽을 매각할 계획이 없다고 답했다.

어휘 respond to ~에 답하다

5. (A) 감정을 나타내는 분사_현재분사

해설 빈칸이 관사 an과 명사 sports car를 수식하는 형용사 new 사이에 있으므로, 빈칸에는 new와 함께 sports car를 수식하는 형용사나 new를 수식하는 부사가 들어갈 수 있다. 형용사 역할을 하는 (A) exciting과 (D) excited 중 하나를 선택해야 하는데, 신형 스포츠카는 흥미롭게 하는 주체이므로, 현재분사 (A) exciting이 정답이다.

번역 도노반 샌더스는 에머리 모터스에 의해 디자인된 흥미로운 신형 스포츠카에 대해 보도했다.

어휘 exciting 신나는, 흥미진진한

6. (D) 분사구문_과거분사

해설 빈칸 앞 부사절 접속사 When 뒤에는 완전한 절 또는 분사구문이 올 수 있다. 빈칸 뒤에 목적어가 없고, 문맥상 '제대로 조립되면'이라는 내용이 되어야 자연스러우므로 수동의 의미를 나타내는 과거분사 (D) assembled가 정답이다.

번역 제대로 조립되면, 포텐 홈의 가구는 매우 튼튼합니다.

어휘 properly 제대로 **extremely** 매우, 극도로 **sturdy** 튼튼한, 견고한 **assemble** 조립하다

7. (C) 감정을 나타내는 분사_현재분사

해설 주어인 Overnight travel on West Connect trains를 보충 설명하는 주격 보어 자리로, 부사 never의 수식을 받는 형용사가 올 수 있다. 열차에서의 1박은 피곤하게 만드는 주체이므로, 현재분사 (C) tiring(피곤하게 하는)이 정답이다.

번역 웨스트 커넥트 열차에서의 1박 여행은 객실 칸에 편안한 침대가 구비되어 있기 때문에 결코 피곤하지 않다.

어휘 passenger 승객 **compartment** 객실, 칸 **be furnished with** ~이 구비되어 있다

8. (B) 분사구문_과거분사

해설 빈칸은 전치사구 in collaboration with Aguna Games와 함께 콤마 뒤에 오는 절을 수식한다. 따라서 빈칸에는

부사 역할을 할 수 있는 to부정사나 분사구문을 이끄는 분사가 들어갈 수 있으므로, 과거분사 (B) Developed가 정답이다. 수동형 분사구문 Being developed에서 Being은 보통 생략된다.

번역 아구나 게임즈와 제휴하여 개발된 링고퀘스트 앱은 외국어 학습을 재미있고 쉽게 해 준다.

어휘 in collaboration with ~와 제휴[협력]하여 develop 개발하다

📄 ETS TEST   본책 p. 106

1. (C)	**2.** (C)	**3.** (D)	**4.** (B)
5. (A)	**6.** (D)	**7.** (B)	**8.** (C)

1. **(C) 명사 앞에서 수식하는 분사_과거분사**

해설 빈칸은 동사 was clearing의 목적어인 roads를 수식하는 형용사 자리이다. 형용사 역할을 할 수 있는 현재분사 (B) obstructing과 과거분사 (C) obstructed 중에 선택해야 하는데, '막힌 도로'라는 의미가 되어야 하므로, 수동의 의미를 나타내는 과거분사 (C) obstructed가 정답이다.

번역 심한 폭풍우 이후, 교통부의 최우선 과제는 막힌 도로를 치우는 것이었다.

어휘 severe 극심한 Department of Transportation 교통부 priority 우선 사항 obstruct 막다, 방해하다

2. **(C) 명사 앞에서 수식하는 분사_현재분사**

해설 빈칸이 한정사 any와 명사 tickets 사이에 있으므로, 빈칸에는 tickets를 수식하는 형용사 또는 tickets와 복합명사를 이루는 명사가 들어갈 수 있다. 문맥상 '남아 있는 티켓'이라는 내용이 되어야 자연스러우므로, '남아 있는, 남은'이라는 뜻으로 형용사 역할을 할 수 있는 현재분사 (C) remaining이 정답이다.

번역 온라인 티켓 판매가 종료된 후에 남아 있는 티켓은 공연 당일 극장에서만 구할 수 있다.

어휘 available 구할 수 있는, 이용할 수 있는

3. **(D) 명사 뒤에서 수식하는 분사_과거분사**

해설 Reward부터 this year까지가 주어, will not be가 동사인 완전한 문장으로, 빈칸부터 this year까지가 points를 수식하는 어구이다. 따라서 명사를 수식할 수 있는 현재분사 (C) earning과 과거분사 (D) earned 중 선택해야 하는데, 빈칸 뒤에 전치사구 before the end of this year가 있고, 보상 포인트는 주어지는 대상이므로 수동의 의미를 나타내는 과거분사 (D) earned가 정답이다. (A) that earn은 능동태, (B) are earned는 동사로 빈칸에 들어갈 수 없다.

번역 올해 말 이전에 받은 보상 포인트는 새 만기 정책의 영향을 받지 않을 것이다.

어휘 reward 보상 subject to ~의 영향[조건]하에 있는 expiration 만기, 만료 earn 받다, (돈을) 벌다

4. **(B) 명사 뒤에서 수식하는 분사_현재분사**

해설 Applicants가 주어, are required가 동사인 완전한 절로, 빈칸에는 명사구 their eligibility를 목적어로 취하면서 앞에 나온 documentation을 수식하는 준동사가 들어가야 한다. 따라서 능동의 의미를 나타내는 현재분사 (B) verifying이 정답이다. (A) verification은 명사, (C) verifiably는 부사, (D) verifies는 동사로 빈칸에 들어갈 수 없다.

번역 지원자들은 그 직책에 대한 자격을 증명하는 서류를 제출해야 한다.

어휘 applicant 지원자 submit 제출하다 documentation 서류 eligibility 자격, 적임 verify 증명[입증]하다

5. **(A) 감정을 나타내는 분사_과거분사**

해설 주어인 Parsons Group staff를 보충 설명하는 주격 보어 자리로, 문맥상 사람이 느끼는 감정을 나타내는 형용사가 들어가야 자연스럽다. 따라서 과거분사 (A) delighted(기뻐하는, 기쁜)가 정답이다. 현재분사 (D) delighting은 감정을 유발하는 주체를 묘사할 때 쓰이므로 오답이다.

번역 파슨스 그룹 직원들은 회사 창립 기념일에 유급 휴가를 받아서 기뻤다.

어휘 paid day off 유급 휴가 anniversary 기념일 founding 설립, 창립

6. **(D) 감정을 나타내는 분사_현재분사**

해설 부사 somewhat의 수식을 받으면서, 접속사 that절의 주어인 the instructions를 보충 설명하는 주격 보어 자리이다. 따라서 빈칸에는 형용사가 들어가야 하므로, (D) confusing(혼란스럽게 하는)이 정답이다. (A) confuse와 (B) confuses는 동사, (C) confusion은 명사로 품사상 빈칸에 들어갈 수 없다.

번역 신제품을 구매한 고객들 중 일부는 설명서가 다소 혼란스럽다고 불평했다.

어휘 complain 불평하다 instructions 설명(서) somewhat 다소

7. **(B) 분사구문_현재분사**

해설 빈칸 앞 부사절 접속사 while 뒤에는 완전한 절 또는 분사구문이 올 수 있다. 빈칸 뒤 명사구 employee performance를 목적어로 취할 수 있어야 하므로, 현재분사 (B) evaluating이 정답이다. (A) evaluate와 (D) evaluates는 동사, (C) evaluation은 명사로 빈칸에 들어갈 수 없다.

번역 관리자들은 직원의 성과를 신중하게 평가하면서 객관성을 유지해야 합니다.

어휘 objective 객관적인 performance 성과 evaluate 평가하다

8. (C) 분사구문_과거분사

해설 as를 전치사로 볼 경우 명사가, 접속사로 볼 경우에는 분사구문을 이끄는 분사가 빈칸에 들어갈 수 있다. 빈칸 뒤에 목적어가 없고, 문맥상 '텔레비전 광고 시리즈에서 광고된 대로'라는 내용이 되어야 자연스러우므로 수동의 의미를 나타내는 과거분사 (C) advertised가 정답이다.

번역 한 인상적인 텔레비전 광고 시리즈에서 광고된 대로, 최신 푸루기 BXU 태블릿 컴퓨터는 완전히 방수가 된다.

어휘 striking 인상적인, 눈에 띄는 commercial 광고 (방송) latest 최신의 completely 완전히 waterproof 방수의

UNIT 10 접속사

실전	ETS PRACTICE		본책 p.111
1. (C)	**2.** (B)	**3.** (D)	**4.** (A)
5. (A)	**6.** (B)	**7.** (A)	**8.** (D)

1. (C) 부사절 접속사_양보

해설 두 개의 완전한 절을 이어 주는 접속사 자리로, (B) if와 (C) even though 중 하나를 선택해야 한다. 위치가 불편한(its location is inconvenient) 상황에서 충성 고객층을 구축한 것(has built up a loyal customer base)은 상반되는 상황이라고 볼 수 있으므로, 양보의 부사절 접속사 (C) even though(비록 ~일지라도)가 정답이다. (A) during은 전치사, (D) through는 전치사/부사이므로 빈칸에 들어가 절을 이끌 수 없다.

번역 셸우드 살롱은 위치가 불편함에도 불구하고 단골 고객층을 구축했다.

어휘 build up 쌓다 loyal customer 단골 고객 location 위치, 소재지 inconvenient 불편한

2. (B) 부사절 접속사_이유

해설 빈칸 뒤 완전한 절(it has received the necessary materials)을 이끄는 접속사 자리로, 해당 절은 공장이 생산을 재개하는 이유를 나타낸다. 따라서 '~ 때문에'라는 의미의 부사절 접속사 (B) because가 정답이다. (A) then은 형용사/부사, (C) as for와 (D) owing to는 전치사로 부사절을 이끌 수 없다.

번역 필요한 자재를 받았기 때문에 울산 공장의 생산은 재개될 것이다.

어휘 production 생산 resume 재개되다 material 자재, 원료

3. (D) 부사절 접속사_이유

해설 빈칸 뒤에 주어 the R&D team과 동사 has discovered를 갖춘 완전한 절이 왔으므로 빈칸에는 접속사가 들어가야 한다. 문맥상 '문제점을 발견했기 때문에'라는 의미가 되어야 자연스러우므로, '~ 때문에'라는 뜻의 (D) As가 정답이다.

번역 연구 개발 팀이 시제품에서 몇 가지 문제점을 발견했기 때문에 제품 출시가 연기되었다.

어휘 discover 발견하다 prototype 시제품, 견본 launch 출시, 개시 postpone 연기하다

4. (A) 부사절 접속사_시간

해설 두 개의 완전한 절을 이어 주는 접속사 자리이다. 문맥상 수상자들에게 통지되자마자(the winners have been notified) 상위 10대 레스토랑 목록이 발표될 것(Kansai Palate Magazine's new list ~ will be published)이라는 의미가 되어야 자연스러우므로, '~하자마자'라는 의미의 부사절 접속사 (A) as soon as가 정답이다. 참고로, 시간 부사절의 현재완료 동사 have been notified는 미래를 나타낸다. (B) until은 의미상 적절하지 않고, (C) in order to와 (D) rather는 부사절을 이끌 수 없다.

번역 간사이 팔레트 잡지의 새로운 상위 10대 레스토랑 목록은 수상자들에게 통지되자마자 발표될 것이다.

어휘 palate 미각[감식력] publish 발표하다 notify 통지하다[알리다]

5. (A) 부사절 접속사_대조

해설 두 개의 완전한 절을 이어 주는 접속사 자리로, (A) whereas(~인 반면에)와 (D) unless(~이 아니라면) 중 하나를 선택해야 한다. 직원에게 유니폼을 지급한다(Oak Tree Grill issues uniforms to its staff)는 것과 검은 옷을 입도록 한다(Belle's Bistro simply requires its servers to wear black clothing)는 것을 연결해 주어야 하므로, 두 가지 사실을 비교 및 대조할 때 쓰는 (A) whereas가 정답이다. (B) rather than은 상관접속사로 쓰일 수 있지만 완전한 절을 이끌 수 없고, (C) despite는 전치사이므로 빈칸에 들어갈 수 없다.

번역 오크 트리 그릴은 직원들에게 유니폼을 지급하는 반면, 벨 비스트로는 종업원들에게 그저 검은 옷을 입도록 요구한다.

어휘 issue 지급[발급]하다 require 요구하다

6. (B) 부사절 접속사_조건

해설 빈칸 뒤에 주어와 동사를 갖춘 절이 왔으므로, 빈칸에는 접속사가 들어가야 한다. 원래의 포장이 손상되지 않은 것이 전액 환불의 조건이 되므로 '~라면'이라는 조건의 의미를 나타내는 (B) Provided that이 정답이다.

번역 원래의 포장이 손상되지 않았다면, 고객은 반품된 물품에 대해 전액 환불을 받을 수 있습니다.

어휘 original 원래[본래]의 damaged 손상된 full refund 전액 환불

7. (A) 부사절 접속사_조건

해설 빈칸은 두 개의 완전한 절을 이어 주는 접속사 자리이다. 따라서 부사절 접속사 (A) as long as(~하는 한)가 정답이다. (B) by means of, (C) in addition to, (D) with regard to는 모두 절과 절을 연결할 수 없다.

번역 판매량이 높게 유지되는 한, 연간 보너스는 영업 담당자들에게 계속 지급될 것이다.

어휘 annual 매년[연례]의 award 주다 sales representative 영업 담당자 sales volume 판매량

8. (D) 부사절 접속사_시간

해설 빈칸은 that이 이끄는 명사절에서 쉼표 앞뒤의 두 절을 연결하는 접속사 자리로, '고객들이 좋은 서비스를 받을 때 다시 온다'는 내용이 되어야 자연스럽다. 따라서 시간을 나타내는 부사절 접속사 (D) when(~할 때)이 정답이다.

번역 소매업계의 선구자인 박정훈은 고객들이 좋은 서비스를 받으면 보통 다시 온다고 믿었다.

어휘 retail 소매업 pioneer 선구자

실전 ETS PRACTICE 본책 p. 113

1. (B)	**2.** (C)	**3.** (D)	**4.** (D)
5. (C)	**6.** (A)	**7.** (C)	**8.** (D)

1. (B) 부사절 접속사 vs. 전치사

해설 두 개의 완전한 절을 이어 주는 접속사 자리이며, 문맥상 '마지막 발표가 끝나기 전에 떠나야 할 것이다'라는 내용이 되어야 자연스럽다. 따라서 '~ 전에'라는 뜻의 접속사 (B) before가 정답이다. (A) prior to도 '~에 앞서'라는 뜻이지만 전치사이므로 절을 이끌 수 없다. 참고로, before와 after는 전치사로도 쓰여 뒤에 명사구가 나올 수 있다는 점에 유의한다.

번역 기차를 타기 위해 챈 씨는 마지막 발표가 끝나기 전에 떠나야 할 것이다.

어휘 in order to ~하기 위해 presentation 발표 end 끝나다

2. (C) 부사절 접속사 vs. 전치사

해설 명사구 efforts to cancel the project를 목적어로 취하는 전치사 자리이므로, (C) Despite(~에도 불구하고)가 정답이다. (D) Unless는 부사절 접속사로 뒤에 완전한 절이 와야 하고, (B) Neither은 nor과 결합해야만 상관접속사로 쓰일 수 있다. (A) Although도 '비록 ~일지라도'라는 뜻이지만 부사절 접속사이므로 빈칸에 들어갈 수 없다.

번역 그 프로젝트를 취소하려는 노력에도 불구하고, 웨스트 리버를 가로지르는 새로운 다리 건설은 예정대로 시작될 것이다.

어휘 effort 노력 cancel 취소하다 construction 건설 on schedule 예정대로

3. (D) 부사절 접속사 vs. 전치사

해설 명사구 inclement weather를 목적어로 취하는 전치사 자리로, (B) Such as(~ 같은, ~처럼)와 (D) Due to(~ 때문에) 중 하나를 선택해야 한다. 악천후는 티켓 환불을 유발한 원인이므로, (D) Due to가 정답이다. (A) In case는 부사절 접속사이고, (C) Because도 '~ 때문에'라는 뜻이지만 부사절 접속사이므로 빈칸에 들어갈 수 없다.

번역 악천후로 인해, 오늘 자전거 투어 티켓은 요청 시 환불될 것입니다.

어휘 inclement weather 악천후, 궂은 날씨 refund 환불하다 request 요청

4. (D) 부사절 접속사_목적

해설 빈칸 뒤 완전한 절(the planning committee can order enough food)을 이끄는 접속사 자리로, 해당 절은 파티 참석 여부를 알리는 목적을 나타낸다. 따라서 '~할 수 있도록'이라는 의미의 부사절 접속사 (D) so that이 정답이다. (A) therefore는 접속부사, (B) aside from은 전치사, (C) as well as는 상관접속사로 빈칸에 들어갈 수 없다.

번역 기획 위원회가 충분한 음식을 주문할 수 있도록 파티에 참석할지 여부를 표시해 주세요.

어휘 indicate 표시하다 planning committee 기획 위원회

5. (C) 부사절 접속사 vs. 전치사

해설 빈칸 뒤 완전한 절(its quarterly report was released yesterday)을 이끄는 접속사 자리이므로, 부사절 접속사 (C) as soon as(~하자마자)가 정답이다. (B) in order는 that과 결합해야만 부사절 접속사로 쓰일 수 있고, (A) upon도 '~하자마자'라는 뜻이지만 전치사이고, (D) according to도 전치사이므로 빈칸에 들어가 절을 이끌 수 없다.

번역 비즈니에프스키 사의 주가는 어제 분기 보고서가 발표되자마자 급등했다.

어휘 stock price 주가 soar 급등하다 quarterly report 분기 보고서 release 발표하다

6. (A) 부사절 접속사 _ 고려

해설 빈칸 뒤 that과 결합하여 완전한 절(the meeting is ~ 30 minutes)을 이끌어 주절을 수식하는 부사절 접속사 자리이다. 따라서 that과 함께 '~을 고려해 볼 때'라는 의미를 나타내는 (A) Considering이 정답이다.

번역 회의가 30분 동안만 진행될 예정이라는 것을 고려해 볼 때, 안건을 줄여야 한다.

어휘 be scheduled to ~할 예정이다 last 지속[계속]되다 agenda 안건[의제] shorten 줄이다

7. (C) 부사절 접속사 _ 고려

해설 빈칸 앞뒤로 주어와 동사를 갖춘 완전한 절이 나오므로 빈칸에는 접속사가 들어가야 한다. '다양한 기구가 별로 없다는 점을 고려해 볼 때'라는 내용이 되어야 자연스러우므로 '~을 고려해 볼 때'라는 뜻의 접속사인 (C) given that이 정답이다. (B) provided는 조건을 나타내는 접속사이므로 의미가 적절하지 않고, (A) instead of는 전치사, (D) in addition은 접속부사이므로 오답이다.

번역 다양한 기구가 별로 없다는 점을 고려해 볼 때, 그 체육관이 그렇게 인기가 있다는 것은 놀라운 일이었다.

어휘 a limited range of 종류가 별로 없는 equipment 기구

8. (D) 부사절 접속사 vs. 전치사

해설 빈칸 뒤 완전한 절을 이끄는 접속사 자리이므로, '비록 ~이지만'이라는 의미를 나타내는 (D) Even though가 정답이다. (B) In spite of도 '~에도 불구하고'라는 의미를 나타내지만 전치사이므로 절을 이끌 수 없다.

번역 회의에서 합병 조건들이 합의되었지만, 그것들은 여전히 정식으로 승인되어야 한다.

어휘 terms (계약) 조건 merger 합병 formally 정식[공식적]으로 approve 승인하다

실전	**ETS PRACTICE**		본책 p.115
1. (A)	**2.** (B)	**3.** (B)	**4.** (C)
5. (C)	**6.** (D)	**7.** (A)	**8.** (D)

1. (A) 등위접속사 _ but

해설 빈칸이 완전한 절과 주어 A rosebush가 생략된 절 사이에 있으므로, 빈칸에는 등위/상관접속사가 들어가야 한다. 문맥상 서로 상반되는 내용을 연결하므로 '그러나'라는 뜻의 등위접속사 (A) but이 정답이다. (B) except와 (C) until은 전치사/부사절 접속사로 빈칸에 들어갈 수 없고, (D) nor는 neither와 결합해야만 상관접속사로 쓰일 수 있다.

번역 장미 덤불은 정원에 아름다운 추가물이 되지만(= 추가하면 아름답지만), 유지하기 위해서는 약간의 노력이 필요하다.

어휘 rosebush 장미 덤불 addition 추가(물) effort 노력 maintain 유지하다

2. (B) 상관접속사 _ not only A but also B

해설 빈칸이 완전한 절과 주어와 be동사(Bohnzen's new tires are)가 생략된 절 사이에 있으므로, 빈칸에는 등위/상관접속사가 들어가야 한다. 따라서 빈칸 앞에 있는 not only와 함께 'A뿐만 아니라 B도'라는 뜻의 상관접속사를 이루는 (B) but also가 정답이다. (A) compared to와 부사절 접속사인 (C) now that, 상관접속사인 (D) as well as는 빈칸에 들어갈 수 없다.

번역 본젠의 새 타이어는 더 오래 지속되도록 설계되었을 뿐만 아니라 더 친환경적인 소재로 만들어졌다.

어휘 be designed to ~하도록 제작되다 last 지속되다 eco-friendly 친환경적인 material 소재, 재료

3. (B) 상관접속사 _ both A and B

해설 빈칸 뒤 and가 문제 해결의 단서로, 문맥상 '포스터의 배색과 글꼴을 둘 다 바꾸다'라는 의미가 되어야 자연스럽다. 따라서 and와 함께 상관접속사를 이루는 (B) both가 정답이다.

번역 그래픽 디자이너는 포스터의 배색과 글꼴을 둘 다 바꾸는 것에 동의했다.

어휘 color scheme 배색 font 글꼴, 서체

4. (C) 등위접속사 _ or

해설 휴가를 내는 것(to take time off)과 출장을 가는 것((to) travel on business)은 모두 직원들이 허가를 받지 못할(will not be permitted) 사항이다. 따라서 빈칸에는 두 개의 to부정사구를 이어 줄 등위/상관접속사가 들어가야 하며, 문맥상 '휴가를 내거나 출장을 가는 것이 허가되지 않을 것이다'라는 의미가 되어야 자연스럽다. 따라서 '또는, 혹은'이라는 의미의 등위접속사 (C) or가 정답이다. 참고로 travel on business 앞에 to가 생략되었다. 등위접속사 (A) but은 대조의 의미로 문맥상 자연스럽지 않고, (B) so는 단어나 구를 연결할 수 없으므로 오답이다. (D) with는 전치사로 품사상 빈칸에 들어갈 수 없다.

번역 7월 중에 직원들은 휴가를 내거나 출장을 가는 것이 허용되지 않을 것이다.

어휘 permit 허가하다 take time off 휴가를 내다 travel on business 출장 가다

5. (C) 상관접속사_neither A nor B

해설 빈칸은 두 개의 명사구 play equipment와 picnic facilities를 연결해 주는 등위/상관접속사 자리이다. 따라서 빈칸 앞에 있는 neither와 함께 'A도 B도 아닌'이라는 의미의 상관접속사로 쓰일 수 있는 (C) nor가 정답이다. (A) and는 neither와 어울려 쓸 수 없고, (B) as는 전치사/부사/접속사, (D) any는 대명사/한정사로 빈칸에 들어갈 수 없다.

번역 최근에 개선되기 전에 로렐리 파크에는 놀이 기구도 피크닉 시설도 없었다.

어휘 improvement 개선, 향상 equipment 기구, 장비 facility 시설

6. (D) 등위접속사_so

해설 두 개의 완전한 절을 연결해 주는 접속사 자리이다. 급여가 하루 일찍 지급되는 것(paychecks will be issued one day early)은 이번 달 급여 지급일이 공휴일에 해당되는 것(The usual payday falls on a holiday this month)의 결과에 해당하므로, '그래서'라는 뜻을 나타내는 등위접속사 (D) so가 정답이다. 등위접속사 (A) or와 부사절 접속사 (C) in case는 의미상 적절하지 않고, (B) instead는 부사로 빈칸에 들어갈 수 없다.

번역 이번 달은 급여 지급일이 공휴일에 해당되어서 급여가 하루 일찍 지급될 것이다.

어휘 fall on (어떤 날이) ~에 해당되다 paycheck 급여, 월급 issue 지급하다

7. (A) 상관접속사_B as well as A

해설 현대 팝송의 클래식 편곡 버전(classical arrangements of modern pop songs)과 전통 클래식 음악(traditional classical music)은 모두 사이티치 오케스트라가 자주 연주하는 곡이다. 따라서 빈칸에는 두 명사구를 이어 줄 등위/상관접속사가 들어가야 하므로, 'A뿐만 아니라 B도'라는 의미를 나타내는 상관접속사 (A) as well as가 정답이다. 두 대상을 비교할 때 쓰이는 (B) than(~보다)과 등위접속사 (D) yet(그러나)은 의미상 적절하지 않고, (C) given that은 부사절 접속사이므로 빈칸에 들어갈 수 없다.

번역 사이티치 오케스트라는 전통 클래식 음악뿐만 아니라 현대 팝송을 클래식 버전으로 편곡한 곡들도 자주 연주한다.

어휘 classical (음악이) 클래식의 arrangement 편곡한 곡 traditional 전통적인

8. (D) 등위접속사_and

해설 빈칸은 두 개의 명사구 clever advertising과 unique sales promotions를 연결해 주는 등위/상관접속사 자리이다. '기발한 광고'와 '특별한 판촉'은 시장 점유율을 늘리게 된 방법을 나열한 것이므로, (D) and가 정답이다. (A) either는 or와, (B) both는 and와 결합해야만 상관접속사로 쓰일 수 있고, 등위접속사 (C) yet(그러나)은 의미상 적절하지 않다.

번역 츠이히지 모터스는 기발한 광고와 특별한 판촉을 통해 시장 점유율을 두 배로 늘렸다.

어휘 market share 시장 점유율 advertising 광고 unique 특별한 sales promotion 판촉

실전 ETS PRACTICE			본책 p.117
1. (B)	2. (C)	3. (A)	4. (B)
5. (A)	6. (A)	7. (D)	8. (C)

1. (B) 형용사+that절

해설 빈칸은 뒤에 있는 완전한 절(it is unplugged)을 이끌어 앞에 온 형용사 certain을 보충 설명해 주는 역할을 하는 접속사 자리이다. 따라서 (B) that이 정답이다. 접속사로 쓰일 수 있는 (A) so는 의미상 적절하지 않고, (C) about은 부사/전치사, (D) however는 부사로 절을 이끌 수 없다.

번역 플러그가 뽑혀 있다는 것을 확신할 수 없으면, 절단기를 청소하려고 하지 마세요.

어휘 attempt 시도하다 unplugged 플러그를 뽑은

2. (C) whether+to부정사

해설 빈칸은 뒤에 나온 to부정사구(to add a television to the clinic's waiting room)와 함께 동사 is considering의 목적어 역할을 해야 한다. 따라서 to부정사와 함께 명사구를 이룰 수 있는 (C) whether(~인지 아닌지)가 정답이다. whether와 의문사가 이끄는 명사절은 to부정사구로 축약할 수 있다. 명사절 접속사 (A) if와 (B) that은 to부정사구로 축약할 수 없다.

번역 브래머 박사는 진료 대기실에 텔레비전을 추가할지 여부를 고려하고 있다.

어휘 consider 고려하다 add 추가하다 clinic 병원, 진료소

3. (A) 형용사+that절

해설 빈칸은 뒤에 있는 완전한 절(the repair work may cause interruptions to water service)을 이끌어 앞에 온 형용사 aware를 보충 설명해 주는 역할을 하는 접속사 자리이다. 따라서 (A) that이 정답이다. 관계대명사로 쓰일 수 있는 what은 뒤에 완전한 절을 이끌 수 없으므로 오답이다.

번역 주민들은 보수 공사가 급수에 지장을 초래할 수 있다는 것을 알아야 한다.

어휘 resident 주민[거주자] cause 초래[야기]하다
interruption 중단, 방해

4. (B) 명사절 접속사 _ if

해설 빈칸 이하는 to부정사 to find out의 목적어 역할을 하는 명사절로, 문맥상 '요구 사항이 있는 고객이 있는지 알아보다'라는 의미가 되어야 한다. 따라서 '~인지'라는 의미의 명사절 접속사 (B) if가 정답이다. '~하는 것'이라는 뜻의 명사절 접속사 (A) that은 의미상 적절하지 않다.

번역 클립 씨는 그녀의 조수에게 특별한 식사 요구 사항이 있는 고객이 있는지 알아보라고 요청했다.

어휘 assistant 조수 dietary 식사[음식]의 requirement 요구 사항, 요건

5. (A) 명사절 접속사 _ whether

해설 빈칸 이하는 동사 has asked의 목적어 역할을 하는 명사절로, 문맥상 '전근할 수 있는지 여부를 물었다'라는 의미가 되어야 한다. 따라서 '~인지 아닌지'라는 의미를 나타내는 명사절 접속사인 (A) whether가 정답이다.

번역 집에서 더 가깝기 때문에 로버트는 주택 지구 지점으로 전근할 수 있는지 물었다.

어휘 transfer 전근하다 uptown 주택 지구의 branch 지점

6. (A) 명사절 접속사 _ that

해설 빈칸 이하는 동사 suggested의 목적어 역할을 하는 명사절로, '~라는 것을 제안했다'라는 의미가 되어야 하므로 (A) that이 정답이다. (B) while은 부사절 접속사이고, (C) either는 or과 결합해야만 상관접속사로 쓰일 수 있다. (D) so는 부사/등위접속사이므로 빈칸에 들어갈 수 없다.

번역 앤더슨 씨는 직원들에게 이번 주에 길 아래에 있는 유료 주차장에 주차할 것을 제안했다.

어휘 suggest 제안하다 park 주차하다 paid parking lot 유료 주차장

7. (D) 명사절 접속사 _ whether

해설 빈칸 이하는 전치사 on의 목적어 역할을 하는 명사절로, 문맥상 '객실이 사용되었는지 여부에 따라'라는 의미가 되어야 한다. 따라서 '~인지 아닌지'라는 의미의 명사절 접속사 (D) whether가 정답이다. 명사절 접속사로 쓰일 수 있는 (A) that과 (B) where는 의미상 적절하지 않고, (C) either는 or와 결합해야만 상관접속사로 쓰일 수 있다.

번역 전날 밤 객실이 사용되었는지 여부에 따라 조기 체크인이 가능할 수 있습니다.

어휘 depending on ~에 따라 occupy 사용하다, 차지하다
previous 이전의 available 이용할 수 있는

8. (C) 명사절 접속사 _ that

해설 빈칸 이하는 동사 ensure의 목적어 역할을 하는 명사절로, '~라는 것을 반드시 하도록 하다'라는 의미가 되어야 하므로 (C) that이 정답이다. (A) so는 부사/등위접속사, (B) for는 전치사/등위접속사로 빈칸에 들어갈 수 없다. 명사절 접속사로도 쓰이는 (D) which는 완전한 절을 이끌 수 없다.

번역 덴튼 푸드는 웹사이트를 업그레이드함으로써 모든 고객의 주문이 제대로 처리되도록 할 것이다.

어휘 ensure 반드시 ~하도록 하다 process 처리하다
properly 제대로, 적절히

실전 **ETS PRACTICE** 본책 p.119

| **1.** (D) | **2.** (A) | **3.** (C) | **4.** (B) |
| **5.** (A) | **6.** (B) | **7.** (D) | **8.** (B) |

---

1. (D) 명사절을 이끄는 의문사 _ which

해설 빈칸은 to부정사 to find의 목적어 역할을 하는 명사절을 이끄는 동시에 빈칸 뒤에 나온 명사절 내에서 주어 역할을 할 수 있는 명사절 접속사 자리이다. 따라서 '어떤 것이 가장 효율적인지를 찾다'라는 의미를 나타내는 의문대명사 (D) which가 정답이다.

번역 서로 다른 모양의 비행기 날개 모델을 시험하여 어떤 것이 가장 효율적인지를 찾는다.

어휘 shaped 모양의 efficient 효율적인

2. (A) 명사절을 이끄는 복합관계대명사 _ whoever

해설 빈칸은 불완전한 절(can answer the most questions about our city's history)의 주어 역할을 하는 동시에, 빈칸 이하가 전치사 to의 목적어가 될 수 있도록 명사절로 만들어 주는 접속사가 필요하다. 따라서 '~하는 사람은 누구든지'를 의미하는 복합관계대명사 (A) whoever가 정답이다. (B) anyone, (C) those, (D) others는 모두 대명사로, 접속사 역할을 할 수 없다.

번역 누구든 우리 도시의 역사에 대한 가장 많은 질문에 대답할 수 있는 사람에게 상이 주어질 것이다.

3. (C) 명사절을 이끄는 의문사 _ how

해설 빈칸은 to부정사 to learn의 목적어 역할을 할 수 있는 명사절을 이끄는 접속사 자리이다. 빈칸 뒤의 완전한 절을 이끌면서, 문맥상 '카바 은행이 어떻게 사업을 지원할 수

있는지'라는 의미를 나타내야 하므로, '어떻게'라는 의미의 의문부사 (C) how가 정답이다. 명사절을 이끌 수 있는 의문사/관계대명사 (D) what은 완전한 절을 이끌 수 없다. (A) more는 한정사/부사, (B) about은 부사/전치사로 빈칸에 올 수 없다.

번역 오늘 당사 웹사이트를 방문하여 카바 은행이 성장하고 있는 귀하의 사업을 어떻게 지원할 수 있는지 알아보십시오.

어휘 support 지원하다 growing 성장하는, 커지는

4. (B) 부사절을 이끄는 복합관계부사 _ whenever

해설 두 개의 완전한 절을 이어 주는 접속사 자리로, 문맥상 '사용하지 않을 때는 언제나'라는 의미가 되어야 자연스러우므로 복합관계부사 (B) whenever(~하는 언제든지)가 정답이다. (A) between은 전치사/부사, (C) meanwhile은 부사, (D) rather than은 상관접속사로 빈칸에 들어갈 수 없다.

번역 로베나 접이식 의자는 사용하지 않을 때는 언제나 접어서 보관할 수 있다.

어휘 lawn chair 접이식 의자 fold up 접다 store 저장 [보관]하다

5. (A) 명사절을 이끄는 의문사 _ what

해설 빈칸 뒤의 불완전한 절을 이끌어 동사 know의 목적어 역할을 할 수 있는 명사절 접속사 자리이다. 문맥상 '무엇이 들어 있어야 하는지'라는 의미가 되어야 자연스러우므로, 의문대명사 (A) what이 정답이다. 명사절 접속사로 쓰일 수 있는 (B) when과 (C) that은 불완전한 절을 이끌 수 없다.

번역 포장 전표는 고객들에게 상자에 무엇이 들어 있어야 하는지 알려 준다.

어휘 slip 전표 contain 포함하다, 담고 있다

6. (B) 명사절을 이끄는 복합관계대명사 _ whatever

해설 빈칸 뒤의 불완전한 절을 이끌어 동사 will do의 목적어 역할을 할 수 있는 명사절 접속사 자리이다. 따라서 '~하는 것은 무엇이든지'라는 의미를 나타내는 복합관계대명사 (B) whatever가 정답이다. (A) some과 (D) each는 형용사/대명사/부사이고, (C) above는 전치사이므로 빈칸에 들어갈 수 없다.

번역 멩 호텔 직원들은 당신이 가능한 한 즐겁게 머물 수 있도록 그들이 할 수 있는 것은 무엇이든 할 것이다.

어휘 as ~ as possible 가능한 한 ~하게 enjoyable 즐거운

7. (D) 부사절을 이끄는 복합관계대명사 _ whichever

해설 빈칸 앞에 완전한 절이 나오고, 빈칸 뒤에 주어 they와 동사 prefer가 나오므로 빈칸에는 접속사가 들어가야 한다. 빈칸 앞에 선택 사항(a cash bonus or an extra

day off)이 주어지므로 '어떤 것을 ~하든지'라는 뜻으로 쓰여 부사절을 이끄는 (D) whichever가 정답이다. (A) whomever도 부사절을 이끌 수 있지만 의미상 적절하지 않고, (B) one another와 (C) either는 접속사 역할을 하지 못하므로 오답이다.

번역 직원상 수상자는 현금 보너스를 받거나 휴가를 하루 더 받거나 그들이 선호하는 어떤 것이든지 할 수 있다.

어휘 day off 쉬는 날, 휴가 prefer 선호하다

8. (B) 의문사+to부정사

해설 빈칸은 뒤에 나온 to부정사구와 함께 동사 demonstrate의 목적어 역할을 해야 한다. 따라서 to부정사와 함께 명사구를 이룰 수 있는 의문사 (B) how와 (C) which 중 하나를 선택해야 한다. 문맥상 '어떻게 사용하는지 보여 준다'라는 의미가 되어야 자연스러우므로, (B) how가 정답이다. (A) so는 부사/등위접속사, (D) and는 등위접속사로 빈칸에 들어갈 수 없다.

번역 테오도리코 매장에서는 직원들이 최신 주방용품을 어떻게 사용하는지 보여 준다.

어휘 demonstrate (사용법을) 보여 주다 appliance (가정용) 기기

📄 **ETS TEST**   본책 p. 120

| 1. (C) | 2. (A) | 3. (C) | 4. (B) |
| 5. (D) | 6. (B) | 7. (D) | 8. (C) |

1. (C) 상관접속사 _ both A and B

해설 빈칸 뒤 and가 문제 해결의 단서로, 문맥상 '면접과 실기 시험을 모두 보다'라는 의미가 되어야 자연스럽다. 따라서 and와 함께 상관접속사를 이루는 (C) both가 정답이다. (A) either는 or와, (D) not only는 but (also)과 결합해야만 상관접속사로 쓰일 수 있다.

번역 지원자들은 면접과 시간제한이 있는 실기 시험을 모두 보기 위해 우리 사무실을 방문할 것이다.

어휘 candidate 지원자, 후보 undergo 겪다 timed 시간이 정해진

2. (A) 등위접속사 _ but

해설 공간을 공유하는 것과 별도의 운영을 유지하는 것은 상반되는 내용이므로 '그러나'라는 뜻의 등위접속사 (A) but이 정답이다. 참고로, 주어가 동일할 때 등위접속사로 연결되는 문장에서 주어는 생략할 수 있다.

번역 영업팀과 마케팅팀은 동일한 사무실 공간을 공유하지만 완전히 별도의 운영을 유지한다.

어휘 | maintain 유지하다 completely 완전히 separate 별개의 operation 운영

3. (C) 명사절을 이끄는 복합관계대명사 _whoever

해설 | 빈칸은 불완전한 절(is the last person to leave the office)의 주어 역할을 하는 동시에 동사 must turn off의 주어 역할을 하는 명사절을 이끄는 접속사 자리이다. 따라서 복합관계대명사 (C) Whoever와 (D) Whatever 중 하나를 선택해야 한다. 문맥상 '마지막으로 퇴근하는 사람이 누구든 불을 끄고 문을 잠근다'라는 내용이 되어야 하므로, '~하는 사람은 누구든지'라는 의미를 나타내는 (C) Whoever가 정답이다. 복합관계부사인 (A) Whenever와 (B) Wherever는 불완전한 절을 이끌 수 없다.

번역 | 마지막으로 퇴근하는 사람이 누구든 반드시 불을 끄고 문을 잠가야 한다.

어휘 | leave the office 퇴근하다

4. (B) 부사절 접속사 _이유

해설 | 빈칸 뒤의 완전한 절(you are a Doyon Art Museum member)을 이끌어 주절(you will have early access to special exhibitions)을 수식하는 부사절을 이끄는 접속사 자리이다. 문맥상 부사절이 특별 전시회를 먼저 접할 수 있는 이유를 나타내므로 '~이므로'라는 의미의 (B) Now that이 정답이다. (A) In that case, (C) Throughout, (D) In order for는 모두 절을 이끌 수 없다.

번역 | 귀하는 도연 미술관 회원이므로, 특별 전시회를 먼저 접하실 수 있습니다.

어휘 | access 입장, 접근(권) exhibition 전시회

5. (D) whether + to부정사

해설 | 빈칸은 뒤에 나온 to부정사구와 함께 동사 will discuss의 목적어 역할을 해야 한다. 따라서 to부정사와 함께 명사구를 이끌 수 있는 (A) what과 (D) whether 중 하나를 선택해야 한다. '독립 감사 위원회를 창설할지 여부를 논의하다'라는 의미가 되어야 자연스러우므로, '~인지 아닌지'의 뜻을 나타내는 (D) whether가 정답이다.

번역 | 오늘 회의에서 이사회는 독립 감사 위원회를 창설할지 여부를 논의할 것이다.

어휘 | board of directors 이사회 independent 독립된 audit (회계) 감사 committee 위원회

6. (B) 부사절 접속사 vs. 전치사

해설 | 빈칸은 두 개의 완전한 절을 연결하는 자리이므로, 접속사가 들어가야 한다. 문맥상 기계가 매일 점검을 받는 것과 예기치 않게 고장이 나는 것은 상반되는 상황이므로, '~이긴 하지만'이라는 뜻의 부사절 접속사 (B) Although가 정답이다. (C) Despite도 '~에도 불구하고'라는 뜻이지만 전

치사이므로 절을 이끌 수 없어 오답이다.

번역 | 생산 현장에 있는 기계는 매일 점검을 받지만, 예기치 않게 고장이 날 때가 있다.

어휘 | machinery 기계 production 생산 floor 작업 현장 inspect 점검하다 occasionally 때때로, 가끔 break down 고장 나다 unexpectedly 예기치 않게

7. (D) 부사절 접속사 _조건

해설 | 두 개의 완전한 절을 이어 주는 접속사 자리로, (A) unless와 (D) assuming that 중 하나를 선택해야 한다. 트럭을 더 구입할 수 있는 것(be able to purchase more trucks)은 대출 신청이 승인된다는 가정하에 가능한 것이므로, '~이라고 (가정)하면'이라는 의미의 부사절 접속사 (D) assuming that이 정답이다. (B) rather than은 상관접속사, (C) regardless of는 전치사로 빈칸에 들어갈 수 없다.

번역 | 대출 신청이 승인된다고 가정하면, 맥기 로지스틱스는 곧 트럭을 더 구입할 수 있을 것이다.

어휘 | purchase 구매하다 loan 대출 application 신청 approve 승인하다

8. (C) 부사절 접속사 _이유

해설 | 빈칸 뒤 완전한 절(passengers were complaining about being uncomfortable)을 이끄는 접속사 자리로, 해당 절은 아스타 항공이 일반석 공간을 늘린 이유를 나타낸다. 따라서 '~ 때문에'라는 의미의 부사절 접속사 (C) because가 정답이다. (A) despite은 전치사로 절을 이끌 수 없고, 부사절 접속사 (B) until과 (D) although는 의미상 적절하지 않다.

번역 | 아스타 항공은 승객들이 불편한 것에 대해 불만을 호소했기 때문에 일반석의 열 사이 공간을 늘렸다.

어휘 | increase 늘리다 row 열[줄] coach-class 일반석의 passenger 승객 uncomfortable 불편한

UNIT 11 관계사

실전	ETS PRACTICE		본책 p.125
1. (A)	**2.** (B)	**3.** (D)	**4.** (A)
5. (B)	**6.** (A)	**7.** (A)	**8.** (D)

1. (A) 관계대명사 _목적격

해설 | The business card template이 주어, does not have가 동사인 문장으로, 빈칸에는 목적어가 없는 불완전

한 절(you have chosen)을 이끌어 사물 선행사 The business card template를 수식하는 관계대명사가 들어가야 한다. 따라서 목적격 관계대명사로 쓰일 수 있는 (A) which가 정답이다. 목적격 관계대명사로 쓰일 수 있는 (D) whom은 사람을 선행사로 받고, (B) what은 선행사를 필요로 하지 않으며, (C) when은 관계부사/의문사/부사절 접속사로 빈칸에 들어갈 수 없다.

번역 선택하신 명함 견본에는 큰 이미지를 넣을 공간이 없습니다.

어휘 business card 명함 template 견본

2. (B) 관계대명사_주격

해설 빈칸 이하는 선행사 those customers를 수식하는 관계사절로, 빈칸 뒤에 동사 prefer가 나오므로 주격 관계대명사 (B) who가 정답이다. (A) them, (C) it, (D) they는 모두 인칭대명사로, 접속사 역할을 할 수 없다.

번역 트렌디 스타일 패션즈는 화사한 옷을 선호하는 고객들을 위해 다채로운 색상의 정장과 원피스 라인을 갖추고 있다.

어휘 feature 특징으로 하다 colorful (색이) 다채로운 vibrant (색이) 밝고 강한

3. (D) 관계대명사_주격

해설 빈칸에는 주어가 없는 불완전한 절(will appear in next month's issue of *Smart Investor Magazine*)을 이끌어 전치사 for의 목적어 an article을 수식하는 관계대명사가 들어가야 한다. 빈칸 뒤에 동사 will appear가 나오고, 선행사가 사물이므로 주격 관계대명사 (D) that이 정답이다. 주격 관계대명사로 쓰일 수 있는 (A) who는 사람을 선행사로 받고, (B) about은 전치사, (C) its는 대명사로 빈칸에 들어갈 수 없다.

번역 이 씨는 <스마트 인베스터 잡지>의 다음 달 호에 실릴 기사를 위해 인터뷰를 했다.

어휘 article 기사, 글 issue 발행물, 호

4. (A) '주격 관계대명사+be동사'의 생략

해설 빈칸 앞에 명령문인 완전한 절이 나왔으므로 빈칸 이하는 the schedule을 수식하는 어구이다. 따라서 명사를 수식할 수 있는 과거분사 (A) enclosed와 현재분사 (B) enclosing 중 선택해야 하는데, 빈칸 뒤에 전치사구 in the information packet가 있고, 일정은 동봉되는 대상이므로 수동의 의미를 나타내는 과거분사 (A) enclosed가 정답이다. 참고로 빈칸 앞에 '주격 관계대명사+be동사' which is가 생략되었다.

번역 자세한 내용은 자료집에 동봉된 일정을 참고하시기 바랍니다.

어휘 refer to ~을 참고하다 information packet 자료집 enclose 동봉하다

5. (B) 관계대명사_소유격

해설 선행사가 all students이며, 관계사절에서 명사구 household income을 수식하는 자리이므로, 소유격 관계대명사인 (B) whose가 정답이다. 빈칸 뒤에 주어와 동사가 있다고 생각하여 목적격 관계대명사 (C) which를 고르지 않도록 주의해야 한다. be동사 is는 목적어를 필요로 하지 않는 자동사이다.

번역 에스키벨 대학교는 가계 소득이 일정 금액 이하인 모든 학생들에게 학자금 지원을 제공한다.

어휘 provide 제공하다 financial aid 학자금 지원 household income 가계 소득 amount 금액

6. (A) 목적격 관계대명사의 생략

해설 빈칸 이하는 any materials를 수식하는 관계사절로 빈칸 앞에는 목적격 관계대명사 which나 that이 생략되어 있다. 빈칸 뒤에 동사 purchase가 왔으므로, 빈칸은 주어 자리임을 알 수 있다. 따라서 주격 인칭대명사인 (A) we가 정답이다.

번역 하그레이브 컨트랙팅은 귀하의 프로젝트를 위해 저희가 구매하는 모든 자재의 영수증을 기꺼이 제공합니다.

어휘 be happy to 기꺼이 ~하다, ~해서 기쁘다 receipt 영수증 material 자재, 재료 purchase 구매하다

7. (A) 관계대명사_주격

해설 빈칸에는 주어가 없는 불완전한 절(volunteer to give up their seat on an overbooked flight)을 이끌어 빈칸 앞 명사 those를 수식하는 관계대명사가 들어가야 한다. 빈칸 뒤에 동사 volunteer가 나오므로 주격 관계대명사 (A) who가 정답이다. 관계대명사로 쓰일 수 있는 (B) what은 선행사를 필요로 하지 않고, (C) when은 관계부사/의문사/부사절 접속사, (D) where는 관계부사/의문사로 빈칸에 들어갈 수 없다. 참고로, those who는 '~한 사람들'이라는 의미의 빈출 표현이므로 익혀 두자.

번역 겐리 항공은 초과 예약 항공편의 좌석을 자진해서 양보하는 사람들에게 후하게 보상한다.

어휘 generously 후하게 compensate 보상하다 volunteer 자진하다 give up 양보하다, 포기하다 overbook 예약을 한도 이상으로 받다

8. (D) 관계대명사_소유격

해설 선행사가 Joe Blanchett이며, 관계사절에서 명사 music을 수식하는 자리이므로, 소유격 관계대명사인 (D) whose가 정답이다. 뒤에 목적어 generations of musicians가

있으므로 목적격 관계대명사 (A) which는 빈칸에 들어갈
수 없다.

번역 평생 공로상은 조 블란쳇에게 돌아갔는데, 그의 음악은 수
세대의 음악가들에게 영감을 주었다.

어휘 inspire 영감을 주다 generation 세대

실전	**ETS PRACTICE**		본책 p.127
1. (C)	**2.** (B)	**3.** (C)	**4.** (B)
5. (D)	**6.** (C)	**7.** (A)	**8.** (C)

---

1. (C) 수량 표현 + of + 관계대명사

해설 문장에서 attracted와 had read가 동사이며, 동사가 두
개인 문장에서 접속사가 없으므로 접속사 역할을 할 수 있
는 관계대명사가 들어가야 한다. 빈칸은 전치사 of 뒤 목적
격 자리이며, 선행사가 around 300 people이므로 사람
선행사일 때 쓰이는 목적격 관계대명사 (C) whom이 정
답이다. (A) their은 인칭대명사이고, 관계대명사로 쓰이는
(B) which는 선행사가 사물일 때 쓰이며, (D) whose는 소
유격 관계대명사이므로 빈칸에 들어갈 수 없다.

번역 아처 씨의 강연은 약 300명의 사람들을 끌어모았고, 그들
대부분은 그녀의 책을 읽었다.

어휘 talk 강연 attract 끌어모으다

2. (B) 전치사 + 관계대명사

해설 빈칸에는 전치사와 함께 쓰일 수 있는 관계대명사가 들어
가야 한다. 선행사가 the date이며 전치사 on의 목적어가
들어갈 자리이므로, 목적격 관계대명사 (B) which가 정답
이다. 복합관계대명사 (A) whoever와 의문사/관계대명사
(C) what은 뒤에 완전한 절을 이끌 수 없으므로 오답이다.

번역 안타깝게도, 월간 청구서가 발행되는 날짜를 변경할 수 없
습니다.

어휘 bill 청구서, 고지서 issue 발행[발급]하다

3. (C) 전치사 + 관계대명사

해설 빈칸에는 전치사와 함께 쓰일 수 있는 관계대명사가 들어
가야 한다. 선행사가 a speech이며 전치사 during의 목
적어가 들어갈 자리이므로, 목적격 관계대명사 (C) which
가 정답이다. 부사절 접속사 (A) while은 전치사의 목적어
자리에 올 수 없다.

번역 최고 경영자인 브렌단 마샬은 연설을 하면서 직원 간의 협
력을 강조했다.

어휘 give a speech 연설하다 emphasize 강조하다
cooperation 협력

4. (B) 수량 표현 + of + 관계대명사

해설 문장에서 drew와 had never attended가 동사이며, 동
사가 두 개인 문장에서 접속사가 없으므로 접속사 역할을
할 수 있는 관계대명사가 들어가야 한다. 빈칸은 전치사 of
뒤 목적격 자리이며, 선행사가 200 people이므로 사람
선행사일 때 쓰이는 목적격 관계대명사 (B) whom이 정답
이다. 관계대명사로 쓰이는 (A) which는 선행사가 사물일
때 쓰이고, (C) whose는 소유격 대명사이므로 빈칸에 들
어갈 수 없다. (D) that은 목적격 관계대명사로 쓰이지만
콤마 뒤와 전치사 뒤에서는 쓰지 않으므로 오답이다.

번역 어젯밤 시 의회 회의는 200명이 넘는 사람들을 끌어들였
는데, 그들 중 다수는 전에 한 번도 회의에 참석한 적이 없
었다.

어휘 city council 시 의회 draw 끌다, 유인하다 attend
참석하다

5. (D) 수량 표현 + of + 관계대명사

해설 문장에서 has와 are already furnished가 동사이며, 동
사가 두 개인 문장에서 접속사가 없으므로 접속사 역할을
할 수 있는 관계대명사가 들어가야 한다. 빈칸은 전치사
of 뒤 목적격 자리이며, 선행사가 multiple office spaces
이므로 사물 선행사일 때 쓰이는 목적격 관계대명사 (D)
which가 정답이다. 관계대명사로 쓰이는 (A) whom은 선
행사가 사람일 때 쓰이고, (B) where는 관계부사/의문사,
(C) whose는 소유격 관계대명사/의문사로 빈칸에 들어
갈 수 없다.

번역 탄자 빌딩은 임대 가능한 다수의 사무실 공간을 가지고 있
으며, 그중 일부는 이미 가구가 비치되어 있다.

어휘 multiple 다수의 available 이용할 수 있는 lease
임대하다 furnished 가구가 비치된

6. (C) 전치사 + 관계대명사_전치사 어휘

해설 선행사 the beautiful beaches가 관계사절에서 전치사
의 목적어이므로, 빈칸은 관계대명사 which 앞에 들어
갈 전치사 자리이다. depends와 함께 쓰이는 전치사는
depend on(~에 의존하다)이므로 (C) on이 정답이다.

번역 토빈 베이는 그것의 관광 산업이 의존하고 있는 아름다운
해변들을 보호해야 한다.

어휘 protect 보호하다 tourism industry 관광 산업

7. (A) 수량 표현 + of + 관계대명사

해설 문장에서 has와 offer가 동사이며, 동사가 두 개인 문장
에서 접속사가 없으므로 접속사 역할을 할 수 있는 관계대
명사가 들어가야 한다. 빈칸은 전치사 of 뒤 목적격 자리
이며, 선행사가 locations이므로 목적격 관계대명사 (A)
which가 정답이다. 관계대명사로 쓰이는 (C) what은 선
행사가 필요하지 않고, (B) whose는 소유격 관계대명사,

(D) where는 관계부사/의문사이므로 빈칸에 들어갈 수 없다.

번역 블라이드 커피는 주 전역에 걸쳐 여러 개의 지점이 있으며, 모든 지점에서 대표 계절 음료를 제공한다.

어휘 location 지점, 장소 state 주(州) offer 제공하다

8. (C) 전치사+관계대명사

해설 The names부터 be sent까지가 주어이고 should be printed가 동사인 문장이다. 선행사가 the customers이며 전치사 to의 목적어가 들어갈 자리이므로, 목적격 관계대명사 (C) whom이 정답이다. 관계대명사/의문사 (A) what과 복합관계대명사 (D) whichever는 뒤에 완전한 절을 이끌 수 없으므로 오답이다.

번역 소포가 보내질 고객의 이름은 선명하게 인쇄되어야 한다.

어휘 package 소포

실전	**ETS PRACTICE**		본책 p.129
1. (A)	**2.** (A)	**3.** (B)	**4.** (B)
5. (D)	**6.** (D)	**7.** (D)	**8.** (C)

1. (A) 관계부사+완전한 절

해설 빈칸 이하는 장소 선행사인 sites를 부연 설명하는 관계사절로, 빈칸 뒤에 완전한 절이 왔으므로 관계부사 (A) where가 정답이다. (B) which, (C) who, (D) what은 모두 관계사절을 이끌 때 완전한 절을 이끌 수 없다.

번역 우리의 가장 인기 있는 투어 중 하나는 유명한 영화들이 촬영된 장소를 방문한다.

어휘 tour 관광 (여행) site 장소, 위치 film 촬영하다

2. (A) 관계대명사+불완전한 절

해설 Orders가 주어, will not be processed가 동사인 문장으로, 빈칸에는 주어가 없는 불완전한 절(are placed after 6:00 P.M.)을 이끌어 Orders를 수식하는 관계대명사가 들어가야 한다. 빈칸 뒤에 동사가 나오므로, 주격 관계대명사로 쓰일 수 있는 (A) that이 정답이다. 관계대명사로 쓰일 수 있는 (B) what은 선행사가 필요하지 않고, (C) when은 관계부사/접속사/의문사, (D) these는 대명사로 빈칸에 들어갈 수 없다.

번역 오후 6시 이후에 들어온 주문들은 다음 날에나 처리될 것이다.

어휘 place an order 주문하다 process 처리하다 following 다음의

3. (B) 관계부사_why

해설 빈칸 이하는 이유를 나타내는 선행사인 one reason을 부연 설명하는 관계사절로, 빈칸 뒤에 완전한 절이 왔으므로 관계부사 (B) why가 정답이다. 관계부사로 쓰이는 (A) when은 시간을 나타내는 선행사, (C) how는 방법을 나타내는 선행사, (D) where는 장소를 나타내는 선행사와 쓰인다.

번역 코트에서 그녀의 기술은 테니스 팬들이 마야 파레데스를 사랑하는 단지 하나의 이유일 뿐이다.

어휘 court (테니스 등의) 코트, 경기장

4. (B) 관계부사+완전한 절

해설 빈칸 이하는 장소를 나타내는 선행사인 Conference Room B를 부연 설명하는 관계사절로, 빈칸 뒤에 완전한 절이 왔으므로 관계부사 (B) where가 정답이다. 관계대명사로 쓰일 수 있는 (A) which와 (C) who는 완전한 절을 이끌 수 없고, (D) why는 이유를 나타내는 선행사와 쓰이므로 빈칸에 들어갈 수 없다.

번역 소프트웨어 교육은 시청각 장비가 가장 믿을 만한 B 회의실에서 열려야 한다.

어휘 training session 교육 (시간) hold 열다, 개최하다 audiovisual 시청각의 equipment 장비 reliable 믿을[신뢰할] 수 있는

5. (D) 관계부사_when

해설 빈칸 이하는 시간을 나타내는 선행사인 days를 부연 설명하는 관계사절로, 빈칸 뒤에 완전한 절이 왔으므로 관계부사 (D) when이 정답이다. 관계부사로 쓰이는 (A) where는 장소 선행사, (B) why는 이유 선행사와 쓰이고, 관계대명사로 쓰이는 (C) what은 완전한 절을 이끌 수 없다.

번역 미셸 유한회사는 날씨가 좋지 않은 날에는 직원들이 재택근무를 하도록 장려한다.

어휘 encourage 장려하다

6. (D) 관계부사+완전한 절

해설 빈칸 이하는 시간을 나타내는 선행사인 spring을 부연 설명하는 관계사절로, 빈칸 뒤에 완전한 절이 왔으므로 관계부사 (D) when이 정답이다. 관계대명사로 쓰이는 (A) which와 (B) whom은 완전한 절을 이끌 수 없고, 관계부사로 쓰이는 (C) how는 방법을 나타내는 선행사와 쓰이므로 빈칸에 들어갈 수 없다.

번역 자전거 수리에 대한 수요가 가장 많은 봄에는 대기 시간이 깁니다.

어휘 demand 수요, 요구 repair 수리

7. (D) 관계부사 + 완전한 절

해설 빈칸 이하는 장소를 나타내는 선행사인 areas를 부연 설명하는 관계사절로, 빈칸 뒤에 완전한 절이 왔으므로 관계부사 (D) where가 정답이다. 관계대명사로 쓰일 수 있는 (A) which와 (C) what은 완전한 절을 이끌 수 없고, 관계부사로 쓰일 수 있는 (B) why는 이유를 나타내는 선행사를 부연 설명한다.

번역 윌로드 마킹 테이프는 사람들이 위험 요소가 있는 지역에 접근하지 않도록 경고하기 위해 사용될 수 있다.

어휘 warn away 접근하지 않도록 경고하다 hazard 위험 (요소)

8. (C) 전치사 + 관계대명사

해설 빈칸에는 전치사와 함께 쓰일 수 있는 관계대명사가 들어가야 한다. 선행사가 three months이며 전치사 during의 목적어가 들어갈 자리이므로, 목적격 관계대명사인 (C) which가 정답이다. 관계부사 (B) when과 관계대명사 (D) that은 전치사와 함께 쓰일 수 없다.

번역 팸플러 다리의 최근 도로 보수 작업은 3개월 동안 계속되었으며, 이 기간 동안 각 방향으로 단 하나의 차선만 개방되었다.

어휘 roadwork 도로 보수 작업 last 지속되다 lane 차선, 도로 direction 방향

📄 **ETS TEST**　　　　　　　　　　본책 p. 130

1. (C)	**2.** (C)	**3.** (B)	**4.** (A)
5. (D)	**6.** (B)	**7.** (C)	**8.** (C)

---

1. (C) 관계대명사 _ 목적격

해설 trade show attendees가 주어, love가 동사인 문장으로, 빈칸에는 목적어가 없는 불완전한 절(we give away)을 이끌어 사물 선행사 the promotional T-shirts를 수식하는 관계대명사가 들어가야 한다. 따라서 사물 선행사일 때 쓰이는 목적격 관계대명사 (C) that이 정답이다.

번역 매년 무역 박람회 참석자들은 우리가 나눠 주는 홍보용 티셔츠를 좋아한다.

어휘 trade show 무역 박람회 attendee 참석자 promotional 홍보[판촉]의 give away 나눠 주다

2. (C) 관계대명사 _ 주격

해설 빈칸 이하는 선행사 the negotiators를 수식하는 관계사절로, 빈칸 뒤에 동사 handle이 나오므로 주격 관계대명사 (C) who가 정답이다. (A) these, (B) they, (D) one은 모두 대명사로, 접속사 역할을 할 수 없다.

번역 통상적으로 계약을 다루는 협상가들 중에서 스완 씨가 가장 유능한 것으로 알려져 있다.

어휘 negotiator 협상가 handle 다루다, 처리하다 contract 계약 be known to ~로 알려져 있다 effective 유능한, 효과적인

3. (B) 관계대명사 _ 주격

해설 빈칸 이하는 선행사 a spreadsheet를 수식하는 관계사절로, 빈칸 뒤에 동사 lists가 나오므로 주격 관계대명사 (B) that이 정답이다. lists를 '목록'이라는 명사로 잘못 이해한 경우 소유격 관계대명사 (D) whose를 정답으로 잘못 고를 수 있으니 유의한다.

번역 그 재고 관리 소프트웨어는 이용할 수 있는 모든 품목을 목록화하는 스프레드시트를 자동으로 생성한다.

어휘 inventory 재고 list 목록을 작성하다 available 이용할 수 있는 item 항목, 물품

4. (A) 수량 표현 + of + 관계대명사

해설 문장에서 is와 could handle이 동사이며, 동사가 두 개인 문장에서 접속사가 없으므로 접속사 역할을 할 수 있는 관계대명사가 들어가야 한다. 빈칸은 전치사 of 뒤 목적어 자리이며, 선행사가 tasks이므로 목적격 관계대명사 (A) which가 정답이다. (B) that은 목적격 관계대명사로 쓰이지만 콤마 뒤와 전치사 뒤에서는 쓰지 않으므로 오답이다. 관계대명사로 쓰이는 (C) whom은 선행사가 사람일 때 쓰이고, (D) where는 관계부사/의문사로 빈칸에 들어갈 수 없다.

번역 민재는 다른 직원들이 추가 교육 없이는 처리할 수 없는 많은 일들을 책임지고 있다.

어휘 be responsible for ~에 대해 책임을 지다 task 일, 과업 additional 추가의

5. (D) 목적격 관계대명사의 생략

해설 빈칸 이하는 the home interiors를 수식하는 관계사절로 빈칸 앞에는 목적격 관계대명사 which나 that이 생략되어 있다. 빈칸 뒤에 동사 designs가 왔으므로, 빈칸은 주어 자리임을 알 수 있다. 따라서 주격 인칭대명사인 (D) she가 정답이다.

번역 글로리아 케네디는 고객의 허락을 받아 그녀가 디자인한 집 인테리어의 사진을 소셜 미디어에 올린다.

어휘 permission 허락, 승인 post (게시물을) 올리다

6. (B) 관계대명사 _ 소유격

해설 선행사가 Stella Maldonado이며, 관계사절에서 명사 work를 수식하는 자리이므로, 소유격 관계대명사인 (B) whose가 정답이다. 빈칸 뒤에 주어 work와 목적어

scenes of rural Tennessee가 모두 있으므로 주격 또는 목적격 관계대명사인 (C) which는 빈칸에 들어갈 수 없다.

번역 테네시 시골의 풍경을 묘사한 스텔라 말도나도의 사진은 전시회에 특별 전시될 것이다.

어휘 photography 사진 depict 묘사하다 rural 시골의 feature 특별히 포함하다 exhibition 전시회

7. (C) 전치사 + 관계대명사

해설 빈칸에는 전치사와 함께 쓰일 수 있는 관계대명사가 들어가야 한다. 선행사가 the retail workers이며 전치사 for의 목적어가 들어갈 자리이므로, 목적격 관계대명사인 (C) whom이 정답이다. 관계대명사로 쓰이는 (B) what은 선행사가 필요하지 않고, (A) why와 (D) where는 관계부사/의문사로 빈칸에 들어갈 수 없다.

번역 그 워크숍의 내용은 워크숍의 대상인 소매업 종사자들의 요구에 맞게 조정되어야 한다.

어휘 content 내용 tailor 조정하다, 맞추다 retail 소매 be intended for ~을 위한 것이다

8. (C) 관계부사 _ where

해설 빈칸 이하는 장소를 나타내는 선행사인 places를 부연 설명하는 관계사절로, 빈칸 뒤에 완전한 절이 왔으므로 관계부사 (C) where가 정답이다. 관계대명사로 쓰일 수 있는 (A) which와 (D) what은 완전한 절을 이끌 수 없고, 전치사 (B) with는 절을 이끌 수 없으므로 오답이다.

번역 스카이링크 테크놀로지는 현재 서비스가 열악한 곳들에 초고속 인터넷 접속을 제공하기 위해 위성을 이용할 것이다.

어휘 satellite 위성 access 접속 currently 현재

UNIT 12 비교/가정법/도치

실전	ETS PRACTICE		본책 p.135
1. (A)	**2.** (C)	**3.** (A)	**4.** (D)
5. (B)	**6.** (B)	**7.** (C)	**8.** (D)

1. (A) the + 최상급 _ 형용사

해설 빈칸은 정관사 the와 복합명사 sales figures의 가운데 자리이므로 형용사가 들어가야 한다. 팀 전체에서(out of the entire team)라는 비교 대상 범위가 주어졌고 빈칸 앞에 정관사 the가 있으므로 빈칸에는 '가장 높은 매출액'이라는 의미를 나타내는 최상급 표현이 들어가야 자연스럽다. 따라서 (A) highest가 정답이다.

번역 지난달 챈 씨는 팀 전체에서 가장 높은 매출액을 달성했다.

어휘 sales figures 매출액 entire 전체의

2. (C) the + 최상급 _ 형용사

해설 빈칸이 정관사 the와 명사 route 사이에 있으므로, 빈칸에는 route를 수식하는 형용사 또는 route와 복합명사를 이루는 명사가 들어갈 수 있다. 전국에서(in the country)라는 비교 대상 범위가 주어졌고 문맥상 '가장 직접적인 경로'라는 내용이 되어야 자연스러우므로 최상급 표현 (C) most direct가 정답이다. (A) directly는 부사, (B) more directly는 비교급 부사로 품사상 빈칸에 들어갈 수 없고, 명사인 (D) directions는 route와 복합명사를 이루기에 의미상 적절하지 않으므로 오답이다.

번역 비라인 내비게이션 앱을 이용하여 전국 어느 목적지라도 가장 직행으로 가는 경로를 찾으세요.

어휘 direct route 직행 경로 destination 목적지, 도착지

3. (A) 비교급 + than _ 형용사

해설 빈칸은 동사 can carry의 목적어인 loads를 수식하는 형용사 자리이다. 빈칸 뒤에 than plastic ones(플라스틱으로 된 것보다)가 있으므로, 빈칸에는 than과 함께 쓰이는 비교급이 들어가야 한다. 따라서 (A) heavier가 정답이다. (B) heavily는 부사, (C) heaviness는 명사, (D) heaviest는 형용사의 최상급 형태로 빈칸에 들어갈 수 없다.

번역 시설 관리 직원들은 플라스틱으로 된 것보다 더 무거운 짐을 운반할 수 있기 때문에 금속 서비스 카트를 선호한다.

어휘 housekeeping (사무실·호텔 등의) 시설 관리(과) prefer 선호하다 metal 금속의 load 짐

4. (D) the + 최상급 _ 부사

해설 빈칸은 정관사 the와 함께 과거분사 promoted를 수식하는 부사 자리이다. 매장 역사상(in the store's history)라는 비교 대상 범위가 주어졌고, 'the + 서수(second) + 최상급' 구조이므로, 최상급 부사 (D) most quickly가 정답이다. (A) quick은 형용사, (B) quicken은 동사, (C) more quickly는 비교급 부사로 빈칸에 들어갈 수 없다.

번역 레인 씨는 매장 역사상 두 번째로 가장 빠르게 승진한 점원이다.

어휘 promote 승진하다 salesperson 점원, 판매원

5. (B) 비교급 + than _ 부사

해설 빈칸은 동사 performs를 수식하는 부사 자리이다. 빈칸 뒤에 than other small cities(다른 작은 도시들보다)가 있으므로, 빈칸에는 than과 함께 쓰이는 비교급이 들어가야 한다. 따라서 부사의 비교급 형태인 (B) more frequently가 정답이다. (A) frequently는 부사의 원급 형

태, (C) frequent는 형용사, (D) most frequent는 형용사의 최상급 형태로 오답이다.

번역 코미디언 재키 스토크스는 그녀의 고향이기 때문에 다른 작은 도시들보다 배넷에서 더 자주 공연을 한다.

어휘 perform 공연하다 frequently 자주

6. (B) 비교급＋than_형용사

해설 빈칸에는 전치사 in의 목적어인 language를 수식하는 형용사나 language와 복합명사를 이루는 명사가 들어갈 수 있다. 빈칸 뒤에 than most companies do(대부분의 회사들이 하는 것보다)가 있으므로, 빈칸에는 than과 함께 쓰이는 비교급이 들어가야 한다. 따라서 형용사의 비교급 형태인 (B) simpler가 정답이다. (A) simple은 형용사의 원급 형태, (C) simply는 부사, (D) most simply는 부사의 최상급 형태로 빈칸에 들어갈 수 없다.

번역 고객은 스파크스 사이클링이 대부분의 회사들이 하는 것보다 더 이해하기 쉬운 언어로 서비스 약관을 설명한 것을 높이 평가하고 있다.

어휘 appreciate 높이 평가하다 terms (계약 등의) 조건, 조항 simple 간단한, 이해하기 쉬운

7. (C) 비교급＋than

해설 빈칸 앞에 비교급인 more electric vehicles가 있으므로 비교급을 완성하는 than이 들어가면 '1분기보다 2분기에 더 많은'이라고 비교하는 내용의 문장이 연결된다. 따라서 (C) than이 정답이다.

번역 EV 자동차 회사는 올해 2분기에 1분기보다 15% 더 많은 전기 자동차를 납품했다.

어휘 electric vehicle 전기 자동차 quarter 분기, 4분의 1

8. (D) the＋최상급_부사

해설 빈칸은 정관사 the와 함께 to부정사구 to take citizens' concerns(시민들의 우려를 받아들이는 것)를 수식하는 부사 자리이다. 도시 계획 위원회 위원 중(Among the members of the city planning commission)이라는 비교 대상 범위가 주어졌으므로, 최상급 부사 (D) most seriously(가장 심각하게)가 정답이다. (A) serious는 원급 형용사, (B) seriousness는 명사, (C) more serious는 비교급 형용사로 품사상 빈칸에 들어갈 수 없다.

번역 도시 계획 위원회 위원 중 호르헤 곤잘레스가 시민들의 우려를 가장 심각하게 받아들이는 것으로 보인다.

어휘 commission 위원회 citizen 시민 concern 우려

---

1. (A)	**2.** (D)	**3.** (B)	**4.** (A)
5. (A)	**6.** (C)	**7.** (C)	**8.** (C)

1. (A) 최상급 강조 부사

해설 빈칸 앞에 명사 turbines를 수식하는 최상급 형용사 the largest가 있으므로, 빈칸은 최상급을 강조하는 부사 자리이다. 따라서 최상급 뒤에서 강조할 수 있는 (A) ever(지금까지)가 정답이다.

번역 어헌 풍력 발전소는 국내에서 지금까지 생산된 터빈 중 가장 큰 터빈을 자랑한다.

어휘 boast 뽐내다 manufacture 생산[제조]하다 domestically 국내에서

2. (D) 최상급 관용 표현

해설 빈칸은 주로 완전한 문장 맨 뒤에 위치하는 부사 자리로, 문맥상 '아무리 늦어도 오늘 오후에는 제안서를 받는다'라는 의미가 되어야 자연스럽다. 따라서 '아무리 늦어도'라는 의미를 나타내는 (D) at the latest가 정답이다.

번역 캐시 씨는 아무리 늦어도 오늘 오후에는 수정된 제안서를 이메일로 받아야 한다.

어휘 revise 수정하다 proposal 제안서

3. (B) 최상급 강조 부사

해설 빈칸이 정관사 the와 최상급 형용사 best 사이에 있으므로, 빈칸에는 최상급 강조 부사가 들어가야 한다. 따라서 the와 함께 최상급을 강조할 수 있는 부사 (B) very가 정답이다. (D) much도 최상급을 강조할 수 있지만 'much＋the＋최상급'의 구조로 쓰이므로 오답이다. 부사로도 쓰이는 (A) so는 최상급을 강조할 수 없고, (C) such는 한정사/대명사로 빈칸에 들어갈 수 없다.

번역 메이즈 패밀리 크리머리는 아이스크림을 만들기 위해 정말 최고의 재료를 사용한다.

어휘 ingredient 재료

4. (A) 비교급 강조 부사

해설 빈칸 뒤에 명사 productivity를 수식하는 비교급 형용사 higher가 있으므로, 빈칸은 비교급을 강조하는 부사 자리이다. 따라서 비교급 앞에서 '훨씬'이라는 의미를 나타내는 (A) much가 정답이다. 참고로, even, still, far, a lot 등도 비교급 강조 부사로 쓰인다. (B) so와 (D) very는 비교급을 강조할 수 없고, (C) more는 higher가 비교급 형태이므로 빈칸에 들어갈 수 없다.

번역 경험이 많은 마케팅 전문가들이 최근 대학 졸업자들보다 훨씬 더 높은 생산성을 가질 것으로 예상된다.

어휘 experienced 경험이 많은 be expected to ~할 것으로 예상되다 productivity 생산성 graduate 대학 졸업자

5. (A) 비교급 관용 표현

해설 빈칸은 주어 our lunchtime customers와 동사 have to wait 사이에서 동사를 수식하는 부사 자리이다. 셀프서비스 키오스크(self-service kiosks) 덕분에 가능한 것은 줄을 서서 기다릴 필요가 없는 상황이므로, 이를 나타내는 부사가 들어가야 한다. 따라서 '더 이상 ~하지 않는'이라는 의미의 (A) no longer가 정답이다.

번역 새로운 셀프서비스 키오스크 덕분에 점심시간 고객들은 더 이상 주문을 하기 위해 줄을 서서 기다릴 필요가 없다.

어휘 kiosk 키오스크(신문, 음료 등을 파는 매점)

6. (C) 최상급 관용 표현

해설 수익을 내기 위해서(To be profitable) 자판기가 창출해야 하는(vending machine must generate) 매출의 최소 금액($300 in revenue)을 제시하는 것이 적절하므로, '최소한, 적어도'라는 의미의 (C) at least가 정답이다.

번역 수익을 내기 위해서는 로비 자판기가 매달 적어도 300달러의 수익을 창출해야 한다.

어휘 profitable 수익성 있는 vending machine 자판기 generate 발생시키다 revenue 수익, 수입

7. (C) 비교급 강조 부사

해설 빈칸은 be동사 is와 비교급 형용사 more popular 사이에서 형용사를 수식하는 부사 자리이다. 따라서 '상당히'라는 의미의 부사 (C) significantly가 정답이다. (A) signifying은 동명사/현재분사, (B) significant는 형용사, (D) significance는 명사로 품사상 빈칸에 들어갈 수 없다.

번역 발행 부수는 <로블스 타임스>가 <로블스 가제트>보다 훨씬 더 인기가 있다는 것을 나타낸다.

어휘 circulation (신문·잡지의) 판매 부수 indicate 나타내다

8. (C) 원급 관용 표현

해설 빈칸 앞에 the same이 있으므로, '~와 동일한'이라는 의미를 나타내는 the same (+명사) as의 원급 표현임을 알 수 있다. 따라서 (C) as가 정답이다.

번역 산드리나스 사는 다시 디자인된 로고가 원래의 것과 같은 색상을 포함하기를 원한다.

어휘 redesign 다시 디자인하다 feature (특별히) 포함하다

실전 ETS PRACTICE			본책 p.139
1. (B)	**2.** (B)	**3.** (C)	**4.** (A)
5. (D)	**6.** (C)	**7.** (A)	**8.** (C)

1. (B) 가정법 과거완료

해설 빈칸은 if절의 동사 자리로, 주절의 동사가 would have been이므로 빈칸에는 과거완료 시제가 들어가야 한다. 따라서 (B) had chosen이 정답이다.

번역 우리가 입구 근처의 부스를 선택했더라면 박람회에서 우리의 전시는 더 성공적이었을 것이다.

어휘 exhibit 전시 exposition 박람회, 전시회 booth 부스, 임시 전시장 entrance 입구

2. (B) 가정법 도치

해설 주절에 could not have reached가 있고, 조건절의 주어인 it 다음에 not been이 왔으므로, if가 생략되어 주어와 조동사가 도치된 가정법 과거완료 구문이라는 것을 알 수 있다. 따라서 (B) Had가 정답이다.

번역 당신의 노고가 없었다면, 우리는 판매 목표를 달성할 수 없었을 것이다.

어휘 reach 도달하다 sales target 판매 목표

3. (C) 가정법 과거

해설 빈칸은 주절의 주어 More people의 동사 자리이다. if절의 동사가 과거 시제이므로, 빈칸에는 '조동사의 과거형 + 동사원형'이 들어가야 한다. 따라서 (C) would shop이 정답이다.

번역 그 지역에 주차하는 것이 그렇게 비싸지 않다면 더 많은 사람들이 시내 소매점에서 쇼핑을 할 것이다.

어휘 retailer 소매상(점) area 지역 expensive 비싼

4. (A) 가정법 도치

해설 주절에 조동사 will이 있고, 조건절의 주어인 Spruill Mattresses' sales 다음에 continue가 왔으므로, if가 생략되어 주어와 조동사가 도치된 가정법 미래 구문이라는 것을 알 수 있다. 따라서 (A) Should가 정답이다.

번역 스프루일 매트리스의 매출이 계속 감소하면, 이사회가 최고 경영자를 교체할 것으로 보인다.

어휘 decline 감소하다 board of directors 이사회 likely ~할 것 같은 replace 교체하다

5. (D) 가정법 미래

해설 빈칸은 조건절의 동사 자리이다. 주절이 '고객 서비스에 문의하라'라는 명령문으로, 콤마 앞 조건절에는 '혹시라도 케

이블에 일련번호가 없다면'이라는 불확실한 미래 상황에 대해 가정하는 내용이 와야 자연스럽다. 따라서 가정법 미래 동사인 (D) should find가 정답이다.

번역 충전기 케이블에 일련번호가 표시되지 않은 것을 발견하면, 고객 서비스에 문의하십시오.

어휘 charger 충전기 display 표시하다 serial number 일련번호

6. (C) 가정법 과거완료

해설 빈칸은 주절의 주어 construction of the Nunley Center의 동사 자리이다. if절의 동사가 과거완료 시제이므로, 빈칸에는 '조동사의 과거형 + have + p.p.'가 들어가야 하며, 넌리 센터는 건설이 완공되는 대상이므로 complete가 수동태로 쓰여야 한다. 따라서 (C) would have been completed가 정답이다.

번역 올가을 날씨가 더 좋았더라면, 넌리 센터 건설 공사는 제때 끝났을 것이다.

어휘 construction 건설 (공사) on time 정시에 complete 완료하다

7. (A) Only 도치

해설 Only가 이끄는 부사절 Only after its first-choice candidate accepted the position이 문두로 가면서 'only + 부사절 + did + 주어(the hiring committee) + 동사원형' 구조가 되었으므로 (A) reject가 정답이다.

번역 고용 위원회는 그들의 1순위 후보자가 그 자리를 수락한 후에야 다른 후보자들을 불합격시켰다.

어휘 candidate 후보자 accept 수락하다 hiring committee 고용 위원회 reject 거절[거부]하다

8. (C) 보어 도치

해설 the motor 이하가 문장의 주어이고 is가 동사, 빈칸은 보어 자리로 해당 문장은 보어 도치 구문이다. 모터는 설계되어 있는 대상이므로, 수동의 의미를 나타내는 과거분사 (C) designed가 정답이다.

번역 태양광 발전으로 가동되는 차량용 모터는 제대로 설계되어 있다.

어휘 properly 제대로, 적절히 vehicle 차량 run 가동하다 design 설계하다

📄 **ETS TEST** 본책 p. 140

1. (C)	2. (D)	3. (B)	4. (C)
5. (D)	6. (B)	7. (A)	8. (D)

1. (C) 가정법 과거완료

해설 if절의 동사가 과거완료 시제이므로, 주절의 동사 자리인 빈칸에는 '조동사의 과거형 + have + p.p.'가 들어가야 한다. 따라서 (C) would not have received가 정답이다.

번역 만약 컴퓨터 오작동이 그렇게 빨리 보고되지 않았다면 우리는 필요한 지원을 받지 못했을 것이다.

어휘 malfunction 고장, 기능 불량

2. (D) the + 최상급

해설 빈칸은 정관사 the와 명사 selection 사이에 있으므로 selection을 수식하는 형용사 또는 selection과 복합명사를 이루는 명사 자리이다. 레드포드 지역에서(in the Ledford region)라는 비교 대상 범위가 주어졌고 문맥상 '가장 다양한 외래 식물'이라는 내용이 되어야 자연스러우므로 최상급 표현이 들어가야 한다. 따라서 (D) widest가 정답이다.

번역 블레인 식물원은 레드포드 지역에서 가장 다양한 외래 식물을 보유하고 있다.

어휘 botanical garden 식물원 exotic 이국적인 region 지역

3. (B) 비교급_형용사

해설 빈칸은 'make + 목적어(the learning process) + 목적격 보어'의 구조에서 the learning process를 보충 설명하는 목적격 보어에 해당한다. '학습 과정을 더 즐겁게 만들다'라는 내용이 자연스러우므로, '더 즐거운'이라는 의미를 나타내는 비교급 형용사 (B) more enjoyable이 정답이다. (A) more enjoyably는 부사, (D) enjoy는 동사로 품사상 빈칸에 들어갈 수 없다. (C) enjoyed는 과거분사로 형용사 역할을 할 수 있지만 의미상 어울리지 않는다.

번역 더럼 씨는 항상 그의 어린 학생들을 위해 학습 과정을 더 즐겁게 만드는 방법을 찾는다.

어휘 look for ~을 찾다 process 과정

4. (C) 비교급 + than_부사

해설 빈칸은 동명사구 examining goods를 수식하는 부사 자리이고 빈칸 뒤에 than any other quality control inspector(다른 어떤 품질 관리 검사원보다)가 있으므로 비교급 부사가 들어가야 한다. 따라서 (C) more carefully가 정답이다. (A) careful은 원급 형용사, (B) more careful은 비교급 형용사, (D) carefully는 원급 부사로 빈칸에 들어갈 수 없다.

번역 라이 씨는 다른 어떤 품질 관리 검사원보다 더 꼼꼼하게 제품을 검사하는 것으로 알려져 있다.

어휘 be known for ~로 알려져 있다 examine 검사[조사]하다 goods 제품, 상품 quality control 품질 관리 inspector 조사관, 감독관

5. (D) 비교급 강조 부사

해설 빈칸은 동사 work를 수식하고 있는 비교급 부사 more efficiently를 강조하는 부사 자리이다. 따라서 비교급을 수식하여 '훨씬'이라는 의미를 나타내는 (D) even이 정답이다.

번역 최근 우리 부서에 대한 예산 삭감은 우리가 이전보다 훨씬 더 효율적으로 일해야 한다는 것을 의미한다.

어휘 cut 삭감 budget 예산 efficiently 효율적으로

6. (B) 비교급 관용 표현

해설 문맥상 '초고를 늦어도 4월 3일까지 제출해야 한다'라는 의미를 나타내야 하므로, '늦어도 ~까지'라는 의미의 비교급 관용 표현인 (B) no later than이 정답이다.

번역 우리의 출판 마감일을 맞추기 위해서, 번역가는 늦어도 4월 3일까지 초고를 제출해야 한다.

어휘 meet (기한을) 맞추다 publish 출판하다 translator 번역가 submit 제출하다 first draft 초고

7. (A) 부정어 도치

해설 Ms. Whalen이 문장의 주어이고, approve가 동사인데, 도치가 되면서 does가 주어 앞에 삽입된 형태이다. '직원들이 바쁘기 때문에 연차 휴가 요청을 승인하지 않는다'라는 내용이 되어야 자연스러우므로, 문두에 놓여 주어와 동사를 도치시킬 수 있는 부정 부사 (A) Seldom(거의 ~않는)이 정답이다.

번역 직원들이 그맘때 너무 바쁘기 때문에, 웨일런 씨가 11월이나 12월에 연차 휴가 요청을 승인하는 경우는 거의 없다.

어휘 approve 승인하다 annual leave 연차 휴가

8. (D) 소유격＋최상급_형용사

해설 빈칸은 소유격 인칭대명사 his와 함께 make의 목적격 보어인 복합명사 art exhibition을 수식하는 형용사 자리이다. 현재까지(to date)라는 비교 대상 범위가 주어졌으므로, 최상급 형용사 형태인 (D) most popular(가장 인기 있는)가 정답이다. (A) popularizes와 (C) must popularize는 동사, (B) popularity는 명사로 빈칸에 들어갈 수 없다. 참고로, 최상급 앞에는 the뿐만 아니라 소유격 인칭대명사도 올 수 있다.

번역 베일 씨의 새 그림들에 대한 언론의 광범위한 보도는 이 전시회를 현재까지 그의 가장 인기 있는 미술 전시회로 만드는 데 도움이 되었다.

어휘 extensive 광범위한 coverage 보도[방송] exhibition 전시회

UNIT 13 동사 어휘

실전 ETS PRACTICE 본책 p.145

| **1.** (B) | **2.** (D) | **3.** (A) | **4.** (B) |
| **5.** (C) | **6.** (A) | **7.** (A) | **8.** (C) |

1. (B)

해설 빈칸은 is와 함께 주어 Mr. Ennis의 동사 자리이다. 에니스 씨가 '9월 8일까지 돌아온다'는 일정과 어울리는 단어를 선택해야 하므로, to부정사와 결합하여 수동태로 쓰여 '~할 예정이다'라는 의미의 (B) scheduled가 정답이다.

번역 에니스 씨는 학회로 부재중이고 9월 8일까지 돌아올 예정이다.

어휘 be away 부재중이다 conference 학회[회의] be scheduled to ~할 예정이다

2. (D)

해설 빈칸은 to부정사의 동사원형 자리로, with와 함께 쓰여 목적어를 취하는 자동사가 들어가야 한다. 따라서 전치사 with와 함께 '~에 따르다, ~을 준수하다'라는 의미를 나타내는 (D) comply가 정답이다. (A) approve(승인하다)와 (C) submit(제출하다)은 모두 타동사이며, '~을 준수하다'라는 뜻으로 comply with와 같은 의미를 지닌 (B) obey 또한 타동사이므로 답이 될 수 없다.

번역 직원들은 위험 물질 취급에 관한 실험실의 방침에 따라야 한다.

어휘 be expected to ~할 것으로 요구[기대]되다 policy 방침, 방책 hazardous 위험한

3. (A)

해설 빈칸은 to부정사의 동사원형 자리로, 문맥상 '집 수리 질문에 관해 고객들을 도울 수 있는 능력'이라는 의미가 자연스러우므로, '돕다'라는 의미를 나타내는 (A) assist가 정답이다. 참고로 '응답하다'라는 의미의 (B) respond와 자동사일 때 '주의하다'라는 의미인 (D) attend는 전치사 to와 함께 쓴다.

번역 단원 하드웨어 매장 직원들은 고객들의 집 수리 질문에 도움을 줄 수 있는 능력을 갖추고 있어야 한다.

어휘 hardware store 철물점 associate 직원, 동료

4. (B)

해설 빈칸은 명사 measures를 목적어로 취하는 to부정사구의 동사 자리이다. 문맥상 대기 오염을 감소시키기 위한 조치와 관계가 있는 행위가 들어가야 하므로, '고려하다, 알아보다'라는 의미를 나타내는 구동사 (B) look into가 정답이다.

번역 카루소 시 의회는 대기 오염을 줄이기 위한 조치를 고려해 보기로 합의했다.

어휘 city council 시 의회 measures 조치 reduce 줄이다 care for ~을 좋아하다 sign off 편지를 끝맺다 take place 열리다

5. (C)

해설 빈칸은 has been과 함께 주어 Katsumi의 동사 자리로, to부정사구 to take photographs for the article의 내용과 어울리는 동사를 선택해야 한다. '카츠미는 기사 사진 촬영을 맡았다'는 내용이 되어야 자연스러우므로, '~하도록 배정받다, 맡다'라는 의미인 'be assigned to부정사'의 (C) assigned가 정답이다.

번역 카츠미는 농산물 직판장에 대한 기사 사진을 찍도록 배정받았다.

어휘 article 기사 assign 배정하다, 맡기다 inquire 문의하다

6. (A)

해설 빈칸은 주어 Adame Studios' re-release of *Unrivaled*의 동사 자리로, 빈칸 뒤 with와 쓰이는 자동사가 들어가야 한다. 따라서 with와 함께 '~와 일치하다, 동시에 일어나다'라는 의미를 나타내는 (A) coincide가 정답이다. (C) involve, (D) celebrate는 모두 타동사로 전치사 없이 바로 목적어를 취하고, (B) perform은 자동사, 타동사 모두 가능하지만 문맥이 맞지 않아 오답이다.

번역 아다메 스튜디오의 <언라이벌드> 재개봉은 영화 개봉 30주년 기념일과 일치할 것이다.

어휘 re-release 재개봉 anniversary 기념일 preform 수행하다 involve 관련시키다

7. (A)

해설 be동사 are와 함께 주어 Only airport personnel and ticketed passengers의 동사 자리이다. 문맥상 '공항 직원 및 티켓이 있는 승객만 탑승 구역에 허용된다'라는 의미가 자연스러우므로, 'in+장소'와 함께 쓰여 '~에 입장이 허용되다'의 의미인 (A) permitted가 정답이다.

번역 탑승 구역에는 공항 직원 및 티켓이 있는 승객만 출입할 수 있습니다.

어휘 personnel 직원 boarding area 탑승 구역 conduct (특정한 활동을) 하다

8. (C)

해설 빈칸은 주절의 주어 applications의 동사 자리로, 문맥상 인기 많은 애니메이션 스튜디오가 채용 공고를 낼 때마다(Every time a job opening is announced at Moodment, the beloved animation studio) 지원서가 많이 몰린다는 내용이 되어야 자연스럽다. 따라서 '한꺼번에 많이 모이다, 쏟아지다'라는 의미의 구동사 (C) pour in이 정답이다.

번역 인기 많은 애니메이션 스튜디오인 무드먼트에 채용 공고가 날 때마다 지원서가 한꺼번에 많이 몰린다.

어휘 beloved 인기 많은, 총애 받는 application 지원(서) act on ~에 작용하다 move forward 전진하다 carry out 수행하다

실전	ETS PRACTICE		본책 p. 147
1. (A)	**2.** (C)	**3.** (D)	**4.** (A)
5. (B)	**6.** (A)	**7.** (B)	**8.** (C)

1. (A)

해설 동사 wants의 목적어 역할을 하는 to부정사에 들어갈 동사 어휘를 고르는 문제로, 목적어인 '지난달 경비 전부'를 자연스럽게 연결할 수 있어야 한다. 문맥상 '경비 전부를 검토한다'는 내용이 되어야 적절하므로 '검토하다'의 의미인 (A) review가 정답이다.

번역 구매 부서의 윤 씨는 가능한 한 빨리 지난달 경비 전부 검토하기를 원한다.

어휘 Purchasing 구매 부서 expense 경비 predict 예측하다

2. (C)

해설 빈칸은 주어 A beautiful property의 동사 자리로, 문맥상 '부동산이 잠재 구매자들을 빠르게 끌어들인다'라는 의미가 되어야 자연스러우므로, '끌어들이다'라는 의미의 (C) attract가 정답이다.

번역 하이랜드 대로 344번지와 같은 아름다운 건물은 잠재 구매자들을 빠르게 끌어들일 것이다.

어휘 property 건물, 부동산 potential 잠재적인 estimate 추산하다 occur 발생하다

3. (D)

해설 문맥상 '15% 할인된 가격을 제공하고 있다'는 내용이 되어야 자연스러우므로 '제공하다'를 의미하는 (D) offering이 정답이다.

번역 이번 달, 오스텐토 프로모션스는 자사의 최고급 광고 패키

지를 15% 할인가에 제공하고 있다.

어휘 **premier** 최고의 **advertising** 광고 **encourage** 장려하다 **solve** 해결하다

4. (A)

해설 동사 wants의 목적어 역할을 하는 to부정사에 들어갈 동사 어휘를 고르는 문제이다. 빈칸 뒤 목적어 a business development manager와 어울려 '사업 개발 관리자를 채용하기를 원한다'는 내용이 되어야 자연스러우므로 '채용하다'라는 의미의 (A) hire가 정답이다.

번역 아이윈 프로퍼티스 주식회사는 해안 시장을 위한 사업 개발 관리자를 채용하기를 원한다.

어휘 **property** 부동산 **development** 개발 **coastal** 해안의

5. (B)

해설 조동사 has와 함께 주어 Osorio Pharmaceuticals의 동사 자리로, 문맥상 '오소리오 제약이 데블린 바이오테크놀로지를 5,200만 달러에 매수했다'는 내용을 나타내는 단어가 들어가야 한다. 따라서 '인수하다'라는 의미의 (B) acquired가 정답이다. 참고로 (D) contained는 '(성분, 내용물이) 들어 있다, 함유되어 있다'라는 의미로 문맥과 맞지 않다.

번역 양사 이사회 승인으로 오소리오 제약은 데블린 바이오테크놀로지를 5,200만 달러에 인수했다.

어휘 **board** 위원회, 이사회 **pharmaceutical** 제약 (회사) **determine** 결정하다, 알아내다 **appeal** 호소하다

6. (A)

해설 빈칸은 접속사 Because가 이끄는 부사절의 동사 자리로, our direct marketing promotion for magazine subscriptions가 주어이다. 다시 계획(plan to do it again) 정도로 '마케팅 프로모션이 긍정적인 결과를 냈다'는 내용이 되어야 자연스러우므로, '(결과를) 내다'라는 의미의 동사 (A) yielded가 정답이다. yield는 result(결과)와 함께 자주 쓰이므로 함께 익혀 두도록 한다.

번역 잡지 구독을 위한 우리의 직접적인 마케팅 프로모션이 작년에 매우 긍정적인 결과를 냈기 때문에, 우리는 올해 그것을 다시 할 계획이다.

어휘 **promotion** 홍보, 판촉 행사 **subscription** 구독 **positive** 긍정적인 **exceed** 초과하다 **convince** 설득하다

7. (B)

해설 조동사 will과 함께 주어 Ms. Meade의 동사 자리로, 기타 워크숍(guitar workshop)에서 악기를 조율하는 방법 (methods of tuning the instrument)과 어울리는 동사

가 들어가야 자연스럽다. 따라서 '(행동으로) 보여 주다, 시연하다'라는 의미의 (B) demonstrate가 정답이다. 의미상 (C) instruct도 가능할 것 같지만 instruct 뒤에는 가르치는 대상(사람)이 와야 하므로 빈칸에 들어갈 수 없다.

번역 기타 워크숍의 일환으로 미드 씨는 악기를 조율하는 몇 가지 방법을 보여 줄 것이다.

어휘 **method** 방법 **tune** 조율하다 **instrument** 악기 **instruct** 지시하다, 가르치다

8. (C)

해설 빈칸은 In the case that(~할 경우에)이 이끄는 부사절 내에서 조동사 cannot과 함께 the airline의 동사 자리로, 변상을 요구할 수 있는 경우(file a reimbursement claim)를 나타내야 한다. 문맥상 항공사가 분실된 수하물을 찾아내지 못한다는 내용이 되어야 하므로, '위치를 찾아내다'라는 의미의 (C) locate가 정답이다.

번역 항공사에서 분실된 수하물을 찾지 못할 경우, 변상을 요구할 수 있습니다.

어휘 **luggage** 짐, 수하물 **file a claim** 요구하다 **reimbursement** 변상, 상환 **equip** 장비를 갖추다 **proceed** 진행하다 **oversee** 감독하다

UNIT 14 명사 어휘

실전	ETS PRACTICE		본책 p.149
1. (B)	**2.** (C)	**3.** (D)	**4.** (B)
5. (D)	**6.** (C)	**7.** (C)	**8.** (A)

1. (B)

해설 빈칸은 명사 work와 함께 복합명사를 이루는 명사 자리로, '쾌적한'이라는 의미의 형용사 pleasant의 수식을 받고 있다. 휴게실을 개조해서(has renovated its break room) 제공할 수 있는 사항은 '근무 환경'인 work environment이므로 '환경'이라는 의미의 (B) environment가 정답이다.

번역 비커리 보험은 쾌적한 근무 환경을 제공하기 위한 노력의 일환으로 휴게실을 개조했다.

어휘 **effort** 노력 **provide** 제공하다 **renovate** 개조하다 **surface** 표면 **method** 방법

2. (C)

해설 빈칸은 소유격 employees'의 수식을 받고, 빈칸 뒤 '~에 관한'이라는 의미의 전치사 regarding과 어울리는 명사

자리이다. 합병에 관하여(regarding our merger) 직원들이 가질 수 있는 감정을 나타내는 단어가 들어가야 하므로 '염려, 우려'라는 의미의 (C) concerns가 정답이다.

번역 경영진은 스티드 그룹과의 합병에 대한 직원들의 우려를 해결하기 위해 특별 회의를 열고 있다.

어휘 address 다루다, 처리하다 merger 합병 factor 요소 firm 회사 quality 자질

3. (D)

해설 빈칸 뒤의 to renew your Chamber of Business membership과 함께 어울려 쓸 수 있어야 하며, 문맥상 '이것은 비즈니스 협회 회원권을 갱신해야 한다는 ~이다'라는 의미가 되어야 한다. 따라서 '알림, 메모, 생각나게 하는 것'이라는 의미를 지닌 (D) reminder가 정답이다. 형태가 비슷한 (B) remainder(남은 것)와 혼동하지 않도록 주의한다.

번역 8월 30일자로 기한이 만료되는 비즈니스 협회 회원권을 갱신하셔야 함을 알려드립니다.

어휘 renew 갱신하다, 기한을 연장하다 expire (기한이) 만료되다 purpose 목적, 용도, 취지

4. (B)

해설 빈칸은 형용사 proposed의 수식을 받고 빈칸 뒤의 전치사 to와 짝을 이루는 명사 자리로, 계약서에서 승인이 필요한(the contract will need to be approved) 상황을 나타내는 명사가 들어가야 한다. 따라서 '개정, 수정'이라는 의미의 (B) revisions가 정답이다.

번역 어떤 제안된 계약 개정안도 우리 법무팀에 의해 승인되어야 할 것이다.

어휘 proposed 제안된 approve 승인하다 legal 법률(상)의 term 조항

5. (D)

해설 빈칸은 your blog's의 수식을 받고, 동사 expand and diversify의 목적어가 되는 명사 자리이다. 문맥상 '블로그의 독자층을 확대하고 다양화시키다'가 자연스러우므로 '독자층, 독자 수'라는 의미인 (D) readership이 정답이다. '독자'의 의미인 (C) reader는 단수 형태로 나와 있어 한 명의 독자를 다양화시키거나 늘릴 수 없으므로 오답이다.

번역 온라인 과정에서는 블로그의 독자층을 확대하고 다양화시킬 수 있는 몇 가지 간단한 방법에 대해 논의할 것이다.

어휘 expand 확대시키다 diversify 다양화하다 reading 독서

6. (C)

해설 주어인 elevators를 설명하기에 적절하고, 전치사 out of와 어울려 '운행이 되지 않는'이라는 의미를 이루는 (C) service가 정답이다. 참고로 out of work는 '실직한'이라는 의미이므로, (A) works는 문맥상 맞지 않다.

번역 건물 관리자는 서쪽 출입구 엘리베이터가 그 주 나머지 기간 동안 운행되지 않는다고 우리에게 통보했다.

어휘 inform 통보하다, 알리다 entrance 입구 remainder 나머지 aid 도움, 원조

7. (C)

해설 빈칸은 형용사 significant의 수식을 받고 동사 make와 짝을 이루는 명사 자리로, 신입 사원들이 업무에 필요한 요건을 배우는 과정(learning the requirements for the work)에서 이룰 수 있는 성과와 관련된 명사가 들어가야 자연스럽다. 따라서 '진전, 향상'이라는 의미의 (C) progress가 정답이다. make progress는 '향상하다, 진전을 보이다'라는 의미의 관용 표현이다.

번역 경리부서 신입 사원들은 업무에 필요한 요건들을 배우는 것에 상당한 진전을 보였다.

어휘 payroll division 급여 지급 부서, 경리과 significant 상당한 requirement 필요 요건 subscription 구독 initiative 계획, 프로젝트

8. (A)

해설 빈칸은 형용사 active의 수식을 받고 빈칸 뒤의 전치사 to와 짝을 이루는 명사 자리로, 문맥상 '도시의 문화 유산을 보존하는 데 적극적인 방법을 취하다'라는 의미가 되어야 자연스럽다. 따라서 '접근법, 처리 방법'이라는 의미를 나타내는 (A) approach가 정답이다.

번역 터펠튼의 신임 시장은 도시의 문화 유산을 보존하는 데 적극적인 방법을 취할 계획이다.

어휘 mayor 시장 intend 의도[작정]하다 preserve 보존하다 heritage 유산 advantage 장점

실전	ETS PRACTICE			본책 p.151
1. (B)	**2.** (C)	**3.** (A)	**4.** (D)
5. (C)	**6.** (D)	**7.** (A)	**8.** (A)

1. (B)

해설 전치사 in의 목적어 자리이며 빈칸 앞 transportation과 어울려 복합명사를 이루는 명사가 필요하다. '업체의 운송 비용에서의 인상'이 되어야 자연스러우므로 '비용'이라는

의미의 명사 (B) expenses가 정답이다.

번역 업체의 운송 비용이 10% 인상되어서 배송 요금이 올랐다.

어휘 delivery fee 배송 요금, 배송료 transportation 교통, 운송 alternation 교대, 번갈아 생기는 것

2. (C)

해설 동사 gives의 직접목적어 자리로 빈칸 뒤 전치사구인 of your device's features and capabilities의 수식을 받는다. 문맥상 '기기의 특징 및 기능에 대한 명확한 개요를 제공한다'라는 의미가 되어야 자연스럽다. 따라서 '개요, 개관'이라는 의미를 지닌 명사 (C) overview가 정답이다.

번역 사용자 가이드는 기기의 특징 및 기능에 대한 명확한 개요를 제공한다.

어휘 device 장치, 기구 feature 특징 capability 능력, 역량 boundary 경계선 formula 공식, 식

3. (A)

해설 빈칸은 동사 extends의 목적어 자리로, 직원들의 가족에게까지(to its employees' family members) 확장시켜 줄 수 있는 것을 나타내는 명사가 들어가야 한다. 따라서 '(보험) 보장 범위'라는 의미의 (A) coverage가 정답이다.

번역 더블 다츠 유한회사에서 제공되는 보험은 보장 범위를 자사 직원들의 가족에게까지 확대한다.

어휘 insurance package 보험 extend 확장하다, 늘리다 retention 유지 delegation 위임, 대표단

4. (D)

해설 빈칸은 동사 includes의 주어 역할을 하는 명사구를 이루는 부분으로, 이번 달(This month's) 및 잡지(magazine)와 어울리는 명사가 들어가야 한다. 따라서 '(출판물의) 판, 호'라는 의미의 (D) issue가 정답이다.

번역 <캐나디안 우드워커> 잡지의 이번 달 호에는 수공구를 고르는 것에 대한 지침서가 포함되어 있다.

어휘 include 포함하다 hand tool 수공구

5. (C)

해설 빈칸 뒤의 for time spent traveling과 함께 어울려 쓸 수 있어야 하며, 문맥상 '판매 사원들은 고객을 만나기 위해 시간을 낸 출장에 대해 ~을 받는다'라는 의미가 되어야 한다. 따라서 '보상'의 의미를 지닌 (C) compensation이 정답이다.

번역 사규에 명시되어 있듯이 판매 사원들은 고객을 만나기 위한 출장 시간에 대해 보상을 받는다.

어휘 as stated 명시된 바와 같이 guideline 지침, 수칙 sales agent 판매 사원 automation 자동화 interruption 방해, 중단 distribution 유통, 배포

6. (D)

해설 빈칸은 주어 The Web site와 일치하는 주격 보어 자리이며, 형용사 popular의 수식을 받는 명사 자리이다. '웹사이트는 사람들이 많이 찾는 정보 매체'라는 문맥으로 자연스럽게 연결되는 '출처[정보 매체], 소식통'의 의미인 (D) source가 정답이다.

번역 www.lionsoftguy.com 웹사이트는 라이온소프트의 업무용 소프트웨어 사용에 대해 정보를 얻는 사람들이 많이 찾는 출처이다.

어휘 popular 많은 사람들이 공유하는, 대중적인 tip 조언, 정보

7. (A)

해설 빈칸은 형용사 increased의 수식을 받는 명사 자리로, 스마트폰 케이스가 보호용 폼이 한 겹 더 있음으로(have an extra layer of protective foam) 증가시킬 수 있는 장점을 나타내는 단어가 들어가야 한다. 따라서 '내구성'이라는 의미의 (A) durability가 정답이다.

번역 코빅스 스마트폰 케이스는 내구성을 높이기 위한 보호용 폼이 한 겹 더 있다.

어휘 layer 층, 열 protective 보호용의 foam 발포 고무 accuracy 정확성 frequency 빈도

8. (A)

해설 빈칸은 형용사 special의 수식을 받는 명사 자리로, 부서지기 쉬운 물품(Fragile items)이 수송 중에 보호되기 위해(to protect them in transit) 필요한 것을 나타내는 명사가 들어가야 한다. 따라서 '포장재'라는 의미의 (A) packaging이 정답이다.

번역 부서지기 쉬운 물품은 수송 중 보호를 위해 특별한 포장재를 필요로 하기 때문에 비용이 더 많이 든다.

어휘 fragile 부서지기 쉬운 cost 비용이 들다 in transit 수송 중에 retention 유지 excess 과도, 초과량

UNIT 15 형용사 어휘

실전	ETS PRACTICE		본책 p.153
1. (D)	**2.** (C)	**3.** (D)	**4.** (B)
5. (B)	**6.** (A)	**7.** (A)	**8.** (D)

1. (D)

해설 명사 design을 수식하는 형용사 자리로, 건물이 개조되는 목표로 어떤 디자인을 위한 것인지를 나타내는 단어가 들어가야 한다. 따라서 '현대의'라는 의미의 (D) contemporary가 정답이다.

번역 사무실 건물은 좀 더 현대적인 디자인을 갖추도록 내년에 개조될 것이다.

어휘 renovate 개조하다 in favor of ~을 위하여, ~에 찬성하여 aware 알고 있는 eventual 최종적인

2. (C)

해설 부하 직원으로서(As a junior employee) 상사를 지원하기 위해 수행할 수 있는 작업(tasks to support his boss)의 특징을 묘사하는 형용사가 필요하다. 따라서 '일상적인'이라는 의미의 (C) routine이 정답이다.

번역 부하 직원으로서 마크 코번은 상사를 지원하기 위해 여러 일상 업무를 수행한다.

어휘 perform 수행하다 a number of 다수의 support 지원하다 confident 확신하는, 자신감 있는 faulty 결점이 있는

3. (D)

해설 빈칸에 적절한 형용사 어휘를 고르는 문제이다. 'be동사+형용사+for 명사/동명사'의 형태로 쓸 수 있어야 하며, 문맥상 '업무 일정을 짜는 일을 맡다'라는 내용이 되어야 자연스럽다. 따라서 '책임지고[맡고] 있는'이라는 의미의 (D) responsible이 정답이다.

번역 그녀의 직무 기술서에 따르면, 홀마크 씨는 주 단위로 업무 일정을 짜는 일을 맡고 있다.

어휘 job description 직무 기술서 develop 개발하다 basis 근거, 기반 ambitious 야심 있는 considerable 상당한, 많은 established 설립된, 정해진

4. (B)

해설 장기 고객(Long-term customers)이 수수료(service fees)와 관련하여 받을 수 있는 혜택을 설명해 주는 단어가 들어가야 자연스럽다. 따라서 from과 함께 쓰여 '~에서 면제받은'이라는 의미를 나타내는 (B) exempt가 정답이다.

번역 장기 고객에게는 쿠폰을 적용하여 6개월간 수수료가 면제된다.

어휘 long-term 장기(간)의 service fee 수수료 apply 적용하다 proof (물, 불 등에) 견디는 opposed 반대하는

5. (B)

해설 research를 수식하는 형용사 자리로, 실험 결과가 확인되기(The results of the experiment can only be confirmed) 위한 연구 조사의 조건을 나타내는 단어가 들어가야 한다. 따라서 '철저한'이라는 의미의 (B) thorough가 정답이다.

번역 실험 결과는 팀이 철저한 연구조사를 한 후에만 확인될 수 있다.

어휘 result 결과 experiment 실험 confirm 확인[확증]하다 conduct 수행하다 considerate 사려[배려]깊은 alternating 교대의 expired 만료된

6. (A)

해설 주어 All Danforth Software products를 보충 설명하는 주격 보어 자리이다. '소프트웨어 제품이 컴퓨터와 호환된다'라는 의미를 나타내야 하므로, with와 함께 쓰여 '~와 호환 가능한'이라는 의미의 (A) compatible이 정답이다.

번역 모든 댄포스 소프트웨어 제품은 주요 기업에서 제조된 컴퓨터와 호환된다.

어휘 manufacture 제조[생산]하다 corporation 기업 agreeable 동의하는 conclusive 결정적인

7. (A)

해설 presentation을 수식하는 형용사 자리로, 두 박사(Dr. Shah and Dr. Adler)가 결과를 논의하는(discussed the results) 곳으로 적절한 발표의 특징을 나타내는 단어가 들어가야 한다. 뒤에서 그들의 가장 최근 임상 실험(their most recent clinical trial)이라고 했으므로 발표는 공동으로 이루어졌다는 것을 알 수 있다. 따라서 '공동의'라는 의미의 (A) joint가 정답이다.

번역 샤 박사와 애들러 박사는 공동 발표에서 그들의 가장 최근 임상 실험의 결과에 대해 논의했다.

어휘 discuss 논의하다 result 결과 recent 최근의 clinical trial 임상 실험 fascinated 매료된 constant 끊임없는 dependable 믿을 만한

8. (D)

해설 빈칸에 적절한 형용사 어휘를 고르는 문제이다. 'be동사+형용사+to부정사'의 형태로 쓸 수 있어야 하며, 문맥상 '할인을 제공하게 되어 기쁘다'라는 내용이 되어야 자연스럽다. 따라서 to부정사와 함께 쓰여 '~하게 되어 기쁘다'는 의미를 나타내는 (D) pleased가 정답이다.

번역 대학 동문회는 모든 캠퍼스 내 서점의 상품에 대해 회원 할인을 제공하게 되어 기쁘다.

어휘 alumni association 동문회 merchandise 상품 concerned 걱정하는 innovative 혁신적인

실전 ETS PRACTICE			본책 p.155
1. (B)	**2.** (A)	**3.** (D)	**4.** (B)
5. (B)	**6.** (A)	**7.** (C)	**8.** (A)

1. (B)

해설 빈칸에 적절한 형용사 어휘를 고르는 문제로, 다음 달에 출시될 것(will be released next month)은 최신 냉동식품 제품군이라고 해야 적절하다. 따라서 '최신의, 최근의'라는 의미의 (B) latest가 정답이다.

번역 잭슨 주식회사의 최신 냉동식품 제품군이 다음 달에 출시될 것이다.

어휘 product 상품, 제품 release 출시하다 artistic 예술의, 예술적인 relevant 관련된 calculated 계산된, 계획된

2. (A)

해설 주어 Most of the dinnerware를 보충 설명하는 주격 보어 자리로, 적절한 형용사를 선택해야 한다. 깨지기 쉽다(breaks easily)는 내용과 어울려야 하므로, '정교한, 부서지기 쉬운'의 의미인 (A) delicate가 정답이다.

번역 햄프턴 세라믹스에 의해 만들어진 식기류의 대부분은 정교하고 깨지기 쉽다.

어휘 dinnerware 식기류 selective 선택적인 cautious 조심스러운 visual 시각의

3. (D)

해설 주어 Protective goggles를 보충 설명하는 주격 보어 자리로, 적절한 형용사 어휘를 고르는 문제이다. 보안경(Protective goggles)은 위험한 화학 물질을 가지고 작업하는 사람들(those who are working with dangerous chemicals)이 이용할 수 있는 물품이므로, '이용할 수 있는'이라는 의미를 나타내는 (D) available이 정답이다.

번역 보안경은 실험실에서 위험한 화학 물질을 가지고 작업하는 사람들이 사용할 수 있다.

어휘 protective goggles 보안경 chemical 화학 물질 laboratory 실험실, 연구실 apparent 분명한 loyal 충실한 frequent 잦은, 빈번한

4. (B)

해설 명사 expectations를 수식하는 형용사 자리로, 문맥상 3분기 실제 매출과 비교되어야 하므로 '초기 예상을 넘었다'라는 의미가 자연스럽다. 따라서 '초기의'라는 의미를 나타내는 (B) initial이 정답이다.

번역 회사는 3분기 매출이 초기 예상을 넘은 것에 만족해하고 있다.

어휘 quarter 분기 exceed 넘다, 초과하다 expectation 예상 approved 승인된 accessible 접근 가능한 intended 의도된, 계획된

5. (B)

해설 빈칸에는 복합명사 software program을 수식하는 형용사가 들어갈 수 있다. 사람들이 투자하는 것을 돕는(helps people invest) 프로그램을 묘사하는 부분이므로, '혁신적인 소프트웨어 프로그램'이라는 표현을 완성하는 (B) innovative가 정답이다.

번역 실베스터 파이낸스는 사람들이 주식 시장에 투자하도록 돕는 혁신적인 소프트웨어 프로그램을 개발했다.

어휘 develop 개발하다 invest 투자하다 stock market 주식 시장 assorted 여러 종류의 appreciative 감사하는 elevated 높은, 고상한

6. (A)

해설 빈칸 뒤 명사 bonus를 수식하는 적절한 형용사 어휘를 고르는 문제이다. 성공적인 광고 캠페인 후(following the successful ad campaign)에 받을 것이라고 기대되는 것(expects to receive)은 '상당한 보너스'라고 해야 자연스러우므로, '상당한'이라는 의미의 (A) significant가 정답이다.

번역 마케팅 팀의 모든 팀원은 성공적인 광고 캠페인 후에 상당한 보너스를 받을 것을 기대하고 있다.

어휘 expect 기대[예상]하다 ad 광고(= advertisement) cooperative 협조적인 defensive 방어적인 various 다양한

7. (C)

해설 명사 service를 수식하는 형용사 자리이다. 많은 고객들이 특히 언급한(many customers commented specifically) 서비스의 특징을 나타내는 단어가 필요하므로, '도움이 되는, 기꺼이 돕는'이라는 의미의 (C) helpful이 정답이다.

번역 폼파노 일렉트로닉스 사의 피드백 설문 조사에서, 많은 고객들이 특히 첸 씨의 도움이 되는 서비스에 대해 언급했다.

어휘 comment on ~에 대해 언급하다 specifically 특히, 구체적으로 alike 비슷한 mutual 상호 간의

8. (A)

해설 빈칸에 적절한 형용사 어휘를 고르는 문제로, 시장 점유율을 향상시키는 데 필요한 전략(strategy for improving the firm's market share)을 묘사하는 단어가 들어가야 한다. 따라서 '포괄적인'이라는 의미의 (A) comprehensive가 정답이다.

번역 마크 씨는 동유럽에서 회사의 시장 점유율을 향상시키기 위한 포괄적인 전략을 수립해 달라는 요청을 받았다.

어휘 strategy 전략 improve 향상시키다 market share 시장 점유율 knowledgeable 아는 것이 많은 surrounding 주위의 relative 비교상의, 상대적인

UNIT 16 부사 어휘

1. (A)	**2.** (B)	**3.** (A)	**4.** (A)
5. (D)	**6.** (A)	**7.** (B)	**8.** (D)

1. (A)

해설 빈칸 뒤에 숫자(ten days)가 있으므로, 주로 숫자 앞에 쓰여 '거의'라는 의미를 나타내는 부사 (A) nearly가 정답이다.

번역 입사 지원한 지 거의 열흘이 지났으니 면접 관련해서 전화해 봐야 한다.

어휘 apply for ~에 지원하다 call about ~의 일로 전화를 걸다 partially 부분적으로 continually 계속해서

2. (B)

해설 부사장의 임기(tenure as vice president)가 특정 날짜에 시작되는 것(begin on Tuesday, May 6)을 적절하게 묘사하는 부사가 빈칸에 들어가야 한다. 따라서 '공식적으로'라는 의미의 (B) officially가 정답이다.

번역 드류 씨의 영업 부사장 임기는 공식적으로 5월 6일 화요일에 시작된다.

어휘 tenure 재임 기간 vice president 부사장

3. (A)

해설 동사 are published를 수식하는 부사 자리로, 문맥상 '정기적으로 실린다'라는 의미가 되어야 자연스럽다. 따라서 '정기적으로'라는 뜻의 (A) regularly가 정답이다.

번역 경제학에 관한 베티 크로포드의 글은 <올랜도 트리뷴>에 정기적으로 실린다.

어휘 article 기사, 글 economics 경제, 경제학 publish 싣다[게재하다] seemingly 겉으로는, 표면상은 shortly 곧

4. (A)

해설 과거분사 constructed를 수식하는 부사 자리로, '건설된 다리(constructed bridge)'를 묘사하기에 적합한 부사를 선택해야 한다. 따라서 '최근에, 새로'라는 의미의 (A) newly가 정답이다.

번역 29번 도로의 교통 체증은 베르게스 강 위에 새로 건설된 다리 덕분에 줄었다.

어휘 traffic jam 교통 체증 decrease 줄다[감소하다] construct 건설하다 fairly 상당히, 꽤 annually 일년에 한 번 apparently 듣자[보아] 하니

5. (D)

해설 문맥상 조사 결과를 기다리는(awaiting the results of the customer survey) 상황을 강조하는 부사가 들어가야 자연스러우므로, '열렬히, 간절히'라는 의미의 (D) eagerly가 정답이다.

번역 사무실의 모든 사람들이 고객 설문 조사 결과를 간절히 기다리고 있다.

어휘 await 기다리다 result 결과 accurately 정확히 wholly 완전히, 전적으로 gratefully 감사히

6. (A)

해설 형용사 unavailable을 수식하는 부사 자리로, 작업반이 수리할 수 있을 때까지(until the work crew can repair it) 사용할 수 없는 기간과 관련된 단어가 필요하다. 따라서 '일시적으로'라는 의미의 (A) temporarily가 정답이다.

번역 화물용 엘리베이터는 작업반이 수리할 수 있을 때까지 일시적으로 사용할 수 없다.

어휘 freight elevator 화물용 엘리베이터 unavailable 이용할 수 없는 work crew 작업반 curiously 궁금한 듯이 individually 개별적으로 openly 터놓고, 솔직하게

7. (B)

해설 문맥상 신약(new medicine)이 효과가 있음(effective)을 강조하는 부사가 들어가야 자연스러우므로, '매우'라는 의미의 (B) highly가 정답이다.

번역 엠버 제약은 자사의 신약이 매우 효과적인 것으로 확인되었다고 발표했다.

어휘 announce 발표하다 medicine 약 confirm 확인하다 effective 효과적인 correctly 올바르게, 제대로 evenly 고르게, 균등하게 suspiciously 의심스럽게

8. (D)

해설 새 지하철역(new subway station)이 극장가에 위치해 있는(located near the city's theater district) 상황을 적절히 묘사하는 부사가 빈칸에 들어가야 한다. 따라서 '편리하게'라는 의미의 (D) conveniently가 정답이다.

번역 새 지하철역은 그 도시의 극장가 근처에 편리하게 위치하게 될 것이다.

어휘 be located 위치해 있다 district 지구, 구역 plentifully 많이, 풍부하게 repeatedly 반복적으로

1. (A)

해설 풀을 바르는 동안(while applying glue) 판을 어떻게 잡아야 하는지를 묘사하는 부사가 들어가야 자연스러우므로, '단단히, 굳게'라는 의미의 (A) firmly가 정답이다.

번역 다른 한 손으로 풀을 바르는 동안 한 손으로는 판을 단단히 잡으시오.

어휘 board 판 apply 바르다 quite 꽤 somewhat 다소

2. (D)

해설 이전 경험이 직책에서 요구하는 것에 부합하는(her prior experience fits the need for the position) 방식을 적절히 묘사하는 부사가 빈칸에 들어가야 한다. 따라서 '완벽하게'라는 의미의 (D) perfectly가 정답이다.

번역 재닛 웨스트의 상사는 그녀의 이전 경험이 레이크사이드의 직책에서 요구하는 것에 완벽하게 부합한다고 생각한다.

어휘 supervisor 관리자, 상사 prior 이전의 regularly 정기적으로 recently 최근 seriously 심각하게, 진지하게

3. (C)

해설 문맥상 재정적인 필요를 명확하게 증명할 수 있는 학생(students who can prove a clear financial need)을 강조하는 부사가 들어가야 자연스러우므로, '오직'이라는 의미의 (C) solely가 정답이다.

번역 장학금은 재정적인 필요를 명확하게 증명할 수 있는 학생들만을 위해 마련된 것이다.

어휘 scholarship 장학금 reserve 남겨[떼어] 두다 prove 증명[입증]하다 financial 재정적인 intently 집중해서, 열심히

4. (D)

해설 빈칸은 전치사구 to improvements in the quality of its vehicles를 수식할 수 있는 부사가 와야 한다. 문맥상 '수익 증가의 주된 원인을 차량의 품질 향상이라고 보고 있다'라는 의미가 되어야 자연스러우므로 '주로'라는 뜻의 부사 (D) primarily가 정답이다.

번역 어윈 모터스는 수익 증가의 주된 원인을 차량의 품질 향상이라고 보고 있다.

어휘 credit A to B A를 B의 공이라고 믿다 profit 수익, 이익 improvement 향상, 개선 quality 품질 extremely 극도로 vastly 대단히 importantly 중요하게

5. (A)

해설 빈칸은 동명사구 addressing customer concerns를 수식하는 부사 자리로, 우려를 해결하는 방식을 묘사하는 단어가 들어가야 자연스럽다. 따라서 '지속적으로'라는 의미의 (A) consistently가 정답이다.

번역 그 세미나의 리더는 고객의 우려를 지속적으로 해결하는 것이 재정적 성공을 위한 하나의 중요한 요소라고 말했다.

어휘 state 말하다 address 처리하다 concern 우려 crucial 중요한 element 요소 financial 재정적인, 금융의 largely 주로, 대량으로 hugely 매우 identically 똑같이

6. (B)

해설 과거분사 reported를 수식하는 부사 자리이다. 안전 위반 사항들(safety violations)은 신속하게 보고가 이루어져야 하므로, '즉시'라는 의미의 (B) immediately가 정답이다.

번역 조선소 내 모든 안전 위반 사항들은 근무 중인 감독에게 즉시 보고되어야 한다.

어휘 violation 위반 shipyard 조선소 foreman (공장의) 감독 on duty 근무 중인 brightly 밝게, 환히 seldom 좀처럼 ~ 않는 gradually 서서히

7. (A)

해설 자동사 shift를 수식하는 부사 자리로, 남아 있는 소매점을 닫고(close its remaining retail locations) 온라인 판매로(to online sales) 전환하는 상황을 묘사하는 단어가 필요하다. 따라서 '완전히'라는 의미의 (A) entirely가 정답이다.

번역 발랄리 슈즈는 남아 있는 소매점을 폐쇄하고 완전히 온라인 판매로 전환할 것이다.

어휘 remaining 남아 있는 retail 소매 shift 바뀌다, 전환하다 commonly 흔히, 보통 equally 똑같이

8. (B)

해설 빈칸 앞에 repaired라는 과거분사가 있으므로 빈칸에는 이를 수식할 수 있는 부사가 와야 한다. 문맥상 '다른 곳에서 수리된 것들'이라는 의미가 되어야 자연스러우므로 '다른 곳에서'라는 뜻의 부사 (B) elsewhere가 정답이다.

번역 보증은 공인 기술자가 수리한 제품에만 적용되며 다른 곳에서 수리한 제품은 적용되지 않습니다.

어휘 warranty 보증(서) cover 포함하다 fix 수리하다 certified 공인의 technician 기술자 repair 수리하다 once 언젠가, 한 번 thereby 그렇게 함으로써 furthermore 게다가, 더욱이

PART 6

UNIT 17 문장 고르기 문제

ETS 예제 이메일   본책 p. 162

제목: 사내 운동 프로그램

메트로넬이 동료들과 함께 하는 무료 일일 운동 프로그램에 여러분을 초대합니다. 매일 아침 숙련된 트레이너가 모든 연령과 수준에 적합한 30분짜리 운동 루틴으로 여러분을 지도합니다. 자세한 사항은 이메일 fitworks@metronnel.com으로 문의하세요.

이 이메일을 두 번 받으신 분도 있을 것입니다. 이런 일이 일어난다면 중복 게시글을 방지하도록 상기 이메일 주소로 저희에게 알려 주십시오.

어휘 colleague 직장 동료 experienced 경력[경험] 있는 lead 지도하다 routine 루틴(일정한 일련의 동작) suitable 적합한 detail 세부 사항 notify 알리다 above 상기의 avoid 피하다 duplicate 중복된, 똑같은 posting 인터넷 등에 올리는 글

번역 (A) 프로그램 참여는 전적으로 자발적입니다.
(B) 업무 전에 운동하는 것은 생산성을 향상시켜 줄 수 있습니다.
(C) 이 이메일을 두 번 받으신 분도 있을 것입니다.
(D) 우리는 또한 다른 건강 관리 혜택에 관한 제안을 환영합니다.

어휘 participation 참여 completely 전적으로, 완전히 voluntary 자발적인 productivity 생산성 suggestion 제안 wellness 건강

실전 ETS PRACTICE   본책 p. 163

유형 연습 (C)
실전 연습 **1.** (A)   **2.** (D)   **3.** (B)   **4.** (B)

유형 연습 기사

말레이시아의 선도적인 전자제품 제조업체 중 하나인 애즈마 주식회사는 어제 지난 분기에 기록적인 매출 실적을 거두었다고 발표했다. 애즈마의 수익은 18% 급증하여 1억 4천 4백만 링깃이 되었다. 이번 증가는 주로 TV 매출에 따른 것인데, 지난 분기에 비해 매출액이 거의 30% 증가했다. 하지만 생산비 역시 최고치를 경신했다. 애즈마에 따르면 컴퓨터 칩과 다른 전자 부품의 가격 인상으로 이윤 폭은 20% 감소했다고 한다.

어휘 leading 선도적인 electronics manufacturer 전자제품 제조업체 record 기록적인 quarter 분기 revenue 수입, 소득 RM 링깃(말레이시아 화폐) sales figures 매출액 previous 이전의 profit margin 이윤 폭 reduce 줄이다 component 부품

해설 빈칸 앞 'TV 매출이 지난 분기에 비해 거의 30% 증가했다'는 내용과 빈칸 뒤 '컴퓨터 칩과 다른 전자 부품의 가격 인상으로 이윤 폭이 20% 감소했다'는 내용이 서로 상반되고 있다. 따라서 역접의 접속부사 However로 시작하며 '그러나 생산비 역시 최고치를 경신했다'라며 글의 흐름을 전환시키는 내용이 들어가야 자연스러우므로, 정답은 (C)이다.

번역 (A) 분석가들은 이 수치에 놀라지 않았다.
(B) 애즈마 텔레비전은 최첨단 기술로 유명하다.
(C) 그러나 생산비 역시 최고치를 경신했다.
(D) 사실 회사는 이번 달에 새로운 모델을 출시할 것이다.

어휘 analyst 분석가 cutting-edge 최첨단의 production cost 생산비 record high 최고치, 최고의 기록 launch 출시하다

실전 연습 메모

메모

수신: 애펀 보츠의 전 직원
발신: 다넬 브레그맨 운영 부사장
날짜: 3월 20일
제목: 중요 업데이트

7월 1일[1]부터 우리는 멕시코시티에서 사업을 확장할 것입니다. 우리는 또한 해안 도시인 엔세나다에 바다낚시 보트 제조 공장을 열 것입니다. 새로운 [2]시설을 통해 애펀 보츠는 북미 및 남미 고객에게 더 나은 서비스를 제공할 수 있을 것입니다. 이번 확장[3]과 함께 근무지 변경에 관심 있는 애펀 보츠의 직원들에게도 기회가 생깁니다. [4]채용 공고는 이미 우리 웹사이트에 게시되었습니다. 늘 그렇듯이, 이사 비용을 지원하는 기업 패키지를 제공할 것입니다. 더 많은 정보가 곧 제공될 것입니다.

궁금한 사항은 상사에게 문의하기 바랍니다.

어휘 expand 확장하다 operation 사업 manufacturing plant 제조 공장 saltwater 바다의 coastal 해안의 enable ~할 수 있게 하다 relocate 이전하다, 전근하다 corporate 기업의 supervisor 관리자

1. (A) 형용사 자리

해설 빈칸 뒤에 특정 날짜가 있으므로, 그 날짜로 시행되어 사업

을 확장한다는 내용이 되어야 자연스럽다. 따라서 날짜와 함께 쓰여 '~부로'라는 의미의 관용 표현을 이루는 형용사 (A) Effective가 정답이다.

어휘 effective 시행[발효]되는

2. (D) 명사 어휘

해설 빈칸 앞 문장에서 제조 공장(a manufacturing plant)을 열 것이라고 했으므로, 이 새 공장 설립을 통해 북미와 남미 고객에게 더 나은 서비스를 제공할 것임을 알 수 있다. 따라서 공장을 가리킬 수 있는 명사로, '시설'이라는 뜻의 (D) facility가 정답이다.

3. (B) 전치사 어휘

해설 주어가 the opportunity 이하이고 동사가 comes인 도치 구문이다. 빈칸은 명사구 this expansion을 목적어로 취하며 도치된 문장을 수식하는 전치사 자리이다. 문맥상 '이 확장과 함께 근무지 변경에 관심이 있는 직원들에게도 기회가 있다'라는 뜻을 나타내야 하므로, '~와 함께'라는 의미의 (B) Along with가 정답이다.

어휘 compared with ~와 비교해서 just as 꼭 ~처럼 in contrast 그에 반해서

4. (B) 문맥에 맞는 문장 고르기

해설 빈칸 앞에서 '근무지 변경에 관심 있는 직원들에게 기회가 있다'고 언급하고 있다. 따라서 빈칸에는 그 기회, 즉 엔세나다 새 공장의 채용 공고와 관련해 안내하는 내용인 (B)가 들어가는 것이 가장 자연스럽다.

번역 (A) 우리는 엔세나다에서 수년째 일하고 있습니다.
(B) 채용 공고는 이미 우리 웹사이트에 게시되었습니다.
(C) 더 작은 레저용 보트에 대한 수요가 높습니다.
(D) 멕시코시티에는 대중교통 수단이 많이 있습니다.

어휘 be in high demand 수요가 많다

UNIT 18 접속부사 문제

ETS 예제 | 광고 본책 p. 164

영업 직원 모집

켈러 여행사는 자사의 특출한 팀에 합류할 여행 경험이 많고 활동적인 분을 찾습니다. 매우 바쁜 영업 환경에서 주말을 포함하여 근무 시간이 깁니다. 반면에, 멋진 여행 기회가 부여되기도 합니다. 게다가 여행업계 최고 수준의 연봉을 제공합니다.

입사 지원을 하시려면, 귀하의 자격 요건을 상술한 편지를 이력서에 동봉하여 보내십시오.

어휘 well-traveled 여행 경험이 많은 exceptional 특출한, 이례적인 sales environment 영업 환경 marvelous 멋진, 놀라운 travel industry 여행업계 detail 상술하다 qualification 자격 요건, 자질 for instance 예를 들면 whereas 반면에 on the other hand 반면에, 다른 한편으로는 otherwise 그렇지 않다면

실전 | ETS PRACTICE 본책 p.165

유형 연습 (D)
실전 연습 1. (C) 2. (C) 3. (A) 4. (B)

유형 연습 | 이메일

저우 씨께,

<컴퓨터 투데이>의 편집자들은 귀하를 저희의 서평가 명단에 올리고 싶다는 제안을 하게 되어 기쁩니다. 서평가들은 서평을 쓸 책 한 권을 무료로 받게 됩니다. 게다가, 서평가들의 이름과 전문 소속 기관도 서평 옆에 실리게 됩니다. 대부분의 서평이 600에서 800단어 정도이지만, 1,000단어 이상이 될 수도 있습니다. 서평가를 위한 안내 지침은 저희 웹사이트에서 찾아보실 수 있습니다. 저희 출판 활동에 기여하고 싶으시다면, 귀하의 이력서 한 부를 보내 주시기를 바랍니다.

어휘 reviewer 서평가 copy (책 등의) 한 부[권] professional 전문적인, 직업적인 affiliation 소속, 협력 관계 alongside ~ 옆에, 나란히 guidelines 안내 지침 contribute to ~에 기여하다[공헌하다] publication 출판

해설 문맥에 적절한 접속부사를 묻는 문제이므로, 앞뒤 문장의 관계를 이해해야 정답을 찾을 수 있다. 빈칸 앞 문장에서는 서평가들이 무료로 책 한 권을 받게 된다고 했고, 빈칸이 포함된 문장에서는 서평가의 이름과 소속되어 있는 기관(professional affiliations)이 서평과 함께 실린다고 했다. 따라서 두 문장 모두 서평가가 받게 되는 일종의 혜택에 대해 기술하고 있다고 볼 수 있다. 앞의 내용(혜택)에 추가적인 내용(혜택)을 더하는 것이므로, '게다가'라는 의미의 (D) Moreover가 가장 적합하다.

어휘 instead 대신에 nevertheless 그럼에도 불구하고 if not 만일 그렇지 않다면

실전 연습 | 공지

드레스 액세스의 쇼핑 카탈로그로 제품을 주문하시면, 귀하의 성함과 주소가 고객 파일에 저장됩니다. 저희는 귀하의 쇼핑 경험을 더욱 향상시키고 신제품과 할인 행사에 대해 알

려 드리고자 고객 **¹**정보를 수집하고 있습니다. 저희는 다른 회사나 제3자가 고객의 이름과 우편 주소를 **²**입수하지 못하게 하지만, 저희는 때때로 신제품이나 특가품을 소개하는 카탈로그 인쇄물들을 발송합니다. **³**그러나, 귀하가 저희의 카탈로그 인쇄물이나 기타 다른 우편물을 받기를 원하지 않으시면, 주문서의 주소란 아래에 명시해 주십시오. **⁴**그러면 우편물 수신자 명단에 귀하가 포함되지 않도록 하겠습니다.

어휘 enhance 높이다, 강화하다 postal 우편의 third party 제3자 occasionally 때때로 mail out 우편으로 발송하다 feature ~을 특집으로 하다 bargain 특가품 correspondence 통신문 indicate 명시하다, 표시하다

1. (C) 명사 자리_목적어 / 복합명사

해설 문장의 주어는 We, 동사는 collect이다. collect는 타동사로 쓰일 경우 '~을 모으다, 수집하다'라는 의미로 목적어가 필요하다. 목적어로는 customer 또는 'customer + 명사'로 된 복합명사를 고려해 볼 수 있는데, 사람 명사인 customer는 가산명사로 한정사 없이 쓸 수 없으므로 목적어 역할을 하는 다른 명사가 뒤따라야 하는 것을 알 수 있다. 문맥상 '고객 정보를 수집하다'라는 의미가 자연스러우므로 '고객 정보'라는 복합명사를 만드는 명사 (C) information이 정답이다.

2. (C) 형용사 어휘

해설 '동사(do not make)+목적어(customer names and postal addresses)+목적격 보어'의 5형식 문장으로, 목적어인 customer names and postal addresses가 어떤 상태가 되도록 만들지 않는다는 것인지 보기에서 적절한 형용사 어휘를 찾는 문제이다. 문맥상 '고객의 이름과 우편 주소를 입수하지 못하게 한다'라는 내용이 되어야 자연스러우므로, '구할 수 있는, 이용 가능한'이라는 의미의 형용사인 (C) available이 정답이다.

어휘 inclined ~하는 경향이 있는, ~하고 싶은 comfortable 편안한 vacant 비어 있는

3. (A) 접속부사

해설 빈칸이 문장 맨 앞에 있고 보기가 연결어로 이루어져 있다면, 빈칸 앞뒤 문장을 살펴서 두 문장이 어떻게 연결되는지 파악해야 한다. 빈칸 앞 문장에서 '우리는 때때로 신제품과 특가품을 소개하는 카탈로그를 발송한다'고 했고, 빈칸이 있는 문장에서는 '우편물을 받기 원하지 않으면 알려 달라'고 하고 있으므로, '그러나'라는 의미의 접속부사 (A) However가 두 문장을 가장 자연스럽게 연결한다.

어휘 until then 그때까지 to that end 그러기 위해서, 그 목적에 맞도록

4. (B) 문맥에 맞는 문장 고르기

해설 빈칸 앞에서 '우편물을 받기를 원하지 않으면, 주문서의 주소란 아래에 명시해 달라'고 했다. 따라서 빈칸에는 우편물 수신 거부 의사를 밝힌 후에 일어나는 일에 관한 언급이 들어가야 자연스러우므로, (B)가 정답이다.

번역 (A) 이것은 귀하의 제품이 제때 배송되는 것을 보장할 것입니다.
(B) 그러면 우편물 수신자 명단에 귀하가 포함되지 않도록 하겠습니다.
(C) 해외 주문에는 추가 요금이 발생합니다.
(D) 저희는 귀하의 피드백을 받기를 기대합니다.

어휘 ensure 보장하다 promptly 제시간에, 지체 없이 mailing list 우편물 수신자 명단 additional fee 추가 요금 overseas 해외의

UNIT 19 문법 문제

ETS 예제 기사 본책 p.166

런던, 11월 2일 — 딕슨 유제품 사는 오늘 슬라우 공장의 검사실 열 곳을 개선하기 위해 거의 150만 파운드를 투자할 것이라고 발표했다.

이 계획은 여러 시장에서 딕슨 사 제품의 수요가 증가한 것을 계기로 수립되었다. 슬라우 공장 외에 딕슨 사는 웨일스 카디프에 소규모 생산 공장을 소유하고 있는데, 그곳에서 지난해 초에 유사한 프로젝트가 시작되었다. 카디프에서의 작업은 7개월 만에 완료되었다. 그 이후 회사의 유제품 생산이 대략 4퍼센트 증가했다.

어휘 dairy product 유제품 inspection room 검사실 facility 시설, 설비 motivate 동기를 부여하다 in addition to ~에 더하여 similar 비슷한, 유사한 commence 시작되다[하다] roughly 대략

실전· ETS PRACTICE 본책 p.167

유형 연습 (B)
실전 연습 **1.** (D) **2.** (B) **3.** (D) **4.** (A)

유형 연습 이메일

핀 씨에게,

알다시피, 월요일에 근무를 시작하는 영업부 직원이 여덟 명 있습니다. 저는 IT 부서에서 그들에게 컴퓨터를 제공할 준비가 되어 있는지 확인하고 싶습니다. 그들은 월요일부터 목요일까지 교육을 받은 후, 금요일에는 콜센터에서 전화를 받기

시작할 것입니다. 금요일까지 컴퓨터를 이용할 수 있게 준비되어야 하므로, 목요일 오전까지 <u>그것들을</u> 모두 설치해 주시면 큰 도움이 될 것 같습니다. 도와주셔서 감사합니다.

어휘   verify 확인하다, 증명하다 prepare 준비하다
provide 제공하다 be ready for ~할 준비가 되다
set up 준비하다, 설정하다 assistance 도움, 지원

해설   빈칸이 있는 문장은 '목적어가 ~하게 하다'라는 의미의 'have+목적어(all of ------)+과거분사(set up)' 5형식 구문이다. 빈칸에는 전치사 of의 목적어로 쓰일 수 있는 품사가 와야 하며, 문맥상 설치되는 대상은 앞에 나온 The computers를 가리킨다. 따라서 정답은 복수형 목적격 대명사 (B) them이다.

실전 연습   **공지**

제12회 연례 글렌브리지 카운티 독서대회는 6월 5일부터 6일까지 개최될 예정입니다. ¹이 대회의 압도적인 인기로 인해 도서 축제는 새로운 장소인 글렌브리지 컨퍼런스 센터에서 열리게 되었습니다. 이 행사장은 최대 800명의 참석자를 ²수용할 수 있습니다. 더 큰 시설로 더 많은 지역 사회 구성원들이 참여할 수 있을 것입니다. 역사가 미셸 테멧이 올해의 주요 저자입니다. 그녀는 최신 저서인 <올드 스테이>에 ³사인을 할 예정입니다. 관심 있는 참석자들은 이 행사를 위해 테멧 씨의 책을 한 권 가져오시기를 권합니다. ⁴그 책은 현재 여러 지역 상점에서 판매되고 있습니다. 축제 관련 추가 정보와 활동 목록을 보시려면 www.gcreads.com을 방문하세요.

어휘   annual 연례의 take place 개최되다
overwhelming 압도적인 popularity 인기
location 장소 venue 행사장 attendee 참석자
enable 가능하게 하다 community 지역 사회
participate 참여하다 historian 역사학자 featured
주요한 latest 최신의 encourage 장려하다
additional 추가적인

1.   (D) 인칭대명사_소유격

해설   빈칸 뒤에 형용사 overwhelming과 명사 popularity가 있으므로 빈칸에는 소유격이 들어가야 한다. 앞 문장에서 독서대회(The twelfth annual Glenbridge County Reads)가 열린다고 한 것으로 보아 빈칸 뒤의 인기(popularity)는 '독서대회의 인기'를 언급하는 것임을 알 수 있다. 따라서 정답은 (D) its이다.

2.   (B) 동사 어휘

해설   빈칸이 있는 문장의 주어로 쓰인 This venue는 앞에서 독서대회가 개최될 것이라고 한 글렌브리지 컨퍼런스 센터로, '최대 800명의 참석자를 수용할 수 있다'는 의미가 되어야 한다. 따라서 빈칸에는 '수용하다'라는 뜻의 (B)

accommodate가 가장 적절하다.

어휘   accompany 동행하다, 동반하다 gather 모으다, 모이다

3.   (D) 동사 자리_시제

해설   전체적으로 앞으로 개최될 예정인 독서대회에 대해 안내하는 공지글이고, 앞 문장에서 올해 독서대회의 주요 저자를 소개하며 뒤 문장에서 관심 있는 참석자들은 이 행사를 위해 저자의 책을 가져올 것을 권장하는 것으로 보아 사인회 행사는 앞으로 일어날 일임을 알 수 있다. 따라서 미래 시제인 (D) will sign이 정답이다.

4.   (A) 문맥에 맞는 문장 고르기

해설   앞에서 올해의 저자인 미셸 테멧이 최신 저서인 <올드 스테이>에 사인할 예정이라며 관심 있는 참석자들은 이 행사를 위해 그녀의 책을 한 권 가져오라고 했다. 따라서 그녀의 책(a copy of Ms. Temet's work)을 It으로 받아 책을 구할 수 있는 곳에 대해 안내하는 내용인 (A)가 정답이다.

번역   (A) 그 책은 현재 여러 지역 상점에서 판매되고 있습니다.
(B) 올해가 도시 공원에서 열리는 마지막 해가 될 것입니다.
(C) 축제 시상식이 곧 발표될 예정입니다.
(D) 그것은 내년에 검토될 예정입니다.

어휘   on sale 판매되는 be scheduled to ~할 예정이다

UNIT 20   어휘 문제

ETS 예제   기사   본책 p.168

지난 10년간 매년 봄에 애슬리트 자전거 경주 대회가 지역 애슬리트 공원 재단을 위한 기금을 마련하기 위해 개최되어 왔다. 4월 17일 일요일에는 200명이 넘는 사람들이 이 대회에 참가했다. 경주 대회가 끝나기 전, 지역 주민들은 지난 어떤 해보다도 많은 2천 유로가 넘는 금액을 기부했고, 연이어 더 많은 돈이 계속 기부되고 있다. 재단 이사장인 올리버 데이비스는 후한 <u>기부</u>와 지원에 대해 모든 지역민들에게 감사를 전하고 싶어 한다.

어휘   decade 10년 bicycle race 자전거 경주
hold (대회 등을) 개최하다 raise money 기금을
마련하다 foundation 재단 resident 주민, 거주자
contribute 기부하다 pour in 연달아 오다
generous 관대한

실전   **ETS PRACTICE**   본책 p.169

유형 연습 (C)
실전 연습 **1.** (B)   **2.** (B)   **3.** (D)   **4.** (C)

토커스 RS-1300 미니 냉장고를 구입해 주셔서 감사합니다. 새 냉장고 사용 시 다음 사항들을 유념해 주십시오. 첫째, 토커스 RS-1300은 단기간 보관 용도로 설계되었습니다. 음식을 보통 며칠 이상 냉장고에 그대로 두면 안 됩니다. 둘째, 보관하는 음식은 모두 포일이나 랩으로 단단히 싸거나 밀폐 봉투나 용기에 담아 두어야 합니다. 이렇게 해야 음식의 수분이 빠지는 것을 막을 수 있으며 일부 음식의 강한 냄새가 더 순한 음식에 배는 것을 막을 수 있습니다.

어휘 refrigerator 냉장고 bear in mind 명심하다, 유의하다 following 다음의, 다음에 오는 short-term 단기간의 generally 보통, 일반적으로 store 보관하다, 저장하다 wrap 싸다, 포장하다 foil 포일, 박 plastic film (비닐) 랩 airtight 밀폐된 container 용기, 그릇 prevent A from -ing A가 ~하는 것을 막다[방해하다] dehydrate 수분이 빠지다 transfer 이동하다, 옮기다

해설 전치사 for의 목적어 역할을 하며 형용사 short-term의 수식을 받는 명사 자리에 들어갈 알맞은 어휘를 고르는 문제이다. 빈칸 뒤의 문장 Food should generally not be left in the refrigerator for more than a few days.에서 문제 해결의 단서를 찾을 수 있다. 냉장고에 음식을 장기간 보관하지 말라는 내용이므로 '저장, 보관'의 의미를 지닌 명사 (C) storage가 정답이다.

어휘 customer 고객, 손님 parking 주차 taste 맛, 취향

수신: 본사 전 직원 <allpersonnel@tronicaville.com>
발신: 중앙 보안실 <security@tronicaville.com>
제목: 신규 공사

다음 정보를 알릴 필요가 있는 (본사) 구역 내 **1**다른 사람들에게 전달해 주세요. 공장 확장 공사에 **2**대비해 C 주차장의 남동 구역은 이제 영구 폐쇄됩니다. 이 구역은 완전히 울타리를 치고 곧 굴착 공사를 시작할 것입니다.

공사 기간에 C 주차장 출입이 지체될 수 있습니다. **3**건설 장비와 그 구역에서 근무하는 사람들을 잘 살펴야 합니다. 또한 모든 **4**임시 교통 표지판에도 특히 주의를 기울여야 합니다. 표지판의 위치는 공사 관계자들이 공사 현장을 다른 구역으로 옮길 때마다 변경됩니다.

문의 사항이 있으면, 내선 7845번으로 마티 스펜서에게 연락하십시오.

어휘 head office 본사 personnel 전 직원, 인원 security 보안, 경비 (부서) construction 건설, 건축 (공사) reminder (상기시키는) 알림, 메모 expansion 확장, 확대 parking lot 주차장

---

permanently 영구적으로 completely 완전히 fence in ~의 둘레에 울타리를 치다 excavation 굴착, 발굴 shortly 곧 delay 지연, 지체 pay attention to ~에 주의[관심]를 기울이다 traffic sign 교통 표지판 location 장소, 위치 extension 내선 번호

1. (B) 부정대명사_others

해설 빈칸은 전치사 to의 목적어 자리이므로 명사나 대명사가 들어가야 한다. 따라서 '모든, 모두의'라는 의미의 형용사 (C) every는 정답에서 제외된다. 문맥상 '다음 정보를 누구에게 전하다'라는 의미가 되어야 하므로, 불특정 다수의 '다른 사람들'을 가리키는 부정대명사 (B) others가 가장 적합하다. 불특정 다수를 대신하는 (A) ones와 특정한 다수를 대신하는 (D) them은 대신할 명사가 빈칸 앞에 언급되어 있지 않으므로 빈칸에 들어갈 수 없다.

2. (B) 명사 어휘

해설 빈칸은 전치사 In과 for의 가운데 자리이므로 명사가 들어가야 하며, 문맥상 '공장 확장 공사에 대비해'라는 의미가 되어야 한다. '~에 대비하여'는 in preparation for로 나타내므로, (B) preparation이 정답이다. 참고로 (C)는 in support of의 형태로 '~을 지지하여, 옹호하여'라는 의미로 쓰인다는 것도 알아 두자.

어휘 founding 설립, 창립 provision 공급, 제공; 조항

3. (D) 문맥에 맞는 문장 고르기

해설 빈칸 앞 문장에서 '공사 기간에 C 주차장 출입이 지체될 수 있다'고 했으므로, 공사로 인한 혼잡한 상황을 떠올릴 수 있다. 빈칸 뒤 문장에서 임시 교통 표지판을 주의해야 할 또 다른 상황(You must also pay special attention to ~ signs)으로 언급하고 있으므로, 빈칸에는 공사 시 주의를 기울이며 살피는(watch for) 상황인 (D)가 들어가는 것이 가장 적절하다.

번역 (A) 전기차가 직원들에게 점점 인기를 얻고 있습니다.
(B) A 주차장과 B 주차장은 이번에 개량 공사할 필요가 없습니다.
(C) 인근 사업체들로부터 소음 민원이 발생했습니다.
(D) 건설 장비와 그 구역에서 근무하는 사람들을 잘 살펴야 합니다.

어휘 increasingly 점점 improvement 개선, 개량 complaint 항의 neighboring 인근의 personnel 직원들, 인원

4. (C) 형용사 어휘

해설 복합명사 traffic signs의 앞자리이므로, 빈칸은 형용사 자리이다. 바로 뒤 문장에서 공사 진행 상황에 따라 표지판의 위치가 변경될(The locations of these signs will change) 것이라고 했으므로, '임시의'라는 의미의 형용사인 (C) temporary가 가장 적합하다.

ETS TEST
본책 p. 170

1. (D)	**2.** (A)	**3.** (C)	**4.** (B)
5. (B)	**6.** (C)	**7.** (D)	**8.** (A)
9. (C)	**10.** (D)	**11.** (B)	**12.** (B)
13. (C)	**14.** (D)	**15.** (B)	**16.** (A)

Questions 1-4 기사

로테르담 (9월 3일) — 랜디스 사의 전매특허 세안제는 몇 년 전에 시장에 출시되었다. 판매 호조[1]에도 불구하고, 회사가 제조법을 조정하는 동안 생산이 중단되었다. 랜디스 회사의 대변인인 아를레트 크레헨은 회사 연구원들이 거품을 바르는 것이 피부에 [2]더 순하다는 점을 깨달았다고 설명했다. 그리하여 그들이 더 가벼운 제조법을 개발하기 위해 작업하는 동안 그 제품은 1년 가까이 소매점에서 철수되었다. [3]이제 인기 있는 그 세안제가 그 어느 때보다 더 좋아져서 돌아왔다. 크레헨 씨는 "이번 [4]혁신으로 랜디스 사가 시장에서 동종 제품 중 가장 효과적인 제품을 보유하게 될 것으로 믿습니다."라고 말했다.

어휘 patented 전매특허의 facial cleanser 세안제
halt 중단시키다 adjust 조정하다 formula 제조법, 공식 spokesperson 대변인 explain 설명하다 researcher 연구원 realize 깨닫다 foam 거품 application 도포 withdraw 철수하다 retail outlet 소매점 develop 개발하다 lightweight 가벼운 ensure 보장하다 effective 효과적인

1. (D) 전치사 vs. 부사절 접속사

해설 빈칸은 콤마 뒤 완전한 절에 명사구 strong sales를 연결하는 자리이므로, 전치사가 들어가야 한다. 문맥상 '판매 호조에도 불구하고 생산이 중단되었다'는 내용이 되어야 자연스러우므로, '~에도 불구하고'라는 의미의 전치사 (D) Despite가 정답이다. 접속사 (C) Although도 '~에도 불구하고'라는 의미를 나타내지만 뒤에 주어와 동사가 나와야 하므로 오답이다.

2. (A) 형용사 자리_주격 보어

해설 빈칸은 동사 be 뒤에서 주어 a foam application을 보충 설명하는 주격 보어 자리이므로, 형용사나 명사가 들어가야 한다. 문맥상 '거품을 바르는 것이 피부에 더 순하다'는 의미가 되어야 자연스러우므로, '더 부드러운, 더 순한'을 뜻하는 형용사 (A) gentler가 정답이다. 명사 (B) gentleness는 주어와 동격이 아니므로 답이 될 수 없고, (D) gentled는 '온화해진, 길들여진'이라는 의미로 문맥에 어울리지 않는다.

3. (C) 문맥에 맞는 문장 고르기

해설 앞 문장에서 제품이 1년 가까이 소매점에서 철수되었다 (the product was withdrawn from retail outlets)고 했고, 뒤 문장에서 크레헨 씨가 자사 제품이 시장에서 가장 효과적일 것(the most effective product ~ on the market)이라는 취지의 언급을 하고 있다. 따라서 유통이 중단되었던 제품의 품질이 향상되어 다시 시장에서 판매된다는 내용이 들어가야 연결이 자연스러우므로, 정답은 (C)이다.

번역 (A) 폼클렌저는 더 비싼 것으로 알려져 있다.
(B) 그 연구원들은 고도로 훈련된 화학자들이다.
(C) 이제 인기 있는 그 세안제가 그 어느 때보다 더 좋아져서 돌아왔다.
(D) 제품 유통은 어려운 과제였다.

어휘 highly 매우 trained 훈련 받은 chemist 화학자 distribution 유통 challenge 난제

4. (B) 명사 어휘

해설 빈칸 앞에 지시대명사 this가 있으므로 앞 문장에서 언급된 내용을 참고해 '이러한 ------'로 대신할 수 있는 명사를 골라야 한다. 앞 문장에서 더 가벼운 제조법 개발(develop a more lightweight formula), 즉 품질 개선을 위한 변화에 대해 언급하고 있으므로 빈칸에는 '혁신'이라는 의미의 명사 (B) innovation이 가장 적합하다.

Questions 5-8 메모

날짜: 10월 25일
수신: 구매부 줄리 린
발신: 정보 기술부 피터 멜라니
Re: 새 컴퓨터 소프트웨어

아시다시피, 우리의 사업은 컴퓨터와 전자 문서를 바이러스로부터 안전하게 유지하는 데 [5]달려 있습니다. [6]이러한 점을 염두에 두고 저는 최근 두 가지 새로운 소프트웨어 옵션에 대해 살펴보았습니다. 우리의 현 컴퓨터 보안 소프트웨어의 사용 기한이 올 연말에 만료될 예정이어서 이번 기회에 다른 가능성에 대해서 고려해 보는 것이 좋겠습니다.

첫 번째 프로그램은 컴퓨 클리너라고 하는 타이완 회사 제품입니다. 컴퓨 클리너는 여러 해 동안 유통되어 왔으며 업계에서 [7]널리 사용되고 있습니다. 하지만 가격이 꽤 비쌉니다.

두 번째 선택 가능한 것은 캐나다에서 생산된 바이러웨이즈라는 프로그램입니다. 이 프로그램은 비교적 최근에 출시된 프로그램으로 아직 검증되지는 않았습니다. [8]그럼에도 불구하고, 가격이 저렴하니 한번 고려해 볼 만한 제품입니다.

본 안건에 대한 의견을 말씀해 주십시오.

어휘 information technology 정보 기술 (= IT)
electronic document 전자 문서 safe from ~의
위험이 없는, ~에서 안전한 license 라이선스, 허가
current 현재의, 지금의 expire (기한이) 만료되다
consider 고려하다 possibility 가능성 (있는 것)
relatively 비교적, 상대적으로 review 검토하다

5. (B) 동사 자리_수 일치

해설 our business가 문장의 주어이고 빈칸은 동사 자리이다.
따라서 분사형인 (C) depending이나 '신뢰할 수 있는, 의
지할 수 있는'이라는 의미의 형용사인 (D) dependable은
정답에서 제외된다. (A) depend와 (B) depends 중에서
주어가 3인칭 단수(our business)이므로 (B)가 정답이다.

6. (C) 문맥에 맞는 문장 고르기

해설 빈칸 앞에서 '우리의 사업은 컴퓨터와 전자 문서를 바이러
스로부터 안전하게 유지하는 데 달려 있다'고 했고, 뒤에서
'현 컴퓨터 보안 소프트웨어의 사용 기한이 올 연말 만료되
므로 다른 가능성을 고려해 보는 것이 좋겠다'고 말하고 있
다. 따라서 두 문장 사이에는 앞 문장의 내용을 대명사 that
으로 받으며 그러한 점을 염두에 두고(with that in mind)
새로운 소프트웨어 옵션을 살펴보았다는 내용의 (C)가 들
어가는 것이 글의 흐름상 가장 자연스럽다.

번역 (A) 올해 저희와 거래를 하는 데 동의해 주셔서 감사합니다.
(B) 우리는 귀하의 컴퓨터를 검사해 모든 바이러스를 제거
했습니다.
(C) 이러한 점을 염두에 두고 저는 최근 두 가지 새로운 소
프트웨어 옵션에 대해 살펴보았습니다.
(D) 자사의 기술자들이 현재 일부 컴퓨터에 작업을 진행하
고 있습니다.

어휘 do business with ~와 거래하다 examine 검사하다
remove 제거하다 recently 최근에 look into
~을 알아보다, 조사하다 option 옵션, 선택 가능한 것
technician 기술자 currently 현재, 지금

7. (D) 부사 어휘

해설 문맥상 '업계에서 널리 사용되고 있다'라는 의미가 되어야
자연스러우므로, '널리, 광범위하게'라는 의미의 부사인 (D)
widely가 정답이다.

어휘 desirably 바람직하게, 탐이 나서 conclusively
확정적으로, 단연코

8. (A) 접속부사

해설 문맥상 '새로 출시되어 검증되지 않았다'라는 부정적인 의
견과 '가격이 저렴하니 고려해 볼 만한 제품이다'라는 긍정
적인 의견을 연결해 줄 연결어가 필요하다. 따라서 '그럼에
도 불구하고, 그래도'라는 양보의 의미를 지닌 접속부사 (A)

Nevertheless가 정답이다. (C) Therefore(그러므로)는
인과 관계의 결과를 나타내는 접속부사로 문맥상 맞지 않
으며, (B) Whereas(그런데, ~에 반해서)와 (D) Because
(~ 때문에)는 접속사로 구조상 빈칸에 들어갈 수 없다.

Questions 9-12 공지

로스 앤드 블룸 출판 그룹은 원예 분야의 부편집자를 **⁹고용**
하고자 합니다.

이 정규직에는 편집장의 감독하에 특집 기사와 칼럼을 연구
하고 집필하면서 잡지의 편집 **¹⁰직무**를 지원할 활동적인 인
재가 필요합니다. **¹¹저널리즘 학위와 최소 2년의 경력이 필**
수입니다.

자격을 갖춘 지원자는 뛰어난 작문 및 편집 능력**¹²뿐만 아니**
라, 컴퓨터 활용 능력도 갖추어야 합니다. 업무상 출장을 가
야 할 때도 있습니다. jobs@rossbloom.com으로 샌디 마이
어스에게 자기소개서와 이력서를 보내기 바랍니다.

어휘 publishing 출판 associate 부(副)- gardening
정원 가꾸기, 원예 dynamic 활력 있는 editorial
편집의 feature story 특집 기사 column 칼럼,
정기 기고란 under the direction of ~의 감독하에
managing editor 편집장 superb 매우 뛰어난,
최고의 editing 편집 qualified 자격을 갖춘
demonstrate 보여 주다, 입증하다 computer
literacy 컴퓨터 활용 능력 cover letter 자기소개서

9. (C) 동사 자리_시제

해설 빈칸은 주어 Ross & Bloom Publishing Group의 동사
자리로, an associate editor를 목적어로 취한다. 지문 전
체 내용이 출판사의 구인 공고이므로 가까운 미래를 나타
내는 현재진행 (C) is hiring이 정답이다. (A) hiring은 현
재분사/동명사, (B) has hired는 현재완료, (D) hired는
과거/과거분사이므로 빈칸에 들어갈 수 없다.

10. (D) 명사 어휘

해설 빈칸 앞의 형용사 editorial과 뒤에 있는 전치사구 of
the magazine의 수식을 받는 명사 자리이다. 특집 기사
와 칼럼을 연구하고 집필함으로써(by researching and
writing feature stories and columns) '잡지의 편집 직
무를 지원한다'라고 해야 자연스러우므로, '기능, 직무'라는
의미의 명사 (D) functions가 정답이다.

어휘 assistance 도움, 지원 reinforcement 강화

11. (B) 문맥에 맞는 문장 고르기

해설 빈칸 앞에서 고용하고자 하는 부편집자의 직무에 대해서
설명하고, 뒤에서 뛰어난 작문 및 편집 능력뿐 아니라 컴퓨

터 활용 능력 등 추가 자격 요건 및 조건에 대해 설명하고 있다. 따라서 보기 중 문맥에 가장 알맞은 문장은 주요 자격 요건으로서 학위 및 경력에 대해 언급한 (B)이다.

번역 (A) 현재 진행 중인 면접이 없습니다.
(B) 저널리즘 학위와 최소 2년의 경력이 필수입니다.
(C) 그 직위는 이미 채워졌음을 알려 드리게 되어 유감입니다.
(D) 잡지는 매년 12월에 특별판을 발행합니다.

어휘 degree 학위 journalism 저널리즘 filled 채워진

12. (B) 구전치사

해설 공고된 직책에 지원하는 사람이 갖추어야 할 항목으로 superb writing and editing skills와 함께 computer literacy가 언급되고 있다. 따라서 '~뿐만 아니라'라는 의미의 연결어로서 (B) As well as가 들어가는 것이 가장 적절하다.

어휘 compared to ~와 비교하여 in spite of ~에도 불구하고 ever since ~ 이후로 계속

Questions 13-16 이메일

발신: lboxworthy@sweetstarcosmetics.com
수신: mchao@tellneradvertising.com
날짜: 12월 10일
제목: 어제 회의에 대한 후속 논의

차오 씨께,

처음에 저는 귀사가 수행한 작업에 경외감을 가지고 있었기 **13때문에** 텔너 애드버타이징에 연락했습니다. 이제 귀하의 팀을 만났으니 텔너와 함께 일하고 **14싶은** 또 다른 이유가 생겼습니다. **15소비자**를 위한 귀사의 노력에 깊은 인상을 받았습니다. 전에 같이 일했던 다른 광고사들은 우리가 판매하는 제품을 구매하는 고객들에 대해 거의 관심이 없었습니다. 우리 스위트 스타 코스메틱스는 우리의 고객층에 관심을 가지고 지원해 주는 광고사와 협력하는 것을 선호합니다. **16이것이 텔너 애드버타이징에 우리 일을 맡기기로 결정한 이유입니다.** 저는 텔너가 우리의 브랜드 이야기를 전하기에 적합한 회사라고 확신합니다. 서명된 계약서를 내일 보내 드리겠습니다.

릴리안 박스워디
스위트 스타 코스메틱스 마케팅 이사

- -

어휘 follow-up 후속 조치 respect 존경, 경의 now that ~이므로 impressed 깊은 인상을 받은 commitment 헌신, 책무 care about ~에 마음을 쓰다, 관심을 가지다 confident 확신하는, 자신감 있는 contract 계약(서)

13. (C) 전치사 자리

해설 빈칸은 명사구 my respect for your agency's work를 목적어로 취하는 전치사 자리이다. 회사가 수행한 작업에 경외감을 가진 것이 텔너 애드버타이징에 연락한 이유라고 볼 수 있으므로, 이유를 나타내는 표현이 들어가야 자연스럽다. 따라서 '~ 때문에'라는 의미의 (C) because of가 정답이다.

14. (D) 전치사+동명사

해설 빈칸 뒤 to부정사구 to work with Tellner를 이끌어 빈칸 앞 명사 reason을 수식하는 자리이다. '텔너와 함께 일하고 싶은 이유'라는 뜻이 되어야 자연스럽다. 'reason+to부정사' 또는 'reason for+(동)명사' 형태로 '~할 이유'라는 의미를 나타내므로, 보기에서는 (D) for wanting이 정답이다.

15. (B) 명사 어휘

해설 빈칸은 전치사 to의 목적어 역할을 하는 명사 자리이다. 뒤 문장에서 고객에게 무관심했던 다른 광고사(I have worked with other advertising agencies that show little concern for the customers who buy the products we are selling)를 언급하는 것으로 보아 '소비자를 위한 노력에 깊은 인상을 받았다'는 내용이 되어야 자연스럽다. 따라서 (B) consumers(소비자)가 정답이다.

어휘 occasion 경우, 행사 association 협회, 연관

16. (A) 문맥에 맞는 문장 고르기

해설 빈칸 앞 문장에서 화자의 회사가 고용하려는 광고사에 대한 설명(we prefer to work with agencies that care about and support our customer base)을 제공했고, 뒤에서는 텔너가 적절한 회사(Tellner is the right company to tell our brand story)라는 자신감을 나타내고 있다. 따라서 빈칸에는 텔너의 고용과 관련된 내용이 들어가야 자연스러우므로, 텔너를 고용하기로 결정한 이유를 언급한 (A)가 정답이다.

번역 (A) 이것이 텔너 애드버타이징에 우리 일을 맡기기로 결정한 이유입니다.
(B) 우리 회사는 7년 전에 작은 작업장에서 시작했습니다.
(C) 소셜 미디어는 빠르게 효과적인 광고의 한 형태가 되어 가고 있습니다.
(D) 최근 일부 광고 규정이 변경되었습니다.

어휘 workshop 작업장 effective 효과적인 regulation 규정

실전 모의고사 ❶회

본책 p.176

101. (A)	**102.** (A)	**103.** (A)	**104.** (A)	**105.** (C)
106. (B)	**107.** (A)	**108.** (D)	**109.** (A)	**110.** (A)
111. (C)	**112.** (D)	**113.** (B)	**114.** (D)	**115.** (B)
116. (D)	**117.** (A)	**118.** (D)	**119.** (B)	**120.** (B)
121. (A)	**122.** (C)	**123.** (A)	**124.** (B)	**125.** (B)
126. (D)	**127.** (D)	**128.** (A)	**129.** (D)	**130.** (A)
131. (C)	**132.** (D)	**133.** (A)	**134.** (A)	**135.** (A)
136. (B)	**137.** (C)	**138.** (B)	**139.** (A)	**140.** (B)
141. (C)	**142.** (B)	**143.** (A)	**144.** (B)	**145.** (D)
146. (A)				

PART 5

101. (A) 형용사 자리_명사 수식

해설 빈칸은 전치사 to의 목적어인 명사 text를 수식하는 형용사 자리이다. 따라서 (A) editable이 정답이다. 동명사 (C) editing도 전치사의 목적어 자리에 올 수 있지만, '텍스트를 편집하는 것'이 되어 의미상 부자연스러우므로 오답이다.

번역 트래피존 앱은 스캔한 문서의 단어를 편집 가능한 텍스트로 변환한다.

어휘 convert 변환하다 editable 편집 가능한

102. (A) 인칭대명사_소유격

해설 빈칸은 동사 changing의 목적어 name을 수식하는 소유격 대명사 자리이며, 대명사는 문장 내에서 가리키는 명사의 인칭과 수가 일치되어야 한다. 문맥상 '왕 음료 회사는 자사의 이름을 바꾼다'라는 내용이 되어야 자연스러우므로 3인칭 단수인 '회사'의 소유격 (A) its가 정답이다.

번역 왕 음료 회사는 최근 사명을 슈페리어 소다즈로 변경할 것이라고 발표했다.

어휘 beverage 음료 recently 최근에 announce 발표하다

103. (A) 부사 어휘

해설 문맥상 '우천 시, 3월 2일 대신에 3월 3일에 열린다'라는 내용이 되어야 하므로 '대신에'라는 의미의 부사 (A) instead가 정답이다.

번역 우천 시, 3월 2일로 예정된 연휴 퍼레이드는 3월 3일에 대신 열릴 것이다.

어휘 in the event of ~의 경우에는 parade 행렬 likewise 마찬가지로 indeed 정말, 사실

104. (A) 부사 어휘

해설 문맥상 '본관 건물 전력 공급이 저녁 8시에 마침내 복구되었다'라고 해야 자연스러우므로 '드디어, 마침내'라는 의미를 지닌 부사 (A) finally가 정답이다.

번역 스위치가 고장 난 이후에 본관 건물의 전력 공급은 저녁 8시나 되어서야 드디어 재개되었다.

어휘 malfunction 고장, 작동 불량 electrical service 전력 공급 restore 회복하다 constantly 항상, 변함없이 consecutively 연속해서, 잇달아

105. (C) 대명사 어휘

해설 빈칸에는 전치사 to의 목적어 역할을 하면서 관계대명사 who와 어울려 관계사절을 이끌 수 있는 대명사가 들어가야 한다. '봉사하는 사람들'이라는 의미가 가장 적절하므로 주격 관계대명사 who와 함께 '~한 사람들'이라는 뜻으로 쓰이는 지시대명사 (C) those가 정답이다. 인칭대명사 (A) them은 전치사의 목적어 자리에 쓸 수는 있지만 뒤에 수식어를 취할 수 없고, 형용사인 (B) every는 관계대명사의 수식을 받을 수 없으므로 오답이다.

번역 감사장은 1년에 50시간 이상 저희와 봉사하신 분들에게 발급됩니다.

어휘 appreciation 감사 certificate 증명(서) issue 발부[교부]하다 volunteer 자원 봉사하다

106. (B) 동사 자리_수동태

해설 be동사 뒤에 알맞은 동사의 형태를 묻는 문제이다. 동사 equip은 '장비를 갖추다'라는 의미의 타동사이므로, 빈칸 앞 be동사 is와 뒤에 전치사 with가 있는 점을 보아 수동의 형태가 들어가야 한다. 따라서 과거분사 (B) equipped가 정답이다. be equipped with는 '~이 갖추어져 있다'라는 빈출 관용 표현이다.

번역 그 강당은 최첨단 음향 시스템과 무대 조명이 갖춰져 있다.

어휘 state-of-the-art 최첨단의 lighting 조명

107. (A) 부사 자리_동사 수식

해설 빈칸은 수동태인 are sold 뒤에 위치하므로 수식어 자리이다. 부사 (A) separately와 부사 역할을 하는 to부정사인 (B) to separate가 들어갈 수 있는데, 문맥상 '별도로 판매된다'라는 의미가 되어야 자연스러우므로, (A) separately(별도로)가 정답이다.

번역 충전 케이블을 제외한 태블릿 액세서리 일체는 별도로 판매된다.

어휘 with the exception of ~은 제외하고 charging 충전 cable 전선, 케이블

108. (D) 명사 자리_주격 보어

해설 빈칸 앞에서 한정사 an과 형용사 important의 수식을

받고, 뒤에서 전치사구 of the buildings의 수식을 받는 동사 is의 주격 보어 자리이다. 따라서 빈칸에는 명사가 들어가야 하므로, (D) strength(강점)가 정답이다. (A) strong은 형용사, (B) strongly는 부사, (C) strengthen은 동사로 품사상 빈칸에 들어갈 수 없다.

번역 우수한 에너지 효율이 정 씨가 설계하는 건물의 중요한 강점이다.

어휘 efficiency 효율 design 설계하다 strengthen 강화하다

109. (A) 동사 어휘

해설 빈칸은 동사 자리이며, 빈칸 뒤 간접목적어 customers와 직접목적어 shipping fees를 순서대로 취할 수 있는 4형식 동사가 필요하다. 따라서, '고객에게 배송료를 청구하다'라는 의미가 가장 자연스러운 4형식 동사 (A) charges가 정답이다. 참고로 '~을 요구하다'의 의미인 (B) requires는 4형식 동사가 아니므로 정답이 되지 않는다.

번역 그 업체는 고객이 온라인으로 구매한 물건을 반품할 경우 고객에게 배송료를 청구한다.

어휘 shipping fee 배송료 return 반품하다 purchase 구매하다 charge 부과하다 deny 부인하다

110. (A) 접속사 자리_부사절 접속사

해설 두 개의 완전한 절을 이어주는 접속사 자리이다. 성공적인 시범 사업(the pilot project has been successful)은 높아진 지원금의 수급 가능성(it is more likely that we will win the government environmental subsidy)의 이유이므로, '~이므로, ~이기 때문에'라는 의미의 부사절 접속사 (A) Now that이 정답이다. 부사절 접속사 (B) Although(~이긴 하지만)는 의미상 적절하지 않고, (C) However는 부사, (D) Rather than은 상관접속사로 빈칸에 적절하지 않다.

번역 시범 사업이 성공적이었기 때문에 우리가 정부 환경 지원금을 받을 가능성이 더 높아졌다.

어휘 pilot project (소규모의) 시범 사업, 실험 작업 be likely that절 ~일 가능성이 높다 government 정부 environmental 환경(관련)의 subsidy 지원금

111. (C) 구동사 어휘

해설 시 의회 회의(city council meeting)에서 교통에 대한 주제(the subject of transportation)로 슐러 씨가 무엇을 할 수 있는지 설명하는 동사가 필요하다. 따라서 '(화제, 주제를) 꺼내다'라는 뜻의 (C) brought up이 정답이다.

번역 슐러 씨는 최근 시 의회 회의에서 교통에 대한 주제를 꺼냈다.

어휘 subject 주제 transportation 교통 latest 최근의 show up 나타나다 use up 다 써 버리다

112. (D) 인칭대명사_주격

해설 before가 이끄는 부사절에서 단수동사 closes의 주어 역할을 하는 대명사 자리이다. 문을 닫는 대상은 앞에서 언급된 민틀리 경기장(Mintley Stadium)이므로, 3인칭 단수 대명사 (D) it이 정답이다.

번역 야구 팬들은 그것이 영원히 문을 닫기 전에 민틀리 경기장을 마지막으로 한 번 방문해야 한다.

어휘 one last time 마지막(으로) 한 번

113. (B) 동사 자리_조동사+동사원형

해설 조동사 could 뒤에는 동사원형이 와야 하므로 (B) differentiate가 정답이다. 참고로 differentiate은 자동사이므로 뒤에 전치사(between)가 왔다.

번역 연구 참가자들은 두 제품 샘플을 구별할 수 없었다.

어휘 participant 참가자 study 연구 differentiate 구별하다

114. (D) 형용사 어휘

해설 전치사 for와 함께 '주택 대출을 위한 자격이 되다'라는 의미를 완성하는 형용사가 필요하므로, (D) eligible(자격이 있는)이 정답이다.

번역 다른 요건들 중에서, 신청자들은 주택 대출 자격을 갖추기 위해서 안정적인 고용 증거를 제시해야 한다.

어휘 requirement 요건 proof 증거, 증명(서) stable 안정적인 fortunate 운이 좋은 beneficial 이로운

115. (B) 동사 어휘

해설 빈칸은 준사역동사 help의 목적격 보어 역할을 하는 동사원형 자리로, 목적어인 the most appropriate truck size for their needs와 어울리는 타동사를 선택해야 한다. '온라인 계산기(online calculator)가 적절한 트럭 크기를 결정하는 데 도움이 된다'는 내용이 되어야 자연스러우므로 '결정하다'라는 의미의 동사 (B) determine이 정답이다.

번역 대부분의 트럭 임대 회사는 고객의 요구에 가장 적합한 트럭 크기를 결정하는 데 도움이 되도록 온라인 계산기를 제공한다.

어휘 rental 임대, 임차 calculator 계산기 appropriate 적절한 broaden 넓히다 renovate 보수하다 combine 결합하다

116. (D) 전치사 어휘

해설 빈칸은 명사구 their training session을 목적어로 취하는 전치사 자리로, 문맥상 '교육 후에 유니폼을 받는다'라는 내용이 되어야 자연스럽다. 따라서 (D) after가 정답이다. (A) against는 '~에 반대하여, 대항하여', (B) between은 '~ 사이에', (C) along은 '~을 따라'라는 의미로 문맥상 적절하지 않다.

ETS 실전 모의고사 01

73

| 번역 | 신입 사원은 교육 후에 유니폼을 받을 것이다. |

| 어휘 | new employee 신입 사원 receive 받다 training session 교육 |

117. (A) to부정사 자리_부사 역할

| 해설 | 빈칸 앞에 완전한 절(Vaught Financial has placed additional bins around its offices)이 왔고 뒤에는 동사구(encourage employees to recycle)가 있으므로, 빈칸은 동사원형 encourage와 함께 쓰여 to부정사를 이루어야 한다. 따라서 to부정사의 부사적 용법으로 '~하기 위해서'라는 의미인 (A) in order to가 정답이다. |

| 번역 | 보트 파이낸셜은 직원들이 재활용하도록 장려하기 위해서 사무실 주변에 쓰레기통을 추가로 설치했다. |

| 어휘 | additional 추가의 bin 쓰레기통 encourage 장려하다 |

118. (D) 형용사 자리_목적격 보어

| 해설 | 빈칸은 'making + 목적어(our resources) + 목적격 보어'에서 목적격 보어 자리로, 형용사나 명사가 들어갈 수 있다. 문맥상 목적어 our resources의 '접근 가능한' 상태를 나타내므로 형용사의 비교급 형태인 (D) more accessible이 정답이다. 명사 (B) accessibility는 our resources와 동격 관계를 이루지 않으므로 빈칸에 들어갈 수 없다. (A) accesses는 동사, (C) more accessibly는 부사로 품사상 오답이다. |

| 번역 | 캘러웨이 씨는 원격으로 일하는 직원들이 우리 회사의 자료에 더 쉽게 접근할 수 있도록 작업하고 있다. |

| 어휘 | resource 자료, 자원 remotely 멀리서, 원격으로 accessible 접근 가능한, 이해하기 쉬운 |

119. (B) 대명사 자리_수량을 나타내는 부정대명사

| 해설 | 동사 are listed의 주어 역할을 하는 자리로, 전치사구 of our expected expenditures의 수식을 받으므로, (B) All이 정답이다. (A) These는 문맥상 어울리지 않고, (C) Other는 뒤에 명사가 와야 하는 한정사이며, (D) Everything은 'of the / 소유격 + 복수명사'의 수식을 받지 못하므로 빈칸에 들어갈 수 없다. |

| 번역 | 우리의 모든 예상 지출은 첨부된 예산안에 기재되어 있다. |

| 어휘 | expenditure 지출, 비용 attached 첨부된 |

120. (B) 동사 자리_능동태

| 해설 | 주어가 Darini Fashions이고, 빈칸 뒤에 목적어 formal wear가 있으므로 능동태 동사가 와야 한다. 따라서 has been과 함께 쓰여 능동의 의미를 나타내는 현재분사 (B) designing이 정답이다. (A) designs와 (C) design은 명사 / 동사, (D) designed는 동사 / 과거분사로 빈칸에 들어갈 수 없다. |

| 번역 | 다리니 패션즈는 1949년부터 유명 배우들의 정장을 디 |

자인해 오고 있다.

| 어휘 | formal wear 정장, 예복 |

121. (A) 지시대명사

| 해설 | 빈칸은 앞에서 언급된 복수명사 prices를 반복해서 사용하는 것을 피하기 위해 쓰는 지시대명사 자리이다. 따라서 정답은 (A) those이다. 자사 수입품의 가격과 경쟁 상품의 가격은 각각 다른 대상이므로, 정확히 동일한 대상을 지칭할 때 쓰는 인칭대명사 (D) them은 오답이다. |

| 번역 | 조미다 사는 자사의 수입 상품 가격을 경쟁 상품의 가격에 맞추어 인상하고 있다. |

| 어휘 | raise 인상하다 imported 수입된 goods 제품 competitor 경쟁 상대 |

122. (C) 명사절 접속사_whether

| 해설 | 전치사 about의 목적어 역할을 하면서 빈칸 뒤 완전한 절(a movie is worth seeing)을 이끄는 명사절 접속사 자리이다. 따라서 (C) whether가 정답이다. 명사절을 이끄는 (B) what은 뒤에 불완전한 문장이 오므로 오답이며, (A) after는 전치사 / 부사절 접속사, (D) because는 부사절 접속사로 빈칸에 들어갈 수 없다. |

| 번역 | 발라드 타임즈의 영화 평론가인 맥신 포드는 어떤 영화가 볼만한 가치가 있는지에 대해 논평한다. |

| 어휘 | critic 비평가 comment 논평 be worth -ing ~할 가치가 있다 |

123. (A) 전치사 어휘

| 해설 | 빈칸은 명사구 current operating systems를 목적어로 취하는 전치사 자리이다. 문맥상 '최신 운영 체제와 호환되는 포맷'이라는 의미가 되어야 하므로, '~와 호환되다'라는 의미의 표현, be compatible with를 완성하는 (A) with가 정답이다. |

| 번역 | 타무라 엔터테인먼트는 최신 운영 체제와 호환되는 포맷으로 몇 가지 고전적인 컴퓨터 게임을 재발매하고 있다. |

| 어휘 | reissue 재발매[재발간]하다 classic 고전적인, 대표적인 current 현재의, 최신의 operating system (컴퓨터) 운영 체제 |

124. (B) 부사 어휘

| 해설 | 동사 'plan + to부정사'는 '~할 예정이다'라는 미래의 계획을 나타내므로, in the year와 함께 '올 하반기, 올해 후반'이라는 미래의 시간 표현을 만드는 '뒤에, 나중에'라는 의미의 부사 (B) later가 정답이다. |

| 번역 | 타케이 씨는 4월에 비즈니스 회의에 한 차례 참석했고 올 하반기에 두 차례의 회의에 더 참석할 예정이다. |

| 어휘 | attend 참석하다 conference 회의 |

125. (B) 명사 어휘

해설 우수한 고객 서비스를 제공하는 것(to provide superior customer service)은 포토왁 엔터프라이시즈의 '사명'이라고 하는 것이 문맥상 가장 자연스럽다. 따라서 (B) mission(사명)이 정답이다.

번역 포토왁 엔터프라이시즈의 사명은 우수한 고객 서비스를 제공하는 것이다.

어휘 superior 우수한 assignment 업무 scheme 책략 journey 여정, 여행

126. (D) 형용사 어휘

해설 직원이 처리할 복잡한 문제(address more complex matters)와 대비하여 소프트웨어가 자동화하는 업무의 성격을 나타내는 형용사가 필요하다. 따라서 task(업무)와 함께 복잡하지 않은 '일상 업무'를 나타내야 문맥에 어울리므로, 형용사 (D) routine(일상적인)이 정답이다.

번역 위클리의 새로운 캘린더 소프트웨어는 많은 일상 업무를 자동화하여, 직원이 더 복잡한 문제를 처리할 수 있도록 시간을 확보해 준다.

어휘 automate 자동화하다 task 업무 free up (시간 등을) 확보하다, 마련하다 address 처리하다 complex 복잡한 instant 즉각적인 tight 빠듯한

127. (D) 관계대명사_소유격

해설 빈칸은 선행사 The library expansion proposal을 수식하는 관계사절을 이끄는 관계사 자리로, 문맥상 proposal의 자금(funds)이 모인 것이므로 소유격 관계대명사 (D) whose가 정답이다. 소유격 관계대명사는 선행사가 사람이든 사물이든 관계없이 쓸 수 있으며, 주로 빈칸 앞뒤로 명사가 온다.

번역 자금이 모인 도서관 증축안은 오늘 밤 기획 위원회 회의에서 논의될 것이다.

어휘 expansion 확장 proposal 제안, 안(案) fund 자금, 기금 collect 모금하다 planning 기획

128. (A) 과거분사_명사 수식

해설 문장의 본동사 hang이 있으므로 동사 (B) are restored는 오답이다. 빈칸은 명사 Paintings를 뒤에서 수식하는 자리로, 과거분사 (A) restored와 현재분사 (C) restoring, 관계사절인 (D) that restore 중 하나를 선택해야 한다. 빈칸 뒤에 전치사 by가 있고, paintings는 복원되는 대상이므로 수동의 의미를 지닌 (A) restored가 정답이다. (C) restoring과 (D) that restore는 능동의 형태로 목적어가 뒤따라야 하기 때문에 오답이다.

번역 마우러 보존 작업실에 의해 복원된 그림들은 전 세계 박물관에 걸려 있다.

어휘 conservation 보존 restore 복원[복구]하다

129. (D) 동사 어휘

해설 빈칸은 문장의 동사 자리이며 주어인 회사(company)와 목적어인 고객(clients)의 관계를 잘 나타내는 동사가 들어가야 한다. 문맥상 '회사가 고객에게 만족을 보장한다'란 의미가 되어야 자연스러우므로 '보증하다, 보장하다'라는 의미인 4형식 동사 (D) guarantees가 정답이다.

번역 애틀랜티스 소프트웨어 사는 고객에게 모든 제품에 대한 가능한 최대의 만족을 보장한다.

어휘 client 고객 complete 완전한, 가능한 최대의 satisfaction 만족 admit 인정하다

130. (A) 부사절 접속사

해설 빈칸 뒤 두 개의 완전한 절을 이어주는 부사절 접속사가 필요하다. 보기 중 부사절 접속사로 쓰일 수 있는 것은 (A) Whenever와 (D) As though인데, 문맥상 '~할 때마다, ~할 때는 언제든지'라는 의미가 자연스러우므로 복합관계사 (A) Whenever가 정답이다. (B) Which와 (C) That은 관계사/명사절 접속사이므로 두 절을 이어주는 역할을 하지만, 주어나 목적어 등이 빠져 있는 불완전한 절들을 연결시키므로 답이 될 수 없다.

번역 에어 팔코니아가 기계적 문제로 항공편을 취소할 때마다 승객들은 전액 환불을 제공받는다.

어휘 mechanical issue 기계적 문제 be offered ~을 제공받다 full refund 전액 환불

PART 6

Questions 131-134 메모

메모

수신: 리가드 오가닉스 직원
발신: 스티븐 기체루 최고 경영자
제목: 인재개발 관리자 소개
날짜: 4월 1일

4월 8일에 릴리안 키마니가 인재개발 관리자로 리가드 오가닉스에 131합류할 것이라는 소식을 발표하게 되어 기쁩니다. 키마니 씨는 나이로비 본사에서 근무하며 케냐 전역에서 우리 사업을 성장시키는 데 132필요한 기량을 가진 인재를 유치 및 보유할 수 있도록 도울 예정입니다.

키마니 씨는 몸바사 아쿠아 리소시스 사에서 우리 회사로 오는데, 133그곳에서 그녀가 이끌었던 팀은 단 2년 만에 45명이던 회사 인력을 150명으로 순조롭게 늘렸습니다.

키마니 씨가 리가드 오가닉스에 훌륭한 자산임을 입증할 것이라고 믿습니다. 134다음 주에 우리 회사에 합류하는 그녀를 환영해 주세요.

어휘 introduce 소개하다 talent acquisition
인재개발[영입] announce 발표하다 headquarters
본사 attract 끌어들이다 retain 유지하다, 보유하다
individual 개인 skill 기량 resources 자원
smoothly 순조롭게, 부드럽게 workforce 인력
prove 증명하다 terrific 훌륭한 asset 자산

131. (C) 동사 자리_시제

해설 빈칸은 that절의 동사 자리이다. 메모가 작성된 날짜는 4월 1일인데 문장에서 4월 8일에 대해 언급하고 있는 것으로 보아 미래의 일을 이야기하고 있으므로, 미래 시제가 필요하다. 따라서 (C) will be joining이 정답이다.

132. (D) 형용사 자리_명사 수식

해설 빈칸은 뒤의 to부정사구 to grow our business ~와 어울려 앞의 명사 skills를 뒤에서 수식하는 형용사 자리이다. '우리 사업을 성장시키는 데 필요한 기량'이라는 의미가 자연스러우므로, 형용사 (D) necessary가 정답이다.

133. (A) 관계부사

해설 빈칸 이하는 완전한 절로, 장소 선행사인 Mombasa Aqua Resources Ltd.를 부연 설명하는 관계사절을 이끄는 관계부사 (A) where가 정답이다. (B) eventually는 부사로 품사상 빈칸에 들어갈 수 없고, 부사절 접속사 (C) while과 (D) until은 의미상 어울리지 않는다.

134. (A) 문맥에 맞는 문장 고르기

해설 앞에서 키마니 씨에 대해 소개하고 그녀가 리가드 오가닉스에 훌륭한 자산임을 입증할 것이라고 믿는다(I believe that Ms. Kimani will prove to be a terrific asset to Regard Organics)며 기대를 표하고 있으므로, 뒤에는 이 신규 직원에 대한 환영글을 마무리하기에 적절한 문장이 필요하다. 따라서 그녀를 환영해 달라는 내용의 (A)가 정답이다.

번역 (A) 다음 주에 우리 회사에 합류하는 그녀를 환영해 주세요.
(B) 우리는 이번 달에 흥미로운 신제품을 출시할 것입니다.
(C) 그녀는 3년 전에 몸바사에서 나이로비로 이사했습니다.
(D) 내일 오후 2시에 그녀의 면접에 참석해 주십시오.

어휘 launch 출시하다 attend 참석하다

Questions 135-138 기사

토론토 (3월 8일) — 볼트렉스 인더스트리즈는 오늘 누수 탐지기 V32-9 출시를 발표했다. 누수 탐지기는 사람들이 집이나 사업장을 떠나 있을 때 누수를 확인할 수 있는 편리한 방법으로 인기가 높아졌다. **135**습기가 감지되면, 집이나 사업장에 설치된 센서가 소유자의 스마트폰에 알람을 울린다. **136**내구성이 좋은 것을 찾는 소비자는 V32-9에 특히 만족

할 것이다. V32-9는 축적된 먼지와 오염뿐 아니라 극한의 온도를 견딜 수 있도록 제작되었다. V32-9 출시를 기념하기 위해 볼트렉스는 이번 달에 볼트렉스 웹사이트에서 직접 **137**구매한 센서에 대해 하나를 사면 하나를 무료로 주는 할인을 제공한다. **138**이 할인에 대한 자세한 정보는 www.voltrexindustries.com에서 확인할 수 있다.

어휘 release 출시, 공개 leak detector 누수 탐지기
grow in popularity 인기가 오르다 install 설치하다
trigger 촉발시키다, 작동시키다 consumer 소비자
especially 특히 withstand 견뎌 내다 extreme
극단, 극도 accumulation 축적 dirt 먼지
grime 때, 오염 celebrate 기념하다 two-for-one
하나를 사면 하나를 더 주는 directly 직접

135. (A) 명사 어휘

해설 빈칸은 동사 is detected의 주어 자리이다. 앞 문장에서 누수 확인을 편리하게 해 주는 누수 탐지기의 인기(Leak detectors have grown in popularity as a convenient way for people to check for water leaks ~)를 언급했고, 빈칸을 포함한 문장의 주절에서는 소유자 핸드폰에 알람을 울린다(will trigger an alarm on the owner's smartphone)고 했다. 따라서 빈칸에는 물과 관련된 단어가 들어가는 것이 자연스러우므로, '수분, 습기'라는 의미의 명사인 (A) moisture가 정답이다.

136. (B) 형용사 어휘

해설 Consumers부터 option까지가 주어인데, 빈칸은 명사 option을 수식하는 형용사 자리이다. 빈칸 뒤에 있는 문장에서 V32-9는 극한의 온도와 축적된 먼지 및 오염를 견딘다(withstand extremes of temperature as well as the accumulation of dirt and grime)고 했다. 따라서 V32-9에 만족할 사람들은 고장이 잘 나지 않는 제품을 찾는 소비자라고 할 수 있으므로, '내구성이 있는'이라는 의미의 형용사인 (B) durable이 정답이다.

어휘 customizable 주문 제작할 수 있는 lightweight
가벼운

137. (C) 형용사 자리_과거분사

해설 빈칸 뒤 수식어구 directly from the Voltrex Web site this month를 이끌면서 빈칸 앞 명사 sensors를 수식하는 준동사 자리이다. 센서는 '구매되는' 대상이므로 수동의 의미를 나타내는 과거분사가 들어가야 한다. 따라서 (C) purchased가 정답이다.

138. (B) 문맥에 맞는 문장 고르기

해설 빈칸 앞에서 신제품 출시 기념으로 하나를 사면 하나를 무료로 주는 할인(offering a two-for-one discount on sensors)에 대해 홍보했으므로, 빈칸에는 이 할인 행

사와 관련된 추가 설명이나 전체 내용을 마무리하는 문장이 들어가야 자연스럽다. 따라서 보기 중 할인 정보를 제공하는 웹사이트 주소를 언급한 (B)가 정답이다.

번역 (A) 대신, 그 장치는 완전히 재설계되었다.
(B) 이 할인에 대한 자세한 정보는 www.voltrexindus-tries.com에서 확인할 수 있다.
(C) 그 설문 조사는 제품이 의도한 대로 작동하지 않는다는 것을 보여 준다.
(D) 이 필요조건은 모든 신규 상업 건축에 적용될 것이다.

어휘 unit (작은) 장치 redesign 재설계하다 survey (설문) 조사 indicate 나타내다 as intended 의도[계획]한 대로 requirement 필요조건, 요건 apply to ~에 적용되다 commercial 상업의

번역 (A) 귀사의 운영이 정말 인상 깊었습니다.
(B) 다음 해에 성장이 이루어질 것입니다.
(C) 귀하의 도시에서 즐거운 시간을 보낼 계획입니다.
(D) 우리가 처음 만난 지 10년이 지났습니다.

어휘 operation 운영 growth 성장 occur 일어나다, 발생하다

Questions 139-142 이메일

수신: 에블린 옹 <eong@yewchinfactory.com.sg>
발신: 조엘 은겔레
<jngele@botswanamanufacturingcorp.co.bw>
날짜: 2월 22일
제목: 공장 견학

옹 씨께,

최근 귀사의 싱가포르 공장을 안내 받으며 둘러볼 수 있도록 해 주신 데 감사를 전하고자 메일을 드립니다. **139**귀사의 운영이 정말 인상 깊었습니다. 귀사의 공장 공정에서 제가 목격한 효율성은 대단했습니다. 게다가 공장 관리자 분도 많은 **140**도움이 되었습니다. 그녀는 새로운 품질 관리 공정에 대한 저의 모든 질문에 답변해 주었습니다. 그것이 혁신적이고 비용 효율적이라는 것을 알게 되었습니다. 제 동료들도 틀림없이 이 공정에 대해 더 **141**알고 싶어할 것입니다. 이번 주말에 동료들과의 회의에서 저의 방문에 대해 설명하고 제가 필기한 것을 발표할 예정입니다. **142**그런 다음 회의 결과를 알려 드리기 위해 연락 드리겠습니다.

조엘 은겔레
생산부 부사장
보츠와나 제조회사

어휘 recent 최근의 guided 가이드가 안내하는 plant 공장 efficiency 효율성 observe 관찰하다 process 과정, 공정 remarkable 놀라운 quality-control 품질 관리 procedure 절차, 공정 innovative 혁신적인 cost-efficient 비용 효율적인 no doubt 틀림없이 describe 설명하다 present 발표하다 associate (직장) 동료 outcome 결과

139. (A) 문맥에 맞는 문장 고르기

해설 빈칸 앞 문장에서 귀사의 싱가포르 공장을 가이드의 안내를 받으며 둘러볼 수 있도록 해 주셔서 감사하다고 했

140. (B) 형용사 어휘

해설 빈칸 뒤 문장에서 공장 관리자(She)가 새로운 품질 관리 공정에 대한 모든 질문에 답변해 주었다고 한 것으로 보아 그녀가 많은 도움이 되었다는 내용이 되어야 적절하다. 따라서 '도움이 되는'이라는 의미의 형용사인 (B) helpful이 정답이다.

어휘 prompt 즉각적인 grateful 감사하는

141. (C) 동명사 자리_전치사의 목적어

해설 빈칸에는 전치사 in의 목적어 역할을 하며, 빈칸 뒤의 수량 대명사 more를 목적어로 취할 수 있는 동명사가 들어가야 한다. 따라서 (C) learning이 정답이다.

142. (B) 부사 어휘

해설 앞 문장에서 이번 주 말에 회의에서 공장 방문에 대해 설명하고 필기한 것을 발표할 예정이라고 했고 뒤 문장에서 회의 결과를 알려 주겠다고 하며, 앞으로 할 일에 대해 순차적으로 언급하고 있다. 따라서 '발표한 다음 연락하겠다'는 연결이 자연스러우므로 '그런 다음, 그리고 나서'를 뜻하는 (B) then이 정답이다.

어휘 seldom 드물게 instead 대신에 somewhat 약간

Questions 143-146 편지

6월 30일
피터 마지
윈드무어 코트 14번지, 아파트 A동
에든버러 EH5 2TU
스코틀랜드

마지 씨께,

귀하의 <파이낸셜 뉴스 위클리> 구독 기간이 10월 30일에 만료될 예정입니다. 아직 4개월이 남았지만, 7월 21일 전에 **143**갱신하시면 구독 기간을 한 달 연장해 드립니다. **144**동봉된 카드를 작성해 반송하시기만 하면 됩니다. 이번에는 귀하의 **145**지불금을 동봉하실 필요가 없습니다.

저희가 귀하께 송장을 보내 드릴 것이며, 귀하는 추후에 지불금을 보내시면 됩니다. 그러니 오늘 카드를 보내 주십시오. <파이낸셜 뉴스 위클리>를 ^{146}단 한 부도 놓치지 않을 뿐더러 무료로 한 달 더 받아 보실 수 있습니다!

샤론 오크맨
판매 부장

어휘   subscription 구독 (기간) expire 만료되다 extra 추가의 invoice 송장, 청구서 mail (우편으로) 보내다 circulation (신문·잡지의) 보급, 판매 부수

143. (A) 시제 일치의 예외

해설   접속사 if는 조건 부사절이나 현재 또는 과거의 사실과 반대되는 내용을 가정하는 가정법 구문의 조건절을 이끈다. 빈칸이 있는 절은 '귀하가 구독을 갱신한다면'이라는 의미로 조건을 제시하고 있으므로, 조건 부사절임을 알 수 있다. 조건 부사절에서는 현재 시제가 미래 시제를 대신하므로 정답은 (A) renew(갱신하다)이다.

144. (B) 문맥에 맞는 문장 고르기

해설   빈칸 앞 문장에서 '7월 21일 전에 갱신하면 구독 기간을 한 달 연장해 주겠다(if you renew before July 21, we will add one extra month ~)고 제안했고, 뒤 문장에서 이번에는 지불금을 동봉할 필요가 없다(You do not need to include your payment)고 했다. 따라서 글의 흐름상 두 문장 사이에는 갱신 방법을 안내하는 문장이 들어가는 것이 자연스러우므로, 정답은 (B)이다

번역   (A) 이 제안은 신규 구독자에게만 적용될 것입니다.
(B) 동봉된 카드를 작성해 반송하시기만 하면 됩니다.
(C) 저희는 귀하가 매달 우리 잡지를 즐기시기를 바랍니다.
(D) 매 호마다 풍부한 금융 관련 정보를 담고 있습니다.

어휘   subscriber 구독자 complete (서식 등을) 작성하다 return 반환[반송]하다 enclosed 동봉된 a wealth of 풍부한

145. (D) 명사 어휘

해설   빈칸이 포함된 문장에서 이번에는 보낼 필요가 없다(You do not need to include ~ at this time)고 했고, 다음 문장에서 돈은 나중에 보내도 된다(you can send your money later)고 했다. 따라서 돈을 의미하는 '지불금'을 뜻하는 명사 (D) payment가 정답이다.

어휘   rent 집세, 임차료 bill 청구서

146. (A) 형용사 어휘

해설   잡지, 신문 등과 같은 출판물의 '1부, 1권'을 뜻하는 copy를 적절하게 수식하는 형용사를 찾아야 한다. '하나의'라는 의미로, 빈칸 앞의 부정관사 a를 더욱 강조해 '단 하나의'라는 표현을 이루는 형용사인 (A) single이 정답이다.

어휘   recognized 인정된 treatable 처리할 수 있는 lonely 외로운

실전 모의고사 ❷회   본책 p. 184

101. (B)	102. (C)	103. (A)	104. (D)	105. (A)
106. (D)	107. (D)	108. (C)	109. (D)	110. (C)
111. (A)	112. (A)	113. (B)	114. (A)	115. (C)
116. (A)	117. (C)	118. (D)	119. (C)	120. (C)
121. (C)	122. (C)	123. (B)	124. (C)	125. (D)
126. (A)	127. (A)	128. (A)	129. (B)	130. (A)
131. (A)	132. (C)	133. (C)	134. (A)	135. (B)
136. (D)	137. (A)	138. (C)	139. (B)	140. (B)
141. (D)	142. (C)	143. (B)	144. (A)	145. (C)
146. (A)				

PART 5

101. (B) 명령문의 동사원형

해설   주어 You가 생략된 명령문에서 an appropriate username을 목적어로 취하는 타동사 자리이다. 따라서 동사원형 (B) choose가 정답이다. (A) choosing은 동명사/현재분사, (C) choice는 명사, (D) chosen은 과거분사로 빈칸에 들어갈 수 없다.

번역   계정 설정을 완료하려면 적절한 사용자 이름을 선택하십시오.

어휘   set up 설정하다 account 계정 appropriate 적절한

102. (C) 인칭대명사의 격_소유격

해설   동사 prepare의 목적어인 meals를 한정 수식하는 자리이다. 따라서 소유의 의미를 강조하기 위해 own과 함께 쓰여 '직접 자신의'라는 의미를 나타내는 소유격 인칭대명사 (C) their가 정답이다.

번역   데스티니 케이터링은 직접 자신의 식사를 준비할 시간이 부족한 분들을 위해 완전히 조리된 식사를 제공합니다.

어휘   lack 부족하다 prepare 준비하다 provide 제공하다 fully 완전히

103. (A) 명사 어휘

해설   빈칸은 전치사 During의 목적어 역할을 하는 명사구를 이루는 부분으로, 이사회(on the board)와 기간(During) 사이를 연결할 수 있는 명사가 들어가야 자연스럽다. 따라서 '시간, 시기'라는 의미의 (A) time이 정답이다.

번역   이사회 재임 기간 동안 후아나 메이네즈는 십여 개가 넘는 위원회에서 일했다.

어휘 board 이사회 serve on ~에서 근무하다 dozen 십여
개의, 12개의 committee 위원회 entry 가입, 출입

104. (D) 전치사 어휘

해설 빈칸은 명사구 the next two weeks를 목적어로 취하
는 전치사 자리이다. '앞으로 2주'라는 것은 새 시설로 전
근을 가는(will transfer to the new facility) 기한과 관
계가 있으므로, '~이내에'라는 의미로 쓰일 수 있는 (D)
Within이 정답이다.

번역 마가렛 테일러는 앞으로 2주 이내에 토론토에 있는 새 시
설로 전근할 것이다.

어휘 transfer 이동하다, 전근[전임]시키다 facility 시설, 기관

105. (A) 부사 역할을 하는 to부정사_목적

해설 앞에 완전한 절(People wait in line for hours)이 왔고
뒤에는 명사구(new Wivy sneakers)가 있으므로, 빈칸
에는 new Wivy sneakers를 목적어로 취하면서 앞에 온
절을 수식하는 준동사가 들어가야 한다. 따라서 '새 위비
운동화를 사기 위해서'라는 의미로 부사 역할을 하는 to부
정사 (A) to buy가 정답이다. (B) will buy, (C) can buy,
(D) buys는 모두 동사로 빈칸에 들어갈 수 없다.

번역 사람들은 매진되기 전에 새 위비 운동화를 사기 위해 몇
시간 동안 줄을 서서 기다린다.

어휘 wait in line 줄을 서서 기다리다 sell out 다 팔리다,
매진되다

106. (D) 부사 어휘

해설 '고장 났지만 다행히 빌릴 수 있었다'라는 문맥이 되어야
자연스러우므로 '다행히'를 뜻하는 (D) fortunately가 정
답이다.

번역 리 씨의 노트북이 발표 직전 고장 났지만, 다행히 다른 노
트북을 빌릴 수 있었다.

어휘 malfunction 오작동하다 borrow 빌리다 especially
특히 sincerely 진심으로 freely 자유롭게, 아낌없이

107. (D) 사람 명사_가산 복수명사

해설 빈칸은 'Some+of+명사' 구조에서 Bryer Accounting's
의 수식을 받는 명사 자리로, 동사 will be absent
의 주체가 되어야 하므로 사람 명사가 와야 한다. (A)
employee, (C) employer, (D) employees 중에서 선
택해야 하는데, some은 가산 복수명사와 어울려 쓰이므
로 '직원들'이라는 뜻의 (D) employees가 정답이다.

번역 브라이어 어카운팅의 몇몇 직원들은 외부 교육 행사로 인
해 내일 결근할 것이다.

어휘 absent 결근한 off-site 외부의 training 교육
employment 고용 employer 고용주

108. (C) 분사구문

해설 빈칸 뒤 it perfect for commuting과 함께 콤마 앞에
오는 절을 수식한다. 따라서 빈칸에는 분사구문을 이끄는
분사가 들어갈 수 있는데, 타동사 make 뒤에 목적어 it이
오려면 능동태로 쓰여야 하므로, 현재분사 (C) making이
정답이다. (A) make와 (B) makes는 동사, (D) made는
동사/과거분사로 빈칸에 들어갈 수 없다.

번역 43번 버스는 타운 플라자 타워스에서 두 블록 떨어진 곳
에 정차하므로 교외에서 출퇴근하기에 완벽하다.

어휘 commute 통근하다 suburb 교외

109. (D) 부사 어휘

해설 '특가 상품들은 온라인으로 구매한 사람만 이용할 수 있
다'라는 문맥이 되어야 자연스러우므로 '오로지, 오직'을
뜻하는 (D) exclusively가 정답이다.

번역 이 특가 상품들은 7월부터 온라인 구매를 한 사람들만 이
용할 수 있다.

어휘 special offer 특가 판매[상품] available 이용할
수 있는 individual 개인, 사람 purchase 구매
acceptably 받아들일 수 있게 financially 재정적으로

110. (C) 동사 어휘

해설 be와 함께 수동태를 이루는 과거분사 자리로, 문맥상 소
프트웨어 업데이트가 자동으로 되는 것과 관련이 있는 행
위가 들어가야 한다. 따라서 '설치하다'라는 의미의 (C)
installed가 정답이다.

번역 소프트웨어 업데이트는 근무 시간 종료 시 자동으로 설치
된다.

어휘 automatically 자동으로 workday 근무일 influence
영향을 미치다 inform 알려 주다 interpret 해석하다

111. (A) 동사 자리_태

해설 주어 New recruits at Samson Manufacturing의 동
사 자리로, 신입 사원들은 멘토들에게 조언을 받는 대상
이므로, 동사 advise가 수동태로 쓰여야 한다. 따라서 수
동태 (A) are advised가 정답이다.

번역 삼손 제조 신입 사원들은 입사 첫해 동안 멘토들에게 조
언을 받는다.

어휘 new recruit 신입 사원 manufacturing 제조(업)
mentor 멘토, 조언자 employment 근무, 고용

112. (A) 형용사 어휘

해설 빈칸은 명사 team을 수식하는 형용사 자리로, '도와줄 준
비가 된 팀(team ready to help you)'과 어울리는 단어
가 들어가야 한다. 즉, 도와줄 준비가 된 역동적인 팀이
자연스러우므로, '역동적인'이라는 의미의 (A) dynamic
이 정답이다.

번역 몸바사 무브에는 여행에 필요한 모든 것을 도와줄 준비가 된 역동적인 팀이 있다.

어휘 distracting 집중할 수 없게 하는 succinct 간결한

113. (B) 재귀대명사

해설 빈칸은 동사 consider의 목적어 자리이다. 문장의 주어는 The members of the staff at Mesa Engineering 이고, 시공법에 정통하다고 생각하는 대상은 주어인 직원들 자신이 되어야 문맥상 자연스럽다. 따라서 재귀대명사 (B) themselves가 정답이다.

번역 메사 엔지니어링의 직원들은 자신들이 시공법에 정통하다고 생각한다.

어휘 consider 여기다, 생각하다 knowledgeable 정통한, 아는 것이 많은 construction method 시공법

114. (A) 부사절 접속사_양보

해설 빈칸은 뒤에 오는 절(final sales figures have not yet been released)을 이끌어 콤마 뒤에 있는 주절을 수식하는 부사절 접속사 자리이다. 최종 매출액이 발표되지 않았다는 것과 3분기의 강세를 예상한다(predict a strong third quarter)는 것은 서로 상반되는 내용이므로, '비록 ~이지만'이라는 뜻의 (A) Although가 정답이다. (B) That은 한정사/대명사/명사절 접속사, (D) Whether는 명사절 접속사로 빈칸에 들어갈 수 없다. (C) Until은 부사절 접속사로 쓰일 수 있지만 문맥상 어울리지 않는다.

번역 최종 매출액이 아직 발표되지 않았지만, 투자자들은 트레넬렉스 주식회사의 3분기 강세를 예상한다.

어휘 sales figure 판매 수치, 매출(액) release (뉴스 등을) 발표하다 investor 투자자 predict 예상[예측]하다 quarter 분기

115. (C) 형용사 자리

해설 주어진 문장은 가주어, 진주어 구문으로, 빈칸은 주격 보어 자리이다. 문맥상 '회계사와 상담하는 것이 좋다'라는 내용이 되어야 자연스럽다. 따라서 '권할 만한, 바람직한'이라는 의미의 형용사 (C) advisable이 정답이다.

번역 소규모 기업용 회계 소프트웨어를 구입하기 전에 회계사와 상담하는 것이 좋습니다.

어휘 consult 상담하다 accountant 회계사 adviser 고문

116. (A) 명사절 접속사_that

해설 빈칸은 동사 insists의 목적어 역할을 하는 명사절을 이끄는 접속사 자리로, '~라는 것을 주장한다'라는 의미를 나타내는 (A) that이 정답이다.

번역 모턴 씨는 공장을 방문하는 방문객들이 항상 안전 장비를 착용해야 한다고 주장한다.

어휘 insist 주장하다 safety gear 안전 장비 at all times 항상

117. (C) 명사 자리_동사의 목적어 / 복합명사

해설 빈칸은 전치사구 of the International Gaming Association의 수식을 받는 동시에 빈칸 앞 명사 quality와 함께 복합명사를 이루어 동사 has passed의 목적어 역할을 하는 명사 자리이다. 따라서 (C) requirements(요건)가 정답이다.

번역 아처 테크에서 출시한 모든 비디오 게임은 국제 게임 협회의 품질 요건을 통과했다.

어휘 release 출시하다 association 협회 quality requirement 품질 요건

118. (D) 형용사 어휘

해설 광고 팀(our advertising team)에 추가되는 대상인 그래픽 디자이너(graphic designers)를 묘사해 주는 형용사가 필요하다. 따라서 '경력이 있는'이라는 의미의 (D) experienced가 정답이다.

번역 우리는 5월 1일까지 경력직 그래픽 디자이너 2명을 광고 팀에 충원하기를 희망한다.

어휘 add 추가하다 extensive 광범위한 remaining 남아 있는 composed 침착한 experienced 경력이 있는

119. (C) 부사 자리_숫자 수식 부사

해설 be동사 is와 숫자 표현 $5 million 사이에서 숫자 표현을 수식하는 부사 자리이므로, (C) approximately(거의, 대략)가 정답이다. 부사 approximately는 숫자 표현과 자주 쓰인다. (A) approximate는 형용사/동사, (B) approximates는 동사, (D) approximation은 명사로 품사상 빈칸에 들어갈 수 없다.

번역 HBR 주식회사가 마스턴 항공과 체결한 계약의 가치는 3년 동안 대략 500만 달러이다.

어휘 contract 계약 sign with ~와 계약하다

120. (C) 동명사 자리_전치사의 목적어

해설 명사 the quality of their work를 목적어로 취하는 동시에 전치사 for의 목적어 자리이다. 따라서 동명사 (C) improving이 정답이다. (A) improve와 (B) improves는 동사로 품사상 빈칸에 들어갈 수 없다. (D) being improved는 수동태이므로 뒤에 목적어를 취할 수 없다.

번역 주간 직원 회의에서 몇몇 직원들이 업무의 질을 향상시킨 것에 대해 칭찬을 받았다.

어휘 praise 칭찬하다 improve 향상시키다

121. (C) 전치사 어휘

해설 빈칸은 the entire weekend를 목적어로 취하는 전치사

자리이다. '주말 전체'는 기술적인 문제가 발생한(Technical difficulties were experienced) 기간을 나타내므로, '~ 동안 쭉, ~ 내내'라는 의미의 전치사 (C) throughout이 정답이다.

번역 주말 내내 기술적인 문제가 발생해서 온라인 상점에서 쇼핑하기가 어려웠다.

어휘 difficulty 곤란, 난제 entire 전체의

122. (C) 명사 어휘 / 가산명사 vs. 불가산명사

해설 동사 published의 목적어 역할을 하는 명사 자리로, on the negative effects of prolonged sitting의 수식을 받는다. 문맥상 장시간 앉아 있는 것의 부정적 영향에 대해 발표되는 대상이 빈칸에 들어가야 하므로, 보기 중 '연구'라는 의미의 (A) research와 (C) study 중에서 선택해야 한다. 빈칸 앞에 부정관사 a와 쓰일 수 있어야 하므로 단수 가산명사인 (C) study가 정답이다. (A) research는 불가산명사로, 앞에 부정관사 a를 쓸 수 없다.

번역 <서스캐처원 의학 저널>은 장시간 앉아 있는 것의 부정적 영향에 관한 연구를 발표했다.

어휘 journal 학술지 publish 발표하다, 출판하다 negative 부정적인 effect 영향, 효과 prolonged 장기적인 participant 참가자

123. (B) 동사 자리 _ 수 일치

해설 빈칸은 주어 Half of the interns at Vivaldi Engineering의 동사 자리이다. 'half + of + the + 명사' 구조에서는 명사의 수에 따라 동사의 수를 일치시킨다. 따라서 부분을 의미하는 대명사 half 뒤에 복수 가산명사 interns가 쓰였으므로, 복수동사 (B) intend(의도하다)가 정답이다. (A) intends, (C) is intending, (D) has intended는 모두 단수동사로 빈칸에 들어갈 수 없다.

번역 비발디 엔지니어링 인턴 중 절반이 정규직에 지원하려고 한다.

어휘 apply for ~에 지원하다 permanent position 정규직 intend to ~할 생각[작정]이다

124. (D) 부사 자리 _ 동사 수식

해설 과거완료 수동태인 had been과 과거분사 altered 사이에서 동사를 수식하는 부사 자리이므로, (D) completely (완전히)가 정답이다. (A) complete은 형용사 / 동사, (B) completed는 동사 / 과거분사, (C) completion은 명사로 품사상 빈칸에 들어갈 수 없다.

번역 앨더슨 씨는 자신의 설계도가 완전히 바뀌었기 때문에 회의에서 놀라움을 표했다.

어휘 express 표현하다 blueprint 설계도, 청사진 alter 바꾸다, 고치다

125. (D) 관계대명사 _ 주격

해설 Bonuses가 주어, will be given이 동사, to everyone 이하가 수식어구인 문장으로, 빈칸에는 주어가 빠진 불완전한 절(surpasses their sales quota by 20 percent or more)을 이끌어 everyone을 수식하는 관계대명사가 들어가야 한다. 따라서 주격 관계대명사로 쓰일 수 있는 (D) who가 정답이다.

번역 판매 할당량을 20% 이상 초과한 모든 사람에게 보너스가 주어질 것이다.

어휘 surpass 초과하다 sales 판매 quota 할당량

126. (A) 동사 어휘

해설 빈칸은 주어 Moline Shipbuilding의 동사 자리로, 부사 recently의 수식을 받고 있다. '최근에 계획을 발표했다'라는 의미가 자연스러우므로, (A) announced가 정답이다.

번역 몰린 조선은 최근 태평양 연안에 세 번째 시설을 열 계획을 발표했다.

어휘 recently 최근에 facility 시설 spread 펼치다 measure 측정하다

127. (A) 부사절 접속사 _ 시간

해설 빈칸은 부사 only의 수식을 받는 동시에 완전한 절(the managing director deems it necessary)을 이끌어 주절을 수식하는 부사절 접속사 자리이다. 잡지의 출간 일정이 변경되는 것(Changes to the magazine's publication schedule are made)은 전무이사가 필요하다고 생각할 때 행해져야 하므로, '~할 때'라는 의미의 (A) when이 정답이다. (D) though는 부사절 접속사로 쓰일 수 있지만, '비록 ~이지만'이라는 의미로 빈칸에 어울리지 않는다.

번역 잡지의 출간 일정 변경은 전무 이사가 필요하다고 간주하는 때에 한하여 이루어진다.

어휘 publication 출판, 발행 managing director 전무 이사 deem 여기다, 간주하다

128. (A) 전치사 자리

해설 빈칸은 뒤에 나온 동명사구를 목적어로 취하는 전치사 자리이다. 문맥상 '창고를 짓는 대신'이라는 내용이 되어야 자연스러우므로 '~ 대신'이라는 뜻의 전치사 (A) Instead of가 정답이다. (B) Primarily와 (C) In fact는 부사, (D) Because는 접속사이므로 오답이다.

번역 시 의회는 공터에 창고를 짓는 대신 공원으로 활용하기로 가결했다.

어휘 warehouse 창고 vacant 비어 있는 lot 부지 city council 시 의회 vote 투표로 결정하다 primarily 주로

129. (B) 동사 어휘

해설 향상된 실적(The improved performance)과 사만다 하트의 리더십(the leadership skills of Samantha Harte) 사이의 관계를 설명하는 동사가 필요하다. 따라서 빈칸 뒤 전치사 to와 함께 쓰여 '~의 덕분으로 돌리다'라는 뜻을 나타내는 (B) attributed가 정답이다.

번역 영업팀의 향상된 실적은 사만다 하트의 리더십 덕분이라고 할 수 있다.

어휘 improved 향상된 performance 성과, 실적 be attributed to ~의 덕분이다 deduce 추론하다 approve 승인하다 confirm 확인하다

130. (A) 전치사 자리

해설 빈칸 뒤 동명사구 being honest about their financial goals를 목적어로 취하는 전치사 자리이다. 따라서 부가를 나타내는 전치사 (A) In addition to(~ 뿐만 아니라)가 정답이다. 부사절 접속사인 (B) Provided that과 (D) So that 뒤에는 절이 와야 하고, (C) In order to 뒤에는 동사원형이 와야 한다.

번역 고객은 자신의 재정적 목표에 대해 솔직해야 할 뿐만 아니라 자문관에게 철두철미한 서류도 제공해야 한다.

어휘 honest 솔직한 financial 재정적인 provide 제공하다 thorough 철저한 documentation 서류 advisor 고문, 자문관 provided that ~라면

PART 6

Questions 131-134 기사

> **에너지 부문 동향 파악**
>
> 에너지 부문은 외부와 단절된 상태에서 운영되지 않는다. 에너지 산업의 동향을 분석하기 위해서는 에너지 부문이 운영되는 **131**더 폭넓은 경제 및 비즈니스 환경을 고려해야 한다. 예를 들어, 경제 성장 약화는 경제의 불확실성으로 **132**이어진다. 국제 무역 분쟁은 중요한 공급망에 **133**분열을 야기할 수 있다. **134**실제로 무역 갈등은 에너지 산업에 큰 영향을 미칠 수 있다.
>
> -
>
> **어휘** sector 부문 operate 운용되다 in a vacuum 외부와 단절된 상태에서 analyze 분석하다 economic 경제의 environment 환경 weakening 약화되는 uncertainty 불확실성 international trade 국제 무역 dispute 분쟁, 논쟁 supply chain 공급망

131. (A) 형용사 어휘

해설 빈칸이 있는 문장만으로는 정답을 고르기 어려우며, 주변 내용을 확인해야 하는 문제이다. 앞 문장에서 에너지 부

문은 외부와 단절된 상태에서 운영되지 않는다고 했으므로, 에너지 분야에만 국한하지 않고 외부 상황과 환경을 폭넓게 종합적으로 고려해야 한다는 내용이 되어야 적절하다. 따라서 '더 넓은'을 뜻하는 (A) broader가 정답이다.

어휘 prompt 즉각적인 yearly 연간의 convenient 편리한

132. (C) 동사 자리_수 일치 + 시제

해설 문장에 동사가 없으므로 빈칸에는 주어 weakening economic growth의 동사가 들어가야 한다. 일반적인 사실에 대해 예를 들어 설명하고 있으므로 현재 시제가 되어야 하고, 주어인 weakening economic growth에 수 일치하여 단수동사가 와야 한다. 따라서 정답은 (C) leads이다.

133. (D) 명사 자리_동사의 목적어

해설 동사 can cause의 목적어 자리이므로 '분열, 혼란'을 의미하는 명사인 (D) disruptions가 정답이다.

134. (A) 문맥에 맞는 문장 고르기

해설 앞 문장에서 국제 무역 분쟁이 중요한 공급망에 분열을 야기할 수 있다며 무역 분쟁으로 인한 영향에 대해 언급하고 있다. 따라서 글을 마무리 짓는 빈칸에는 무역 분쟁(trade disputes)을 무역 갈등(trade disagreements)으로 대신하며, 무역 갈등이 에너지 산업에 큰 영향을 미칠 수 있다는 내용의 (A)가 들어가는 것이 가장 적절하다.

번역 (A) 실제로 무역 갈등은 에너지 산업에 큰 영향을 미칠 수 있다.
(B) 사실 석유 및 가스 산업은 동남아시아에서 상당히 수익성 있었다.
(C) 그 뉴스 미디어는 지역 사업 동향을 설명한다.
(D) 경제학 교과서에는 종종 공급망을 다룬 챕터가 들어 있다.

어휘 indeed 실제로 disagreement 의견 차이, 충돌 have an impact on ~에 영향을 끼치다 profitable 수익성 있는 describe 설명하다 regional 지역의 economics 경제학 textbook 교과서

Questions 135-138 공지

> 산 마르셀 피트니스 회원 여러분께 알려 드립니다:
>
> 우리 챔버스턴 지점의 수영장은 10월 22일 목요일 오전 10시부터 10월 24일 토요일 정오까지 **135**예정된 정비를 위해 폐쇄됨을 유념해 주세요. **136**이 기간 동안에는 수영장에 들어가실 수 없습니다. 힐스브룩과 킨리 지점의 수영장은 계속 운영될 예정이니 회원들은 **137**대신 그곳 수영장을 이용하시기 바랍니다. 수영장이 정비를 받는 동안, 챔버스턴 지점의 다른 모든 **138**시설은 평상시처럼 이용하실 수 있습니다. 여기에는 로커룸, 단체 운동실, 웨이트룸이 포함됩니다.

양해해 주셔서 감사합니다.

산 마르셀 피트니스 관리진

어휘 note 유의하다, 주목하다 maintenance 유지 관리, 정비 remain 계속 ~이다 encourage 장려하다 available 이용 가능한 as usual 평상시처럼 maintain 유지 관리하다

135. (B) 형용사 자리_명사 수식

해설 빈칸은 전치사 for의 목적어로 쓰인 명사 maintenance 를 수식하는 형용사 자리이다. 따라서 '예정된'이라는 뜻 의 과거분사형 형용사인 (B) scheduled가 정답이다.

136. (D) 문맥에 맞는 문장 고르기

해설 앞 문장에서 챔버스턴 지점의 수영장은 정비로 폐쇄된다 (will be closed)고 했고 뒤 문장에서 다른 지점의 수영 장은 계속 운영되니(remain open) 대신 그곳을 이용하 라고 안내하고 있으므로, 빈칸에는 점검 기간 동안 챔버 스턴 지점의 수영장을 이용할 수 없다는 내용이 들어가야 한다. 따라서 정답은 (D)이다.

번역 (A) 자격증을 소지한 구조 요원들은 지원하시기 바랍니다.
(B) 공간상 제약으로 인해 참석이 제한될 것입니다.
(C) 회원 요금은 웹사이트에 게시되어 있습니다.
(D) 이 기간 동안에는 수영장에 들어가실 수 없습니다.

어휘 certified 증명서[면허증]를 가진 lifeguard 구조 요원 apply 지원하다 limitation 제한 attendance 참석 limit 제한하다 rate 요금 post 게시하다 access 입장, 접근

137. (A) 부사 어휘

해설 앞에서 챔버스턴 지점의 수영장은 정비 때문에 폐쇄되지 만 힐스브룩과 킨리 지점의 수영장은 계속 운영된다며 대 안이 되는 지점을 안내하고 있으므로, 빈칸이 있는 절은 '대신 그곳을 이용하라'는 내용이 되어야 한다. 따라서 '대 신에'를 뜻하는 (A) instead가 정답이다. 빈칸 앞의 대명 사 those는 the pools at our Hillsbrook and Kinley locations를 가리킨다.

어휘 in addition 게다가 otherwise 그렇지 않으면 so far 지금까지

138. (C) 명사 어휘

해설 '평상시처럼 이용할 수 있는 다른 모든 -------'을 빈칸 뒤 문장에서 This로 받으면서 여기에 로커룸, 단체 운동 실, 웨이트룸이 포함된다고 했다. 따라서 이것들을 모두 포함할 수 있는 명사로 '시설'을 뜻하는 (C) facilities가 정답이다.

어휘 instructor 강사 arrangement 준비

Questions 139-142 편지

4월 10일

라파엘 메르카도 씨
선 전자 신용거래 담당 부서
2258번지 헤이스팅스 대로
그랜드 래피즈 시, 미시간 주 49501

메르카도 씨에게:

회신: 계좌번호 489564

제가 4월 5일에 귀사로부터 우편으로 **139**받은 납부 요청서 를 보고 답장 드립니다. 이 서신은 제 계좌에 342달러 49센 트의 미결제 잔액이 있다고 명시했습니다. **140**그러나 저는 3 월 17일에 제 계좌 잔액을 전부 납부했고, 그 이후로 새로운 청구 금액을 만든 적이 없습니다. 저는 이것을 은행에 확인 해 보았고, 은행에서 납부 **141**증명서를 발급해 줄 수 있다고 합니다.

귀사의 기록을 다시 확인하기 바랍니다. **142**추가 증명이 필 요하면 알려 주십시오. 그러면 제가 납부한 사실을 확인해 줄 수 있는 거래 은행 매니저와 연결해 드리겠습니다.

타마라 오웬스

어휘 account 계좌 in response to ~에 답하여 payment 지불, 납부 indicate 나타내다, 명시하다 outstanding 미지불된, 미해결된 balance 잔액 pay off 전액을 지불하다, 완납하다 entire 전체의, 온전한 charge 청구 금액, 요금 confirm 확인하다 double-check 재확인하다 put A in touch with B A를 B와 연결하다 confirm 확인하다

139. (B) 동사 자리_시제

해설 빈칸 앞 선행사 the payment request를 수식하는 목 적격 관계사절 구문이다. 편지 날짜는 4월 10일, 우편 을 받은 날짜는 4월 5일이므로 납부 요청서를 받은 것은 과거의 일이다. 따라서 과거 시제를 나타내는 동사 (B) received가 정답이다.

140. (B) 접속부사

해설 빈칸은 문장 전체를 수식하는 부사 자리이다. 접속부사를 묻는 문제는 반드시 앞 문장과 뒤 문장의 문맥을 파악해 야 정답을 알 수 있다. 앞 문장을 보면 '계좌에 미지불 잔 액이 있다'고 하고, 뒤 문장에서는 '3월 17일에 계좌 잔액 을 전부 납부했다'고 하며 서로 상반된 내용이 나오고 있 으므로, 대조의 의미를 지닌 접속부사 (B) However가 정 답이다.

어휘 therefore 그러므로, 그래서 consequently 결과적으로 furthermore 게다가, 더욱이

141. (D) 명사 자리_주어

해설 빈칸은 전치사구 of the payment의 수식을 받아 that절의 주어 역할을 하는 명사 자리이다. 따라서 '확인, 검증'이라는 의미의 명사 (D) verification이 정답이다.

142. (C) 문맥에 맞는 문장 고르기

해설 이 글은 신용카드 회사의 계좌 잔액 착오에 대해 확인을 요청하는 편지글이다. 빈칸 앞 문장에서 기록을 다시 확인해 달라고 하고, 뒤 문장에서 납부한 사실을 확인해 줄 수 있는 거래 은행 매니저와 연결해 주겠다고 하고 있으므로, 빈칸에는 '추가 증명이 필요하면 알려 달라'는 내용이 들어가야 자연스럽다. 따라서 정답은 (C)이다.

번역 (A) 이 문제를 해결해 기쁩니다.
(B) 지불금은 이번 달 말에 우편으로 보내질 것입니다.
(C) 추가 증명이 필요하면 알려 주십시오.
(D) 지금 즉시 제 신용카드를 취소하고 싶습니다.

어휘 settle 해결하다 further 추가의 proof 증거, 증명 cancel 취소하다 immediately 즉시

Questions 143-146 웹페이지

http://www.mcgrathnutrition.ie/recycling

맥그래스 뉴트리션 리사이클링

맥그래스 뉴트리션은 오랫동안 아일랜드 최고의 천연 및 유기농 식품 공급업체로 자리매김해 왔습니다. 이제 우리는 웰란 리사이클링 솔루션즈(WRS)와 협력하여 고객이 **143**폐기물 감소에 참여할 수 있도록 돕고 있습니다. 맥그래스 뉴트리션 제품 포장재를 버리는 대신에, WRS로 보내 마음에 드는 자선 단체를 지원하실 수 있습니다!

그 방법은 다음과 같습니다. 먼저, 맥그래스 뉴트리션 포장재를 모두 모아서 헹굽니다. 다음으로, 무료 배송을 위한 라벨을 **144**이용하기 위해 온라인으로 등록합니다. 마지막으로, 모든 포장재를 모아서 상자에 밀봉한 다음 WRS 재분배 센터로 보냅니다. 모든 형태의 맥그래스 뉴트리션 플라스틱 재질 포장재를 **145**받아 줄 것입니다. 여기에는 재밀봉 가능한 지퍼백, 용기, 파우치 및 라이너가 포함됩니다. **146**접수된 플라스틱 10그램당 1포인트를 받게 됩니다. 50포인트에 도달하면 WRS는 여러분이 선택한 자선단체에 10유로를 기부할 것입니다!

- -

어휘 organic 유기농의 team up with ~와 협동하다 throw out 버리다 charitable 자선의 rinse 헹구다 register 등록하다 redistribution 재분배 resealable 다시 밀봉할 수 있는 pouch 주머니 liner 라이너(다른 물건의 속에 대거나 끼는 것) charity 자선 단체

143. (B) 명사 어휘

해설 빈칸은 동명사 reducing의 목적어 자리이다. 보기에서 감소시키려는 대상이 무엇인지를 선택해야 하는데, 빈칸 뒤 문장에서 제품 포장재를 버리는 대신 재활용업체인 WRS로 보낸다(Instead of throwing out your McGrath Nutrition product packaging, you can send it to WRS)는 내용이 있으므로, 감소시키려는 것이 폐기 포장재임을 알 수 있다. 따라서 '쓰레기, 폐기물'이라는 의미의 (B) waste가 정답이다.

144. (A) 부사 역할을 하는 to부정사

해설 빈칸은 명사구 labels for free shipping을 목적어로 취하면서 명령문 register online을 수식하는 준동사 자리이다. 온라인으로 등록하는 것은 무료 배송을 위한 라벨을 이용하기 위한 것이므로 '이용하기 위해'라는 목적을 나타내는 to부정사 (A) to access가 정답이다.

145. (C) 동사 어휘

해설 앞에서 포장재를 헹구고(rinse all your McGrath Nutrition packaging) 밀봉해서 재분배 센터로 보낸다(seal it in a box, and send it to the WRS redistribution centre)라고 재활용 절차를 안내했다. 따라서 빈칸을 포함한 문장에는 절차를 따른 모든 포장재를 센터가 받아 준다는 내용의 동사가 들어가야 자연스러우므로, '받아 주다'라는 뜻의 (C) accepted가 정답이다.

어휘 showcase 전시하다

146. (A) 문맥에 맞는 문장 고르기

해설 빈칸 앞 문장에서 모든 형태의 맥그래스 뉴트리션 플라스틱 재질 포장재를 받아 준다(All forms of McGrath Nutrition plastic packaging will be accepted)는 것과 포함되는 종류의 포장재(These include resealable bags, containers, pouches, and liners)를 알려 주었고, 뒤 문장에서는 50포인트에 도달하면 선택한 단체로 기부된다(Once you reach 50 points, WRS will donate €10 to the charity of your choice)며 포인트의 최종 쓰임을 언급했다. 따라서 빈칸에는 포인트 관련 내용이 들어가야 하는데, 보기 중에서는 포인트를 받는 규칙을 안내한 (A)가 가장 적절하다.

번역 (A) 접수된 플라스틱 10그램당 1포인트를 받게 됩니다.
(B) 여러분은 우리가 플라스틱 포장 사용을 최소화하는 것에 만족할 것입니다.
(C) WRS는 아일랜드의 주요 재활용 종이 제품 가공업체입니다.
(D) 작년에 WRS는 전국의 자선 단체에 6만 유로 이상을 기부했습니다.

어휘 primary 주된 processor 가공업체 recyclable 재활용할 수 있는 nationwide 전국적으로